刑事辩护正从原有的“法庭辩护”逐步走向“全流程辩护”

SONG LAW FIRM
宋氏律師事務所

全流程辩护

THOROUGH DEFENSE

思路指引与办案技巧

Thinking Guide & Case-Handling Skills

赖建东——著

法律出版社 LAW PRESS · CHINA | 北京

我们信仰刑辩

当建东把这本定稿的书给我看的时候，我惊呆了，因为这距离他跟我说他要写这本书仅仅只用了半年而已。半年的时间，建东一气呵成，写出一本如此出色的作品，实在让我钦佩又欣喜。

我认认真真地阅读着这本书，这里面引用的案例是如此之熟悉，包括每一个情节，每一句对白。我能想象他在办理这些真实个案过程中的每一个场景，他一直在用心体会，用心思考，用心记录，用心梳理。

平日里一点一滴的积累，就是他能迅速写出此书的基础。

建东说，这本书可以作为年轻刑辩律师的进阶之作，我理解他的意思。从书名《全流程辩护：思路指引与办案技巧》就可以判断，内容涵盖了整个刑事辩护的每一个阶段，而且对每个阶段均是360度全覆盖，毫无死角。

但是我却觉得建东过谦了，即便是资深刑辩律师，也很有必要研读此书，比对在这个完整的辩护流程中，自己到底缺少、遗漏或者忽视了什么？

后浪的灼见，一直在推动着我们进步。

如果你认为这是一本概念式、教材式的工具书，那就错了。阅读这本书，你会发现，书中所有的案例和方法，都是经过了作者的思考和实践、论证和检验，不复制堆砌，不照搬引用，具体平实却又独具匠心。

但，这仅仅是这本书的表面特点。

在他对每一个案例进行剖析，每一种方法进行总结的时候，你会发现作者活跃而又缜密的博弈思维，沉淀于作品的始终，包括每一个段落、每一个细节。

所以,这不是一本辩护操作流程的介绍书籍,而是启迪读者去思考和提升的书籍。作者提供的不仅是一种做法,更是一种思维模式。

在对每一个阶段的辩护工作的阐述中,作者的法律思维能力、法律解释能力、证据分析能力、论证说服能力都得到了精彩的呈现,而这四项能力,恰是目前法学院所应重视而又缺乏的。这四项能力的总和,便是完整的刑辩技能。

离开了法学院,律师的修行仍在路上。

说到最后一项论证说服能力,我想起了建东当年加入宋氏刑辩团队的情形。

我们常常收到求职的简历,但是只有建东的简历让我眼前一亮,即便当时员额已满,依然叫他过来一试。于是他带着行囊,坐着火车,从寒冷的吉林大学来到了温暖的广州。

建东师从法理学泰斗张文显教授,他曾经在某红圈所的非诉讼团队实习半年,后谢绝了高薪邀请,把简历投到了我们刑辩团队。他一下子说服我们的,是他在简历中洋溢着的对刑事辩护的信仰和向往。

当今的刑辩环境,压抑,浮躁,迷茫,许多年轻律师问得最多的问题是:我该如何获得案源?我该怎么处理"关系"?

建东从来没有问过我这些问题。

他是一个极具天赋又极其专注的人,对于刑事案件有着天然的兴趣。他常常沉迷其中,反复琢磨,对于辩点他有着天生的敏感,如同嗅觉灵敏的猎犬。

他可以从侦查实验报告中推演出数学逻辑的错误(某走私案),从尸检报告中发现死亡时间与法医学理论的矛盾(某入室杀人案),从电子证据鉴定报告中发现 MD5 值的不相符(某网络传销案),从会计凭证中发现审计报告遗漏的借款(某职务侵占案),从犯罪现场还原嫌疑人当时按的并不是取款键(某盗窃柜员机案),从微信上的小红点发现嫌疑人并没有听取同案人的语音(某行贿案)……

天赋和专注让他在通往出色的刑辩律师的道路上,留下了一个又一个的经典案例。

无论是在法庭上还是在和客户的研讨中,建东能即时分析,逻辑脉络,事实层次,面面俱到,而且声音不紧不慢,充满磁性,让聆听者舒适信服。

思考和检验的同时,建东一直保留着总结的习惯,他能即时成文,一气呵成。

所以,无论是宋氏律师事务所的公众号,还是他本人的社交圈子,他都长期拥有数量众多的“濑粉”(广州美食)。

即便在辩护专业上游刃有余,意想不到的挫折依然常相伴随。

这种情形我们又何尝没有遇到过呢?这应该是我们这个行业的必经阶段吧。有人因此消极退出,有人不惜以硬碰硬。

但是,建东很快又重新回到了他刑辩律师的角色中,不轻言放弃,也不超越角色定位。

我想,支持他的,就是他对刑辩的信仰。

有信仰的从业者,恪守规则,追求极致,威武不能屈,富贵不能淫。就如同武士道的精神,长刀始终是唯一的武器,也只有如此,才能将技艺锤炼到极致。

即便这些技能的效果也会受限,但这是推动进步的正能量。更重要的是,超出程序、方法来看这本书中作者的思维方式,你会同意,它将会在对抗式的辩护中保持永久的生命力,因为正确的方法论是不会过时的。

财新传媒的创办者胡舒立说:“我们信仰新闻。”有些行业,没有了信仰,便是绝境。

在这个刑辩遭受普遍怀疑的时代里,唯有信仰,能让我们刑辩律师沉静、求索。

建东说,接下来他会再出一本更有针对性的辩护书籍。一本刚出,另一本已在筹备,当真是让人佩服又期待。

他还说,他要在书中感谢宋氏团队志同道合的伙伴们。于我而言,何其荣幸,能与这帮同怀刑辩和法治之梦的青年律师们同行!

祝贺建东,谨荐此书,与诸君共享共勉。

宋福信

2020 年 9 月 7 日

目·录

CONTENTS

第七章
庭审质证的误区与技巧

第八章
发表辩护意见的误区与方法

第九章
庭审辩护的注意事项

第十一章
刑辩律师的执业风险及防范

前言
PREFACE

刑辩律师的必要性和价值

一、刑辩律师的必要性

在司法领域,有两种人是非常需要法律帮助的。一种是被害人,另一种是犯罪嫌疑人、被告人。前者已经有国家公权力机关给予强有力的支持,公安、检察院、法院、看守所、监狱等一套完整的国家机器站在被害人身后,维持社会秩序,打击犯罪。后者只有自己,除了亲友,没有人站在他们身后。他将独自面对强大的国家机器和社会大众鄙夷的眼光。在国家机器面前,他们是犯罪嫌疑人、被告人,等待他们的是正义的审判。在社会大众观念中,犯罪嫌疑人、被告人与罪犯似乎等同无异,犯罪嫌疑人、被告人往往被认为就应当是严惩的对象。这样做的结果就是,每一个犯罪嫌疑人、被告人在审判之前,看起来都已经是有罪之人。

虽然法律上赋予了犯罪嫌疑人、被告人种种权利以保护自己,但在通常情况下他们是无力进行适当而有效的防御的。警察、检察官行使控诉职能,站在与被指控人相反的立场,他们通常只注意对被指控人不利的情形,对被指控人有利的情形却在不知不觉中常予忽略。[1] 在现代法治社会,就算被社会讨厌的人,他也应该得到司法正义程序的保障。就算是非杀不可的人,也需要经过公正的司法审判。如果犯罪嫌疑人、被告人得不到律师的有效辩护,其他权利也就无从谈起。[2] 让每个犯罪嫌疑人有得到公平审判的权利,在法庭面前展现一个多角度、更丰满的案件事实,这就是刑事辩护的必要性所在。每一个刑

---

〔1〕 参见熊秋红:《刑事辩护论》,法律出版社1998年版,第151~152页。

〔2〕 参见张中:《论侦查阶段的有效辩护》,载《当代法学》2017年第6期。

事案件都需要刑辩律师介入,都需要刑事辩护,这既有当事人存在现实需求原因,也有现代法治进步的内在需求原因。

(一)法律专业知识不足

刑事案件由国家公权力机关进行侦查、提起公诉。犯罪嫌疑人、被告人面对的是公安机关、国家安全机关、检察机关、监察机关等国家机关,面对的是具有丰富的法律专业知识、常年办理刑事案件的专业办案人员。犯罪嫌疑人、被告人大多没有接受过法学教育,甚至文化水平也相对较低,大部分还是第一次受到刑事指控,他们几乎没有辩护的能力。犯罪嫌疑人、被告人大多不具备刑事诉讼所要求的法律专业知识和诉讼技能,只能进行"自然意义上的辩护",这种局限性决定了其无法进行有效的辩护。[1]

案例 谢某涉嫌行贿罪案

谢某安排下属多次给当地的几位派出所所长贿送"兄弟们的加班费"300多万元。对谢某的行为认定为行贿罪还是认定为对派出所的单位行贿罪,对他的定罪量刑影响重大。

如果认定为对派出所的单位行贿,谢某将面临的量刑档次是"三年以下有期徒刑或者拘役,并处罚金"。如果认定为行贿罪,谢某将面临的量刑档次是"十年以上有期徒刑或者无期徒刑,并处罚金或者没收财产"。认定为对单位行贿罪,最高只判有期徒刑3年;认定为行贿罪,最高可能被判处无期徒刑。谢某贿送钱款300多万元的定性,对他来说,可谓"一念天堂,一念地狱"。

但是,谢某完全不具备法律专业知识,不知道行贿罪和对单位行贿罪有什么异同,无法区分这两个罪名,也根本无法意识到他的供述对定罪量刑的影响。相比之下,办案人员对这两个罪名的区分理解是非常透彻的,他们大都是经验丰富的审讯高手,他们在讯问笔录中如何记载和描述行贿行为、行贿目的、行贿过程、行贿结果等细节,对罪名的认定将直接产生重大影响。

办案人员知道行贿罪与对单位行贿罪,两种行贿行为存在诸多细节上的不同。但是,谢某完全不知道,这就是是否具备法律专业知识的差别。谢某亟须专业辩护律师提供专业的法律知识的帮助。

---

〔1〕 参见张中:《论侦查阶段的有效辩护》,载《当代法学》2017年第6期。

（二）刑事辩护经验缺乏

犯罪嫌疑人、被告人面对的是公安机关、检察机关这些非常专业的机构，面对的是公安刑警、检察官这些素质优良、办理经验丰富的专业人士。刑事辩护，是专业刑辩律师与专业办案队伍之间的专业、经验的较量，是一项非常专业的业务。

法律是一门实践的科学。犯罪嫌疑人、被告人完全缺乏刑事辩护经验。即使法律专业人士，没有长期专业地从事刑事辩护，也是缺乏刑事辩护经验的。面对指控，他们的自我辩护能力是非常不乐观的。

案例　黄某涉嫌制造毒品罪案

黄某涉嫌介绍买卖制毒物品，被公安机关抓获归案，公安机关认定的罪名是制造毒品罪。黄某构成制造毒品罪还是非法买卖制毒物品罪，最重要的区分要素，就是他主观上是否明知涉案制毒物品是别人拿去制造毒品的。如果明知他人要制造毒品还介绍买卖制毒物品，则构成制造毒品罪；如果不知道他人要制造毒品，只是介绍买卖制毒物品，则构成非法买卖制毒物品罪。黄某完全没有经历过刑事案件，不知道办案机关会怎么审讯他。侦查人员问："为何明知盐酸羟亚胺人家是用来制造毒品的，还要去从中介绍他人交易？"黄某回答："我也是抱着侥幸心理，想从中赚点钱，以为不至于抓到自己。"

黄某完全不知道这个问题里面藏着的两个问题，导致该讯问笔录对他非常不利。他需要辩护律师去为他提供辩护，帮他解释清楚讯问的不合理之处，解释清楚他主观上究竟知不知道涉案制毒物品被拿去制造毒品的事实。

（三）自我辩护能力受限

刑事辩护是一个需要不断研究法律法规和司法解释、研究案例、研究法理、研究证据的业务，提出辩点、确定辩护策略的基础都是大量的法律研究。随着研究的深入，辩点、辩护策略也会逐步相应调整。

由于羁押率居高不下，绝大部分犯罪嫌疑人都会被羁押。这就意味着，当律师成为犯罪嫌疑人、被告人时，其本人也无法阅卷，无法与律师同行讨论交流，无法查找法律、法规、司法解释、案例，无法充分研究自己是否构成犯罪，无法深刻研究自己的案件相关证据，也完全无法收集对自己有利的证据。

因此，即使犯罪嫌疑人、被告人本人就是专业刑辩律师，一旦被指控犯罪，他的自我辩护能力,也是极大受限、无法发挥出来的,他也需要委托其他专业刑辩律师为其辩护。毫无疑问,对绝大多数不具备法律专业知识的普通人来说,面对刑事指控时,专业辩护律师的介入是不可或缺的。

(四)刑事诉讼需要律师

我国当前刑事诉讼制度的基本构造是控辩审三方独立,相互配合、相互制约。在这个诉讼构造中,每一方都不可或缺。然而,被告人既缺乏法律知识,又缺乏刑事辩护经验,被羁押后自我辩护能力又深受制约,在这种情况下,尽管被告人拥有"自我辩护权",但这样的"辩方"注定是极度弱势的。控辩审三方的诉讼构造"有名无实",其最终结果是,很容易产生冤假错案,不利于国家法治的健康发展。在已经被平反的冤假错案中,大部分案件是没有辩护律师介入的案件,或者辩护权没有被充分保障、辩护意见未被重视的案件。

辩护律师介入刑事诉讼,辩护意见得到重视,"辩方"才能尽可能地名副其实,控辩审三方独立的刑事诉讼制度才能落实。辩护律师介入案件后,可以指出案件事实认定存在的合理怀疑,帮助法庭查明案件事实;可以指出证据材料中存在的问题,帮助法庭审查认定证据;帮助法庭查明被告人存在的各种量刑情节,帮助法庭准确适用法律,帮助对被告人准确定罪量刑,避免冤假错案的产生。

控辩审三方是刑事诉讼的基本组成部分,辩护律师的存在是刑事诉讼制度的应有之义。没有辩护律师参与的"辩方",是毫无辩护能力的。缺少辩护律师的刑事庭审是不完整的,刑事诉讼需要辩护律师,这是现代刑事诉讼制度的内在需求,也是现代法治发展的内在需求。

"我国《宪法》第 125 条规定的'被告人有权获得辩护'意味着获得辩护不仅是司法原则也是基本权利;获得辩护权作为基本权利是人权保障原则的内在要求;被追诉人在刑事诉讼的每一个阶段都享有获得辩护的权利。"[1]无论是没有法律知识的普通人,还是法律专业人士,抑或专业刑辩律师,一旦面临指控,委托专业刑辩律师介入案件,必要性不言而喻。每一个刑事案件都需要辩护律师介入,这不仅是当事人的需要,也是帮助法庭查明案件事实的需要,还是现代刑事诉讼制度和现代法治发展的需要。

---

〔1〕 尹晓红:《获得辩护权是被追诉人的基本权利——对〈宪法〉第 125 条"获得辩护"规定的法解释》,载《法学》2012 年第 3 期。

二、刑辩律师的价值

自改革开放以来，社会大众的法治观念不断进步，社会法治化程度越来越高，人权保障、无罪推定等观念被越来越多的人接受，刑辩律师发挥的作用越来越大。“刑事辩护制度是法律专门设计出来监督、制衡乃至对抗公权力的角色，其诉讼价值在于均衡控辩双方的力量，从而保证案件得以查明，切实维护被追诉人的合法权益。”[1]刑辩律师的价值大致可以归结为：“一个无罪的人，通过律师的辩护，可以重获清白；一个罪轻的人，通过律师的辩护，可以免受重罚；一个真正犯有重罪的人，经过律师的充分辩护，仍被处以重刑，也可以在程序正义中体现出法律的公正性。”[2]有效到位的辩护，对犯罪嫌疑人、被告人的罪与非罪、此罪与彼罪、罪轻罪重的认定产生重要的影响，对犯罪嫌疑人、被告人的财产、自由乃至生命至关重要。

（一）呈现全案细节

对于犯罪嫌疑人、被告人，国家司法机关往往考虑的是他们的犯罪行为模式，犯罪构成要件，以及犯罪行为对法益的侵害程度，根据法律规定作出判断。然而，除了指控的犯罪事实，犯罪嫌疑人、被告人往往或多或少还有一些未被表达、倾听和理解的故事和细节。一旦被指控，他们很难进行有效辩解。倾听、理解、帮助他们还原犯罪所有细节，让这个犯罪故事更加丰满的任务，就落在了辩护律师的身上。辩护律师就是不可缺少的复述者，帮助被指控犯罪的人，把犯罪细节更加完整地呈现出来。没有刑辩律师，涉罪案件的故事细节很可能是不完整的。

当我们看到谢某等人黑社会性质组织团伙被“一锅端”，大部分人拍手称快。这些人被指控结伙组成黑社会性质组织，实施故意伤害、寻衅滋事、聚众斗殴、聚众冲击国家机关、走私、非法持有枪支、非法采矿等犯罪行为，作恶多端，残害群众，称霸一方。作为村干部的谢某被认定为组织者、领导者，要对所有犯罪行为负责。然而，辩护律师研究案卷材料发现，很多指控的犯罪行为与谢某毫无关联。村民之间因为生意纠纷发生打架斗殴，从事情的起因、过程、目的、

---

〔1〕 刘娜：《从死刑错案反观死刑案件中的刑事辩护——以五例典型的故意杀人罪死刑错案为样本》，载《犯罪研究》2014年第6期。

〔2〕 李敏：《智由惑出，仁者必勇——“2013年度十大法治人物”田文昌的律师之道》，载《中国审判》2014年第3期。

利益都与被告人谢某没有关联，谢某作为村干部前去调解被认定为默许和包庇；村民非法采砂，谢某没有参股没有分红获益，也让谢某担责任……这些细节只有辩护律师能为他讲述。

当我们看到刘某抢劫杀人三单，导致三人惨死的案件，大部分人会认为这种人十恶不赦，不杀不足以平民愤。但是，细究案卷细节可以发现，全案只有刘某在侦查阶段的供述，存在前后矛盾、张冠李戴的问题，时间、地点、人物、作案过程等错漏百出，刘某服刑 21 年来一直都在申诉申冤。过去，除了他自己的供述，没有直接证据证明他是凶手；如今，除了他自己，没有证据能证明他的清白。这些细节只有辩护律师能为他讲述。

当我们看到妻子残忍地将丈夫勒死，不少人会愤慨不已，故意杀人应当重判。然而，如果妻子长期遭受丈夫精神和肉体的双重暴力，案发当晚丈夫酒后多次对妻子进行殴打，凌晨三点还将熟睡的妻子打醒，试图勒死妻子，妻子在防卫中将其勒死。法院却判决她有期徒刑 15 年，等她刑满释放，她的两个 7 岁和 3 岁的小孩估计已为人父母了。一个家庭伦常悲剧已经发生，还要人为制造另一个悲剧，对于两个小孩，是何等残忍；对于长期遭受丈夫精神和肉体的双重暴力的妻子来说，是何等不通情理。然而，这些细节只有辩护律师能为她讲述。

许多被指控的犯罪行为背后都有太多未被讲述、倾听和理解的故事。这就需要辩护律师帮助犯罪嫌疑人、被告人呈现犯罪事实，让情节更加完整、细致，才能帮助裁判者更加全面、客观地考量全部的案件事实和情节，作出更加客观、公正的裁决。

（二）解读案件证据

对每一个刑事案件定罪量刑，证据都是重要的裁判依据。证据与指控犯罪事实之间的关联性，归根结底只是对证据的解读问题，而且很多证据本身是相对中立的。侦查机关、公诉机关将这些证据列入案卷材料，拟证明犯罪嫌疑人、被告人的犯罪事实、金额和情节，这种证明关系是侦查机关、公诉机关对证据的解读，从他们指控的角度对证据作出的解读。他们的解读可能是正确的但也有可能发生偏差。证据从不同的角度进行解读，就会有不同的证明内容。辩护律师从辩护的角度来解读全案证据，证据所证明的事实自然会有所不同，对证明犯罪嫌疑人、被告人罪与非罪、此罪与彼罪、罪轻罪重的影响，自然也会出现不同。

例如,DNA 鉴定意见的解读问题。在很多凶杀、强奸等案件中,为了查明真凶,公安机关都会提取现场的物证上的生物成分(拭子)进行 DNA 检验。公安司法鉴定中心进行检验后出具 DNA 检验鉴定书。对该检验结果的解读是否正确,对于查明案件事实、锁定真凶至关重要。一旦解读错误,就可能造成冤假错案。

案例　张辉、张高平案

公安机关对被害人王某提取的 8 个指甲末端擦拭子进行 DNA 鉴定,其出具的《法医学 DNA 检验报告》显示,被害人王某 8 个指甲末端检出混合 DNA 谱带(混合 STR 分型),该混合 DNA 谱带是由死者王某和另一名未知男性 DNA 谱带混合形成的,可以排除张辉、张高平与王某混合形成的。这本来是证明真凶可能另有他人的关键证据,但是由于解读错误,导致冤案发生。

一审法院认为:"DNA 鉴定结论与本案犯罪事实并无关联,不能作为排除两被告人作案的反证。""因手指为相对开放部位,不排除被害人因生前与他人接触而在手指甲留下 DNA 的可能性。"[1]这是当年判决张辉、张高平是真凶的重要理由。

然而,这个解读显然是错误的。"根据经验法则,握手很难在 8 个指甲同时留下 DNA,更为可能的是被害人在反抗过程中留下加害人的 DNA。此外,DNA 取自被水冲刷一夜的尸体,但在尸体上并未发现精斑等痕迹,办案机关给出的解读是犯罪嫌疑人供述没有射精,并且水可能冲掉体内物质。显然,这不能解读为何在死者尸体和货车上没有发现张氏叔侄作案的任何痕迹,也难以排除其他人作案的可能性。"[2]

杭州市公安局于 2011 年 11 月对被害人王某 8 个指甲末端检出的未知男性 DNA 分型进行比对鉴定,结果显示,该未知男性 DNA 分型与勾某某的 DNA 分型有 7 个点位存在吻合的情况,即王某 8 个指甲末端擦拭滤纸上的 DNA 检出的混合 STR 分型中包含勾某某的 STR 分型。据此,浙江省高级人民法院认定本案不能排除系其他人作案的可能,原判定罪、适用法律错误,改判张辉、张

---

〔1〕 谢澍:《认真对待证据裁判——以张辉、张高平案为样本的分析》,载《东方法学》2013 年第 3 期。
〔2〕 同上。

高平无罪。[1]

(三)解释法律条文

中文博大精深,用中文书写的法律条文往往非常复杂,给法律人留下很大的解释空间。在司法实践中,无论是公安局、检察院还是法院,对犯罪嫌疑人、被告人采取措施、定罪量刑的最终依据,都是法律条文。侦查机关根据他们对法律条文的理解,审查涉案人员是否涉嫌犯罪,是否要立案调查,是否需要采取强制措施;检察机关根据他们对法律条文的理解,审查犯罪嫌疑人、被告人的行为是否涉嫌犯罪,是否应当批捕,是否要提起公诉;法院根据他们对法律条文的理解,审查决定被告人是否构成犯罪,应当判处何种刑罚。他们对法律条文的解释也可能出现偏差。

辩护律师的重要价值之一,就是解释法律条文,从相对客观中立、疑罪从无、罪刑法定的立场,着手对涉案法律条文进行解释。既要根据刑法理论、刑事诉讼法理论等来解释涉案相关的法律条文,也要结合涉案犯罪事实,来解释如何适用法律,相关法律条文在涉案犯罪事实中该如何解释和运用等问题。

案例　谢某等涉嫌走私国家禁止进出口的货物、物品罪案

谢某向他人购买了几株黑松,谢某听说这都是从我国台湾地区运来的日本黑松。后来,侦查机关将他抓获归案,指控谢某涉嫌的罪名是走私国家禁止进出口的货物罪。为了证明涉案黑松是国家禁止进口的货物,侦查机关委托某植物园物种鉴定中心,对涉案黑松的物种进行鉴定,该植物园鉴定中心出具了一份《物种鉴定意见》,鉴定结果显示,涉案的松科植物,属于日本黑松。公安机关、公诉机关用这份《物种鉴定意见》来证明涉案的动植物来自疫区,是国家禁止进口的动植物,因此,被告人谢某的行为构成走私国家禁止进出口的货物、物品罪。

根据1997年7月农业部72号公告《进境植物检疫禁止进境物名录》,因松材线虫等疾病禁止从亚洲的朝鲜、日本、我国香港特别行政区和澳门特别行政区,欧洲的法国,美洲的加拿大、美国,进口松属植物。

该法规禁止进境的对象,究竟是日本黑松这个物种,还是从日本进口来的日本黑松呢?公诉机关和辩护律师有截然不同的解释。恰恰就是对法条的不

[1] 详见浙江省高级人民法院(2013)浙刑再字第2号再审判决书。

同解释，直接决定犯罪嫌疑人、被告人是否构成犯罪。

公诉机关认为，1997 年 7 月农业部 72 号公告《进境植物检疫禁止进境物名录》，因松材线虫等疾病禁止从亚洲的朝鲜、日本、我国香港和澳门特区，欧洲的法国，美洲的加拿大、美国进口松属植物。日本黑松属于日本的松属植物，因此，只要是日本黑松都要禁止进口，被告人谢某构成走私国家禁止进出口的货物罪，事实清楚，证据确实充分。

辩护律师认为，日本黑松这个物种，除了日本之外，很多国家和地区都有种植，法律规定禁止的是来自疫区的日本黑松，而不是禁止所有的日本黑松这个物种进境。

农业部第 72 号公告规定："根据《中华人民共和国进出境动植物检疫法》第五条和《中华人民共和国进出境动植物检疫法实施条例》第四条和第七条的规定，为防止植物危险性病、虫、杂草及其他有害生物传入中国，中华人民共和国农业部根据所掌握的国外疫情情况，修订了新的《中华人民共和国进境植物检疫禁止进境物名录》，现予发布执行。"其中，《进出境动植物检疫法》第 5 条规定："国家禁止下列各物进境：（一）动植物病原体（包括菌种、毒种等）、害虫及其他有害生物；（二）动植物疫情流行的国家和地区的有关动植物、动植物产品和其他检疫物……"[1]《进出境动植物检疫法实施条例》第 4 条规定："国（境）外发生重大动植物疫情并可能传入中国时，根据情况采取下列紧急预防措施：（一）国务院可以对相关边境区域采取控制措施，必要时下令禁止来自动植物疫区的运输工具进境或者封锁有关口岸；（二）国务院农业行政主管部门可以公布禁止从动植物疫情流行的国家和地区进境的动植物、动植物产品和其他检疫物的名录……"[2]

仔细研究理解上述法律条文，可知农业部的 72 号公告《进境植物检疫禁止进境物名录》的制定依据，也仅仅规定禁止疫区的动植物、动植物产品和其他检疫物进口，没有宽泛到疫区所有的动植物物种。那么，农业部 72 号公告《进境植物检疫禁止进境物名录》的规定，从立法原理、法理解释上来看，也不可能超越《进出境动植物检疫法实施条例》禁止进口的物品范围，不可能从禁止疫区的动植物，扩大为禁止疫区的动植物物种。动植物和动植物物种的区别就

〔1〕 注意，不是禁止进口有关物种，而是禁止进口从疫区来的有关动植物、动植物制品和其他检疫物。
〔2〕 注意，不是禁止进口有关物种，而是禁止进口从疫区来的动植物、动植物产品和其他检疫物。

是，疫区的动植物，只有疫区有；疫区的动植物物种，不只疫区有，其他地方也有。因此，根据农业部72号公告规定的禁止从日本等疫区进口日本黑松，并不是禁止进口日本黑松这个物种，而是禁止进口产自日本的日本黑松。

因此，涉案《物种鉴定意见书》虽然鉴定出涉案的植物属于日本黑松，但日本黑松只是一个物种的名称，并不是日本独有的，在中国台湾、中国东北、越南等国家和地区也都有日本黑松这种松科植物。涉案《物种鉴定意见书》与被告人谢某等人走私国家禁止进出口的货物、物品罪的指控之间，不具有关联性，涉案《物种鉴定意见书》不能证明涉案日本黑松来自疫区，涉案日本黑松究竟是不是来自国家禁止进口的疫区，无法确认。因此，谢某依法不构成走私国家禁止进出口的货物、物品罪。

（四）为当事人引路

刑事辩护是一项非常特殊的工作。辩护律师每天都在阅读别人的人生。辩护律师每天都在看案卷，里面记载的就是犯罪嫌疑人、被告人和罪犯们的部分人生：是哪里人，受过什么教育，什么时候发家等；第一次收钱受贿时是怎么想的，第一次杀人是什么样的感受，第一次诈骗原因是什么；犯罪之后，内心有没有波动，有什么想法等。辩护律师几乎每周都要去看守所或者监狱，听他们讲述“冤屈”，以及他们是如何一步步来到看守所、监狱。这就是他们的过往人生。

一旦被指控犯罪，犯罪嫌疑人、被告人将立即处在巨大的人生十字路口。他们经常会问辩护律师：这个问题我该怎么回答，那个问题我该怎么回答，这件事我要不要说真话，那件事我要不要说真话，我要不要认罪，认哪部分罪，认多少犯罪事实，如果我被判刑会判多久，我怎么说才可能早点出去……

在这个人生十字路口，如果他们走对了路，可能获得较轻的量刑，甚至可以很快重获自由；一旦走错了路，就很可能面临几年、十几年的牢狱之灾，甚至可能会被判处死刑。

辩护律师就是陪伴在他们身边，指引他们选择这个路口该如何走的人。辩护律师的专业判断，将直接影响他们的人生历程。

案例　毛某涉嫌非法行医罪案

毛某是开诊所从医三十几年的乡村老医生，一辈子以治病救人为己任，退休之后在儿子开设的诊所从医，医生资格证过期未续。一天，他给病人输了两瓶葡萄糖液，结果非常不幸，病人回家之后就死了。经鉴定是重度糖尿病情况下仍然注射葡萄糖液，导致死亡。老医生面临非法行医致人死亡的重罪，法定刑是“处十年以上有期徒刑，并处罚金”。他不知道余生是否会在监狱里度过，不知道自己的命运会如何。

辩护律师告诉他，毕竟关乎一条人命，自首、认错、赔钱安抚获得谅解是一种可以考虑的选择，可以争取获得从轻减轻处罚的机会。最终，他积极认罪悔罪，获得谅解，在辩护律师与检察员、法官的多方沟通下，乡村老医生被判处3年有期徒刑，缓期5年执行。被害方得到了赔偿，乡村老医生重获自由。

案例　钟某涉嫌诈骗罪案

某机关的合同工钟某，被指控冒用国家单位名义，擅自向供应商索要货物，骗取供应商60多万元货款，涉嫌诈骗罪。第一次面临刑事指控，面临着10年以上有期徒刑的刑罚，他感到十分无助。

辩护律师了解到，他并不是试图将这笔货款据为己有，一直都有还款，分了10多次还钱，已经偿还20多万元，还有30多万元未偿还。被害人还没有报案，公安机关还没有正式将之作为诈骗犯罪予以刑事立案。于是，辩护律师告诉他，欠债还钱，天经地义，赶紧还钱了事。最终，钱货两清，定分止争，牢狱之灾消除。

（五）挖掘犯罪真相

由于刑事案件都源于过去，证据材料又真伪不明，刑事案件的事实认定，是司法实践中最难以解决的问题之一。[1] 田文昌律师曾说：“律师不代表正义，也不可能代表正义，只能通过三方的对抗的审判方式整体运作，才能实现公正。这是我认为的第一个前提，律师没有查明真相这个义务。”[2]确实如此，辩护律师没有挖掘真相的义务，但是要善于挖掘案件真相，因为有时候案件真相对犯罪嫌疑人、被告人是有利的。独立挖掘对犯罪嫌疑人、被告人有利的事实真相，是辩护律师的重要价值体现。

案例　白某涉嫌盗窃罪案

白某被指控去ATM取钱时，将其他人的4500元钱偷走了，涉嫌盗窃罪。

---

〔1〕 赵琳琳：《刑事冤案问题研究》，中国法制出版社2012年版，第22页。

〔2〕 柏恩敬、刘思达：《律师刑事辩护中的职业伦理——中美比较制度与实践对话录》，载《交大法学》2018年第2期。

原来,被害人存款时因玩手机,忘记点确认键就离开,被害人发现钱款丢失后报警导致案发。公安机关将白某抓获归案,白某对于偷钱的事实,供认不讳。

本案看起来,白某盗窃的犯罪事实已经证据确凿,辩护工作陷入困境。为了挖掘真相,辩护律师带着案卷材料,照着白某所供述的操作流程,去涉案的那台柜员机实地操作试验。

经过多次重复的操作,辩护律师发现重大突破点:白某到达 ATM,发现 ATM 正在响动;白某为取款,按 ATM 右边的一个按钮,他操作的时间与退钞完毕、存款槽打开的时间非常意外地一致,导致他也认为钱款是自己"按"出来的。实际上,这些钱,是他捡回来的,而不是偷回来的。

在辩护意见中,辩护律师将自己录制视频和现场监控录像同步播放并截图,逐一进行对比,将每一个步骤进行精确的分解:被害人在几分几秒到达 ATM,几分几秒将钱放入 ATM 卡槽,几分几秒屏幕上出现"确认"键、"取消"键,被害人是几分几秒离开的,白某是几分几秒到达 ATM 的,又是几分几秒按了 ATM 的哪个按钮等。

约见检察官时,辩护律师当场对比演示调查取证视频和案发监控录像,证实这笔钱款确实不是白某偷的,而是捡的。白某一直以为自己是犯罪的,万万没有预料到辩护律师竟然挖掘到真相,还了他清白。

(六)推动法治发展

每一个刑事案件都有亮点,每一个刑事案件都可以推动法治的发展,即使这个案件非常简单,关键在于辩护律师的担当和坚持。

案例　李某涉嫌危险驾驶罪案

2016 年 10 月,被告人李某酒后无证驾驶一辆无号牌两轮电动摩托车途经××建设北路与紫薇路交叉路口处,被执勤民警查获。经××司法鉴定中心检验,从送检的李某血液中检出乙醇成分,含量为 270.2mg/100ml。侦查机关以涉嫌危险驾驶罪对其刑事立案,并委托机构鉴定这辆车的属性,结论认定涉案电动自行车是超标车,属于轻便摩托车。检察机关提起公诉,广州某区人民法院一审判决危险驾驶罪成立,判处拘役 3 个月。

这是一起非常简单的醉酒驾驶案件,本案中李某醉驾事实非常清晰明了。本案中李某血液酒精含量测试显示达到醉酒标准,车辆属性鉴定意见显示是涉案车辆是摩托车，属于机动车的范围。因此，从表面上看，认定李某构成危险驾驶罪并无障碍。

但是，辩护律师研究发现，市面上绝大部分电动自行车在质量、速度等参数上，都是超过国家标准的。超标的电动自行车能不能当作机动车对待，驾驶超标电动自行车能不能等同于驾驶机动车，法律上对此没有明文规定，但这却关系重大。

如果超标电动自行车等同于机动车，那么使用者将承担非常重的责任。在民事上，超标电动自行车撞伤行人将承担机动车撞伤行人的责任，超标电动自行车与机动车发生碰撞，等同于两辆机动车发生碰撞，这对超标电动自行车驾驶人的民事责任影响重大。在刑事上，醉酒驾驶超标电动自行车将等同于醉酒驾驶机动车，直接认定为危险驾驶罪。

国家对于电动车、电动自行车、超标电动自行车都没有实行登记制度，也不要求购买交强险、考驾驶证，没有建立相应的配套制度。由此可以看出，在对超标电动自行车的实际管理过程中，国家并没有将超标电动车纳入机动车管理的范围，在没有法律明确规定的情况下，不应任意扩大机动车的范围，不应将超标的电动自行车等同于机动车。

不得不说，国家对于电动车、电动自行车、超标电动自行车的管理，还存在一定的不足。在本案审理过程中，辩护律师与经办法官沟通得知，法院对超标电动自行车如何定性和适用法律还没有定论，正在进行大规模的调研，寻求合适的解决方案。

可见，案子虽然非常简单，但所涉及的问题是重大的。本案中对于超标电动自行车的属性之争，能促使国家机关明确对超标电动自行车的法律适用，进行深入调研，商讨合适的解决方案。

第一章
CHAPTER 01

刑事洽谈的思路与步骤

第一节
刑事案件客户的类型

刑事案件的客户类型比较特殊，都是犯罪嫌疑人、被告人及其近亲属。他们的案件对于辩护律师来说只是一个案件，但对他们而言则是关乎自由、财产乃至生命的人生大事。他们的共同之处是大多缺乏法律专业知识、刑事辩护经验，内心大多是焦虑、彷徨、无助的，他们也想要得到最好的结果。但由于个性不同、生活经历不同、社会阅历不同，他们对辩护律师的诉求各有差异，他们找辩护律师洽谈时的心理活动也不同。相应地，对不同类型的客户，辩护律师与他们洽谈的态度、内容和方式也应进行调整，尽量做到有针对性，以提高洽谈的成功率。笔者将客户类型分为以下十类：

一、倾诉分析型

倾诉分析型客户是指刑事案件的客户的内心是想找个辩护律师倾诉，从辩护律师这里得到专业分析，得到自我安慰，如部分犯罪嫌疑人、被告人及其家属因其自身或亲属被抓获羁押而惊慌失措，但由于经济能力或者性格原因，渴望有个专业律师帮他分析：自己或家人的行为是否构成犯罪，构成什么犯罪，严不严重，大概要判几年，某一份证据合不合法，某一单犯罪成不成立，有没有辩护的空间，案件会不会有什么转机等。他们委托意愿不强，主要是想要找个律师倾诉，得到律师的专业分析，解答自己的疑惑或验证自己的想法，让自己得到宽慰。

案例1-1　吴某涉嫌诈骗罪案

吴某的家属与律师洽谈委托。吴某的家属全程语气平和，不断向律师诉说吴某涉案事实细节，包括吴某总共被指控的10多单诈骗，每一单高利贷放贷的具体过程细节，以及他听说现在被指控"涉黑涉恶"的感想。

家属：律师，大概情况是这样的……这种情况会不会被说成黑社会性质犯罪？

律师：现在只是侦查阶段，不排除这种转变的可能性。

家属：可是，我们就是放贷的人，我们不可能是黑社会啊，我觉得是不可能的。

律师：是的，黑社会要求具备四个特征：组织特征、经济特征、行为特征、非法控制特征，要同时具备这四个特征，才能构成黑社会性质组织。具体要评判被抓十几个人的关系、涉案行为等，才能判断得比较准确。

家属：这样啊，我觉得其中几单是不构成诈骗，也不构成虚假诉讼，不属于套路贷，只是普通的高利贷。这有几份法院判决书，很多资料我都找到了，要不要看一看？

律师：我们现在没有办法帮你一一核对，这需要花很多精力去研究的，是接受委托之后才做的事情。

家属：那我爸的行为，你们觉得是不是虚假诉讼？是不是套路贷？

律师：听你这么只言片语，下不了结论。

家属：我也觉得不是。我这段时间也一直在学习法条，我对比觉得，我爸的行为应该也不是虚假诉讼和套路贷。但是，有一单，好像有伪造了转账凭证，我就不是很确定是不是虚假诉讼，你们觉得呢？

律师：伪造转账凭证也不能认定是虚假诉讼，还要结合其他很多资料来分析。

家属：是啊，我也觉得是这样。那……

在这次洽谈中，当事人委托意向不明，他全程都在倾诉自己家里人的遭遇，想要从律师这里得到构不构成犯罪的专业分析，也想从律师的专业分析里去印证他此前了解到的观点是否可靠。

这种客户的特点在犯罪嫌疑人尚未被采取强制措施的情况下尤为明显，他们预感到他本人或其亲属可能会被追究刑事责任，可能会被采取强制措施，因而比较焦虑。但又未被采取强制措施,存在侥幸过关的可能,万一侥幸过关就不需要支付律师费,因此他们并不急于委托律师,主要是想跟专业辩护律师倾诉,想得到律师的专业分析和应对指导。

二、设定结果型

设定结果型客户是指自己设定了一个他们认为的最好结果,想让辩护律师去实现,如果觉得律师能够帮他实现,就会委托律师代理。这类犯罪嫌疑人、被告人及其家属对案件已经有期望的判决结果,如想要获得缓刑或者实报实销的结果,然后带着这个结果找律师洽谈,初始目的是要律师能帮助他们实现这个结果。他们通常会追问律师能不能帮助他实现这个结果,如果辩护律师承诺能帮他们实现或者他们相信辩护律师能帮他们实现,则会委托。如果明确回答不能或几乎不能,他们就倾向于寻找他们觉得能帮他实现这个结果的律师。

对此类客户,辩护律师可以从三个方面跟他们洽谈:其一,辩护律师需要根据已知的案情给予他们相对专业的分析讲解,告知他们根据目前的案情实现他们想要的结果是否可能,展现辩护律师的专业性。其二,讲解刑事案件和刑事辩护的特点,说明辩护律师不能给当事人任何关于结果的承诺,也无法控制最终判决的结果,所以无论如何都无法承诺能实现他们想要的结果,即使承诺了也不一定能实现。其三,辩护律师的工作,就是凭借专业知识和实务经验,最大限度地帮助他们努力实现他们想要的结果。

案例 1-2　刘某涉嫌非法出售珍贵、濒危野生动物制品罪案

刘某家属找律师洽谈委托,诉求非常简单,就是要律师帮忙实现缓刑或者实报实销的结果。

家属:我们想请你们想想办法,看能不能判缓刑或者实报实销,让刘某早点出来。

律师:我们现在还不知道案卷情况,需要先研究案卷材料。

家属:我们是慕名而来的,知道你们比较专业,之前的律师说可能要判个三四年,我们觉得太重了,想要让刘某快点出来,实报实销或者缓刑。你们能帮忙做到吗?

律师:现在还不好说,无法给你肯定答案。

家属:你们有没有做过类似的非法出售珍贵、濒危野生动物制品案件? 结果怎么样？

律师：去年是有做过一个非法出售鹦鹉的案件，结果是比较理想，实报实销。

家属：我们就想要缓刑或“实报实销”的刑期，你们能不能做到？

律师：我们案卷材料都没有看，不好判断能不能判缓刑或者实报实销。你这个案件，初步听起来可能没有那么严重……

刘某的家属设定了想要的判决结果，想要通过律师的辩护来实现，决定是否委托的因素就在于辩护律师有没有把握帮他实现这个结果，或者他们认为辩护律师能不能帮他实现这个结果。刘某的家属考虑再三，还是接受了律师的观点，决定委托律师帮他代理这个案件。

三、追问效果型

追问效果型的客户在洽谈委托时，始终围绕辩护效果进行，他们不断追问律师能够辩护到什么效果。比如，在犯罪嫌疑人刚被刑事拘留时，担心请的律师不起作用，所以一定要找能实现辩护效果的律师辩护，他们在委托律师之前，始终想知道委托了律师能起到什么样的辩护效果，能得到什么样的结果。他们想问的核心问题就是：“律师，这个案子能做到什么程度？”“律师，你们能帮我们做到什么程度？”此类客户既存在对律师工作的不信任，也对案件本身以及案件对他们家庭造成的影响感到非常焦虑，因此表现出来的是，不断追问辩护律师能够帮忙辩护到什么效果。

对此类客户，辩护律师可以谈几个方面的内容：其一，婉拒他们要求对辩护效果的承诺，辩护律师此阶段无法给出对辩护效果的判断；其二，讲解辩护律师经办同类案件的经验，同类案件在犯罪事实认定、犯罪金额认定等方面可能存在的辩点；其三，根据具体案情，预测后期可能存在的辩点和可能出现的几种判决结果，包括最坏的结果、最好的结果、折中的结果等；其四，解释刑事诉讼的流程，让他们知道刑事诉讼的整个诉讼流程的各个环节，在侦查初期辩护律师能做的工作是哪些，让客户知道当前迫切需要做的事情，如会见、申请取保候审、调查取证等，和辩护律师未来需要开展的工作。

案例1－3　张某涉嫌组织、领导传销活动罪案

一审判决之后，张某委托一审辩护律师继续上诉。在洽谈委托过程中，张某担心律师费打水漂，要求律师承诺办案效果，并在合同上写明律师承诺的办案效果。张某也提出可以写明在达到无罪结果后额外支付律师费××万元。辩护律师一口回绝张某的想法，并告知承诺办案效果和风险收费，都严重违反执业规则，是不可能这样操作的。

案例1-4　曲某涉嫌销售假冒注册商标的商品罪案

曲某的家属与律师的多次洽谈，核心问题都是"律师，这个案子能做到什么程度？"

律师：把案情大致说一下吧。

家属：是这样的，曲某他们是××××年××月××日被刑事拘留的，当时仓库里有××箱货物都被查扣拉走了。

律师：货物价值多少呢？

家属：我们自己卖的话，可能也就卖个十几万元吧。

律师：那其他销售记录有吗？

家属：据了解销售记录有部分被拿走，我们这些年卖的还是比较多的。

律师：销售记录不一定能被认定为犯罪金额的，具体还需要一一比对是否侵权。

家属：情况就是这么多，你看这个案子以后会怎么判呢？

律师：现在才到侦查阶段，还有很多变数，判断不了以后会是怎么判的。从已知案情看，后期辩护方向主要是……

家属：那你们接了这个案子，打算怎么做呢？

律师：我们现在接受这个案子，我们首先去会见……

家属：那你们能做到什么效果？能帮我们做到什么程度呢？

律师：现在无法给你这个答案，我们以往办理的这类销假案件，辩点往往出现在这几个方面……

家属：我们要请律师，想知道律师究竟能帮我们做到什么程度，这个很重要，我们担心有些律师收了钱，就跟着程序走，没做什么事，感觉有请律师跟没请律师是一样的，律师没有起作用，我就担心这个。

律师：是的，不同的律师确实有不同的水平和风格……

经过几次沟通，辩护律师终于说服家属，让辩护律师介入会见了解情况。每次会见完之后，家属往往还是会追问能做到什么程度的问题。

律师：我们会见初步了解到的事情是这样的……

家属：案情你们了解得已经比较多，你们现在有把握吗？请你们的话，能帮我们做到什么程度？做到什么效果？

律师：诉讼过程有很多变数的，现在只是了解到初步的指控事实和金额，公安机关也才刚开始搜集证据，最终能搜集多少证据还不知道，搜集的证据能够证明的犯罪事实和金额有多少，也还不知道。以后都有可能会变化。无法回答你做到什么程度。

家属：就现在掌握的这些案情呢，大概会是怎么样的？能帮我们做到什么程度？

律师：其一，假如现在初步指控的事实和涉案金额都证据充分，那么量刑档次大致是……其二，假如都证据充分，则没有辩护空间。其三，现在公安机关也还在搜集证据，根本不知道证据将来是否充分，我们现在无法审查，因此还不知道有多少辩护空间。其四，现在控方的证据还没有收集齐，指控的事实和金额都还没有确定，辩护方如何能确定能辩护到什么效果呢？如果有也是撒谎。其五，根据现有情况，未来的辩护方向主要有……

对这类客户，辩护律师需要耐心、反复地沟通，讲解的内容也往往是重复的。经过多次沟通后，部分客户最后由于没有从律师这里得到他们想要的答案，所以没有委托。部分客户则经过多次耐心沟通之后，虽然还时常忍不住提出这样的问题，但他们也逐渐明白，他们的问题在很长的时间内都没有确定的答案，慢慢接受律师的观点。例如，曲某的家属，经过多次耐心、重复的沟通，她还是决定委托。

四、寻找关系型

寻找关系型客户是指其找律师是相信律师有关系，想通过律师来找关系花钱消灾。中国自古以来都是人情社会，很多客户深信“关系”的重要性，认为有“关系”就能解决问题，或者花钱就能解决问题。他们找律师洽谈委托时，也往往冲着辩护律师的“关系”来。辩护律师有没有“关系”是他们决定要不要委托的主要考量因素。这种类型的客户在当前司法实践中非常常见。他们经常会问，“你有没有‘关系’？”“你跟法官熟不熟？”“事情有好结果，可以多给律师费”。他们对有公检法监工作经历的律师情有独钟，认为在这些部门工作过，一定有相熟的人,一定有“关系”。

这种客户对“关系”深信不疑,他们宁愿拿出大笔的钱去找某内参、某领导、某秘书等人去协调运作,但对律师费用往往相对吝啬。结果等发现被骗之后,又只能回头找“不找关系”的专业律师。

案例1-5　谢某等涉嫌走私普通货物罪、走私国家禁止进出口的货物罪案

谢某在一审阶段委托自称能协调轻判的辩护律师。辩护律师经过沟通后告知,将判处十二三年的有期徒刑,但最终判决结果是有期徒刑25年,其不得不重新委托踏实办案的专业刑事辩护律师。

案例1-6　张某等涉嫌销售假冒注册商标的商品罪案

张某的家属找到律师洽谈委托事宜,家属非常相信“关系”,希望在张某刚被抓的阶段,可以通过“找关系”把大事化小、小事化了。

家属:你们有没有其他途径可以沟通?

律师:辩护律师与经办机构、经办人员,是可以依法依规沟通交流的。

家属:除了法律上的程序,有没有其他“关系”?在公安、检察院或法院那边可不可以沟通协调?

律师:我们跟公安、检察院、法院的沟通都是正常沟通,没有其他沟通方式。

家属:你们做律师这一行的,肯定有一些“关系”的。看看能不能帮忙疏通一下,我们这边可以出钱。

律师:不好意思,我们没有这方面的“关系”,我们也不“找关系”的。

张某的家属发现辩护律师并不是他需要的有“关系”律师,洽谈没有进展。后来张某的家属找到有“关系”的人士,支付了上百万元,据说可以取保候审。一个月后,张某被批准逮捕。张某家属找“关系”没有效果,又来找扎实办案的专业辩护律师洽谈委托事宜。

案例1-7　杨某涉嫌走私普通货物罪、走私国家禁止进出口的货物罪案

被刑事拘留后找到律师洽谈委托事项,先行委托会见杨某。在会见几次之后,杨某觉得律师不“找关系”,没办法协调,于是又撤换律师,找了位自称能与海关、检察院、法院协调的大状。但一审判决非常不理想,数罪并罚被判了将近20年的有期徒刑。杨某的家属对“关系”彻底死心,于是又找回踏实办案的律师为其提供专业辩护。

此类客户即使委托了专业辩护律师为他辩护，他内心还是放不下对“关系”的依赖，还深信找“关系”就能解决问题，就可以花钱轻判了事。在会见过程中，他还是会经常、反复要求辩护律师“找找关系”，反复跟辩护律师说，“你尽管去跟法官见面、沟通，需要（钱）多少都可以，要是办好了，奖励×××万元”。直到其发现“找关系”行不通，才会放弃这个想法。

五、法律帮助型

法律帮助型客户是想找专业律师得到专业的法律帮助和辩护策略指导。这类当事人及其家属往往受过良好教育。有的不知道当事人是否有罪，则想要通过专业辩护律师提供专业辩护意见，并给出罪与非罪、此罪与彼罪、罪轻与罪重的专业意见，为他们提供最好的辩护策略和辩护意见。有的知道当事人肯定是有罪的，一定会判刑，只是不知道刑罚轻重，他们希望找最专业的辩护律师提供专业的法律帮助，即使不能无罪，也让当事人尽量判得最轻。这类客户在与律师洽谈之前，他们往往已经通过各种方式了解律师的经验、能力、名声、费用，对拟委托的律师已经比较了解。

我之前办过的李某涉嫌诈骗罪案，案件已经开过一次庭，但是庭审还没有结束。他的家属对辩护律师的观点持怀疑态度，对案件走向没有信心。于是经过多方推荐，找到我们洽谈委托事宜，他们想要委托我们阅卷，他们的诉求非常清晰，就是想要从我们这里得到专业的法律帮助：其一，帮忙阅卷，阅卷后对李某罪与非罪、此罪与彼罪、罪轻与罪重，向他们提出非常客观的法律意见；其二，为他们选择最佳的辩护策略；其三，根据辩护策略为他们撰写专业的辩护意见。在律师费合适的情况下，他们很快就决定委托。

案例1-8　郑某涉嫌走私普通货物罪案

本案涉案金额达1900多万元，郑某的家属黄某与律师洽谈委托事宜，寻求律师提供法律帮助。

律师：你好，这是我们的宣传册和办过的部分走私案介绍。

黄某：好。我知道你以前办理过×××的案件，我们这个案件有点类似，同样是电子产品行业，也是涉嫌走私。这些宣传册我翻翻就行，我对你们有了解过，不然也不会过来。

律师：好。说一说什么情况？

黄某:郑某的情况是这样的……

律师:好,家属有什么样的需求?对之前的律师不满意,是什么原因?

黄某:我们知道郑某不可能无罪的,我们不会提出不可能的要求。我们只是希望能够让他尽量早点出来,不要判10年有期徒刑以上。涉案证据存在较多问题,我们感觉之前的律师不够专业,主辩律师还是很重要的,所以我们想换成更专业的。你们负责提供法律上的帮助,至于其他沟通协调的问题,我再想办法。

律师:好,明白。

黄某:目前,听我讲的这些案情,你们暂时有什么想法?有哪些方面可以努力?

律师:从你刚才说的这些情况来看,有几个方面可以尝试寻找突破口……

黄某:如果委托你们辩护,费用是多少?怎么计算费用?

律师:……

这位客户来见律师之前,对律师做了"尽调",对律师的业务范围和业务能力有较充分的了解,在经过筛选之后,相信某位律师的经验和能力,才最终约该律师见面。他知道郑某肯定不可能无罪的,他需要的是专业刑辩律师提供法律帮助,没有提出要求辩护律师"找关系""勾兑"之类的非分要求。

六、处理问题型

处理问题型客户是想要找到值得信任的辩护律师,全权委托专业律师来帮忙处理他们的案件。大部分犯罪嫌疑人、被告人的家属面对家人突然被公安机关抓获的情况,不知道怎么处理。他们希望找一位信任的、靠谱的律师,全权委托给律师来主导处理。这种类型的客户一般没有可以疏通的"关系",经济支付能力也往往非常有限。他们一般都是平凡的老百姓,或者是上班族,或者是小生意者,他们对"走关系"不抱希望,或者没有"关系"可以依赖。他们只能寻求信任的专业辩护律师来主导处理这个事情。

案例1-9　朱某涉嫌盗窃罪案

朱某的家属寻找律师为朱某提供辩护。对于朱某被刑事拘留的具体情况、涉案情况等具体细节,他的家属都不知道,也不知道该怎么办、该如何处理这个事情。朱某的家属希望有个靠谱的律师能够为他们提供帮助,全程帮助他们处理这个事情。

家属:律师,这件事情要怎么办啊?

律师：家里都没有人了解这个事情的吗？

家属：我们都不知道，他已经被抓了一个星期，我们昨天才知道他被抓，不知道是什么事情，公安只是说是盗窃。

律师：那要先去会见一下，了解一下具体情况，看看有没有盗窃，有没有机会可以早点出来。

家属：我们不知道怎么处理这个事情，就麻烦你了。

律师：如果真的有盗窃，就考察证据是否充足，衡量是否有可能争取无罪；如果证据比较充分，则早点退赔、认罪认罚，早点走出看守所，回归社会。

案例 1－10 吴某涉嫌开设赌场罪案

吴某于2019年5月被公安机关抓获，因为吴某刚生产完，还在哺乳期，第二天就被公安机关取保候审。几个月后，吴某和家属联系律师，希望有靠谱的律师帮助他们一起处理这个事情。

律师：你们同案被抓的有多少人？

吴某：不知道，可能有十几个吧。

律师：你们是被公安现场抓获的吗？

吴某：是的，大家一起在现场被抓的。

律师：现在案件到什么阶段了？

吴某：我不清楚。

律师：有什么诉求吗？

吴某：我就希望不用坐牢，毕竟小孩还小。请律师帮我一起处理这件事情。

这种客户的信任，往往建立在熟人推荐的基础上，基于对熟人的信任而对辩护律师产生信任。一般来说，这类客户的案件本身不是特别重大，他们也没有相应的资源能够挑选更多的专业辩护律师。经熟人推荐之后，如无意外，他们则倾向于全权委托熟人推荐的辩护律师，协助处理。

七、来回传话型

在部分案件中，出面与律师洽谈的客户只起传话作用，没有是否委托律师提供辩护的决定权。真正决定是否委托律师的人在其幕后，只是由于各种原因不方便露面或者不想露面。此时，能否委托往往受限于传话的人对幕后人的影响力。如果传话的人不能影响到幕后的人，则辩护律师再专业也很难得到委托。

案例1－11 林某等人涉嫌非法经营罪案

林某被抓获归案,林某的哥哥也是涉案公司的股东之一,也可能被列为犯罪嫌疑人,因此,林某的哥哥不方便出面,但他是公司的主要决策人,也是家里重大事项的主要决策人,他对是否为林某聘请律师有决定性作用。然而,出面与律师洽谈委托事宜的是林某的嫂子,林某的嫂子只是一位家庭主妇,对委托律师事宜没有决定权,她将从律师这里得到的信息或者建议,反馈给林某的哥哥,由林某的哥哥来决定是否委托。

此时,辩护律师需要说服的对象并没有委托决定权,辩护律师分析得再到位、再细致,都没有办法直接影响有决定权的(林某的哥哥),因此,这种关系下,洽谈的效果往往不明显,委托成功率较低,一两次咨询之后就不会再联系。

案例1－12 杨某涉嫌诈骗罪案

当事人杨某被刑事拘留之后,她的女朋友过来找律师洽谈委托事宜,但是,是否委托的决定权在当事人杨某的母亲那里,杨某的母亲又没有亲自找律师洽谈。可想而知,即使辩护律师的能力和经验得到杨某女朋友的认可,也往往难以影响到杨某的母亲,委托事宜也很难成为可能。

可见,传话型客户过来洽谈时,能否成功委托,往往取决于该传话型客户对幕后决定人的影响力有多大。**在必要的时候,辩护律师可以要求直接与有决定权的人洽谈**。当然,有一些传话型客户对幕后决定人影响力比较大,辩护律师说服传话型客户,他自然就能与幕后决定人沟通委托事宜,委托的成功率就比较高。

案例1－13 郑某等人涉嫌走私普通货物罪案

犯罪嫌疑人郑某在国内被刑事拘留,他的妻子刘某在境外居住,是否委托的决定权在于郑某的妻子刘某。但是,刘某无法来国内与律师洽谈,她委托好朋友高某来洽谈委托,双方是多年好友,国内的相关事宜都是高某一手帮忙处理。因此,高某对刘某是否委托的影响力非常大。高某过来洽谈委托时,辩护律师主要让高某觉得是比较合适、值得信任的辩护律师,高某自然就会向刘某转达洽谈情况,并影响甚至说服刘某决定洽谈委托事宜。

八、案件掌控型

部分客户对案件处理过程有极强的“掌控”需求，他身边有很多可以提意见的朋友，包括体制内的朋友和律师朋友等，他往往想集思广益，在综合全部参考意见之后，作出他认为最正确、最有效的决定。因此，在经济条件不是特别富裕的情况下，他不会轻易决定聘请律师，但愿意咨询付费，听取更多专业性意见。此类客户的特点有两个：

其一，想掌握整个案件处理的所有信息，因此听取很多意见。如林某等人涉嫌非法经营罪案：林某的亲属过来洽谈委托事宜，他想从专业辩护律师这里获得专业的指导，听完专业辩护律师意见之后，他又会听取其他很多朋友的意见，最后再综合确定是否委托。此时，是否委托深受他本人判断力的影响。如果判断力不足，则会认为每个律师的观点都有道理，每个朋友的观点都有道理，他无法分辨哪种观点更加可行，导致此类客户会经常向律师咨询，但对于委托事宜犹豫不决。

其二，倾向于主动寻找甚至“创造”证据材料，以让涉案当事人免于牢狱之灾。如陈某涉嫌组织卖淫罪案：陈某的姐姐陈某某在家里拥有主要话语权，陈某的工作也一直是其姐姐陈某某安排的，陈某某对案件非常积极主动，她知道办案机关提审了几次、什么时候提审的、下一次提审将是什么时候，也会告知律师办案机关目前掌握了哪些证据，还知道办案机关下一步审查的重点问题是什么等，甚至她还主动收集甚至“创造”一些证据材料，提交办案机关。此类客户在经济条件相对有限的情况下，委托律师会比较犹豫；而在委托之后，可能会让辩护律师提交一些他们搜集的证据，或者让辩护律师会见时提出一些“特殊”的沟通需求。辩护律师需要特别防范执业风险，证据审查、证据提交时，要注意证据的可信度；在会见时，需要避免串供、毁灭、伪造证据等法律风险。

九、经济宽裕型

有部分客户经济相对比较宽裕，他对于律师费的支付能力比较强，往往不在乎多请一两个律师，只要律师的某一方面特长他比较看重，律师费又不会太离谱，他们会毫不犹豫地聘请律师。一般来说，经济宽裕型客户要么看中辩护律师声称的“关系”，要么看中辩护律师的知识、经验和能力，总之，一定要有他认为能用得上的地方。

但是,此类客户往往是比较聪明的,对于律师是否真的有“关系”、是否真的够专业,他自己作为在商业战场上打拼多年且成功的人,识人辨才能力是比较强的,他能相对准确地判断辩护律师是否真的有“关系”或者是否真的够专业。而且,他身边还有诸多的朋友,可以推荐有“关系”的律师、专业能力强的律师,或者可以帮助他们审查辩护律师是否真的有“关系”或者是否足够专业。

不过,对于这种类型的客户,“关系型”律师的市场将越来越小。对于这类客户来说,他们越来越倾向于寻找专业的辩护律师,越来越青睐专业能力上出彩的律师,因为他缺的是刑事辩护的知识、经验和能力。所以,辩护律师与经济宽裕型客户洽谈,应当尽量凸显自己的专业知识、经验和能力。

十、综合型客户

在当前中国司法实践中,绝大部分犯罪嫌疑人、被告人及其家属属于综合型客户,对案件的期待只有一个目标,想尽办法让犯罪嫌疑人、被告人无罪释放或者轻判的早些回归家庭。为了实现这个唯一的目的,他们在自己的资源范围内,会动用所有的手段。

因此,他们寻找辩护律师的心理和诉求是复杂的,往往具有两种以上前述九种客户类型的特点。既想要多找几位专业辩护律师倾诉,多得到几个专业辩护律师的专业分析意见;也想把案件交给最专业、最信任的辩护律师主导辩护,能够帮他们实现预想的最好结果;还希望辩护律师能够承诺帮他们争取最好的结果,提前安心;在办案过程中也会常追问辩护律师结果大致如何,能达到什么样的辩护效果;同时他们也从不排斥“关系”,在能力允许的范围内,也会倾尽全力去找人疏通;甚至内心也渴望能自行掌控案件处理和应对的过程。

虽然大部分客户是综合型的客户,但他们表现出来的主要类型面貌是不同的。他们往往会主要表现为其中一种类型,同时表现出其他类型的特征;他们表现出来的类型也不是固定的,一开始可能表现为寄希望于“找关系”的寻找关系型,后来可能主要表现为倾诉分析型,也可能变成法律帮助型等。随着他们的经历不同、对刑事诉讼的认识不同、案件的进展不同,他们表现出来的客户类型也往往会发生变化。

辩护律师与客户的选择是双向的,在洽谈过程中客户在挑选辩护律师的同时,辩护律师也在挑选客户。辩护律师应当在洽谈时甄别客户是否属于自己可以合作的客户，志不同不相为谋，辩护律师发现不合适的客户，应当果断放弃。如果洽谈时就发现是不合适的客户，仍然强行接受委托，则在后续办案过程中，辩护律师和客户都会发现双方沟通艰难，很难继续合作。

辩护律师与客户之间也是"教学相长"的关系，辩护律师在案件洽谈中不断改变客户对案件的看法、对刑事辩护的看法、对律师工作的看法、对"找关系"的看法，进而不断改变客户的心理状态和诉求，改变客户的类型；而客户也在不断刷新辩护律师对客户的看法，甚至可能在无形中改变辩护律师的执业态度、包容程度。

在洽谈案件及办案过程中，辩护律师需要牢记刑事辩护的特殊性，可以包容不同客户的不同需求，但不能迁就客户的不同需求，不能用谎言去满足客户的需求，更不能为了满足客户的需求而触碰法律的底线，否则容易招致行政处罚的执业风险乃至刑事处罚的犯罪风险。

第二节
刑事洽谈的准备

辩护律师在与客户洽谈之前，必要时可以做一定的准备工作。主要包括对客户信息和相关案情进行初步了解，对涉案法律问题、相关判例等进行较深入的研究。洽谈前的准备工作，可以让辩护律师在洽谈时提出针对性更强的意见，提出更专业的辩护方案，更能全方位展现辩护律师的办案经验和能力。

一、了解客户信息

营销行业中经常听到的营销的两个层级：第一层级是发现客户的真正需求，并准确地满足他的需求；第二层级是把自己的产品或服务深度挖掘成客户的需求，让客户发现他自己以前没有发现的急切需求。刑事案件的洽谈也是如此，辩护律师与客户洽谈之前，要尽可能先了解一下客户的各方面信息，了解客户的现实需求和可能的需求。如果客户是自然人，可以了解一下客户的职业、籍贯、家庭情况、在公司或单位中的级别等；如果客户是单位，可以检索一下公司的基本信息、经营状况等。如此，辩护律师可以初步判断案件对客户的影响有多大，有哪些方面的影响。此外，还需要了解前来洽谈的人，是具有聘请律师决策权的人,还只是传话汇报先行了解律师情况的人。

刑事案件洽谈的过程就是相互了解的过程,客户会初步了解辩护律师的情况,判断辩护律师是否专业可靠、能否胜任案件辩护工作。而辩护律师对客户了解得越多,就更能知道客户的困难和需求,对客户的案件情况了解越多,越能判断案件难易程度、客户的律师费支付能力,越能有针对性地提出最好的辩护策略。

二、询问大致案情

在刑事案件洽谈前,辩护律师可以询问一下大致案情,包括涉案犯罪事实,犯罪金额,犯罪情节,案件处于什么诉讼阶段,犯罪嫌疑人、被告人是什么时候被刑事拘留的,是否已经被批准逮捕,案发地是哪里,由哪一个办案机关管辖,同案犯罪嫌疑人、被告人有多少,是否被羁押,羁押在哪里的看守所,拟洽谈的犯罪嫌疑人、被告人及其家属是第几被告及其在指控的犯罪中的地位和作用等。

通过了解这些情况,辩护律师可以判断以下四点:一是判断律师是否需要出差、日后开庭时间长短、案卷材料的数量等时间成本;二是了解案件进展,判断未来还有多少工作和哪些工作要做;三是判断犯罪嫌疑人、被告人在涉案犯罪中的地位和作用,判断其律师费支付能力;四是通过了解涉案案情,方便先行进行相关法律研究,为案件洽谈做好法律知识储备。

三、储备法律知识

在洽谈案件之前,律师要尽可能对相关法律法规、司法解释、相关案例、理论文章进行较为深入的研究,准确把握案件的法律适用、争议焦点和辩护方向。这是辩护律师能够提出有效辩护方案的基础,它直接体现辩护律师法律研究的能力、办案经验以及对辩点的敏感度。

案例 1－14　周某涉嫌运输毒品罪案

周某被认定构成运输毒品罪,被判处有期徒刑 14 年,周某及其家属对一审判决不满意,寻求上诉,与律师洽谈。

辩护律师通过一审判决书了解案情:2017 年 11 月××日××时许,被告人周某持当日××至××的 G×××次车票进入××火车站乘车,通过实名制检票口进候车室时,被辅警发现并示意民警对其检查,周某突然往火车站广场外逃跑。民警和辅警紧追其后并看到周某边跑边抛洒疑似毒品的白色晶状物及包装物,后将其抓获。经过鉴定,周某携带的毒品净重共计41克。

根据该案情,辩护律师结合该事实,对相关法律法规、司法解释、相关案例进行检索,分析原审判决法律适用是否准确,分析二审辩护的争议焦点和二审辩护方向。

(1)《刑法》规定运输甲基苯丙胺的定罪量刑标准。

《刑法》第347条规定,"走私、贩卖、运输、制造毒品,无论数量多少,都应当追究刑事责任,予以刑事处罚。走私、贩卖、运输、制造毒品,有下列情形之一的,处十五年有期徒刑、无期徒刑或者死刑,并处没收财产:(一)走私、贩卖、运输、制造鸦片一千克以上、海洛因或者甲基苯丙胺五十克以上或者其他毒品数量大的;……走私、贩卖、运输、制造鸦片二百克以上不满一千克、海洛因或者甲基苯丙胺十克以上不满五十克或者其他毒品数量较大的,处七年以上有期徒刑,并处罚金。走私、贩卖、运输、制造鸦片不满二百克、海洛因或者甲基苯丙胺不满十克或者其他少量毒品的,处三年以下有期徒刑、拘役或者管制,并处罚金;情节严重的,处三年以上七年以下有期徒刑,并处罚金"。

综上可见,运输毒品甲基苯丙胺的基本定罪量刑标准如下:

其一,运输甲基苯丙胺50克以上,处15年有期徒刑、无期徒刑或者死刑,并处没收财产。

其二,运输甲基苯丙胺10克以上不满50克的,处7年以上有期徒刑,并处罚金。

其三,运输甲基苯丙胺不满10克,处3年以下有期徒刑、拘役或者管制,并处罚金;情节严重的,处3年以上7年以下有期徒刑,并处罚金。

(2)司法解释规定非法持有毒品罪与运输毒品罪的区分标准。

《全国法院毒品犯罪审判工作座谈会纪要》(以下简称《武汉会议纪要》)规定:"吸毒者在购买、存储毒品过程中被查获,没有证据证明其是为了实施贩卖毒品等其他犯罪,毒品数量达到刑法第三百四十八条规定的最低数量标准的,以非法持有毒品罪定罪处罚。吸毒者在运输毒品过程中被查获,没有证据证明其是为了实施贩卖毒品等其他犯罪,毒品数量达到较大以上的,以运输毒品罪定罪处罚。"

可见,吸毒人员在购买、存储毒品过程中被查获,没有证据证明是为了实施贩卖毒品等其他犯罪,该认定为非法持有毒品罪还是贩卖毒品罪?区分标准为:若达到《刑法》第348条最低数量标准的,即构成非法持有毒品罪;若毒品数量达到较大以上的,构成运输毒品罪。

根据《刑法》第348条的规定,“非法持有鸦片一千克以上、海洛因或者甲基苯丙胺五十克以上或者其他毒品数量大的,处七年以上有期徒刑或者无期徒刑,并处罚金;非法持有鸦片二百克以上不满一千克、海洛因或者甲基苯丙胺十克以上不满五十克或者其他毒品数量较大的,处三年以下有期徒刑、拘役或者管制,并处罚金;情节严重的,处三年以上七年以下有期徒刑,并处罚金”。因此,非法持有毒品罪的最低数量标准是非法持有海洛因或甲基苯丙胺10克以上不满50克,数量达到这个区间,就达到非法持有毒品罪的标准。

由此可知,吸毒人员在购买、存储毒品过程中被查获,没有证据证明是为了实施贩卖毒品等其他犯罪时,定罪量刑的标准是:

其一,若非法持有毒品甲基苯丙胺的数量为10克以上不满50克,则认定为非法持有毒品罪。

其二,若非法持有毒品甲基苯丙胺的数量为50克以上,则认定为运输毒品罪。

(3)在运输工具或公共场所被查获携带毒品,应认定运输毒品罪还是非法持有毒品罪?

在司法实践中,对于在交通工具上或者在公共场所内,将犯罪嫌疑人和涉案毒品人赃俱获,该如何定性?是否都认定为运输毒品罪?裁判观点是不统一的。辩护律师应结合本案案情,检索相关法规、案例,进行充分研究梳理。

第一种观点认为:未查明有其他毒品犯罪目的时,则认定为非法持有毒品罪。

例如,在韦某涉嫌运输毒品罪案中,韦某携带毒品在街道行走至某手机专卖店门前时,被民警人赃俱获,查出韦某随身携带的毒品50.07克。韦某构成运输毒品罪还是非法持有毒品罪,是本案争议焦点。

法院认为,运输毒品罪的客观方面表现为行为人运用各种各样的方式将毒品从甲地运往乙地的行为。非法持有毒品罪的客观方面表现为行为人实施了非法持有较大数量的毒品的行为,所谓“持有”,是指占有、执有、携有、存有或藏有毒品的行为。持有毒品的行为,不仅仅指将毒品收放于隐秘处、藏而不露,也包括把毒品携带在身边,还包括将毒品寄放(包括存放和偷放)在其他处所,如寄存处或其他人的房屋或物品里。同时还包括动态持有，即在乘坐交通工具时携有毒品。因此，被告人携带毒品准备进入高铁站，属于动态持有，也属于持有状态。只有为了贩卖、走私毒品或以其他方式扩散毒品，或者为了帮助他人贩卖、走私毒品或以其他方式扩散毒品而将毒品从甲地带至乙地的行为才能成为刑法所称的“运输”，不能认为凡是在运输工具或候车场所上携带毒品都是运输毒品。因此，法院判决韦某构成非法持有毒品罪。[1]

又如，在孙某涉嫌运输毒品罪案中，孙某用橡胶手指套包装毒品后吞食10余包，从××火车站乘上K338次旅客列车返回××。次日，当列车运行到怀化至溆浦区间时，被告人孙某因体内甲基苯丙胺片剂包装破裂导致中毒，被送至溆浦县中医院抢救，后从其体内排出甲基苯丙胺片剂11包（其中10包完好，1包破损溶化）。经计量，10包甲基苯丙胺片剂净重37.4克。

法院认为，依照孙某犯罪时的相关规定，吸毒者在运输用于自己吸食的毒品过程中被查获，没有证据证明其实施了其他毒品犯罪行为，如果其被查获毒品数量较大，达到《刑法》第348条规定的最低数量标准的，应当以非法持有毒品罪定罪处罚；如果其在运输毒品过程中被当场查获，毒品数量大，明显超出其个人正常吸食量的，可以运输毒品罪定罪处罚。37.4克甲基苯丙胺片剂属“数量较大”而非“数量大”，故对孙某的行为应当以非法持有毒品罪定罪处罚。[2]

第二种观点认为：携带的毒品数量达到较大以上，则认定为运输毒品罪。

例如，在石某涉嫌运输毒品罪案中，石某携带毒品甲基苯丙胺22.8克，在××北站候车室A6检票口候车时，执勤的民警发现其形迹可疑，故将欲乘坐当日D××次列车的石某带至公安值班室进行盘查，盘查过程中，石某主动交代了藏毒事实。

法院认为，《武汉会议纪要》规定：“吸毒者在购买、储存毒品过程中被查获，没有证据证明其是为了实施贩卖毒品等其他犯罪，毒品数量达到刑法第三百四十八条规定的最低数量标准的，以非法持有毒品罪定罪处罚。吸毒者在运输毒品过程中被查获，没有证据证明其是为了实施贩卖毒品等其他犯罪，毒品数量达到较大以上的，以运输毒品罪定罪处罚。”《刑法》第347条、第348条均规定甲基苯丙胺10克以上不满50克为数量较大，刑法规定以上、以下、以内，

[1] 详见广西壮族自治区钦州市钦南区人民法院（2018）桂0702刑初195号刑事判决书。

[2] 详见广东省广州铁路运输中级法院（2015）广铁中法刑终字第17号刑事判决书。

包括本数。况且,被告人石某被查获后的尿检结果为阴性,除其本人供述外没有其他证据证明其吸食毒品。因此,石某构成运输毒品罪。[1]

又如,在李某涉嫌运输毒品案中,李某在高速路口被查获携带甲基苯丙胺49.6克。

法院认为,李某购买49.6克冰毒后,驾车携带冰毒返回途中被公安机关查获。根据最高人民法院印发的《全国部分法院审理毒品犯罪案件工作座谈会纪要》(以下简称《大连会议纪要》)的规定,吸毒者在购买、运输、存储毒品过程中被查获的,如果没有证据证明其是为了实施贩卖等其他毒品犯罪行为,毒品数量未超过《刑法》第348条规定的最低数量标准的,一般不定罪处罚;查获毒品数量达到较大以上的,应以其实际实施的毒品犯罪行为定罪处罚。本案中李某运输毒品数量较大,已经远超正常的吸食量,应当认定为运输毒品罪。[2]

再如,在吴某涉嫌运输毒品罪案中,吴某随身携带从外地购买的毒品甲基苯丙胺搭乘黑车行至××综合市场门口时被民警抓获。民警当场从吴某身上缴获甲基苯丙胺108.6克。

法院认为,根据《武汉会议纪要》的规定:“吸毒者在购买、存储毒品过程中被查获,没有证据证明其是为了实施贩卖毒品等其他犯罪,毒品数量达到刑法第三百四十八条规定的最低数量标准的,以非法持有毒品罪定罪处罚。吸毒者在运输毒品过程中被查获,没有证据证明是为了实施贩卖毒品等其他犯罪,毒品数量达到较大以上的,以运输毒品罪定罪处罚。”该规定所指的“毒品数量达到较大”,是指按《刑法》第347条、第348条规定甲基苯丙胺达到50克以上的,本案中被告人携带超过50克甲基苯丙胺,属于该规定中的“毒品数量达到较大”,其也完成了毒品的转移,其行为符合运输毒品罪的构成要件,因此应当以运输毒品罪定罪处罚。[3]

通过分析前述检索案例可以发现:

其一,在运输工具或候车场所上携带毒品的行为,认定为非法持有毒品罪还是运输毒品罪,司法实践中存在诸多乱象。

---

〔1〕 详见辽宁省沈阳铁路运输法院(2017)辽7101刑初5号刑事判决书。
〔2〕 详见重庆市彭水苗族土家族自治县人民法院(2014)彭法刑初字第00106号刑事判决书。
〔3〕 详见四川省广元市中级人民法院(2015)广刑终字第145号刑事裁定书。

其二,对于“毒品数量达到较大以上”该如何理解,也存在诸多争议。有观点认为,《刑法》第 347 条、第 348 条均规定“甲基苯丙胺 10 克以上不满 50 克”为“数量较大”,“以上”应当包括本数。因此,“甲基苯丙胺 10 克以上不满 50 克”属于“数量较大以上”。还有观点认为,“以上”不应当包括本数,“甲基苯丙胺 10 克以上不满 50 克”不属于“数量较大以上”,50 克以上(包括 50 克)才是“数量较大以上”。

(4)关于本案的犯罪形态:是犯罪既遂还是犯罪未遂?

《最高人民法院公报》发布的“李光平运输、非法持有毒品案”:被告人李光平于 1997 年 6 月 12 日中午,在北京邮电局驻新世纪饭店邮电所内,采取全球特快专递方式向浙江省杭州市的陈勇邮寄海洛因 6 克,被发现举报。当日下午,李光平在其租住的新世纪饭店 2112 房间内被公安人员抓获。公安人员当场又从李光平身上搜查出海洛因 31.41 克。

公报案例认为,由于其邮寄毒品的行为被及时发现而未得逞,系犯罪未遂,依照《刑法》第 23 条的规定,可以比照既遂犯从轻处罚。李光平明知是毒品海洛因拒不交出仍非法持有,且无证据证明该毒品是用于贩卖还是自己吸食,其持有毒品的数量达到《刑法》第 348 条的规定,其行为已构成非法持有毒品罪。法院判决被告人李光平犯运输毒品罪,判处有期徒刑 1 年 6 个月,罚金人民币 5000 元;犯非法持有毒品罪,判处有期徒刑 2 年 10 个月,罚金人民币20,000元,决定执行有期徒刑 3 年 6 个月,罚金人民币 25,000 元。

具体到本案周某的犯罪形态,周某持有毒品在进高铁站时就被查获,若认定为运输毒品罪,犯罪形态属于犯罪既遂还是犯罪未遂,结合《最高人民法院公报》可以发现,也有商榷的余地,存在一定的辩护空间。

第三节

刑事洽谈的步骤

犯罪嫌疑人、被告人及其家属对案件情况和案件看法的叙述往往是凌乱、冗长、烦琐的,而案件洽谈的时间又是有限的。辩护律师应当尽量主导洽谈的过程,引导客户讲述案件情况,听取并初步评估他们的辩解意见,提出案件的辩护方案,尽量为客户利益考虑,为其出谋划策,并适时讲解辩护律师在诉讼过程中会提供的法律服务和开展的工作。争取在有限的洽谈时间内,展现辩护律师的办案经验和专业能力,让客户感到信赖,相信辩护律师能够帮助他们渡过难关,能够提供最佳的辩护策略,尽量争取最好的结果。

一、引导案情讲述

辩护律师与犯罪嫌疑人、被告人及其家属洽谈委托事宜时,要全面了解案件的来龙去脉,包括时间、地点、人物、过程、动机、结果等全部细节。在洽谈过程中,也可以了解双方当事人、其他涉案人员的背景资料等。

值得注意的是,犯罪嫌疑人、被告人及其家属所讲述的案件细节往往是杂乱无章的,甚至繁杂、冗长、不着边际、没有重点、不分逻辑层次,按照这种叙述方式,讲几个小时都讲不完。因此,辩护律师需要用定罪量刑的思维来引导他们讲述全部关键细节。

例如,在职务侵占案中,辩护律师可以重点引导犯罪嫌疑人、被告人及其家属讲述:涉案公司的性质,公司的情况,人员架构如何等情况;犯罪嫌疑人、被告人什么时候到某一具体公司入职,和公司是否签订了劳动合同,担任什么职务,在公司实际负责什么工作,有什么权限;被指控的职务侵占行为什么时间发生,涉案财产与犯罪嫌疑人、被告人的职务、权限有什么关联,对方掌握什么证据;犯罪嫌疑人、被告人实际上实施了什么样的行为、用了什么样的方法,指控的金额是多少等关键信息;犯罪嫌疑人、被告人此前与被害单位相关人员的洽谈和解情况,等等。辩护律师通过这些信息,就可以了解相对完整的事实。

又如,在交通肇事案中,辩护律师可以向犯罪嫌疑人、被告人及其家属了解发生交通事故的时间、地点,事故经过,事故发生后如何处理;双方当事人情况,如有无驾驶证,有无醉酒驾驶或者吸毒驾驶等违规行为,有无逃逸,对方是行人还是驾驶车辆,涉案车辆是什么车辆;事故造成的后果,如伤者的人数和伤势,被害人的伤势等级;目前案件进展到哪一个阶段,有无拘留、逮捕,有无同案人;有无和被害人商谈赔偿事宜,肇事车辆有无被扣押等案件情况。辩护律师通过这些情况,就可以了解相对完整的事实。

总之,辩护律师在了解案件情况时,要围绕着时间、地点、人物、事件经过、事后处理情况、案件进展情况等主题,以正常人的视角、以法律人的好奇心来挖掘案件细节,尽量全面地了解案件事实经过。

二、听取自辩意见

辩解是每个人的本能，为犯罪嫌疑人、被告人辩解也是每一个家属的本能。案件发生之后，不管是抢劫、故意杀人等暴力犯罪，还是危险驾驶、走私等其他案件，家属首先想到的都是为犯罪嫌疑人、被告人的行为提出辩解理由，这是亲情所引发的本能反应。这些辩解理由，是家属根据他们了解的案件情况所提出的辩护观点。辩护律师应当听取他们所说的这些辩护观点，从法律角度进行分析、评判该辩护观点是否成立、如何变成规范化的律师辩护意见。辩护律师也可以从这些辩护观点中获得辩护的灵感，有助于确定案件的辩护策略。

案例1－15　黄某涉嫌故意杀人罪案

犯罪嫌疑人黄某的家属找到律师洽谈委托事宜。在洽谈过程中，律师向家属了解情况。

律师：黄某为什么突然要砍伤被害人，你们怎么看？

家属：被害人也不是好人，是被害人先动手的。而且还拖欠黄某的工资，两人才打架的。

律师：拖欠工资的情况、打架的过程，再详细说一下。

家属：……被害人是黄某的老板，被害人拖欠了黄某两个月工资，已经八九个月了，一直不还，这一次黄某是去找老板理论，要求老板发工资的。在理论过程中，被害人先动手殴打黄某，黄某没有还手，步步退让，边挨打边退出被害人的快餐店。在退到门口后，黄某就从车上拿出刀砍被害人，在殴打过程中，被害人被砍伤，后抢救无效死亡。

在这次洽谈中，辩护律师可以总结被告人家属的自辩意见：被害人也不是好人、拖欠工资不还，还先动手打人。辩护律师就可以据此确定初步的辩点之一“被害人存在过错”。被害人存在过错的话，则可以相对应地对被告人从轻或者减轻处罚。

案例1－16　郑某涉嫌走私普通货物罪案

郑某的家属在讲解完全案案情之后，律师问家属是怎么看待这个事情的，他们有什么看法。

律师：对于这个事情，你们是怎么想的？

家属：我觉得，郑某跟这个事情的关系确实不大，××公司走私的事情，真不应该算在郑某头上。这事都让郑某扛，有点冤枉。

律师：为什么？

家属：因为郑某只是××公司实际投资人，××公司的法人、股东都是代某。他们这种合作关系我非常清楚，郑某是实际投资人，郑某和××公司、代某有一份协议，约定由郑某出钱设立这个公司，由代某实际经营管理，双方持股各50%，等到郑某分红收回全部的投资款，双方持股比例变成郑某20%、代某80%，再过几年之后，全部股份都给代某。郑某相当于“天使投资人”的角色。虽然在代某经营公司的过程中，郑某给代某介绍了报关公司和相关人员，后来是这个报关公司的人员帮助代某走私的，但这个走私行为与郑某关系不大的，不能让郑某为代某、××公司的走私行为负责。代某总是说郑某是大老板、他都听郑某的，这就有点推卸责任了，因为公司确实是代某自己日常经营管理的。

律师：好的。

通过这次洽谈，辩护律师可以了解到郑某家属的自辩意见是很有参考价值的。郑某的家属最清楚郑某、代某、××公司之间的合作关系，他们提供的信息相对准确，他们对郑某涉嫌走私事宜的辩解为辩护律师提供了重要的辩护方向。在后期辩护过程中，辩护律师可以着重审查郑某、代某、××公司之间的关系，以及郑某是否实际经营管理××公司等。

三、提出辩护方案

犯罪嫌疑人、被告人及其家属与专业辩护律师洽谈的最重要的目的，就是想知道律师会如何应对这个案件，怎么做才能被判无罪或者判轻一点。他们与律师洽谈，最想听到的就是律师的应对方案。辩护律师针对各个具体案件，提出初步分析所得出的最佳应对方案，才能打动犯罪嫌疑人、被告人及其家属。最佳应对方案是洽谈的价值所在，也最能直接体现辩护律师的法律专业水平、办案经验、情商、智商等综合素质。

案例 1－17　肖某受贿、滥用职权罪案

一审判决肖某受贿、滥用职权罪名成立，八单受贿金额共计302万元，判处有期徒刑14年；滥用职权判处有期徒刑2年，合并执行有期徒刑15年。肖某的家属不服一审判决，找到律师洽谈委托事宜。

律师在初步看了一审判决书之后，提出了三点意见：

第一，一审判决书认定肖某受贿八单事实，受贿金额共计302万元，判处肖某有期徒刑14年，量刑偏重。八单受贿事实的客观证据相对缺乏，以言词证据为主，且肖某本人始终否认犯罪，证据是否确实充分，要在阅卷中重点审查，从这些证据看，涉案八单受贿行为的罪名是否都成立有讨论空间。

第二，即使八单都成立受贿，受贿数额可以尝试重新审核。认定的受贿金额处在300万元以上的临界点，如果减少2万元以上的受贿数额，法定刑将直接变成10年以下有期徒刑。本案犯罪数额有商榷余地，如受贿数额中包括了价值约6000元和9000元的礼品等。这些礼品没有查扣在案，如何认定受贿的金额需要讨论。即使存在送礼情况，礼品价值如何确定，是否存在回礼情况，受贿数额具体是多少都需要重新讨论。因此，即使八单都成立受贿，受贿数额可以重新审核，也有机会争取10年以下的量刑档次，上诉的价值较高。

第三，一审判决认定肖某的滥用职权主要是其操作或指使下属违规放行、违规降格处罚、违规免于查处违规车辆、违规办理临时牌等滥用职权行为。但定罪的证据主要是肖某同事的证言、部分微信聊天记录等，肖某本人也始终否认犯罪。一审判决书中既没有提到证明肖某违规放行、违规降格处罚、违规免除查处违规车辆、违规办理临时牌照的有关书证，也没有提到接受违规处理的司机等人的证词。肖某是否滥用职权并不是几名同事的证词就能证成的，本案的证据可能存在不足。

因此，我们提出比较合适肖某的方案：在定性方面，可坚持对受贿罪、滥用职权罪继续作无罪辩护，审查证据链条的完整性；在量刑方面，对受贿犯罪核对数额，争取案涉受贿数额300万元以下，如果受贿数额改为300万元以下，即使犯罪成立，也可以减少几年的有期徒刑。

案例1－18　陈某涉嫌非法销售假冒注册商标的香烟案

一审判决罪名成立，认定陈某销售假烟两单犯罪事实：已经销售的假烟，销售金额6万多元；被查扣在案的尚未销售假烟，经过鉴定货值金额为38万多元。一审判决认定为陈某涉嫌非法经营罪且“情节特别严重”。陈某不服，提出上诉。他的家属与我们洽谈委托事项。

我们在初步看了判决书之后，提出了以下六点意见：

第一，关于陈某非法经营罪罪名是否成立。虽然陈某名下没有烟草专卖零售许可证，但他经营的超市是有烟草专卖零售许可证的，烟草专卖零售许可证是以陈某的儿子名义办理的,陈某一直以他儿子的名义从事小超市经营管理活动。对此,这属于家庭共同经营行为,陈某虽然自己名下没有证,但认定陈某的行为属于非法经营值得商榷。

第二,关于尚未销售货物的非法经营数额。38 万多元犯罪金额是影响量刑期限的关键,根据《最高人民法院、最高人民检察院关于办理非法生产、销售烟草专卖品等刑事案件具体应用法律若干问题的解释》第 4 条的规定,非法经营烟草专卖品,能够查清销售或者购买价格的,按照其销售或者购买的价格计算非法经营数额。无法查清销售或者购买价格的,由省级烟草专卖行政主管部门出具的零售价格计算。因此,本案如有证据可以证明陈某购进这些香烟的价格低于 25 万元,则可达到降低定罪量刑数额档次的效果。那么,本案非法经营数额在 25 万元以下,就属于"情节严重"而不是"情节特别严重"。

第三,关于已销售货物的非法经营数额。已经销售的假烟,没有查获实物,销售金额的认定,需要考察陈某的供述、上下家的证词以及转账凭证等证据予以综合认定。是否为 6 万多元,可以在阅卷中予以审核。

第四,关于尚未销售的产品的犯罪形态是既遂还是未遂?在非法经营案件中,经常出现涉案货物在仓库还未卖出就被查获的情形,此时,非法经营的数额该如何计算?司法裁判中是非常混乱的。

有的观点认为,被查扣的货物,由于意志以外的原因还没有卖出,属于犯罪未遂,对被告人可以从轻、减轻处罚。[1] 有的观点认为,非法经营行为侵犯的是国家对专营、专卖物品的管理秩序,只要未经许可经营法律、行政法规规定的专营、专卖物品或者其他限制买卖的物品的,即构成犯罪既遂。作为行为犯,非法经营罪的经营行为包括生产、运输、储存、销售等多种表现形式,行为人只要实施了购进、运输、储存、销售等其中一个环节的行为,就构成既遂。非法收购之后是否运输,运输之后是否销售完毕,不影响犯罪既遂的认定。因此,即使涉案货物还未被出售就被查扣,也应当认定这部分未出售的货物数额属于非法经营的犯罪数额,构成犯罪既遂。[2] 还有的观点认为,对于没有出售就被查扣的部分涉案货物,认定为犯罪既遂,但牟利的目的并未实现,造成的危害后果较

---

〔1〕 参见安徽省铜陵市中级人民法院(2017)皖 07 刑终 55 号刑事判决书、河北省秦皇岛市中级人民法院(2014)秦刑终字第 148 号刑事判决书等案件。

〔2〕 参见广西壮族自治区钦州市中级人民法院(2015)钦刑二终字第 127 号刑事裁定书、福建省莆田市涵江区人民法院(2016)闽 0303 刑初 267 号刑事判决书等案件。

小,是可以酌情从轻处罚。[1]

第五,关于陈某的行为涉及的罪名。非法销售假冒伪劣香烟的行为,涉嫌的罪名是三个:销售假冒注册商标的商品罪、销售伪劣产品罪、非法经营罪。根据《最高人民法院、最高人民检察院关于办理非法生产、销售烟草专卖品等刑事案件具体应用法律若干问题的解释》第5条的规定,行为人实施非法生产、销售烟草专卖品犯罪,同时构成生产、销售伪劣产品罪、侵犯知识产权犯罪、非法经营罪的,依照处罚较重的规定定罪处罚。陈某的行为认定的罪名不同,定罪量刑的标准也不同,陈某的涉案数额所面临的法定刑期限也不同。

第六,罪名不同,尚未销售部分货物的犯罪状态不同。不同罪名侵犯的法益不同,犯罪行为的既遂、未遂状态的认定标准就不同。因此,同一个犯罪行为,根据它对不同法益的侵害程度、侵害状态的不同,则认定的罪名也不同,则认定的犯罪状态也可能不同。本案就属于这种情况,陈某的行为认定的罪名不同,尚未销售部分货物的既遂、未遂状态也不同。销售假冒注册商标的商品罪、销售伪劣产品罪,顾名思义,"销售"才能犯罪既遂。查扣在案尚未销售的货物,一般被认定为犯罪未遂。例如,根据《最高人民法院、最高人民检察院关于办理非法生产、销售烟草专卖品等刑事案件具体应用法律若干问题的解释》第2条的规定,伪劣卷烟、雪茄烟等烟草专卖品尚未销售,货值金额达到《刑法》第140条规定的销售金额定罪起点数额标准的3倍以上的,或者销售金额未达到5万元,但与未销售货值金额合计达到15万元以上的,以生产、销售伪劣产品罪(未遂)定罪处罚。而如果认定为非法经营罪,则犯罪既遂、未遂状态如前文所述,存在较大争议。因此,如将陈某的行为适用的罪名变更为销售伪劣产品罪或者销售假冒注册商标的商品罪,则尚未销售的部分数额应当认定为犯罪未遂,直接影响对他的定罪量刑。

因此,我们提出对陈某比较合适的方案:尝试对尚未销售部分货物的数额进行重新认定,往销售伪劣产品罪第一档量刑"二年以下有期徒刑或者拘役",或者销售假冒注册商标的商品罪第一档量刑"三年以下有期徒刑或者拘役"方向辩护;如认定为销售假冒注册商标的商品罪或销售伪劣产品罪,未销售的数

---

〔1〕 参见黑龙江省齐齐哈尔市中级人民法院(2017)黑02刑再3号再审判决书等案件。

额则应当认定为犯罪未遂。[1]

四、为客户出谋划策

律师的客户和其他行业的客户存在很大的区别。马贺安在《生存与尊严：律师定位与案源拓展方法》一书中，对律师的客户和其他行业的客户作了透彻的分析："客户去酒店消费时，他要的是方便、及时，要的是做上帝的感觉，因此，酒店就是要提供鞠躬、问好服务，满足客人做上帝的感觉。但客户来律师事务所时，他内心的目标不是来做上帝，他正是来找上帝的——他希望找到一个上帝来给他指点迷津。因此，他来会见律师，并不是希望见到多么周到的服务、多么舒适的环节，而更看重律师的专业经验怎么样？能不能解决他的问题？律师的人品怎么样？是否值得信赖？因为他要交给律师的不是交给侍者的外套，而是他的命运。"[2]

其他法律业务的客户如此，刑事律师的客户更是如此。刑事律师需要理解客户的特点、需求和心理，才能提出对每一个客户来说是独特的、有吸引力的方案。客户向辩护律师委托的是他自己或他家人的自由乃至生命，是他整个家庭的希望，甚至还关乎着跟着他一起打拼的一帮兄弟姐妹的前途。他需要的不仅仅是懂法律的律师。因此，辩护律师必须是非常睿智的，需要具备的绝不仅仅是法律专业知识，还要具备"谋士"的智慧，要比客户看得更远。

案例1－19　张某涉嫌组织、领导传销活动罪案

张某在一审阶段被判处缓刑，正在取保候审状态，他找刑事律师洽谈委托事宜，想要在二审阶段有所突破。律师带着助理与张某洽谈。

张某：公司的经营模式被某省的法院认定为犯罪，罚没了我3000万元的资

---

〔1〕根据《最高人民法院、最高人民检察院关于办理侵犯知识产权刑事案件具体应用法律若干问题的解释》第2条的规定，销售明知是假冒注册商标的商品，销售金额在5万元以上的，属于《刑法》第214条规定的"数额较大"，应当以销售假冒注册商标的商品罪判处3年以下有期徒刑或者拘役，并处或者单处罚金。销售金额在25万元以上的，属于《刑法》第214条规定的"数额巨大"，应当以销售假冒注册商标的商品罪判处3年以上7年以下有期徒刑，并处罚金。《刑法》第140条规定，生产者、销售者在产品中掺杂、掺假，以假充真，以次充好或者以不合格产品冒充合格产品，销售金额5万元以上不满20万元的，处2年以下有期徒刑或者拘役，并处或者单处销售金额50%以上2倍以下罚金；销售金额20万元以上不满50万元的，处2年以上7年以下有期徒刑，并处销售金额50%以上2倍以下罚金。

〔2〕马贺安：《生存与尊严：律师定位与案源拓展方法》第2版，法律出版社2009年版，第25页。

产。现在一审判决结果是缓刑。我在考虑要不要上诉,有没有上诉的必要。其实我觉得钱不重要,重要的是犯罪记录。

律师:案件材料我们是初步看过的。说说案卷之外的情况吧,比如你认为你有没有罪,公安取证过程合不合法等。公司的经营模式也再说一下。

张某:我们公司的经营模式是这样的……之前也把判决书、案卷材料给你们看过了。我感觉公安很多取证过程是不合法的,一审律师辩护词里面也有提及。你们觉得这事有没有处理的办法?

律师助理:你这个案件材料我都看过,也研究过了,觉得这本身是一个非常有争议的问题,罪与非罪之间有商量的余地,二审可以尝试争取一下。从以下几点来看,公司的经营模式,应该不构成犯罪……

张某:二审当然可以试一下,你说的这几方面辩点在二审的效果如何,改判无罪的胜算如何?

律师助理:这就不好说了……

律师助理感到难以继续往下沟通,毕竟刑事诉讼充满了变数和不可控性,理据再充分都可能出现意外,更何况是案件事实和证据都存在争议的案件。

律师:张总,你这个事情,我觉得还是要努力争取一下,努力争取一下,就还有无罪的机会。如果法院判决无罪,你就还可以按照现在这种模式继续经营了。

张某:对,就是要这个效果。您快具体说说看,怎么争取呢?

律师:最好是能有个无罪判决,这个概率虽然很小,但本案争议比较大,我们可以坚持无罪辩护,我们可以……

律师助理聊这个事情,直接把话题聊死了。因为他死揪着罪与非罪这个法律问题,在这种案件洽谈中,这是几乎不会有任何效果的谈话内容和方式。对于罪与非罪的问题,辩护律师是很难在没有详细研究案卷材料的基础上作出准确判断的。即使辩护律师详细研究了案卷材料,由于案件本身争议比较大,也很难给出一个相对有把握的答案。

因此,在洽谈案件过程中,法律知识固然能轻松让当事人感受到,但不一定能够打动他们。最能够获得当事人信赖的是解决问题的智慧。可以说,思维的差别,决定你是成功律师还是他的助理,决定你能不能获得当事人的信赖,能不能获得委托。

五、讲解律师工作

辩护律师的服务基本上都是无形的，有形的产品比较少。因此，犯罪嫌疑人、被告人及其家属往往很难理解辩护律师跟着刑事案件流程，说几句话、写几份文件，就要收很高的费用。他们对辩护律师的服务是不了解的，刑事律师在与他们洽谈委托时，要把律师的服务向他们讲解，让他们明白律师在接受委托之后，具体会做哪些工作。他们在明白辩护律师要做的工作后，才会明白为犯罪嫌疑人、被告人提供辩护，确实非常耗费时间、精力。而且，让他们明白律师的工作内容，也可以让日后的沟通交流更加顺畅，提前消除误解。

（一）通过会见提供法律帮助

犯罪嫌疑人、被告人突然被抓获归案之后，往往非常彷徨、无助，不知所措，不知道未来案件走向，不知道自己将要在看守所待多久，不知道自己所犯的事情严不严重，不知道要被判刑多久，不知道要什么时候才能回归家庭、回归工作。导致他们惊慌失措最核心的原因是，他们不知道该如何应对公安机关的讯问和调查。

辩护律师在这个阶段的工作是通过会见向犯罪嫌疑人、被告人进行法律知识培训、刑事诉讼流程讲解、分享刑事辩护经验以及协商确定案件的辩护策略。通过会见，让他们对案件事实的法律判断有详细的了解，对涉及的相关罪名相对熟悉，对他的行为是否构成犯罪、构成何罪、定罪量刑的标准有清晰的认识，对该案的辩护方向有深刻的理解。

通过经验丰富的专业辩护律师所提供的有效法律帮助，犯罪嫌疑人、被告人才能从惊慌失措变得沉着冷静，从孤独无助到有法律帮助，从法盲、文盲到对涉案相关罪名的认定理解透彻、知法懂法，从没有权利意识到懂得并学会运用自己的法律权利。这一转变，对犯罪嫌疑人、被告人来说，是必然会发生的。只是转变时间的长短不同。如果没有辩护律师提供的有效法律帮助，他们慢慢地也会成为涉案犯罪的“法律专家”，但对此前犯过的错误后悔莫及。在辩护律师提供的有效法律帮助下，他们在律师会见时就很快成为涉案犯罪的“法律专家”，那么他们就可以避免犯错误，不至于在诉讼后期追悔莫及。

（二）协助申请变更强制措施

犯罪嫌疑人、被告人被抓获归案之后，最渴望的就是变更强制措施，改为取保候审。根据《刑事诉讼法》第 97 条的规定，犯罪嫌疑人、被告人及其法定代理人、近亲属或者辩护人有权申请变更强制措施。人民法院、人民检察院和公安机关收到申请后，应当在 3 日以内作出决定；不同意变更强制措施的，应当告知申请人，并说明不同意的理由。因此，辩护律师在接受委托之后，都可以申请对犯罪嫌疑人、被告人变更强制措施。在侦查阶段，可以向经办的公安机关提出申请；在审查起诉阶段，向经办的检察院提出申请；在法院审判阶段，向经办的法院提出申请。

(三)约见经办人员陈述意见

根据《刑事诉讼法》第 88 条的规定，人民检察院审查批准逮捕，可以听取辩护律师的意见；辩护律师提出要求的，应当听取辩护律师的意见。根据《刑事诉讼法》第 173 条的规定，人民检察院审查案件，应当听取辩护律师的意见。因此，在审查逮捕阶段、审查起诉阶段，辩护律师都可以申请约见检察官，当面陈述辩护意见。

诉讼阶段不同，辩护律师申请约见检察官，当面陈述的辩护意见内容会有所不同。在审查逮捕阶段，辩护律师约见检察官，提交的辩护意见大致有三个核心点：

1. 提出不构成犯罪的辩护意见。辩护律师审查案情后，如果发现犯罪嫌疑人不构成犯罪，公安机关指控的犯罪事实不存在或者不成立，或者由于超过追诉时效等其他原因，不应当追究犯罪嫌疑人的刑事责任时，辩护律师可以向检察官提供不构成犯罪、不应当继续追究刑事责任的法律意见。

2. 提出不予批准逮捕的辩护意见。辩护律师介入后，如果发现犯罪嫌疑人存在不适合羁押或者没有必要长期羁押的情况时，可以向检察官提供不予批准逮捕的辩护意见。根据《刑事诉讼法》第 67 条的规定，可以对犯罪嫌疑人、被告人取保候审的情况有：可能判处管制、拘役或者独立适用附加刑的；可能判处有期徒刑以上刑罚，采取取保候审不致发生社会危险性的；患有严重疾病、生活不能自理，怀孕或者正在哺乳自己婴儿的妇女，采取取保候审不致发生社会危险性的；羁押期限届满，案件尚未办结，需要采取取保候审的。因此，辩护律师可以根据法律规定、了解的案情，发现犯罪嫌疑人存在此类情况时，可以向检察官当面陈述不予批准逮捕的辩护意见。

3. 提出变更罪名的辩护意见。在部分案件中，辩护律师研究发现，公安机关立案侦查的罪名不准确，不利于维护犯罪嫌疑人的合法权益，则可以提出要求变更罪名的辩护意见,即便是在检察院决定逮捕时,也可以将罪名改变。

(四)申请审查羁押的必要性

辩护律师的责任,是帮助当事人争取一切无罪、罪轻的可能。即使在犯罪嫌疑人被逮捕之后,辩护律师也应该综合考虑全案情况,审查评估对犯罪嫌疑人逮捕的必要性、长期羁押的必要性,向检察院的刑事执行部门申请羁押必要性审查,以变更强制措施。法律赋予了辩护律师申请人民检察院进行羁押必要性审查的权利。《刑事诉讼法》第95条规定,犯罪嫌疑人、被告人被逮捕后,人民检察院仍应当对羁押的必要性进行审查。《人民检察院刑事诉讼规则》第618条、《人民检察院办理羁押必要性审查案件规定(试行)》第7条规定,犯罪嫌疑人、被告人及其法定代理人、近亲属或者辩护人可以申请人民检察院进行羁押必要性审查。申请审查羁押的必要性主要在于以下两点:

1. 不是所有的逮捕决定都正确。根据法律规定,有一些案件是可以不批准逮捕,甚至应当不批准逮捕的,但是,公安机关收集证据时没有全部收集,或者收集之后没有全部提交给检察院审查批准逮捕。导致检察院对没有羁押必要的犯罪嫌疑人作出批准逮捕决定。在司法实践中,这种情况是存在的。

2. 不是所有的逮捕决定都一直正确。在逮捕犯罪嫌疑人之后,可能由于案情变化、证据情况变化,导致犯罪不成立,或者没有继续逮捕的必要性了。此时,辩护律师就应当及时申请检察院刑事执行部门启动羁押必要性审查程序。

案例1-20　郑某涉嫌寻衅滋事罪案

郑某等几个未成年人在春节期间,因为口角和另外一帮学生打架,导致车辆被砸坏、被害人轻微伤的结果。主犯当时就被抓获。其中4名参与者是学生,春节之后各自去外地上学,直到一年后又一个寒假假期坐高铁回家时,这4名犯罪嫌疑人才全部被抓获归案。十几天后,这4名犯罪嫌疑人也全部被检察院批准逮捕。

辩护律师审查发现,郑某是被纠集的人,在涉案寻衅滋事行为中的作用较小,应当认定为从犯,系主观恶性较小的初犯,且系未成年人。主犯才被判处有期徒刑8个月,因此,郑某可能被判处8个月以下有期徒刑或者宣告缓刑。

公安机关在移送审查逮捕时,没有说明郑某系在校学生的身份,没有说明郑某系从犯、系未成年人等具体情况,导致检察院作出了批准逮捕的决定。于是,辩护律师向人民检察院申请对郑某的羁押必要性进行审查。郑某同时符合最高人民检察院规定可以不予羁押的多种情形,对其不予羁押完全符合法律规定。根据《人民检察院办理羁押必要性审查案件规定(试行)》第 18 条中的规定,经羁押必要性审查,发现犯罪嫌疑人、被告人具有下列情形之一,且具有悔罪表现,不予羁押不致发生社会危险性的,可以向办案机关提出释放或者变更强制措施的建议:共同犯罪中的从犯或者胁从犯;主观恶性较小的初犯;系未成年人或者年满 75 周岁的人;可能被判处 1 年以下有期徒刑或者宣告缓刑的。本案中,郑某同时符合这几项可以予以释放或者变更强制措施的情形,本就可以不予逮捕的。

辩护律师向检察院递交羁押必要性审查申请,先后和刑事执行科的检察官、看守所住所检察官、负责该案审查起诉的检察官进行沟通,经过一番艰难的沟通后,终于迎来希望。检察院最终同意辩护律师的申请,决定对郑某变更强制措施,改为取保候审。

在一个阳光明媚的午后,被关了 50 多天的郑某,终于走出看守所,在家稍微休息后,就去学校上学了。而其他几名被告人,还都一直在看守所羁押,直至最终判决且服刑结束。半年后,这个案件开庭审理时,辩护律师才发现,原来这四名被告人的情况基本一致,案发时都是在校学生,被抓时也是在校学生。没有想到情况如此一致,却只有郑某能够取保候审,回学校继续上学,这其中最可能的原因就是只有郑某有辩护律师帮忙申请羁押必要性审查。

开完庭,郑某签完笔录就可以回家,而其他三名被告人被押送回看守所。他们的家属非常不解,“律师,你好,为什么郑某能够回家,不用坐牢,而我家小孩要坐牢呢? 你有什么办法能帮我家小孩吗?”

作为郑某的辩护律师,我听了确实揪心,很想帮助他们,但又实在无能为力,毕竟不是他们的辩护律师,且案件已经开完庭,很快就要宣判了。没有专业的人帮助,他们的家属又没有专业法律知识,怎么知道该如何行使权利呢? 怎么知道诉讼进程该如何一步步推进呢? 看着他们家属焦虑、无奈的表情,我只能为他们唏嘘感慨,不懂得正确行使权利,是对权利最大的浪费。

(五)研究案卷提交辩护意见

根据《刑事诉讼法》第 40 条的规定,辩护律师自人民检察院对案件审查起诉之日起,可以查阅、摘抄、复制本案的案卷材料。在审查起诉阶段,研究案卷确定辩护策略,并向检察院提交意见、与检察官沟通,是辩护律师的主要工作内容。

1. 研究案卷,确定辩护策略。在案件到审查起诉阶段,辩护律师研究完案卷材料后,对全案事实是否清楚、证据是否充分,全案该如何辩护有了初步的把握。在此基础上,辩护律师需要撰写质证意见和辩护意见。将案卷研究透彻,确定本案最佳的辩护策略,是开展之后所有辩护工作的前提。

2. 撰写并提交辩护意见。在审查起诉阶段,辩护意见可以就本案事实、证据的有关问题,向检察院提交辩护意见、当面陈述辩护意见等。例如,就犯罪嫌疑人是否有罪、是否符合起诉的条件提供辩护意见;就犯罪嫌疑人是否具有自首、从犯、未遂等从轻、减轻处罚情节提供辩护意见;还可以就起诉意见书认定的犯罪事实细节、犯罪金额、罪名是否准确等提供辩护意见,等等。

3. 确定是否申请认罪认罚。根据《刑事诉讼法》及相关司法解释的规定,犯罪嫌疑人、被告人自愿如实供述自己的罪行,对指控的犯罪事实没有异议,同意量刑建议,签署具结书的,可以向检察院申请启动认罪认罚程序。在协商一致的基础上,与检察院签署《认罪认罚具结书》,达成认罪认罚。辩护律师在审查起诉阶段,必须做的工作内容,就是在评估全案的事实、证据、情节等定罪量刑关键因素后,向犯罪嫌疑人、被告人讲解认罪认罚程序的有关规定,与犯罪嫌疑人、被告人商量是否申请认罪认罚。同时,为了促成认罪认罚,辩护律师还需要与检察院充分沟通,交换法律意见。

(六)出庭为被告人提供辩护

案件到审判阶段,法院会择期开庭,辩护律师在这个阶段的工作,除了继续与案件经办人保持沟通外,需要重点准备庭审工作,包括准备庭审发问问题、质证意见,撰写辩护意见等出庭材料,庭审前对被告人进行庭前辅导,出庭为被告人提供辩护等。这个阶段是工作量最大、最耗费时间的诉讼阶段。

总之,在刑事案件洽谈时,辩护律师要做好充分的准备,并提出最佳的应对方案,充分展现辩护律师的办案经验和专业能力,这是体现辩护律师价值的过程。而且,辩护律师还要讲解律师能做的工作内容,让辩护律师的价值量化为律师收费的依据。刑事辩护是一种法律服务,没有具体的有形产品,需要通过讲解辩护律师能做的工作、需要做的工作,让刑事辩护有形化、产品化,既能让当事人明白辩护律师的工作,清楚律师费收费基础。如此,刑事案件委托洽谈能相对顺利,成功率也能相对较高。

第二章
CHAPTER 02

刑事会见的理念与经验

"在犯罪嫌疑人被羁押的情况下,侦查活动处于相对封闭状态,侦查机关对嫌疑人的讯问基本上是'一对一'的,侦查行为是最可能不受限制的,侦查权力的滥用也是最难及时发现的,这就决定了侦查阶段已成为嫌疑人权利最容易受侵犯的阶段。改变这种局面的主要做法就是让律师提前介入侦查,为犯罪嫌疑人随时提供必要的法律帮助。"[1]在当前司法实践中,绝大部分辩护律师都已经意识到侦查阶段介入辩护、提供法律服务的重要性,会见犯罪嫌疑人、被告人是辩护律师在侦查阶段的主要工作内容。

但是,如何有效会见,如何在很短的会见时间内为犯罪嫌疑人、被告人提供最有效的法律帮助,对于专业水平和办案经验不同的律师来说是存在差别的。在会见过程中,专业辩护律师能提供的有效法律帮助是什么?我认为,就是在短时间内,对犯罪嫌疑人、被告人进行有效的法律培训,将犯罪嫌疑人、被告人从没有法律知识、不懂得辩解、没有权利意识、没有刑事案件办案经验的普通人,培养成具备辩解意识、权利意识、法律知识,具备辩解能力和刑事案件应对经验的人,实现从普通人到精通相关法律知识的类专业人士。如此,才能最大限度地降低冤假错案的可能,最大限度地维护犯罪嫌疑人、被告人的合法权益。

---

〔1〕 张中:《论侦查阶段的有效辩护》,载《当代法学》2017年第6期。

第一节

有效帮助,律师会见的四个层次

在侦查阶段,可以将辩护律师通过会见所提供的有效法律帮助分为四个层次:入门级、初级、中级、高级。入门级的法律帮助,就是了解案情,为嫌疑人、被告人记录信息、传递问候;初级的法律帮助,就是对犯罪嫌疑人、被告人进行基础的普法培训,为他们提供刑事案件全面细致的法律知识;中级的法律帮助,就是对犯罪嫌疑人、被告人进行技能培训,为他们提供刑事案件的办案经验,让他们少走弯路,少犯错误;高级的法律帮助,就是帮助犯罪嫌疑人、被告人澄清事实,针对特定案情,为他们量身定制辩护策略。

一、入门级:了解案情,为嫌疑人记录信息

(一)了解案件情况

辩护律师去会见犯罪嫌疑人、被告人,首先要了解究竟发生了什么事情、案件情况如何。具体包括了解犯罪嫌疑人、被告人是做什么的,为什么会被抓获归案,是如何归案的,涉及的案件事实、罪名、办案机关指控的犯罪数量或数额;了解自首、立功等量刑情节;了解犯罪预备、中止、既遂、未遂等犯罪形态;了解同案人有多少人、同案人被抓获的情况;了解涉案物品的查封、扣押、冻结等情况;了解犯罪嫌疑人、被告人的签认、辨认情况,签署的换押证、鉴定告知书等法律文书及其内容等案件基本信息。

例如,2017 年发布的《律师办理刑事案件规范》第 22 条规定,辩护律师会见犯罪嫌疑人、被告人时应当重点向其了解下列情况:

(1)犯罪嫌疑人、被告人的个人信息等基本情况;

(2)犯罪嫌疑人、被告人是否实施或参与所涉嫌的犯罪;

(3)犯罪嫌疑人、被告人对侦查机关侦查的事实和罪名是否有异议,对起诉意见书、起诉书认定其涉嫌或指控的事实和罪名是否有异议;

(4)犯罪嫌疑人、被告人无罪、罪轻的辩解;

(5)犯罪嫌疑人、被告人有无自首、立功、退赃、赔偿等从轻、减轻或免予处罚的量刑情节;

(6)犯罪嫌疑人、被告人有无犯罪预备、犯罪中止、犯罪未遂等犯罪形态;

(7)立案、管辖是否符合法律规定;

(8)采取强制措施的法律手续是否完备、程序是否合法;

(9)是否存在刑讯逼供等非法取证的情况,以及其他侵犯人身权利和诉讼权利的情况;

(10)犯罪嫌疑人、被告人及其亲属的财物被查封、扣押、冻结的情况;

(11)侦查机关收集的供述和辩解与犯罪嫌疑人、被告人向律师的陈述是否一致,有无反复以及出现反复的原因;

(12)其他与案件有关的情况。

(二)了解讯问情况

办案人员都是专业人士,在侦查、讯问犯罪嫌疑人、被告人等方面,都是非常专业的。因此,犯罪嫌疑人、被告人在没有法律帮助的情况下,独自面对强大的审讯攻势,一般都会出现认罪笔录。

辩护律师会见时,需要了解犯罪嫌疑人、被告人此前接受讯问的情况:做了几次笔录,分别是在哪里做的笔录,做笔录的时间;办案机关是怎么问的,问了哪些问题,对于每一个问题,犯罪嫌疑人、被告人是怎么回答的;犯罪嫌疑人、被告人的供述和辩解是否有反复,反复的内容细节、次数、原因等情况;犯罪嫌疑人、被告人的供述和辩解与向律师陈述的内容是否一致,不一致之处以及不一致的原因是什么。这些问题和答案,辩护律师应该让犯罪嫌疑人、被告人和盘托出,毫无保留。

通过了解讯问情况和犯罪嫌疑人、被告人的回答情况,可以了解他们的权利意识、法律意识、证据意识、诉讼意识、心理素质,甚至品行、个性等情况,为辩护律师与他们的有效互动奠定基础。每一个犯罪嫌疑人、被告人都有自己的特点和个性,辩护律师与他们的互动方式、交流方式都应是有所不同的。通过了解他们应对讯问时的表现,可以在很大程度上了解每个犯罪嫌疑人、被告人。

更重要的是,辩护律师可以通过办案人员的讯问情况来了解侦查机关当前掌握的证据状况和侦查机关对本案的侦查方向,评估扩大犯罪事实和罪名的可能性。有经验的辩护律师可以根据这些情况,预测侦查机关办案关注的重点问题。

(三)了解实际情况

辩护律师会见时,还要向犯罪嫌疑人、被告人了解案件事实的真实情况,至少是犯罪嫌疑人、被告人本人所知道、所认为的真相,这不仅是很多案件中家属迫切想知道的,而且也是辩护律师有必要知道的底牌。

1. 在大部分案件中,犯罪嫌疑人、被告人的家属都非常迫切地想知道,他的家人究竟有没有做过违法犯罪的事情,公安机关指控他的犯罪事实,究竟是被冤枉的还是确有其事。

例如,朱某涉嫌盗窃罪案:朱某因涉嫌盗窃被公安机关抓获归案,朱某家属接到公安机关的通知后感到非常惊愕,自己的孩子怎么会做这种偷鸡摸狗的事情呢?家属非常想知道,朱某究竟有没有偷盗,为什么偷盗?这就是家属要求律师进去会见的第一要务。

2. 案件实际情况也是辩护律师应当知道的底牌。知道案件的实际情况是辩护律师确定辩护策略的前提,辩护律师若不了解案件实际情况则易造成对案件真相的误判,有时可能导致确定错误的辩护策略,甚至可能造成不可预料的后果。因此,案件实际情况是什么样的,辩护律师应该在会见中让犯罪嫌疑人、被告人毫无保留地告知,以免律师误判。这是每位律师必须做的重要基础工作。

案例 2-1　杨某涉嫌运输毒品罪案

杨某和张某一起被公安机关抓获归案,公安机关在张某体内查获毒品500多克。杨某和张某均被指控构成运输毒品罪。在会见时,辩护律师向杨某核实真实情况。杨某始终坚持认为自己无罪,自己并不知道张某携带了毒品,他只是帮助朋友的忙,帮忙陪同张某去××市。

辩护律师反复向他确认,杨某均认为自己确实不知道,而且有关键证据可以证实,那就是他被扣押的手机中有聊天记录可以证明,他确实不知道张某携带了毒品,并要求辩护律师申请调取该手机的聊天记录。于是,辩护律师向办案机关申请提取该手机中的聊天记录,结果发现,聊天记录内容对杨某非常不利,不仅能够证明杨某知道涉案物品是毒品,而且体内藏毒的同案人还是他招募来的。后果惨痛,公诉人在法庭上出示了这份聊天记录,并认定杨某是主犯……可见,犯罪嫌疑人对辩护律师隐瞒真相,甚至误导辩护律师,就很容易导致辩护律师误判,后果不可控。

案例2-2　谢某涉嫌非法持有枪支罪案

公安机关从谢某的朋友马某处查获了一把枪，马某归案之后，供述该枪支是谢某交给他保管的。于是，公安机关指控谢某、马某构成非法持有枪支的共同犯罪。辩护律师会见谢某时，就要向他核实这把枪支的真实情况，以确定辩护策略，避免误判。

辩护律师：涉案的这把枪，是不是你给×××的？

谢某：这个，我就不清楚了。

如此，根据谢某这样含糊的回答，辩护律师就可以对案件的真实情况有基本的判断。这把枪究竟是谁的，辩护律师心里有底，在设置庭审发问问题、确定辩护策略时，比较好把握分寸。

二、初级：普法培训，为嫌疑人提供法律知识

办案机关都是由业务能力强、经验丰富的办案人员组成的。而犯罪嫌疑人、被告人大多文化水平较低，缺乏法律知识，更没有辩护的法律概念。面对刑事指控，他们无法为自己有效地辩护。辩护律师会见犯罪嫌疑人、被告人的重要工作，就是对他们进行普法培训、权利讲解，为他们提供法律知识。

（一）罪名培训

辩护律师在会见中应当结合涉案的事实，对犯罪嫌疑人、被告人进行普法培训，讲解涉案罪名的定义、犯罪构成的主客观要件、法律规定原文、司法解释规定的入罪标准、定罪量刑标准等。让犯罪嫌疑人、被告人对这个罪名有较为深入、详细的认识。

案例2-3　刘某涉嫌聚众斗殴罪案

刘某被同村青年纠集与隔壁村几个青年约架，刘某帮忙站场，去到现场后刘某在外围围观，多名同伴与对方多名青年互殴。在围观过程中，突然有对方人员冲向刘某，刘某以为对方要殴打他，于是拿起旁边靠墙放着的拖把，打了对方人员两下，后丢弃拖把，和同伴一起逃离现场。公安机关以涉嫌聚众斗殴罪立案调查，并将刘某等多名参与人抓获归案。辩护律师会见刘某时，应当就该罪名、该案件的法律评价为他进行详细解释。

（1）详细讲解聚众斗殴罪的构成要件、定罪量刑标准、不同犯罪情节对应

的量刑档次,为刘某进行该罪名的基本普法培训。

其一,《刑法》第 292 条规定,"聚众斗殴的,对首要分子和其他积极参加的,处三年以下有期徒刑、拘役或者管制;有下列情形之一的,对首要分子和其他积极参加的,处三年以上十年以下有期徒刑:(一)多次聚众斗殴的;(二)聚众斗殴人数多,规模大,社会影响恶劣的;(三)在公共场所或者交通要道聚众斗殴,造成社会秩序严重混乱的;(四)持械聚众斗殴的。聚众斗殴,致人重伤、死亡的,依照本法第二百三十四条、第二百三十二条的规定定罪处罚"。

其二,《最高人民检察院、公安部关于公安机关管辖的刑事案件立案追诉标准的规定(一)》第 36 条规定,组织、策划、指挥或者积极参加聚众斗殴的,应予立案追诉。

其三,根据最高人民法院印发的《人民法院量刑指导意见(试行)》、广东省高级人民法院印发的《〈关于常见犯罪的量刑指导意见〉实施细则》的规定,构成聚众斗殴罪的,可以根据下列不同情形在相应的幅度内确定量刑起点:犯罪情节一般的,可以在 6 个月至 1 年 6 个月有期徒刑幅度内确定量刑起点。有下列情形之一的,可以在 3 年至 4 年有期徒刑幅度内确定量刑起点:聚众斗殴 3 次的;聚众斗殴人数多,规模大,社会影响恶劣的;在公共场所或者交通要道聚众斗殴,造成社会秩序严重混乱的;持械聚众斗殴的。在量刑起点的基础上,可以根据聚众斗殴人数、次数、手段等其他影响犯罪构成的犯罪事实增加刑罚量,确定基准刑。组织未成年人聚众斗殴的,可以增加基准刑的 20% 以下。

通过向犯罪嫌疑人刘某讲解这些关于聚众斗殴罪的基本内容,他对自己涉嫌的聚众斗殴罪是否成立、哪些情节是认定是否构成犯罪的关键、哪些犯罪情节对应可能会被判多少年,都有基本的判断。

(2)针对个案的特殊情节、争议焦点,进行有针对性的普法培训。

每一个案件都有独特的争议焦点,这些争议焦点对该案而言,就是影响定罪量刑的最关键问题。因此,辩护律师除了需要对涉案罪名进行基本的普法培训之外,还需要提炼案件的争议焦点,并针对个案的争议焦点,对犯罪嫌疑人、被告人进行有针对性的分析培训。

如本案中,刘某可能被认定持械聚众斗殴的情节。因为"持械聚众斗殴"是法定刑升格的情节,由"三年以下有期徒刑"升格为"三年以上十年以下有期徒刑"。那么,刘某是否会被认定为"持械聚众斗殴",直接关乎他未来将面临的刑期。辩护律师需要为刘某仔细讲解,他的涉案行为在法律上是否会认定为

"持械聚众斗殴",司法实践中是如何认定"持械"的。

第一,"械"应为杀伤力较强、危害性较大、足以造成他人伤亡后果的械具。并不是持任何工具参与斗殴,都会被认定为"持械聚众斗殴","械"必须是具有一定杀伤力,有一定危害性、足以造成他人伤亡后果的械具。如在刘某涉嫌聚众斗殴罪案中,争议焦点是刘某准备了拖把意图殴打对方的行为是不是持械聚众斗殴。法院认为,持械聚众斗殴中的"械"应为杀伤力较强、危害性较大、足以造成他人伤亡后果的械具。本案被告人所持拖把系就地取材且被折为两段的半截木质空心拖把,不具有较强的杀伤力和危害性,被告人并未使用该拖布杆殴打他人,未造成他人伤害的危害后果,不应认定为持械聚众斗殴。[1]

第二,同伙持械斗殴,犯罪嫌疑人没有持械,是否属于持械斗殴?在司法实践中,一般认为,由于各犯罪嫌疑人都有聚众斗殴的共同犯罪故意,相互配合实施犯罪,如果预谋的过程中商议持械,或者没有商议但明知本方人员持械斗殴,仍然积极参与的,即使本人没有携带或者使用器械,也会被认定为持械聚众斗殴。[2] 因此,认定的关键在于是否有持械的商议过程;如果没有商议过程,则需要考察是否明知其他人员持械仍然纠集参与斗殴。

第三,准备器械但没有带到现场,是否属于持械斗殴?即使斗殴人员商议过持械,而且也确实准备了器械用于斗殴,但是如果没有将器械带到斗殴现场,则不能认定为持械斗殴。如果带到现场,没有使用、没有显示出来,则也不宜认定为持械斗殴。[3]

案例 2-4 谢某涉嫌走私国家禁止进出口的货物罪案

谢某涉嫌走私日本黑松 12 棵,办案机关指控谢某犯走私国家禁止进出口的货物罪。在该案中犯罪金额的认定,直接关乎被告人罪名是否成立以及刑期长短,辩护律师必须第一时间为谢某讲解清楚,让他知道该罪犯罪金额的认定和定罪量刑的标准。

《刑法》第 151 条第 1 款规定,走私珍稀植物及其制品等国家禁止进出口的其他货物、物品的,处 5 年以下有期徒刑或者拘役,并处或者单处罚金;情节严重的,处 5 年以上有期徒刑,并处罚金。

---

〔1〕 参见内蒙古自治区呼伦贝尔市海拉尔区人民法院(2016)内 0702 刑初 402 号刑事判决书。
〔2〕 参见安徽省宣城市中级人民法院(2014)宣中刑终字第 00049 号刑事判决书。
〔3〕 参见四川省广安市武胜县人民法院(2016)川 1622 刑初 112 号刑事判决书。

《最高人民法院、最高人民检察院关于办理走私刑事案件适用法律若干问题的解释》第11条规定,走私国家禁止进出口的货物、物品,具有下列情形之一的,依照刑法第151条第3款的规定处5年以下有期徒刑或者拘役,并处或者单处罚金:走私来自境外疫区的动植物及其产品5吨以上不满25吨,或者数额在5万元以上不满25万元的。……具有下列情形之一的,应当认定为刑法第151条第3款规定的"情节严重":走私数量或者数额超过前款第1项至第6项规定的标准的。

因此,走私国家禁止进出口的货物、物品,数额在5万元以上不满25万元的,面临第一档量刑档次是"5年以下有期徒刑或者拘役,并处或者单处罚金",数额在25万元以上的,面临第二档量刑档次"5年以上有期徒刑,并处罚金。"

为了认定涉案犯罪金额,办案机关将涉案黑松送交价格认定中心,要求对涉案黑松的价格进行认定。然而,价格认定中心出具《价格认定不予受理通知书》,认为"黑松属于国家禁止进口及买卖,因此,不作价格认定。"如此一来,犯罪数额是0元,则犯罪不能成立。如果犯罪嫌疑人谢某供述涉案黑松金额少于5万元,则很可能达不到立案追诉标准;如果他供述涉案黑松金额5万元以上不满25万元,则很可能面临第一档量刑档次"5年以下有期徒刑或者拘役,并处或者单处罚金";如果他供述涉案黑松金额25万元以上,甚至几百万元,则很可能面临第二档量刑档次"5年以上有期徒刑,并处罚金"。

辩护律师在会见时,有没有向犯罪嫌疑人、被告人讲解涉案罪名的定罪量刑标准,犯罪嫌疑人、被告人知不知道涉案罪名该如何认定、犯罪金额如何认定、如何定罪量刑,这些都会对案件的走向和最终判决结果产生非常重要的影响。

(二)流程培训

绝大多数犯罪嫌疑人、被告人对于刑事诉讼流程都是完全不懂的,他们被抓进看守所后,对于之后会发生什么、会有哪些诉讼程序是完全没有概念的。辩护律师需要将刑事诉讼流程告诉他们,让他们对案件未来走向有概念,对案件的下一个诉讼程序心中有数。最基本的有以下几点:

1. 讲解"37日"的概念

根据《刑事诉讼法》第91条的规定,犯罪嫌疑人被抓获归案之后,公安机关最长可以将其刑事拘留30日,如果要继续拘留,则必须在该30日内提请人民检察院审查批准逮捕。检察院在收到公安机关提请批准逮捕书后的7日内,作出批准逮捕或者不批准逮捕的决定，如果不批准逮捕，则公安机关应当将犯罪嫌疑人释放或变更强制措施。这个期限对每一个案件都是非常重要的，一旦在该期限内被批准逮捕，犯罪嫌疑人将在看守所内长期羁押。而且，由于各种因素的影响，被逮捕本身会在无形中增加获得无罪判决的难度。

2. 讲解侦查期限

根据《刑事诉讼法》第 156 条、第 158 条、第 159 条的规定，犯罪嫌疑人被逮捕后的侦查羁押期限，一般最长是 7 个月。具体为：逮捕后的侦查羁押期限是 2 个月；经过上一级人民检察院批准可以延长 1 个月；对于交通十分不便的边远地区的重大复杂案件、重大的犯罪集团案件、流窜作案的重大复杂案件、犯罪涉及面广、取证困难的重大复杂案件，经省、自治区、直辖市人民检察院批准或者决定，可以延长 2 个月；对犯罪嫌疑人可能判处 10 年有期徒刑以上刑罚，经省、自治区、直辖市人民检察院批准或者决定，可以再延长 2 个月。

3. 讲解审查起诉期限

根据《刑事诉讼法》第 172 条、第 175 条的规定，审查起诉阶段最长的期限是 6 个月零 15 天。具体为：监察机关、公安机关移送审查起诉后，人民检察院在 1 个月零 15 天内作出决定；对于需要补充侦查的，可以退回公安机关补充侦查 2 次，每次在 1 个月以内补充侦查完毕。每次补充侦查完毕移送人民检察院后，人民检察院重新计算审查起诉期限，最长为 1 个月零 15 天。

4. 讲解审判期限

根据《刑事诉讼法》第 208 条的规定，不考虑改变管辖、补充侦查等情况，一审案件审理期限一般最长是 6 个月。具体为：人民法院审理公诉案件后，应当在受理后 2 个月以内宣判，至迟不得超过 3 个月。对于可能判处死刑的案件或者附带民事诉讼的案件，以及交通十分不便的边远地区的重大复杂案件、重大的犯罪集团案件、流窜作案的重大复杂案件、犯罪涉及面广或取证困难的重大复杂案件，经上一级人民法院批准，可以延长 3 个月；因特殊情况还需要延长的，报请最高人民法院批准。

根据《刑事诉讼法》第 243 条的规定，不考虑改变管辖、补充侦查等情况，二审案件审理期限一般最长是 4 个月。具体为：二审人民法院受理上诉、抗诉案件，一般应当在 2 个月以内审结。对于可能判处死刑的案件或者附带民事诉讼的案件，以及交通十分不便的边远地区的重大复杂案件、重大的犯罪集团案件、流窜作案的重大复杂案件、犯罪涉及面广或取证困难的重大复杂案件，经省、自治区、直辖市高级人民法院批准或者决定，可以延长2个月；因特殊情况还需要延长的，报请最高人民法院批准。

（三）权利培训

虽然每一个犯罪嫌疑人归案之后都会签《犯罪嫌疑人诉讼权利义务告知书》，但实际上，他们往往只看一两分钟，且绝大部分人都是第一次看到这个文件，很难明白里面写的权利义务该怎么运用，亟待辩护律师用办案经验和专业知识告诉他们，究竟有哪些法律权利义务，以及如何行使他的法律权利。

辩护律师必须让犯罪嫌疑人、被告人知道并懂得运用自己的权利，这是辩护律师的职责所在。2017年的《律师办理刑事案件规范》第23条明确规定，辩护律师会见时应当向犯罪嫌疑人、被告人介绍刑事诉讼程序；告知其在刑事诉讼程序中的权利、义务；告知犯罪嫌疑人、被告人权利行使方式及放弃权利和违反法定义务可能产生的后果。犯罪嫌疑人有哪些权利呢？经笔者总结，犯罪嫌疑人、被告人大致享有如下权利：

（1）不通晓当地通用的语言文字时有权要求配备翻译人员，有使用本民族语言文字进行诉讼的权利。

（2）对于公安机关及其侦查人员侵犯其诉讼权利和人身侮辱的行为，有提出申诉或者控告的权利。

（3）对侦查人员、鉴定人、记录人、翻译人员等人，有申请回避的权利。

（4）有委托律师作为辩护人的权利。

（5）在接受传唤、拘传、讯问时，有要求饮食和必要休息时间的权利。

（6）对于采取强制措施超过法定期限的，有要求解除强制措施的权利。

（7）有申请变更强制措施的权利。

（8）对于侦查人员的提问，与案件无关的问题，有拒绝回答的权利；在接受讯问时有为自己辩解的权利。

（9）核对讯问笔录的权利，笔录记载有遗漏或者差错，有提出补充或者改正的权利。

（10）未满18周岁的犯罪嫌疑人在接受讯问时，有要求通知其法定代理人到场的权利。

（11）聋、哑的犯罪嫌疑人在讯问时，有要求通晓聋、哑手势的人参加的权利。

(12)有知道证据内容的权利(如鉴定意见的内容)。

(13)有申请补充鉴定或者重新鉴定、申请调取证据、提交证据的权利。

(14)对人民检察院作出的不起诉决定申诉的权利。

(15)有获得赔偿的权利。[1]

自我辩解,是每个人的本能,也是法律赋予每个人的权利。英国法谚有云:“任何人无义务证明自己有罪。”我国《刑事诉讼法》第52条中也规定,“不得强迫任何人证实自己有罪”。但很大一部分犯罪嫌疑人、被告人本人没有法律意识,不懂得自己的权利和义务,不知道如何为自己辩解,甚至有的是一种无所谓的心态。这种态度,是不懂得法律权利和义务的体现,是对自己的不负责任。

犯罪嫌疑人、被告人没有自我辩解的意识,不懂自己的权利和义务,导致的结果不仅是对他自己的不负责任,也是对国家法治的不负责任。“控辩审”三方制衡,才是现代法治下完整的刑事诉讼制度,任何一方无理由、不理性的妥协,都是对国家法治的不负责任。

三、中级:技能培训,为嫌疑人提供办案经验

犯罪嫌疑人、被告人初次面对审讯时,有一些注意事项是他们从来不知道的,等他们意识到犯错时,往往为时已晚。辩护律师向犯罪嫌疑人、被告人分享刑事诉讼的办案经验,就是告诉他们在面对审讯时需要注意的事项,这是为犯罪嫌疑人、被告人提供有效法律帮助必不可少的内容。

(一)零口供要理性

从一些英美法系的国家或地区的电视剧中,我们了解到沉默权的规定:“你有权保持沉默。如果你不保持沉默,那么你所说的一切都将作为呈堂证供。”然而,由于法系的不同,属于大陆法系的我国在立法上并未规定沉默权。但是,笔者在很多案件中都发现,犯罪嫌疑人、被告人受英美法系的电视剧影响,在案件过程中都保持了零口供。其实,选择零口供应是谨慎的,在适当时机向办案机关解释清楚案件事实、细节,是必要的。

---

[1] 参考江西省人民检察院于2009年8月17日印发的《关于侦查、审查起诉阶段犯罪嫌疑人的权利、义务的规定》,以及公安机关在讯问犯罪嫌疑人时出具的《犯罪嫌疑人诉讼权利义务告知书》。

案例2-5　谢某涉嫌走私普通货物罪案

谢某的讯问笔录内容大致如下:

问:我们是××公安局的民警(出示人民警察证),现依法对你进行讯问,你享有陈述权、申辩权、要求侦查人员回避和拒绝回答与案件无关问题的权利,但你不能作虚假陈述,否则要负相应的法律责任,你若如实供述自己的罪行,可以从宽处理,你听明白了吗?

答:我听不懂。

问:今天我们过来是想听听这几天你在看守所里面考虑得如何?是否愿意交代自己的问题?

答:我考虑过了,我真的没有做过违法犯罪的事情。

问:你是否知道×××等人的事?

答:我不知道。

问:据公安机关掌握的情况,你曾有参加×××的团伙,你如何解释?

答:我没有,我不知道他做什么事,我只知道他是××村的书记,我平时也是叫他书记的。

问:那你是否知道你们××村近年来发生的一些大小事件?

答:我也不知道,我平时都很少出门的,不知道发生过什么事。

问:根据我们掌握的情况,你还没有交代自己的问题,你好好考虑清楚,争取宽大处理……

答:我都交代了。

问:早上我们也谈了一段时间了,现在你先休息一下,等你吃完饭我们再继续谈。

答:好的,我先吃饭。

……

问:那你是否愿意交代?

答:我不知道什么事情。

问:你一点都不知道自己错在哪里吗?

答:我不知道。

问:那你是否记得2011年的××事件?

答:我不知道这件事。

问:根据公安机关掌握的情况,你当时是因此事被带到公安机关的,你是否记起来了?

答:我不记得。

问:你老实说当天是否有被带到公安机关问话?

答:(沉默)

问:到底有没有?你老老实实说清楚。

答:(思考一分钟)有,我是被抓进去了。

问:那你为何不承认,还说自己不知道发生过这件事?

答:(沉默)

问:你如实讲清楚当时的情况。

答:我不记得了。

问:×××,直到现在你还是不交代情况,希望你能认清形势,如何把你知道的事情交代清楚?

答:我真的不记得了。

……

案例2-6　郑某涉嫌故意杀人罪案

郑某从被抓获到判决,每一次接受问话,都是零口供。郑某的讯问笔录内容大致如下:

问:我们是××公安局的民警(出示工作证件),现依法对你进行讯问,你应当如实回答我们的提问。对与案件无关问题,你有权为自己辩解,因如实供述罪行,避免特别严重后果发生的,可以减轻责任。讲假话或隐匿罪证、诬告陷害他人是要负法律责任的,你听明白了吗?

答:我不知道。

问:你的个人情况?

答:我叫×××,其他情况都不知道。

问:你因何事被关押在××看守所?

答:我不知道。

问:你有聘请律师的权利,清楚吗?

答:我不知道。

问:那你是否有故意伤害的行为?

答:我不知道。

问:××××年××月××日上午,你在哪里?

答:我不知道。

问:当时××地上有一摊血,是谁的血?

答:我不知道。

问:打架现场留有一把水果刀,那是谁的?

答:我不知道。

问:你身上是否有受伤?

答:我不知道。

问:那你手上的伤,是怎么来的?

答:我不知道。

问:你有无补充?

答:我不知道。

问:你以上所说的是否属实?

答:我不知道。

在这两个案件中,犯罪嫌疑人、被告人都是零口供。零口供是需要谨慎对待的。在中国当前司法状况下,不论是对于控方还是对于辩方,犯罪嫌疑人、被告人的讯问笔录都是非常重要的证据。犯罪嫌疑人、被告人要抓住审讯的机会,为自己的行为进行充分的辩解,并记录在讯问笔录中,这些有利的辩点是后期辩护观点的重要支撑。辩护律师在会见过程中,必须向犯罪嫌疑人、被告人讲解清楚零口供的利弊,尽量让犯罪嫌疑人、被告人努力为自己的行为进行辩解。

(二)如实供述要理解

如实供述是对犯罪嫌疑人、被告人制作讯问笔录的基本要求。古人所说的"知之为知之,不知为不知,是知也",可以生动地阐释如实供述的含义。简单来说,如实供述就是将当事人所确切知道的、确切做过的事情,如实交代,而对于不知道的、不确定的事实,不能乱说,不能胡乱猜测。

在办案过程中,笔者发现,犯罪嫌疑人、被告人往往将很多不确定的事实,当作确定的事实供述出来,且被记录在笔录中。如犯罪嫌疑人、被告人经常会说,"我以为是……""我觉得是……""可能是……""听说是……""应该是……"等,将不确定的事情当作确定的事实供述,这样的供述很多时候都会变味,最终可能导致害人害己,很可能导致冤假错案。

案例2－7　吕某涉嫌非法买卖爆炸物罪案

犯罪嫌疑人吕某被指控非法买卖苦味酸，涉嫌非法买卖爆炸物罪。[1] 本案争议的焦点在于：涉案的苦味酸，究竟是两瓶还是1000克，究竟有没有达到1000克。[2] 在会见过程中，辩护律师了解到吕某的讯问情况，大致如下：

问：你卖过多少瓶苦味酸？

吕某：两瓶。

问：两瓶有多重？

吕某：应该是1000克吧，每一瓶应该差不多是500克。

问：你的意思是说，你卖的两瓶苦味酸，重量是1000克是吧。

吕某：应该是，我记得每瓶500克。

在这个案件中，吕某的供述就不符合如实供述的基本原则。他卖了两瓶苦味酸，但重量是不是1000克，他是不清楚的。辩护律师会见时向他了解情况，为他剖析。

辩护律师：涉案的那两瓶苦味酸还在吗？

吕某：不在了，几年前的事情，估计早就被用完了吧。

辩护律师：涉案那两瓶苦味酸有多重，当时你有称过吗？

吕某：我怎么会称，当时也不是我经手的，销售员直接卖的。我们卖这些东西也不会再称的，都是厂家包装好的。

辩护律师：那你怎么知道是1000克？你怎么确定重量恰好是1000克？

吕某：这还真说不好，我不能确定是1000克，我想应该、可能是1000克。

辩护律师：那你怎么就觉得应该、可能是1000克呢？

吕某：这还真不好说，那种瓶子我记得一般都是500克一瓶的，所以我想应该两瓶就是1000克。

辩护律师：那你能不能确定，确实是1000克？不多不少？

吕某：这就不确定了。

---

〔1〕 苦味酸被认定为爆炸物，非法买卖该物品，可能被认定为非法买卖爆炸物罪。例如，在广东省广州市天河区人民法院（2019）粤0106刑初183号刑事判决书中，陈某某非法销售爆炸物苦味酸约100克、硝酸铵约65，000克，被判决犯非法买卖爆炸物罪，判处有期徒刑3年，缓刑4年。

〔2〕 根据《最高人民法院关于审理非法制造、买卖、运输枪支、弹药、爆炸物等刑事案件具体应用法律若干问题的解释》第1条、第10条的规定，吕某有可能因为非法买卖爆炸物达1000克被认定涉嫌犯罪。

辩护律师:那也就是说,那两瓶苦味酸,重量有可能恰好是1000克,也有可能多于1000克,还有可能少于1000克?可以这样理解吗?

吕某:是的,当然有这三种可能性,厂家称的也不一定准。

辩护律师:那有没有可能存在称量误差?

吕某:当然有,我们做化学试剂生意的人都知道,每一种称量工具都是有误差的,每一个瓶子里面装的材料重量,都是不同的。

辩护律师:那你能确定的是两瓶,能确定瓶数?

吕某:是的,我记得应该确实是两瓶。

辩护律师:那你能不能确定是1000克?

吕某:不确定是不是恰好1000克。

辩护律师:好,要坚持实事求是,事情原本是怎么样的,就怎么样如实交代。你有没有经手、是几瓶、有多重等,这些问题你都要实事求是地回答,不能无凭无据地瞎猜,胡乱瞎猜不利于查明案件事实。明白吗?

吕某:好的,我知道。

在这个案件中,犯罪嫌疑人吕某将不确定的事实当作自己确实知道的事实说出来,结果,笔录的内容与案件事实,就必然发生偏差。而这个偏差有时恰恰能够决定犯罪嫌疑人、被告人的罪与非罪。

案例2-8　杨某涉嫌运输毒品罪案

杨某主观上是否知道涉案物品是毒品,成为罪与非罪的关键问题。在讯问过程中,杨某供述有猜测过、可能是毒品。

问:你在公安机关供述是否属实?

答:后面两次说我是明知是不对的,我不是明知。

问:你猜测过是违禁品?

答:猜测过,但是没多想。

……

问:你知道同行人××身上带着什么东西吧?

答:我是真不知道,真不知道。

问:什么真的不知道?不知道是毒品是吧?

答:真不知道。被抓后才知道。

问:不是,你俩从云南出来的时候,你知道她身上带着什么东西吗?

答:她就背了个包。

问:你知道她带着什么东西不?

答:不知道。

问:你不是怀疑过她,你不是心里清楚她带着的是那个。

答:她是说她带了点东西,但没说带什么。

问:不是,你又变了。当时你怀疑她身上带着是毒品吧。

答:心里多少有点数,可能知道是毒品。

问:什么是可能啊。你不是说感觉到应该是毒品。××当时叫你看着她从云南出发的时候,你是不是觉得应该是毒品?

答:有想过,觉得应该是毒品,但没多想。

以上是讯问笔录的关键内容。其中,“心里多少有点数,可能知道是毒品”“有想过,觉得应该是毒品,但没多想。”“猜测过,但是没多想。”这几句,能不能等同于认罪,认为明知是毒品?在司法实践中,答案往往是肯定的。“我认为是……”“应该是……”“猜测过是……”几乎会被直接视为认罪。

所以,辩护律师要向犯罪嫌疑人、被告人解释清楚“如实供述”的内涵:如果不确定是否构成犯罪,就不宜轻易地认罪;如果你不确定、不确切的事情,就不宜轻易说我认为、我觉得、我猜测等,因为这样的回答往往会被等同于确切知道客观事实的说法。有时容易造成冤假错案。

(三)供述辩解要合理

在办案过程中经常发现这种情况,犯罪嫌疑人、被告人的讯问笔录完全不合理,完全无法说服一个正常人,让人一看就知道在撒谎。其实,不合理的辩解有害无利。犯罪嫌疑人、被告人将办案人员当作傻子去忽悠,但结果是犯罪嫌疑人、被告人自己成为傻子,既失去了辩解的机会,也面临被严惩的恶果。辩护律师在会见时,应当向犯罪嫌疑人、被告人阐明其在讯问过程中的辩解必须合理可信。

案例2-9　李某涉嫌运输毒品罪案

犯罪嫌疑人李某的辩解就存在不合理、不可信的问题,任何一个正常、理智的人都认为这完全是不认罪的狡辩。讯问笔录内容大致如下:

问:你的冰毒是何处来的?

答:在××县,有人知道我要来××市,一个叫小李的人给我带的。

问：小李给了你什么好处？

答：没有给我任何好处。

问：小李让你带给谁？

答：没有说让我带给谁。

问：小李是怎样给你冰毒？

答：……

问：你有小李的电话号码？

答：我没有他的电话号码，他也没有我的电话号码。

问：小李把毒品给你，没有说给谁，你也不知道给谁，你说能让人信服吗？

答：就是这样的。

问：小李的姓名、住址，电话号码？

答：不知道。

问：你是不知道，还是不想说出来？

答：不知道。

问：这是不可能的，你说冰毒是小李交给你的，而你带着冰毒交给谁又不知道，也没有好处，谁相信你？

答：当时，小李没有说是冰毒，只说是冰糖。

问：你没有问小李是交给谁？

答：没有问。

问：小李和你是什么关系？

答：打麻将认识的，我不知道他叫什么名字，大家都叫他小李。

问：有没有其他名字？

答：没有。

问：你有没有存他的电话？

答：没有。

……

在这个毒品案件中，犯罪嫌疑人李某对毒品来源、运输毒品过程的辩解，你觉得可信吗？从这个供述辩解看，李某显然对上家、下家都隐瞒不言，全无逻辑，没有说服力，白白浪费了辩解的机会。

案例 2－10　胡某等涉嫌开设赌场罪案

××俱乐部的管理人、荷官、客服、赌客等几十人都被人赃俱获，事实比较清晰。很多被抓获的当事人辩解没有参与赌博，不构成开设赌场罪。但是他们的辩解，实在太牵强。例如，胡某的讯问笔录内容大致如下：

问：你有无开设赌场的犯罪行为？

答：我认为我没有，我只是在那里上班做荷官负责派牌和抽水。

问：那你知不知道那些人在该××俱乐部利用筹码打扑克的行为，是不是一种赌博行为？

答：我知道他们的行为是一种赌博行为，但我没有参与赌，我只是在该俱乐部做荷官负责派牌和抽水，抽水的钱都是公司的，我只是在该公司拿工资和提成。

这样的辩解是毫无抵抗力的。与其作出完全站不住脚的辩解，还不如将对定罪量刑有利的情节作为辩解的重点，在笔录中予以固定。

在刑事案件中，讯问笔录是重要的“呈堂证供”，不要浪费了辩解的机会，非常不合理的辩解既浪费了在讯问笔录这么关键的证据上留下对自己有利的辩解机会，也让公安机关、检察机关、法院认为犯罪嫌疑人、被告人认罪态度差，造成其他不利后果。

（四）诱导问题要警惕

什么是诱导性发问，简单来说，就是问题里面隐藏着答案的发问，或者暗设前提的发问。

案例 2－11　林正主编的《完美的辩护：美国名律师胜诉案例精选》一书中，辩护律师诺里亚向证人发问，检察官以诱导性发问为由举手反对，法官认为反对有效。该案例可以形象生动地解释，什么是诱导性问题。

辩护律师：你当时看没看见那球棒上有血迹？

检察官：反对！这是诱导提问。

法官：反对有效。诺里亚先生，请你重新提问，注意不要使用任何具有答案性质的词语。

辩护律师：比尔，你拿起球棒的时候注意到什么了吗？

证人：没有，我当时只想到了自卫。

辩护律师：你有没有看到……（诺里亚犹豫了一下，把后半句话咽了回去）

请继续你的陈述吧！[1]

在这次发问中，辩护律师诺里亚把“有血迹”作为前提放在问题中，不论证人回答“有看见”还是“没看见”，都相当于肯定了球棒上确实“有血迹”的事实，这就是典型的诱导性问题。

绝大多数犯罪嫌疑人、被告人不具备法律专业能力，他们很难识别诱导性问题，容易在遭遇诱导性讯问时回答出模棱两可却不利于他的答案。辩护律师在会见时，需要向他们讲解清楚，什么是诱导性发问，该如何应对，让他们尽可能地提防诱导性问题。

笔者在办案过程中，也偶尔发现侦查人员对犯罪嫌疑人、被告人诱导性发问的情况。

案例2－12　黄某涉嫌制造毒品罪案

本案中就存在侦查人员的诱导性讯问的情况，大致内容如下：

问：为何明知盐酸羟亚胺人家是用来制造毒品的，还要去从中介绍他人交易？

答：我也是抱着侥幸心理，从中赚点钱，自己想不至于抓到自己。

侦查人员的问题，其实是两个：第一，你知不知道别人正在或将要将易制毒物品用于制造毒品？第二，你为什么要介绍他们买卖易制毒物品？

犯罪嫌疑人黄某无法识别里面藏着的两个问题，仅回答了“为什么要介绍他们买卖易制毒物品？”的原因，是“抱着侥幸心理，从中赚点钱”。黄某的本意是，虽然知道易制毒物品不能卖，但贪图小利，想赚点外快，才居间介绍他们买卖易制毒物品的。

而实际上，黄某主观上知不知道别人拿易制毒物品去制造毒品呢？这个“明知”被设置在问题里面：抱着侥幸心理，从中赚点钱，所以明知道别人正在或者将要把易制毒物品用于制造毒品，还继续介绍他们卖易制毒物品给制毒分子。

结果，这样的讯问笔录，表面上看来，犯罪嫌疑人黄某不仅介绍买卖了易制毒物品，而且还明知别人拿易制毒物品去制造毒品，为了赚钱就介绍将易制毒物品卖给了制毒分子用于制造毒品，在定性上，就容易会被认定为制造毒品罪

---

〔1〕　林正主编：《完美的辩护：美国名律师胜诉案例精选》（上），中国法制出版社2016年版，第158页。

的共犯。

对黄某的行为,准确定性应是非法买卖制毒物品罪,而不是制造毒品罪。笔者在审查起诉阶段,经过大量的工作,搜集大量的证据、案例,多次与公诉部门的经办人沟通,才艰难地说服公诉部门的经办人改变定性,以非法买卖制毒物品罪提起公诉。

试想,如果犯罪嫌疑人一开始就意识到这就是一个诱导性问题,在回答时明确其不知道别人要将易制毒物品用于制造毒品,他就不至于整天担心会被判15年有期徒刑了,可以减少后期犯罪定性上的很多风险,省去辩护律师的很多工作,也省去他的寝食不安。

当然,这很难避免,因为犯罪嫌疑人、被告人自己是深陷诱导问题的迷宫中的,他们只能在辩护律师的帮助下,对诱导性的发问保持警惕。

(五)认罪态度拿捏好

在侦查阶段,辩护律师没有看到案卷材料,无法确切知道公安机关掌握的证据能够证明多少犯罪事实,犯罪嫌疑人又想有个认罪好态度,争取取保候审。此时,认罪态度的尺度拿捏就非常重要了。在不可能无罪、又想要取保候审的情况下,能不能取保候审,很重要的因素是认罪态度。如果认罪彻底,就把后期辩护空间大大压缩了;如果认罪态度不好,则很难取保候审。认罪态度要拿捏得精准到位。

案例2-13 李某涉嫌盗窃罪案

被害人指控李某盗窃了11次,盗窃金额2500多元。公安机关也以盗窃11次、盗窃金额2500多元立案侦查,搜集证据。

在这个案件中,根据辩护律师初步了解的情况,李某作无罪辩护的难度较大,因为被害单位提供了多次监控录像,至少能证明李某盗窃了3次,李某的盗窃行为已经达到了入罪标准。但是,李某和辩护律师都不知道公安机关掌握了多少次盗窃的监控视频、能核实多少次的盗窃事实、2500多元涉案金额中有多少能够一一查实。

李某的首要诉求,就是取保候审,最后争取缓刑。家属按照被害人的诉求,全部退赔了2500多元,取得了被害人的谅解。但李某这里就面临认罪态度尺度拿捏的问题:如果承认11次、2500多元盗窃事实,后期辩护空间几乎没有;如果不承11次、2500多元的盗窃事实,作无罪辩解、无罪辩护,则变更强制措施为取保候审的机会几乎为零。

办案人员一定会揪着李某认罪态度追问的:对于 11 次、2500 多元的盗窃事实,你认罪不认罪?你有什么看法?

辩护律师仔细向李某分析当前的形势,最重要的就是取保候审。在家属已经退赔的情况下,李某的认罪态度是非常重要的。李某就应该回归事实:第一,承认他确实盗窃了,认罪;第二,盗窃几次、多少金额记不清,以办案机关调查的证据为准;第三,家属已经退赔,退赔金额没有意见,退赔也是他的真实意思表示。这既为后期辩护留下空间,又体现良好的认罪态度。

李某的这种态度也是比较符合客观事实的,他几个月来究竟偷了几次、多少金额、多少物品、都是哪些物品,由于没有记过账,他记不清楚是完全可能的。但是李某的认罪态度也比较良好,也认可证据所能证实的盗窃金额和次数。

(六)讯问笔录要修改

很多犯罪嫌疑人、被告人归案之后,完全没有意识到他们可以修改讯问笔录,也不知道他们必须好好核对、修改笔录。讯问笔录是对犯罪嫌疑人、被告人定罪量刑最重要的呈堂证供,笔录做得不好,将大大增加后期的辩护难度。

讯问笔录为什么必须修改呢?毕竟说的人和记录的人不是同一个人,必然存在误差。

例如,电影《绣春刀Ⅱ》中,有这样一个锦衣卫裴纶与净海和尚问话的片段,可以供大家参考。

裴纶:听说你收了不少北斋先生的画,那些画在哪儿?

净海和尚:小僧收的字画众多,是有那么几幅北斋的画作。我都送给那些来寺院布施的香客。

裴纶:送给谁了?

净海和尚:小僧没记住。

裴纶:这个北斋呀,是东林逆党。我得知道什么人收了他的画。

净海和尚:大人,字画只是字画,况且,来寺院布施的香客,都是好人啊。

裴纶(示意做记录的锦衣卫记录):净海和尚说,收了东林逆党字画的,都是好人。

该电影片段以通俗、形象的方式告诉我们:犯罪嫌疑人、被告人说的和讯问笔录记载的,不一定是一致的。毕竟说的人和记录的人不是同一个人,这完全存在不一致的可能。因此，讯问笔录在签名之前，犯罪嫌疑人、被告人有必要充分核对和修改。但是，核对和修改笔录该如何理解？分为三个层次：笔录要修改；笔录要好好修改，修改不好会产生反效果；即使为了修改双方僵持不下，犯罪嫌疑人、被告人也不能拒绝在讯问笔录上签字。

1. 笔录要修改

长期以来，我国普通老百姓对公权力都比较畏惧。他们想当然地认为，公家做好的东西不可以改。其实，笔录是需要好好核对修改的，以免意思被歪曲或者记录有错漏。笔者经常对犯罪嫌疑人、被告人说："你说了什么不重要，重要的是笔录中记了什么。"

案例 2-14　杨某涉嫌贩卖毒品罪案

审判长向杨某核实讯问笔录的情况，杨某对讯问笔录内容提出了异议。

审判长：你在公安机关交代的内容是否属实？

杨某：公安机关审讯我的时候，我已经对笔录的内容提出异议，我要求修改笔录的内容，但公安机关恐吓我。

审判长：公安机关是如何恐吓你的？

杨某：在言语上恐吓，他们说，你签不签，然后公安人员就用力往桌面拍，叫我快点签名。

杨某签了笔录之后等到法庭上才提出异议，这几乎是无效的。由于笔录已经签字画押，被告人所提出的异议又没有任何证据支持，而且，即便属实，恐吓的内容也仅是公安机关催促其快点签名，没证据显示公安机关存在刑讯逼供，这就不属于非法证据排除的范围。因此，杨某在法庭上的这种辩解是无效的，法院几乎不会采信。

2. 笔录修改不好会有反效果

修改笔录对于犯罪嫌疑人、被告人来说，当然是维护自身权益必须做的事情。但修改笔录是一把"双刃剑"，在笔录上修改之后，就留下了修改的痕迹，笔录会被认为是犯罪嫌疑人、被告人的真实意思表示。因此，如果核对修改笔录，请务必好好修改，如果修改之后仍然能证明被告人有罪，法官采信这份笔录的可能性就极高。

案例 2-15　刘某涉嫌贩卖毒品罪案

刘某被指控贩卖毒品，总共做了五次笔录，其中第一次是有罪供述，其余四次均是无罪供述。

在庭审中，法官问他为什么第一次是认罪的，其余四次都不认罪？刘某的回答是“第一次口供是在警察的误导下作出的，与客观事实不符，当时警察催我赶紧签，我没有仔细阅读就签名了”。

可是，法官仔细翻看笔录发现，刘某做的五次笔录中，每一次的笔录都有多处修改痕迹，而且有签名捺指印。法官认为，多处修改痕迹说明刘某是经过仔细阅读的，刘某称没有仔细阅读就签名的辩解不成立，有罪供述可以采信。法官结合其他在案证据，判决刘某贩卖毒品罪成立。

3. 笔录不能拒绝签

在签笔录过程中，偶尔也会出现犯罪嫌疑人有诸多修改要求，办案人员不肯修改，犯罪嫌疑人迟迟不签笔录，双方僵持不下的情形。此时，犯罪嫌疑人要特别注意，不能拒绝签字。因为拒绝签字的结果，就是办案人员直接将笔录拿走，写上一句“以上笔录已交由犯罪嫌疑人××阅读核对过，其表示与其所说的相符，但其拒绝在笔录上签名确认。侦查人员×××、×××，日期：×××。”

案例 2－16　吴某涉嫌赌博罪案

吴某认为自己是无罪的，始终拒绝在笔录上签名确认，双方僵持不下。后侦查人员在笔录中记载：“以上笔录已交由犯罪嫌疑人吴某阅读核对过，其表示与其所说的相符，但以其自己的行为不算赌博为由而拒绝签名及捺印确认。侦查人员×××、×××，日期：×××。”

在司法实践中，除非讯问笔录系办案机关采取刑讯逼供等非法手段获取的，否则犯罪嫌疑人拒绝签字，几乎不影响笔录的证据效力，该笔录还是会被采信的。因此，拒绝签笔录并不是明智的选择。

综上，在签讯问笔录过程中，犯罪嫌疑人、被告人如发现笔录内容与其所说的不一致，则要提出修改要求，认真看，认真修改，而且要签笔录，不能因为修改的问题僵持不下就不签笔录。

（七）签认材料要慎重

犯罪嫌疑人、被告人对书证、物证、物证的照片等材料的签认，是侦查的必经环节。签认时，侦查人员经常会让犯罪嫌疑人、被告人照抄签认的内容，如“以上快递单，就是我购买××的快递单，内容属实。”“以上图片，就是××……”签认材料的过程也应非常慎重，有些案件会由于不符合客观事实的签认，给后期辩护带来很大的困难。

案例 2 – 17 曲某涉嫌销售假冒注册商标的商品罪案

在该案中，辩护律师去看守所会见曲某时，问他此前的讯问情况和材料、文书签认情况，曲某跟辩护律师讲述前几天签认材料的情况。

辩护律师：说一下材料签认的情况？

曲某：前几天，办案人员来提审我，其中有几份扣押清单和销售记录，他们打印出来让我签认。他们让我按照他们说的在材料上写"以上物品就是我采购回来的侵权产品""以上销售记录就是我销售侵权产品的记录"。当时，我是有意见的，我说不能这么签。被你们扣押的东西，好几十箱，我不知道里面哪些是侵权的，侵了谁的权。还有销售记录，里面都是我淘宝销售记录的表格，我们公司卖的产品很多，我不知道要签认的这些具体针对的产品有哪些，是不是侵权产品，数额有多少，我都不是特别清楚，时间太久了。还有一些刷单的情况，这里都没有体现，所以，我不知道有哪些是真实卖出去的侵权产品。我不想签。

辩护律师：然后呢，你签了吗？

曲某：当时他们说，没事的，办案程序都是这么走的，签"侵权产品"也是没关系的，因为最后侵不侵权是法院说了算，犯不犯罪也是由法院定的，你签吧，不紧要的。然后，我就按照办案机关的要求签字了。

其实，法院定罪量刑，很大程度上是要看犯罪嫌疑人、被告人认不认罪、认了哪些犯罪事实。犯罪嫌疑人、被告人归案之后，所说的话、所签认的材料，都会作为呈堂证供的。因此，犯罪嫌疑人、被告人签认了对自己不利的材料，很可能会对法院的判决结果造成不利影响。

案例 2 – 18 朱某涉嫌盗窃罪案

犯罪嫌疑人朱某在超市偷了好几次，每次只偷 100 来元的东西，几个月内偷了好几次。他是认罪的，但总共偷了多少他记不清。该案的争议焦点之一是：如何认定盗窃数额呢？

被盗窃的超市出具了一份朱某盗窃物品清单，办案人员拿去给朱某签认，据朱某讲述，他被要求签上"以上就是我从 × × 超市盗窃的物品"，实际上，这样签认是否科学呢？超市提供的是超市认为被偷的东西，属于超市的货损清单，但这些究竟是不是朱某盗窃的物品呢？需要进一步核实。超市出具的失窃物品清单与被告人盗窃的物品清单,并不是一回事。

因此,辩护律师会见时,应当给犯罪嫌疑人、被告人仔细分析清楚,其在签认文件材料、鉴定意见、检验报告、图片、审计报告等各种材料时,要实事求是、知道就知道、确定就确定,不确定的就如实说不确定,不能糊里糊涂就签了对自己非常不利的东西。能够确定的就如实签认,如"图片中的××就是××"。不能确定的,则要解释清楚是不确定的,具体形式可以灵活多变。例如,"以上图片中,其中部分是……其中部分是……""以上照片我已经看过,但不确定是不是我买的那些。"诸如此类,但无论如何签认,都要尽量符合客观事实、实事求是。[1]

四、高级:澄清事实,为嫌疑人提供辩护策略

侦查阶段,是控方主要证据形成的时期。在当前中国司法制度中,整个案件最重要的证据之一,就是犯罪嫌疑人、被告人的讯问笔录。在未规定沉默权的情况下,大部分犯罪嫌疑人、被告人是会开口的。

犯罪嫌疑人、被告人的讯问笔录作为全案非常重要的证据,它具有双重属性,既是犯罪嫌疑人、被告人辩解自己无罪、罪轻的关键证据,又是控方用来指控犯罪嫌疑人、被告人构成犯罪的关键证据。因此,对犯罪嫌疑人、被告人来说,讯问笔录具有不能忽视的重要性,要充分利用笔录来澄清事实,为自己提出无罪、罪轻的合理辩解。

辩护律师要提供有效的法律帮助的前提是有丰富经验和比较突出的专业能力。辩护律师在了解案件情况时,要对该罪名的行为模式、定罪量刑数额的标准、相关司法解释条文等都要有非常深入的把握,能够非常敏锐地意识到本案未来的关键辩点会出现在哪里、控辩双方的争议焦点会出现在哪里。

辩护律师在会见过程中提供有效法律帮助的高级阶段,就是在准确把握案件辩护策略的情况下,向犯罪嫌疑人、被告人透彻讲解案件的辩护策略,让犯罪嫌疑人、被告人理解本案的辩护策略,清楚自己的行为在法律上如何评价,本案有哪几个辩点,在罪与非罪、罪责大小等各个方面的辩点在哪里,各个辩点的分量;并且在整个刑事诉讼过程中,能够根据辩护策略适时作出有针对性的辩解,

---

[1] 办案中发现,经常有些犯罪嫌疑人签:"以上鉴定意见我已看过,但我看不懂。""以上鉴定意见我已看过,但与我无关。""上述合同我已看过,但我无法确认是我和××签的那一份。""以上图片我已看过,但无法确认就是××。"诸如此类,表述形式各异。

固定对自己有利的、证明自己无罪、罪轻的笔录内容，为后期辩护埋伏辩点，让后期的辩护意见更加有理有据，精准到位。[1]

（一）罪与非罪

辩护律师首先应分析涉案行为是否构成犯罪、在什么条件下可构成犯罪。在会见中，辩护律师应当为犯罪嫌疑人、被告人讲解清楚，他的行为是否构成犯罪，在什么情况下构成犯罪，什么情况下可不被认定为犯罪。

案例2－19　杨某涉嫌销售假冒注册商标的商品罪案

犯罪嫌疑人杨某主要经营二手电器，他购进大量某品牌电器的故障机之后，对这些故障机进行维修。维修过程是，他把一些故障机拆解，把能正常使用的零配件留下，拿去维修其他故障机。零配件上的商标等标识，也都是来自这批故障机。维修之后，用原包装盒对电器进行包装，以二手电器名义加价出售。后该品牌电器商向公安机关报案，控告他销售假冒注册商标的商品。

通过会见详细了解案件事实后，辩护律师敏锐意识到，这种使用商标的手法和经营模式有没有侵犯注册商标、是否构成犯罪，是该案的主要辩护观点。

其一，涉案电器上的注册商标的来源。杨某有没有生产、加工或使用假冒电器商的注册商标？通过会见了解到，杨某并没有实施假冒注册商标的行为，涉案产品的注册商标都是原装故障机上带来的。

其二，涉案包装袋上的注册商标的来源。杨某有没有擅自生产、加工或者使用假冒注册商标的外包装来销售涉案产品？通过会见了解到，包装袋也是从品牌电器公司那里原装买来的，杨某并没有另行购买印制注册商标的包装袋。

其三，销售的名义。杨某究竟有没有“以假充真、以次充好、以不合格产品冒充合格产品”？杨某的行为同时涉嫌销售假冒注册商标的商品罪和销售伪劣产品罪，办案机关也可能变更罪名指控。辩护律师也必须为犯罪嫌疑人分析到位。通过会见了解到，杨某维修电器之后，以二手电器的名义低价出售，并没有冒充全新正品。

通过会见，辩护律师向杨某详细分析了本案的辩护策略，从侵权的手法入手，论证犯罪嫌疑人不存在未经许可擅自假冒注册商标的行为，他的行为不属于假冒注册商标的行为，没有侵害注册商标权利人商标专用权。该案取得圆满

---

〔1〕　当然，前提必须是尊重基本事实，没有捏造事实。

成功,很快杨某被无罪释放,在取保候审期满1年后,公安机关又解除了对他的取保候审措施。

案例2-20　黄某涉嫌走私淫秽物品、传播淫秽物品牟利罪案

犯罪嫌疑人黄某在淘宝上卖书为生,有部分是淫秽漫画书,他的成人漫画书都是委托他人从境外购买的。后来有一批书在报关进口时,被海关现场查获。办案机关顺藤摸瓜,将黄某抓获归案。辩护律师了解到大致案情,黄某被查扣、涉嫌走私的淫秽漫画书数量是100本左右,他还曾经在淘宝网上销售过淫秽漫画书。

走私淫秽书籍的最低入罪标准是100本。如果走私淫秽书籍的数量没有达到100本,则走私淫秽物品罪无法认定。如果淫秽书籍全部自己看或者借给别人看,没有出租、出售牟利,则不构成贩卖、传播淫秽物品牟利罪。辩护律师经过仔细分析发现,本案控辩争论的焦点很可能在于:黄某是否构成走私淫秽物品罪,有没有达到走私淫秽物品罪的入罪标准;如果不构成走私淫秽物品罪,是否可能被指控传播淫秽物品牟利罪。

辩护律师在会见过程中,向黄某仔细分析了本案的争议焦点和可能的发展方向。如果有证据证明黄某订购淫秽漫画书超过100本,则很有可能会被认定为走私淫秽物品罪;如果有证据证明黄某将涉案书籍卖给其他人或者有偿提供给他人阅看,则也可能会被认定为传播淫秽物品牟利罪。让黄某明白辩护策略和争议焦点,就是辩护律师提供的有效法律帮助。

案卷材料显示,黄某认罪态度较好,如实将自己订购及销售成人漫画书的过程、时间和数量等问题解释清楚,包括购买成人漫画书的目的、是否记账、总共购买了多少本、卖出去了多少本、购买的漫画书的去向等问题。将这些解释清楚才能帮助查明案件事实,不至于形成冤假错案。

在这个案件中,由于黄某的淫秽漫画书和其他人的淫秽漫画书同一批次报关进口,都被查扣,海关在查验时错误地将全部书都混在一起。办案机关经过反复测算,按照最有利于被告人的原则和方法进行计算,最终结果显示,黄某的淫秽漫画书可能低于100本。由于走私淫秽书籍的数量可能没有达到走私淫秽物品罪的入罪标准,办案机关对黄某变更强制措施,改为取保候审。检察院的不予批准逮捕说明中,要求办案机关继续侦查黄某是否构成贩卖、传播淫秽物品牟利罪。后由于没有证据证明黄某销售给他人的数量达到入罪标准,贩卖、传播淫秽物品牟利罪也不予认定。

(二)此罪彼罪

罪名不同,对应的定罪量刑标准往往有天壤之别。例如,非法买卖制毒物品罪和制造毒品罪、行贿罪和对单位行贿罪、非法吸收公众存款罪和集资诈骗罪等。这些罪名的差别,犯罪嫌疑人、被告人是几乎不懂的。但是,犯罪嫌疑人、被告人对自己具体实施了哪些涉案行为、如何实施涉案行为的供述,却将直接影响罪名的认定,进而直接影响他们面临的量刑档次。

辩护律师应当在会见时,向犯罪嫌疑人、被告人详细讲解案件涉及的相关罪名以及罪名的区别和各自的定罪量刑标准。在此基础上,辩护律师可以与犯罪嫌疑人、被告人一起讨论案件、研究案情,评判涉案行为应该如何准确定性。

案例 2－21　谢某涉嫌行贿罪案

本案案情非常简单,谢某安排下属多次给当地的几位派出所所长贿送"兄弟们的加班费"300 多万元。谢某的行为认定为行贿罪还是认定为对派出所的单位行贿罪,对他的定罪量刑意义特别重大。

(1)如果认定为对派出所的单位行贿罪,谢某将面临的量刑档次是"三年以下有期徒刑或者拘役,并处罚金"。根据《刑法》第 391 条的规定,"为谋取不正当利益,给予国家机关、国有公司、企业、事业单位、人民团体以财物的,或者在经济往来中,违反国家规定,给予各种名义的回扣、手续费的,处三年以下有期徒刑或者拘役,并处罚金"。

(2)如果认定为行贿罪,谢某将面临的量刑档次是"十年以上有期徒刑或者无期徒刑,并处罚金或者没收财产"。根据《刑法》第 389 条、第 390 条和《关于办理贪污贿赂刑事案件适用法律若干问题的解释》第 3 条的规定,贪污或者受贿数额在 300 万元以上的,应当认定为《刑法》第 383 条第 1 款规定的"数额特别巨大",依法判处 10 年以上有期徒刑、无期徒刑或者死刑,并处罚金或者没收财产。

辩护律师敏锐意识到这个辩点,及时给谢某透彻地分析讲解:什么是行贿罪,什么是对单位行贿罪,行贿罪和对单位行贿罪在司法认定上有什么区别,对单位行贿罪有什么特点,行贿罪有什么特点,一个送钱给派出所所长的行为,在什么情况下认定为行贿罪,什么情况下认定为对单位行贿罪。诸如此类的法律问题,逐一向谢某讲解清楚。

在向谢某详细讲解相关法律规定、司法解释、司法裁判标准后,谢某才恍然大悟,原来,从法律上评价他的行为不应该是行贿罪,而应该是对单位行贿罪。这两个罪名定性不同,对他的刑期影响相差十几年,存在天壤之别。

案例2-22　蔡某涉嫌介绍卖淫罪案

蔡某等多名犯罪嫌疑人被抓获归案,公安机关以介绍卖淫罪立案侦查。辩护律师应当意识到,此类案件在侦查过程中,必然涉及犯罪事实究竟是认定为介绍卖淫罪还是组织卖淫罪的问题。公安机关立案侦查的罪名在后期随时都有可能变更,一旦变更为组织卖淫罪,对蔡某量刑档次的影响非常大。

《刑法》第358条规定,组织、强迫他人卖淫的,处5年以上10年以下有期徒刑,并处罚金;情节严重的,处10年以上有期徒刑或者无期徒刑,并处罚金或者没收财产。《刑法》第359条规定,引诱、容留、介绍他人卖淫的,处5年以下有期徒刑、拘役或者管制,并处罚金;情节严重的,处5年以上有期徒刑,并处罚金。对比可发现,组织卖淫罪的法定刑最低5年,最高可判处无期徒刑,而介绍卖淫罪的定罪量刑标准轻很多,可以是5年以下有期徒刑。因此,犯罪嫌疑人蔡某的行为认定为介绍卖淫罪还是组织卖淫罪,对他最后会被判决坐牢的期限意义重大。

蔡某等犯罪嫌疑人的行为,究竟是构成介绍卖淫罪还是组织卖淫罪,无论是公安机关、检察院,还是法院都必然会对其进行审查。辩护律师在会见过程中,应当向蔡某仔细讲解他的行为涉及的介绍卖淫罪和组织卖淫罪等罪名,仔细分析涉及的不同罪名有何差别,不同罪名的特点,蔡某的行为在什么情况下会被认定为介绍卖淫罪,在什么情况下会被认定为组织卖淫罪,让蔡某对他的行为涉及的罪名认定、他的讯问笔录对认定罪名的重大影响,有非常清晰的认识。这就是专业辩护律师能提供的有效法律帮助。

后来,蔡某积极向办案机关解释清楚他们这几个人之间的关系。比如,有没有组织者?有没有保镖?开房费用谁出?伙食费谁出?有没有陪同护送卖淫女去卖淫?有无规定每天卖淫的次数?有无强迫他人卖淫?有无分工合作?卖淫款如何分配等问题。最后的案卷材料显示,蔡某等人确实只是合伙卖淫与介绍卖淫的关系,没有形成组织关系,没有管理与被管理、上下级关系,不能认定为组织卖淫罪,认定为介绍卖淫罪比较合适。

(三)犯罪金额

在绝大部分犯罪中,犯罪金额都是最重要的定罪量刑标准。在此类犯罪中，辩护律师了解案情之后，就应该敏锐地意识到，影响涉案犯罪金额认定的因素有哪些，涉案犯罪金额在司法实践中是怎么认定的。辩护律师的重要职责，就是结合本案的事实和证据，坚持罪刑法定原则和证据裁判规则，仔细研究涉案犯罪金额该如何计算，犯罪嫌疑人的犯罪金额究竟是多少，涉案犯罪金额大小的辩点在哪里，并提出相应的辩护策略。

案例 2－23　袁某等涉嫌销售假冒注册商标的商品罪案

公安机关在涉案仓库内查扣了一批侵权产品，还查扣了犯罪嫌疑人电脑中的全部销售记录。从销售记录看，涉案销售金额高达数千万元。

本案犯罪金额究竟该如何认定，直接关系到全案所有犯罪嫌疑人的定罪量刑。如果全部认定为犯罪金额，则犯罪嫌疑人将面临的量刑档次是“销售金额数额巨大的，处三年以上七年以下有期徒刑，并处罚金”。因此，本案的重要辩护焦点在于，销售记录所载的销售金额能否认定为犯罪金额，其中有多少能认定为犯罪金额，有多少不能认定为犯罪金额。

销售记录所载的销售金额能否认定为犯罪金额，争议的关键点在于：销售记录究竟能不能体现销售产品的内容，能不能体现犯罪嫌疑人销售的内容是侵权产品，能不能体现具体侵犯了什么商标，有多少产品在销售时是贴有侵权商标的，有多少产品在销售时是没有贴侵权商标的。即通过销售记录能否直观充分地证明犯罪嫌疑人销售假冒注册商标商品的销售金额。

辩护律师在会见时向犯罪嫌疑人详细讲解本案可行的辩护策略和后期可能的争议焦点，让他对自己的行为是否构成犯罪、罪责轻重，有基本的预判。这就是辩护律师能提供的有效法律帮助。

该案证据材料显示，查扣的销售记录不全是假冒注册商标的侵权商品，也无法辨别哪些是假冒注册商标的商品，哪些不是假冒注册商标的商品。从证据裁判规则的角度分析，绝大部分销售记录所载的销售金额都是不能认定为犯罪金额的。[1]

---

〔1〕 例如，在广东省东莞市第一人民法院（2014）东一法知刑初字第 28 号刑事判决书中写道，程某销售假冒茅台系列白酒，证据显示有 230 多万元的销售记录。但是，这部分销售记录没有认定为销售金额。法院认为，“对于已经销售部分的具体金额，虽然对带有销售金额记录的送货单进行了司法会计鉴定，但是，送货单中所涉及的茅台系列酒品是否系假冒商品，没有证据予以证实……因此，现有证据不能证明程某已经销售假冒茅台系列白酒的具体金额，起诉书指控程某在×××年××月××日曾对外销售金额 230 多万元的事实，本院不予认定。”

案例2-24　陈某涉嫌非法经营罪案

陈某因非法销售假冒伪劣品牌香烟,被公安机关抓获。公安机关从陈某货车上查获的假烟,经鉴定,该查获的香烟系假冒注册商标且伪劣的卷烟,价值30多万元。

辩护律师会见时,应当向他详细解释非法销售假冒伪劣品牌香烟的定罪量刑标准。尤其是本案犯罪金额在法律上如何认定的问题。

(1)非法经营数额在25万元以上的,面临"处五年以上有期徒刑"的量刑档次。根据《刑法》第225条的规定,非法经营行为的两个量刑档次:"情节严重的,处五年以下有期徒刑或者拘役";"情节特别严重的,处五年以上有期徒刑"。根据最高人民法院、最高人民检察院印发的《关于办理非法生产、销售烟草专卖品等刑事案件具体应用法律若干问题的解释》第3条的规定,非法经营烟草专卖品,非法经营数额在5万元以上的,或者违法所得数额在2万元以上,应当认定为刑法第225条规定的"情节严重";非法经营数额在25万元以上,或者违法所得数额在10万元以上,应当认定为刑法第225条规定的"情节特别严重"。因此,非法经营数额如认定为25万元以上,陈某将面临的量刑档次是"五年以上有期徒刑"。如果认定为25万元以下,陈某才可能面临"五年以下有期徒刑或者拘役"的量刑档次。

(2)能够查清销售或者购买价格,按照其销售或者购买的价格计算非法经营数额。根据《关于办理非法生产、销售烟草专卖品等刑事案件具体应用法律若干问题的解释》第4条的规定,非法经营烟草专卖品,能够查清销售或者购买价格的,按照其销售或者购买的价格计算非法经营数额。因此,本案中被查扣的香烟犯罪金额的认定,关键取决于能否查清销售或者购买价格。如果能查清销售价格或者购买价格,则可以按照销售或者购买的价格计算非法经营数额。

(3)本案影响定罪量刑的关键因素是被查扣在案的这些假烟,该如何认定非法经营数额。如果能够证明购买的价格或者销售的价格,则以购买的价格或者销售的价格来认定非法经营数额。如果不能证明,则按照省级烟草专卖行政主管部门出具的零售价格计算。一般来说,假冒香烟的实际购进价格和销售价格都要远远小于真品的零售价格,将实际购进价格或者销售价格认定为犯罪金额,对犯罪嫌疑人、被告人是更有利的。

因此,辩护律师应当在会见时告诉他销售假烟非法经营数额是如何认定的，让他如实供述购进价格，帮助办案机关查清购进价格，如此就可能将非法经营数额大大降低，甚至降到25万元以下。那么，陈某面临的量刑档次就可能从"五年以上有期徒刑"变更为"五年以下有期徒刑"。

（四）犯罪数量

除了犯罪金额，犯罪数量也是影响案件定罪量刑的关键因素，如贩卖毒品的数量、涉嫌淫秽物品案件的淫秽物品数量、非法持有枪支弹药案件中枪支弹药的数量等。在此类案件中，犯罪数量该如何认定，也是辩护律师应当在会见中向犯罪嫌疑人、被告人仔细分析的。

案例2－25　高某涉嫌走私淫秽物品罪案

除了被办案机关查扣的淫秽漫画书之外，高某还交代了自己在网站上也销售淫秽漫画书，并将淘宝店的账号、密码全部交出去给办案机关。办案机关经过仔细梳理分析，打印出20多页的销售记录清单。这20多页销售记录中，涉及几千本书刊。

这几千本书刊能否认定为淫秽物品，对高某的定罪量刑影响至关重要。如果全部认定为高某销售的淫秽书刊，则高某涉案定罪量刑的淫秽漫画书的数量将增加几千本。这几千本书刊的销售记录能否作为认定犯罪的数额，将是后期辩护的重点内容。

对于这部分销售记录，能否认定为走私淫秽物品的数量或者贩卖淫秽物品牟利的数量，关键在于从销售记录上能否清晰区分哪些是淫秽漫画书，哪些不是淫秽漫画书。如果每一条销售记录都区分清楚，哪些是淫秽漫画书，哪些不是淫秽漫画书，则能确定是淫秽漫画书的部分书籍被认定为犯罪数量的可能性极大。如果销售记录无法直观区分哪些是淫秽漫画书，哪些不是淫秽漫画书，犯罪嫌疑人也无法区分清楚，则这部分销售数额很难认定为犯罪数额，证据链条达不到"事实清楚，证据确实充分"的刑事诉讼证明标准。辩护律师向黄某仔细分析讲解这个问题，就是提供的有效法律帮助。

案例2－26　杨某涉嫌贩卖毒品罪案

杨某供述他购买了150包毒品，有证据（下家）显示杨某贩卖了其中100包毒品，因为下家被抓获归案而供述出杨某贩卖毒品的事实。公安机关也从杨某身上查获了14包毒品。

在毒品犯罪中,毒品的数量就是定罪量刑最基本的标准。被告人供述贩卖了多少克毒品数量,就直接影响他的定罪量刑。本案中,剩下的36包毒品能否作为贩卖毒品的数量,对杨某的定罪量刑影响很大。

(1)只要毒品还在,就会被认定为贩卖毒品的数量。根据《武汉会议纪要》,贩毒人员被抓获后,对于从其住所、车辆等处查获的毒品,一般均应认定为其贩卖的毒品。因此,只要毒品还在,这部分毒品就会大概率地被认定为贩卖毒品的数量。

(2)只要毒品已贩卖,即使涉案毒品没有被查获归案,也会被认定为贩卖毒品的数量。《大连会议纪要》规定,有些毒品犯罪案件,往往由于毒品、毒资等证据已不存在,导致审查证据和认定事实困难。在处理这类案件时,只有被告人的口供与同案其他被告人供述吻合,并且完全排除诱供、逼供、串供等情形,被告人的口供与同案被告人的供述才可以作为定案的证据。可见,虽然毒品、毒资等证据已经不存在,但只要被告人的口供与同案其他被告人供述吻合,并且完全排除诱供、逼供、串供等情形的,被告人的口供与同案被告人的供述就可以作为定案证据,已经贩卖的毒品数量也能作为贩卖毒品的犯罪数量。

辩护律师会见时,应该为杨某提供有效的法律知识和经验,向犯罪嫌疑人杨某分析清楚,在司法实践中贩卖毒品的数量是如何认定的,未被查扣的毒品数量是如何认定等问题。

(五)违法所得

违法所得数额和犯罪金额、犯罪数额一样,都直接影响对被告人的定罪量刑。高利转贷罪、侵犯著作权罪、销售侵权复制品罪等犯罪的定罪量刑标准是“违法所得数额”。如非法获取计算机信息系统数据或者非法控制计算机信息系统,入罪标准之一就是“违法所得五千元以上”;又如组织他人偷越国(边)境罪、运送他人偷越国(边)境罪入罪标准之一就是“违法所得数额巨大”。

违法所得数额对罚金刑的影响也非常明显。《关于适用财产刑若干问题的规定》第2条规定,人民法院应当根据犯罪情节,如违法所得数额、造成损失的大小等,并综合考虑犯罪分子缴纳罚金的能力,依法判处罚金。《关于办理侵犯知识产权刑事案件具体应用法律若干问题的解释(二)》中规定,“罚金数额一般在违法所得的一倍以上五倍以下,或者按照非法经营数额的50%以上一倍以下确定”。如高利转贷罪的罚金刑也是“违法所得一倍以上五倍以下”,

内幕交易、泄露内幕信息罪的罚金刑也是“违法所得一倍以上五倍以下”，非法经营罪的罚金刑也是“违法所得一倍以上五倍以下”。

因此，在涉及违法所得数额认定的案件中，违法所得数额究竟是多少，是辩护律师不可回避的辩护内容。辩护律师在会见时，应当向犯罪嫌疑人、被告人解释清楚违法所得数额对定罪量刑的影响。

以非法经营罪为例，违法所得数额，既不是指嫌疑人非法经营行为所获得的全部收益，也不是指非法经营涉案产品所获得的全部收益，而是特指在涉案指控的产品、指控的数额项下，销售所得的全部收益，而且在司法实践中往往可以是扣除了成本之后的净利润。

案例 2－27 朱某涉嫌非法经营罪案

朱某对于非法所得数额完全没有概念，辩护律师跟他分析了非法所得数额的定义，非法所得数额对全案定罪量刑的影响后，他在接受讯问时，就会非常重视违法所得数额究竟是多少的问题，清楚、细致地计算购买涉案货物花了多少钱，每箱大概赚了多少利润，中间的提货费用、物流费用、送货给客户的运输费用、搬运工的搬运费用、购买赠品的费用等，最终计算出自己非法买卖涉案货物的违法所得数额。

案例 2－28 谢某等涉嫌走私普通货物罪案

办案人员问他这些年走私获利多少钱，谢某基于“炫富”的心态，随口就说“获利超过 1 亿元”。而在案证据只证实他走私逃税金额 200 万元左右，再无其他证据证明他走私的具体数额。但因为谢某完全没有意识到笔录的重要性，笔录中所记载违法所得数额的重要性，欠缺辩护律师的及时、有效的法律帮助。后来辩护律师了解才得知，原来谢某所表达的本意是全部家产超过 1 亿元，而不是走私犯罪获利超过 1 亿元，但是法庭上的辩解已经意义不大。法院认为，被告人谢某在侦查阶段供述走私获利超过 1 亿元，足以认定，判决将他上亿元的资产当作违法所得予以没收。

（六）主观恶性

犯罪嫌疑人、被告人的主观恶性，对量刑或多或少都有一些影响。主观恶性较轻，在一定程度上可以成为对犯罪嫌疑人、被告人从宽处理的理由。因此，主观恶性也是辩护律师对每一个案件都应当审查的事项。如果犯罪嫌疑人、被告人的主观恶性较小，那么辩护律师应当告知他，让他不要“讳疾忌医”，要向办案机关如实讲明体现主观恶性较小的全案案件细节。

案例2－29　朱某涉嫌盗窃罪案

朱某是将近30岁的大学毕业生，大学毕业已经七八年了，但工作不稳定，曾经创业但也以失败告终，经济上非常拮据，加上家庭变故，案发前2个月，生活费都不够。后来，他就起了去无人超市偷拿食品、生活用品的贪念。在2个月内，多次到两个无人超市盗窃，偷了鸡蛋、面包、大米、酱油等，每次都偷几十元到一两百元的食品不等。后在一次盗窃时被超市工作人员现场抓获。被害单位向派出所报警。朱某被以涉嫌盗窃罪为由刑事立案。面对审讯时，他非常不好意思，对自己落魄可怜、沦落到盗窃的经历缄口不言。

辩护律师意识到这个问题，就给他做思想工作。

辩护律师：你都已经被抓到看守所了，还有什么不好意思的呢？自己因为没有生活费、活不下去了，偷点食品，虽然违法，但情有可原。你和其他专业惯偷、将偷的东西拿去倒卖赚钱的人，在主观恶性上存在本质区别。

朱某：是啊是啊。我就是生活没着落，向家里人借钱也借得不好意思了，公司又没有发工资，实在没办法才去超市偷食品的。

辩护律师：是的。你要把事情原委、动机、遭遇都如实讲出来，如果没有把这些遭遇讲出来，大家都是不知道的，法官不会知道你和其他惯偷惯犯的区别，不会同情你，不会对你宽大处理，反而会因为你偷的次数多而从重处罚。明白吗？

朱某：明白。

案卷材料显示，后来朱某确实放下芥蒂，如实将自己的遭遇、盗窃动机、盗窃的物品用途等全部供述出来。不得不说，朱某落魄至此值得同情，他的主观恶性确实比较小。

问：你为何要盗窃？

朱某：因为最近失业，没有经济来源，一时贪念，在商场盗窃物品作为自己生活使用。

问：你有否将盗窃所得的物品卖给他人？

朱某：没有，都是自己使用的，盗窃的都是生活用品及食物。

因为食不果腹而偶尔盗窃，与那些常年以盗窃为营生的惯犯相比，主观恶性与社会危害性大大降低。而犯罪嫌疑人、被告人往往因为缺乏法律知识或不愿透露自己生活困窘的实情，没能获得更有利于他的量刑。

案例 2－30 杨某涉嫌非法经营罪案

杨某销售"笑气"给咖啡厅、奶茶店，但因无证买卖"笑气"被公安机关抓获归案。"笑气"是非常特殊的一类产品，属于危险化学品。国家曾开展对"笑气"泛滥的专项打击活动，主要原因在于"笑气"被用于个人吸食滥用的情况比较普遍，导致了严重的社会危害后果，引发社会的广泛关注。杨某就在这次专项整治活动中被抓获归案。

然而，杨某和其他非法经营"笑气"的同案人有本质区别。"笑气"也是有正规用途的，虽然是危险化学品，但也是国家允许使用的食品添加剂。杨某的客户绝大部分都是咖啡厅、奶茶店，产品都是被用于正规用途的，基本不存在被用于个人吸食滥用的情况。但是，销售给个人吸食滥用和销售给咖啡厅、奶茶店正常使用的销售"笑气"行为，有什么区别？外行人是完全不了解的。而杨某心里是清清楚楚的。

辩护律师敏锐意识到这个主观恶性不大的辩点，建议杨某要仔细、通俗地帮助办案机关区分清楚，销售给个人吸食滥用和销售给咖啡厅、奶茶店的区别在哪里，怎么识别不同用途的买家，如何证明他没有销售给个人吸食滥用，而只销售给咖啡厅、奶茶店用于正规用途。因为公安民警、检察官、法官、律师都是不知道的，只有杨某自己作为该行业的业内人士才能解释清楚。

后来，杨某就专门针对这个问题，制作了一份对比图表，将销售给个人吸食滥用和销售给咖啡厅、奶茶店正规用途的区别，如"销售方式的区别""销售量的区别""销售时间的区别"等，详细向公安机关、检察官、法官解释清楚。杨某积极配合办案机关解释清楚他非法经营涉案"笑气"的流向："我是做咖啡厅、奶茶店的供应链的，我没有把'笑气'卖给别人吸食滥用，档口和淘宝店都可以看到我们是卖咖啡奶茶用品的。在我的角度看这就是食品添加剂，是做饮品用的。"

在这个案件中，几名销售同类产品的经销商都被抓获归案，其中一名犯罪嫌疑人由于有证据证实他卖给个人吸食滥用，虽然非法经营数额只有 70 多万元，但还是不能变更强制措施，而杨某非法经营数额虽接近 200 万元，但被变更强制措施，后被判处缓刑。这是因为杨某将产品销售给哪些人群，直接影响他的主观恶性，影响检察官、法官认定他是正经生意人还是将“笑气”专门非法供应给他人吸食滥用的人，从而影响最后的判决结果。

（七）单位犯罪

很多犯罪行为，如果认定为单位犯罪，对自然人的处罚则相对轻很多。例如，合同诈骗罪、走私普通货物罪等犯罪，个人和单位的定罪量刑标准相差很大。即使是在侵犯知识产权等犯罪中，单位犯罪的定罪量刑标准和个人犯罪的定罪量刑标准虽然相同，但对自然人的罚金刑也是有区别的。认定单位犯罪，对个人不一定判处罚金；即使对个人判处罚金，罚金数额也会相对较低。这对被告人的权益影响是比较重大的。单位罚金数额较高，但缴不起罚金对股东个人影响不会太大。如果个人罚金数额高，没有缴纳完毕，则会严重影响其减刑、假释。但是，犯罪嫌疑人、被告人往往并不知道这些法律知识，常常出现自己对责任大包大揽的情况。

案例 2－31　官某涉嫌走私普通货物罪案

官某没有意识到认定单位犯罪与个人犯罪的区别，一味地将责任揽到自己身上，试图保护他的公司和员工。结果讯问笔录显示如下：

问：你是否还有什么要补充？

答：我与××公司合作帮中山余某代进××货物的事情是我的个人行为，没有通过××公司实施，这些活动与××公司没有关系。我是××公司的法人，公司其他员工的工作都是由我安排或者是在我的授意下进行的。这件事情跟公司无关，跟其他员工无关，我是责任人。

后来官某才逐渐明白，本案认定为单位犯罪还是自然人犯罪，直接影响他的量刑档次，影响他要在监狱坐牢多少年。官某恍然大悟后才亡羊补牢，向侦查人员解释清楚这其实是公司的单位犯罪，他的公司是正常运作的公司，涉案走私普通货物所得利润，也归单位所有。讯问笔录部分内容大致如下：

问：在你通过××将中山××的货物从香港走私入境的事情中，你是以个人名义还是公司的名义进行的？

答：是以×××公司的名义进行的，如果用个人的名义，余某某、郭某某也不会信任的，不会委托我走私进口货物的。我是××公司的老板，我做这些也都是为了公司，利润也是归公司所有，所以在帮他们将货物从香港走私进来的过程中，虽然他们有时会说我是官某，但其实是代表××公司。

但由于官某已经有多次笔录稳定供述走私是个人行为与单位无关，即使在后期翻供认为是单位犯罪，可信度也很难被认可，法院采纳的概率会大大降低。

因此，在会见过程中，辩护律师发现可能存在单位犯罪的辩点时，应当向犯罪嫌疑人、被告人详细分析单位犯罪的认定标准。如下列几点：

1. 公司是不是正常经营的公司？

认定单位犯罪的前提是存在一个正常经营的公司。如果这个公司没有正常经营或者犯罪行为发生时公司还没有正常经营，或者这个公司专门为了从事涉案犯罪活动才成立或主要业务就是实施犯罪活动，那么认定单位犯罪的前提就不存在。在可能涉及单位犯罪的案件中，侦查机关通常会问到这几个问题来确定是否为单位犯罪：什么时候注册成立了公司、为什么要注册成立、公司经营的业务有哪些、有没有实际开展过经营活动、通过什么方式收款付款等。

案例 2－32　易某涉嫌走私普通货物罪案

易某成立了一间公司，同案人供述和易某的该公司合作，将涉案货物运输入境。该案可能属于单位犯罪，办案机关为此向易某核实。讯问笔录部分内容大致如下：

问：香港×科技有限公司是什么时候注册的？

答：是在 2015 年在香港注册成立的。

问：你为什么要在香港注册香港×科技有限公司？

答：就是为了和官某合作，方便将官某在香港的货物走私进到深圳才注册的。

问：你注册成立香港×科技有限公司后，除了和官某合作，该公司是否还有经营其他业务？

答：没有再经营其他业务，该公司在香港也没有雇请其他员工，实际上就是我一个人以该公司的名义和官某合作。

问：香港×科技有限公司的经营业务范围有哪些？

答：该公司注册的经营业务主要是电子元器件贸易。

问：香港×科技有限公司注册的经营业务是否有实际经营活动？

答：从注册成立以来一直都没有开展过。

问：香港×科技有限公司的国内客户有哪些？

答：只有官某，我没做其他人的。

问：你通过什么方式收取和支付你和官某的业务相关钱款的？

答：我是用我的工商银行账户收取或支付相关钱款的。

且不说涉案犯罪能否成立单位犯罪，易某的供述却直接将他的走私普通货物行为自认为个人犯罪。直到后来弄明白了单位犯罪和个人犯罪对定罪量刑的影响，他才开始解释，这是单位行为而不是个人行为。讯问笔录部分内容大致如下：

问：香港×科技有限公司，除了与官某合作，该公司是否还有经营其他业务？

答：有的。公司在香港还有一些业务，公司在香港帮客户派送货物。

问：帮什么样的客户派送货物？

答：就是我的客户在香港订购货物，我公司按照他们的要求在香港帮他们接受货物交给他们指定的收货人，然后向他们收取劳务费。

问：为什么你上次笔录说你是为了方便与官某的业务才成立香港×科技有限公司？

答：当时我记错了公司的注册时间，还有我是用××的名义注册的公司，我担心如果说是公司会影响到他，所以我就说是我个人的行为，实际上我一直都是以香港×科技有限公司的名义与官某做这些事情。

尽管易某非常努力地解释，但这些解释可能效果并不好，他可能会被认定为撒谎。在这种情况下，要认定单位犯罪，易某及其辩护律师必须提供很多证据来推翻他自己先前的供述，证明涉案公司确实是正常经营的公司、涉案走私普通货物行为确实是涉案公司的行为，获利也归该公司所有，但这样的话，易某及其辩护律师的举证是非常困难的。因为，作无罪辩解容易，但自证清白是非常困难的。

2. 公司财产与个人财产是否混同？

公司是一个独立法人，有自己独立的财产和经营场所，才能独立承担法律责任。因此，公司财产的独立性成为能否认定单位犯罪的考量标准之一。如果公司财产和股东财产混同，往往会认定为个人犯罪，而不是单位犯罪。

案例 2－33　卢某涉嫌非法经营罪案

卢某设立了公司，自己为公司法定代表人，用公司信息注册了网店，在没有许可证的情况下，组织人员进行期货交易。法院认为，客户的所有资金都转入公司账户后，都很快转入了被告人的个人账户中，被告人的资金和公司的财产之间没有明显的界线，因此应当认定为个人犯罪，而不是单位犯罪。[1]

3. 交易的名义，是个人还是单位？

单位犯罪是以单位名义实施的，是单位的行为。因此，涉案犯罪行为，如非法经营行为、销售假冒注册商标的商品等犯罪行为，是以个人名义实施的，还是以单位名义实施的，这也是能否认定单位犯罪的关键要素。

案例2－34　曹某涉嫌非法经营罪案

曹某虽然注册了公司，在淘宝网店销售侵权产品，但是，其实施涉案非法交易行为时，是以其个人名义与对方交易的，而不是以其公司的名义实施的。法院认为，被告人是以其个人或其员工个人注册的淘宝账号在淘宝网上与刘某进行交易，并非以公司名义进行交易，其仍属于个人犯罪，而不是单位犯罪。[2]

4. 收益去向，归单位还是个人？

经济犯罪，说到底还是钱的问题。益去向就是判断谁是犯罪主体的重要因素，获益归属于单位所有，则可认定为单位犯罪，归公司经营者个人用于生活、消费支出，则难以认定为单位犯罪。

案例2－35　殷某涉嫌非法经营罪案

辩护律师提出淘宝网店是公司经营的，这是单位犯罪，而不是被告人的自然人犯罪。法院认为，该淘宝网店虽然是公司注册经营的，但交易所获得的全部钱款，都进入了被告人及其妻子的微信账户中，利益归属于个人所有，没有归单位所有，不符合单位犯罪的条件。[3]

（八）主犯从犯等犯罪情节

刑法中规定的可以对犯罪嫌疑人、被告人从轻、减轻、免除处罚的犯罪情节有很多，如自首、立功、从犯、犯罪预备、犯罪中止、犯罪未遂、受雇用、在被追诉前主动交代、防卫过当、紧急避险、未满18周岁、已满75周岁、退赔、退缴赃款、赔偿谅解等。有些犯罪情节在司法认定中非常简单，没有太大争议，但是从犯、自首、立功、终止、未遂、防卫过当、紧急避险等犯罪情节，司法实践中往往存在

〔1〕详见安徽省高级人民法院（2016）皖刑终168号刑事判决书。
〔2〕详见山东省烟台市芝罘区人民法院（2015）烟芝刑初字第4号刑事判决书。
〔3〕详见浙江省丽水市中级人民法院（2018）浙11刑终109号刑事判决书。

很大的争议，而且和犯罪嫌疑人、被告人自己的辩解有很大关系。因此，辩护律师在会见中必须向犯罪嫌疑人、被告人详细讲解清楚这些犯罪情节在司法实践中是如何认定的，他的行为存不存在这些情节，什么情况下才能认定为这些犯罪情节。下面以主犯与从犯的认定为例：

主犯还是从犯，这是绝大部分共同犯罪案件都必须审查的辩护方向。犯罪嫌疑人、被告人被认定为从犯，意味着可以从轻或者减轻处罚；而一旦被认定为主犯，则量刑当然会比较重。从犯情节可以减轻的刑罚幅度非常大。比如制造毒品罪，第一档量刑档次是 3 年以下有期徒刑，第二档量刑档次是 3 年以上 7 年以下有期徒刑，第三档是 7 年以上有期徒刑，第四档是 15 年有期徒刑、无期徒刑或者死刑。犯罪嫌疑人、被告人涉嫌制造毒品的数量，即使属于"十五年有期徒刑、无期徒刑或者死刑"这一档，只要被认定为从犯，也完全可能直接降为第二档，甚至降为第一档，只被判处三五年有期徒刑，与主犯的刑期相差一二十年。

辩护律师在会见过程中，应当判断主从犯辩点在本案中是否必要，如果必要，则应当结合案件事实细节，向犯罪嫌疑人、被告人仔细讲解清楚，他的行为在哪种情况下会被认定为主犯，哪种情况下会被认定为从犯。犯罪嫌疑人、被告人能清晰地分辨主从犯认定标准，在接受审讯时，才能够更有针对性地将案件事实解释清楚，将自己在共同犯罪中的作用、地位、角色解释清楚。

案例 2-36　黄某涉嫌非法制造毒品罪案

毛某找到黄某表示要购买盐酸羟亚胺，黄某联系卖家徐某，介绍毛某与徐某交易，徐某安排人员直接与毛某联系，徐某所安排人员与毛某所安排人员直接进行盐酸羟亚胺的买卖交易。之后，毛某将盐酸羟亚胺加价转手转卖给制毒人员。后来制毒人员被抓获归案之后，毛某、黄某等人悉数被抓获归案。公安机关指控毛某、黄某等人均涉嫌制造毒品罪。他们交易的数量巨大，若将罪名从制造毒品罪变更为非法买卖制毒物品罪后，黄某面临的量刑档次仍然为"处七年以上有期徒刑，并处罚金或者没收财产"。

黄某的涉案行为，属于居间介绍行为，控辩双方对此基本无异议。有异议的是，黄某的居间介绍行为，是属于主犯还是从犯？这是后期控辩双方的激烈争议点。辩护律师必须对这个问题进行深入研究，为黄某被认定为从犯争取更大的可能性。能否被认定为从犯对黄某的判刑影响重大。黄某能否被判处 7

年以下有期徒刑，关键就在于能否认定为从犯。

根据《大连会议纪要》的规定，在毒品犯罪案件中，区分主犯和从犯，应当以各共同犯罪人在毒品共同犯罪中的地位和作用为根据。在毒品共同犯罪中，为主出资者、毒品所有者或者起意、策划、纠集、组织、雇用、指使他人参与犯罪以及其他起主要作用的是主犯；起次要或者辅助作用的是从犯。

结合司法裁判案例，在本案中，如果黄某仅介绍双方认识，由双方自行协商交易细节等帮助行为，则没有超出居间介绍的行为范畴，应当认定为从犯；如果黄某是积极促成交易的人，在交易中超出居间介绍者的地位，往往会认定为主犯。

具体来说，可以从以下几个方面加以区分：(1)有无积极寻找买家卖家、提供样品、协商交易数量、协调交易价格、交易时间、交易地点；(2)有无参与交易、验货、协助运输制毒物品；(3)有无为交易提供资金、垫付资金、代收订金、代付订金、代收货款、代付货款、为交易双方提供担保；(4)有无加价销售获利、获利数额大小、协助嫌疑人逃跑等。

主犯和从犯的认定，本质上就是参与程度的认定问题。黄某参与上述交易细节越多，则在交易过程中越积极主动，作用也就越大，认定为主犯的可能性也就越大；黄某参与上述交易细节越少，则在交易过程中的作用也就越小，被认定为从犯的可能性也就越大。辩护律师在会见时，就应当详细讲解上述认定标准和裁判案例。让黄某深刻理解主从犯的认定标准，这就是辩护律师在会见时能提供的有效法律帮助。

案例2－37　孔某涉嫌销售假冒注册商标的商品罪案

孔某等三人被抓获归案。孔某等人在公司中的地位、角色、作用不同，主从犯的认定自然会有所区别。辩护律师会见时了解到，孔某不是公司显名股东，是公司隐名的小股东，在公司日常经营管理过程中没有决定权，在公司业务中主要负责采购和售后服务。从这些案情看，孔某等三人既可能都被认定为主犯，也可能认定部分人为主犯。孔某在涉案犯罪中的作用相对还较小，存在认定为从犯的可能性。

辩护律师在会见时，应当向孔某讲解清楚，在此类案件中，孔某三人在公司日常经营管理过程中的作用大小、在涉案犯罪行为中的作用大小，对认定他们的罪责大小、主从犯的影响。孔某在充分理解主从犯认定标准基础上，才能将他在涉案犯罪中的作用、地位，作出有说服力的辩解，才能尽量增大认定为从犯的可能性。

（九）涉案财产

涉案财产的处置直接关乎犯罪嫌疑人、被告人及其家属的切身财产利益。很多案件会查封当事人及其家属的大量财产，在案件审理过程中就必然会涉及涉案财产的处置问题。那么，哪些是违法犯罪所得、哪些是夫妻共同财产、哪些是夫妻个人财产、哪些是个人合法财产等问题都比较复杂。因此，涉案财产的认定范围、违法所得的认定范围，都是后期辩护过程中必然会审查的辩点。辩护律师应当根据案情，帮助犯罪嫌疑人、被告人分析讲解本案哪些财产可能会被认定为赃款赃物、违法所得，哪些财产会被罚没等，并向其提示相应的法律风险。犯罪嫌疑人、被告人明白个人合法财产与违法犯罪所得的区分之后，他们才可能在接受调查时，帮助办案机关对他们的家庭财产和违法犯罪所得财产进行澄清，区分清楚。这是辩护律师在会见时能提供的有效法律帮助。

1. 家庭财产的模式。平时犯罪嫌疑人、被告人和他的家属的财产管理模式如何，是各管各的，各自财产相互独立，还是相互混同的，这将影响涉案财产的处置。如果家庭成员之间财产相互独立，则犯罪嫌疑人、被告人家属的资产应当与犯罪无关；如果家庭成员财产混同，则犯罪嫌疑人、被告人需要区分清楚。

2. 违法所得数额。犯罪嫌疑人、被告人实施犯罪行为的违法犯罪所得数额究竟有多少，是涉案被查封财产中的哪一部分，如何能将其区分清楚等问题，他都应当解释清楚，以免其他合法资产也被认定为违法所得。

3. 家庭各资产详情。对于犯罪嫌疑人、被告人的家庭财产详情，几乎只有犯罪嫌疑人、被告人和他的家属才是最清楚的。但是，犯罪嫌疑人、被告人若没有刑事辩护的法律意识和知识，就不懂得对资产进行区分澄清，这些重要事实细节可能会被遗漏。辩护律师应当向犯罪嫌疑人、被告人讲解清楚，让他仔细回忆、梳理清楚各资产的详情。如各房产的购买时间、购买金额、购买资金来源；犯罪嫌疑人、被告人及其家属的合法收入情况，以及这些合法收入的去向；涉案股票、证券账户资金的来源、时间和去向等。

涉案财产的详细情况，办案机关并不清楚，辩护律师也不清楚，只有犯罪嫌疑人、被告人和他的家属才能解释清楚。**犯罪嫌疑人、被告人要在讯问笔录中充分解释清楚涉案财产的详细情况，帮助办案机关、也帮助自己查清案件事实。**

前提就是犯罪嫌疑人、被告人得到专业辩护律师提供的有效法律帮助。

案例2－38 林某涉嫌贩卖毒品罪案

林某因为涉嫌贩卖毒品被公安机关抓获归案，她名下及其家属名下的多套房产、多个银行账户、股票证券账户全部被查封冻结，几千万元资产被查扣在案。这些财产是林某家庭的全部资产，是林某全家人的身家。在法庭调查阶段，审判长讯问被告人林某时，没有问罪与非罪、罪责大小的案情细节，只问被告人林某自己有多少财产，她自己的财产和她家人的财产如何区分等问题。

法官：被告人，你有多少财产？

被告人：财产？有啊，就是房子。

法官：有多少套房子？

被告人：有多少套啊，应该有两套。

法官：你才两套房子吗？

被告人：我记不清了。

法官：被告人，你有多少钱，你自己都不知道吗？你觉得符合常理吗？

法官一边说，一边比画着钱的手势，眼神里充满了怀疑。

被告人：我现在头晕晕的，来的时候也晕车，实在想不起来了。

法官：那你再仔细想想，有多少财产。

被告人：一套、两套……总共，应该有6套吧。

法官：好，书记员记录下来，还有其他财产吗？

被告人：其他的财产，就是现金和股票了。

法官：现金有多少？

被告人：记不太清了，四五百万元吧。

法官：好，那股票呢，有多少？

被告人：不记得了，应该也有好几十万元吧。

法官：好，还有没有其他财产？车子有没有？

被告人：没有车子。

法官：你们没有轿车？（法官眼里充满了疑惑）有这么多资产，竟然连代步工具都没有？

被告人：没有。

法官：你名下的财产都是你的吗？你跟你丈夫××的财产是混同的吗？

被告人:都是各管各的,他名下财产是他的,我名下的财产是我的。房产有一些是他的,不是我的,银行账户也有一些是他名下的,他的钱和我没关系的。

法官:好。法警,将第一被告人带下去,将第二被告人带上来。

法官揪着财产问题发问是为了便于查明哪些是可以没收的违法所得,哪些是可以没收的林某个人合法财产,哪些是与案件无关、应当发还给林某家属的合法财产。根据《刑法》第347条的规定,走私、贩卖、运输、制造毒品,有下列情形之一的,处15年有期徒刑、无期徒刑或者死刑,并处没收财产。一旦罪名成立,要并处没收财产,而公安机关查扣了被告人和她家人名下的几千万元的财产,这些财产是不是被告人的个人财产,是不是违法所得,能不能予以没收,法院都需要在庭审中予以查明。

案例2-39　莫某涉嫌受贿罪案

莫某因涉嫌受贿罪被抓获归案,他名下两套房产也被公安机关查获。其中一套是夫妻两人名下的,另一套则是莫某个人名下的。莫某将面临没收违法所得和缴纳罚金的刑罚,在案件执行阶段必然涉及这两套房产的处置问题,这两套房产的处置直接关系到莫某和他家属的财产权利。后期对这些财产的处置,很大程度上依赖于莫某在刑事诉讼中如何解释涉案房产的归属。

辩护律师在会见时,应向莫某讲解清楚涉案房产后续会如何处理,协助莫某梳理其名下财产情况、家庭财产情况,结婚时间、购买房产的时间、购买房产的资金来源、犯罪的时间、犯罪所得的数额等。梳理清楚之后,莫某才能在接受讯问和法庭调查时,准确澄清事实,分清楚自己的个人合法财产有哪些,违法所得有哪些,夫妻共同财产有哪些等,这对涉案财产的处置影响重大。

在本案中,法院最终判决莫某罪名成立,追缴其犯罪所得600多万元,并处罚金250万元。在强制执行阶段,法院认为,根据《刑法》第53条的规定,罚金在判决指定的期限内一次或者分期缴纳。期满不缴纳的,强制缴纳。对于不能全部缴纳罚金的,人民法院在任何时候发现被执行人有可以执行的财产,应当随时追缴。根据《关于人民法院民事执行中查封、扣押、冻结财产的规定》第2条的规定,人民法院可以查封、扣押、冻结被执行人占有的动产、登记在被执行人名下的不动产、特定动产及其他财产权。本案中莫某没有履行生效判决的违法所得追缴义务,也没有缴纳罚金,于是法院裁定对莫某名下的房产及夫妻共同名下的财产全部进行拍卖。

莫某的妻子林某提出执行异议，理由在于莫某个人名下的房产其实是夫妻共同财产，是两人婚后购买，而且在受贿之前购买的。因此，该房产不是莫某的违法犯罪所得，而是夫妻共同财产，在没有对夫妻共同财产确定产权份额的情况下，法院作出拍卖裁定，损害了林某的合法财产权益。最后，林某的执行异议得到了法院的支持，法院裁定撤销对莫某名下房产的执行裁定。[1]

辩护律师能否让会见更有效，能否在会见中为犯罪嫌疑人、被告人提供有效的法律帮助，直接关系到犯罪嫌疑人、被告人能否解释清楚涉案犯罪行为的来龙去脉，影响到讯问笔录的内容，进而影响到全案案卷材料所呈现出来的事实，最终将在很大程度上影响案件的处理结果。辩护律师在会见中提供有效的法律帮助，才能“介入”侦查，影响证据呈现出来的案件事实，最终影响案件判决结果。以前有人比喻：公安局是“做饭的”，检察院是“端饭的”，法院是“吃饭的”。按照这个比喻，辩护律师就是介入“做饭”阶段，让犯罪嫌疑人、被告人在知法懂法的基础上，如实供述，让“饭”做得更香，这才是最直接、最有效的辩护。

第二节
核实证据，探讨和确定辩护策略

在拿到案卷材料后，辩护律师除了研究案卷材料，还需要告知犯罪嫌疑人、被告人案卷的证据状况，向犯罪嫌疑人、被告人核对案卷的关键证据，让他们对案卷证据状况有深入的了解和判断。形成初步辩护意见后，辩护律师还需与犯罪嫌疑人、被告人商量确定案件的辩护策略。

一、告知证据状况

根据《刑事诉讼法》第40条的规定，辩护律师享有阅卷权，自人民检察院对

〔1〕需要注意的是，该案法院撤销执行莫某名下房产的裁定，主要原因在于该房产系夫妻共同财产，夫妻各自产权份额尚未确定，法院裁定对该房产全部进行拍卖追缴拍卖款，损害了林某的合法权利。如果能够确定份额，法院可另行裁定强制执行莫某的份额。但是，该房产在莫某夫妻之间如何确定份额，是当前法院强制执行的难点。法院认定该房产夫妻二人各一半的依据是不足的，莫某和他的妻子林某可能不会同意。因此，如果始终无法确定产权份额，可能意味着无法执行该房产。

案件审查起诉之日起，可以查阅、摘抄、复制本案的案卷材料。其他辩护人经人民法院、人民检察院许可，也可以查阅、摘抄、复制上述材料。然而，犯罪嫌疑人、被告人阅卷权问题在刑事诉讼的理论研究和司法实践中都还存在重大争议。有观点认为，从理论基础的角度看，被告人阅卷权的正当性可以被证成；被告人获悉案卷信息的正当性不容置疑，未来应当确立被告人直接阅卷模式。[1] 也有观点认为，只能赋予无辩护律师的犯罪嫌疑人、被告人有限的阅卷权，即使辩护律师向犯罪嫌疑人、被告人核实证据时，也不能让犯罪嫌疑人、被告人直接阅卷。[2]

不管观点如何争论，在司法实践中的现状是，被羁押的犯罪嫌疑人、被告人在客观上几乎是不可能查阅、复制案卷材料的，无论是检察机关还是法院，都不会向被羁押的犯罪嫌疑人、被告人提供案卷材料，犯罪嫌疑人、被告人要获悉控方证据的情况，唯一的途径就是律师在会见时向其提供案件证据的情况。[3] 如果没有辩护律师，他们并不知道案卷的材料具体内容有哪些。而未被羁押的犯罪嫌疑人、被告人能否阅卷，司法实践中往往取决于不同法院的内部规定。

尽管犯罪嫌疑人、被告人没有阅卷权，但他们是刑事诉讼的主体，刑事诉讼直接关乎的是他们的财产、自由乃至生命。他们理应知晓其被指控犯罪的有关证据状况。折中的方案，就是辩护律师在会见中向他们告知案件证据状况。实际上，案卷证据状况也是每一个犯罪嫌疑人、被告人都迫切想要知道的。他们迫切地想了解证据状况，以判断自己有罪无罪、面临的刑罚轻重、什么时候才可以释放回家。案卷材料众多，犯罪嫌疑人、被告人又羁押在看守所时，只有辩护律师才能向他们告知案件证据状况。

二、核实证据材料

《刑事诉讼法》第 39 条的规定明确赋予了辩护律师阅卷权，以及辩护律师向犯罪嫌疑人、被告人核实证据的权利。辩护律师会见在押的犯罪嫌疑人、被告人，可以了解案件有关情况，提供法律咨询等；自案件移送审查起诉之日起，可以向犯罪嫌疑人、被告人核实有关证据。但是，关于辩护律师向犯罪嫌疑人、被告人“核实有关证据”的程序规则，法学界尚未对其展开深入的讨论，立法

---

〔1〕 白冰：《论被告人阅卷权的理论基础》，载《时代法学》2016 年第 4 期。
〔2〕 朱孝清：《再论辩护律师向犯罪嫌疑人、被告人核实证据》，载《中国法学》2018 年第 4 期。
〔3〕 陈瑞华：《刑事辩护的理念》，北京大学出版社 2017 年版，第 309 页。

界、司法界和律师界也有不同的理解，当前法律制度也还没有明确规定辩护律师可以向犯罪嫌疑人、被告人核实哪些证据，以及通过什么方式来核实。[1]

尽管对“核实有关证据”的具体理解和方式还有诸多争议，但辩护律师确实是可以向犯罪嫌疑人、被告人核对有关证据的。辩护律师向犯罪嫌疑人、被告人核实证据，是全面了解案情、提供有效法律帮助的重要前提。

当然，辩护律师需要以谨慎的态度、以适当的方式向犯罪嫌疑人、被告人核实案件的有关证据。对于案件事实，犯罪嫌疑人、被告人往往是最清楚的。辩护律师向他们核实证据材料，有助于全面了解案件细节、了解证据材料的来龙去脉，帮助审查证据和确定辩护策略。

案例 2－40　陈某涉嫌组织卖淫罪案

侦查机关指控陈某系广东省××市某酒店的股东、管理人，应当对该酒店的组织卖淫行为承担刑事责任。辩护律师发现有一份《入股协议书》，该协议书约定：“××将货款折合为5%的干股入股公司，每月参与分红，分红款折抵货款；陈某继续向××市某酒店供应酒水。陈某入股5%是干股，无权转让，无权参与公司的管理，无权参与公司的会议，无权直接与财务部借资。”

辩护律师在会见时向陈某核实该证据的真实性以及签订协议书的来龙去脉。了解后发现：陈某并不是涉案酒店的投资人、股东，只是涉案酒店的债权人、酒水供应商。他没有经营管理涉案酒店，没有招募卖淫女、组织或者协助卖淫女卖淫，没有直接从涉案酒店的组织卖淫行为中获利，只是定期收取酒水货款。

陈某的该辩解对他的定罪量刑影响非常关键。根据《刑法》及相关司法解释的规定，以招募、雇用、引诱、容留、强迫等手段，指挥、安排、调度、指派卖淫人员进行卖淫的行为，才构成组织卖淫罪。而本案中，陈某与涉案酒店只有债权债务关系，没有参与到酒店的日常经营管理，没有招募、雇用、引诱、容留、强迫卖淫女在涉案酒店卖淫，依法不构成组织卖淫罪。

三、确定辩护策略

辩护律师在会见中向犯罪嫌疑人、被告人核对证据的目的，既是告知犯罪嫌疑人、被告人全案证据状况，向他们核实有关的证据，还在于帮助他们选择确

---

〔1〕 陈瑞华：《论被告人的阅卷权》，载《当代法学》2013年第3期。

定辩护策略。**辩护策略的最终决定权在于犯罪嫌疑人、被告人本人,而辩护律师只是提供建议和意见,不能擅自确定辩护策略。**

确定案件的辩护策略,就是确定本案要作无罪辩护还是罪轻辩护,无罪辩护的辩点有哪些,罪轻辩护的方向和情节有哪些,是否申请排除非法证据、启动认罪认罚程序,能接受的建议量刑是几年等。这些都是辩护律师在阅卷后的会见中必然面临的问题,也是案件进一步推进时辩护律师必须面对的问题。

案例 2-41　郑某涉嫌走私普通货物罪案

起诉意见书指控,天某公司由郑某出资 210 万元、代某出资 20 万元共同设立,由代某担任法人、负责公司日常运营。在郑某的授意和安排下,2016 年至 2019 年,天某公司代某委托曾某制作虚假发票和装箱单,以在境外"洗单"的方式报关进口,走私电子产品,逃税金额达 1300 多万元。

辩护律师阅卷研究完案卷材料后,发现证据材料比较齐全。所有虚假的报关单、购销合同、真实货物价格和数量等资料等都被查扣在案,货物的真实交易情况也由代某和天某公司的经手人郭某签认。天某公司的经手人郭某还根据公司财务资料,整理出 2016 年至 2019 年,天某公司通过"洗单"方式走私进口涉案电子产品的单数、时间、报关进口价格、实际交易价格、实际入库数量等,与海关部门整理的《天某公司进出口报关数据表》相互对应。代某、郭某也早已认罪。

辩护律师将这种证据状况如实告知郑某,并分析无罪辩护和罪轻辩护的利弊,供郑某选定辩护策略。最终,郑某认可辩护律师的建议,确定在审查起诉阶段作罪轻辩护,他作为天某公司的实际投资人,没有参与公司的日常经营管理,没有实施具体虚假报关走私行为,争取认定从犯情节,如果量刑建议合适,可以签署《认罪认罚具结书》。

在与郑某充分沟通确定辩护策略后,辩护律师才能在与经办人沟通时准确拿捏尺度,提出对郑某最有利的罪轻辩护方案,谈妥控辩双方都可以接受的量刑建议,为郑某争取最轻的量刑。

第三节
庭前辅导,庭审前的最后总动员

在开庭审理之前,辩护律师会见被告人的重要任务就是庭前准备。庭前准备既包括对被告人进行庭审流程的培训、讲解、演练，和被告人最后沟通辩护策略、具体辩护观点，还要预测庭审重点、控辩审三方争论的焦点，让被告人做好应对的准备。最后，还需要对被告人进行庭前的心理辅导，让被告人沉着镇定、从容不迫地参与法庭审理，在法庭上澄清事实，充分辩解。

一、演练庭审流程

绝大部分被告人是第一次接受刑事审判，对刑事审判的庭审流程一无所知。无知就会带来恐慌。辩护律师需要在庭前向被告人仔细讲解庭审流程的各个环节，哪些环节被告人可以说哪些内容，应该怎么说，有哪些注意事项；哪个环节辩护律师会说什么；哪个环节检察官可能会说哪些内容；哪个环节法官可能会说哪些内容。如此，既让被告人对庭审流程心中有数，也让他尽量将自辩观点合理融入庭审的各个环节，从容、适时地陈述辩解观点。

（一）刑事一审庭审流程

一审开庭必须严格按照法定流程：法庭调查、举证、质证、法庭第一轮辩论、第二轮辩论等。以吴某涉嫌贩卖毒品罪案的一审庭审流程为例，大致如下：

（书记员宣布法庭规则）

审判长：××人民法院刑事审判庭，今天依法对××人民检察院提起公诉的被告人××贩卖毒品一案，进行公开开庭审理。请法警带被告人到庭。

审判长：被告人，说一下你的个人信息，姓名，曾用名，化名，绰号，出生年月，民族，籍贯，文化程度，工作单位，职务，户籍地，居住地。（或与起诉书所写是否一致？）

被告人：我叫……

审判长：被告人是何时被拘留？何时被逮捕的？

被告人：……

审判长：被告人以前有无受过刑事处分？

被告人：……

审判长：被告人有无收到起诉书副本？什么时候收到？

被告人：……

审判长：现在依照法律规定宣布法庭有关事项：今天负责审理本案的合议庭成员，由审判员××、助理审判员××、××组成，由审判员××担任审判长，书记员××担任法庭记录，书记员××担任法庭其他书记员工作。××检察院××出庭支持公诉。依照《刑事诉讼法》第29条的规定，被告人、辩护人对上述人员有申请回避的权利，也就是说，如果认为上述人员与本案有利害关系可能影响本案公正审理的，可以申请换人。申请回避的理由有：(1)是本案的当事人或者是当事人的近亲属；(2)本人或者他的近亲属和本案有利害关系的；(3)担任过本案的证人、鉴定人、辩护人、诉讼代理人的；(4)与本案当事人有其他关系，可能影响公正处理的；(5)上述人员曾经接受当事人及其委托的人的请客送礼；(6)违反规定会见当事人及其委托的人。被告人、辩护人对以上合议庭组成人员、书记员以及公诉人是否听清楚了？被告人、辩护人是否需要申请回避？

被告人：听清楚了，不需要申请回避。

辩护人：不需要。

审判长：依照法律规定，被告人有权获得辩护。除自己辩护外，还可以委托辩护人为自己辩护。根据被告人××的委托，由××律师事务所××律师担任被告人××的辩护人，被告人××你是否同意？

被告人：同意。

审判长：被告人在法庭审理过程中，可以提出新的证据，申请通知新的证人到庭，调取新的证据，重新鉴定或者勘验、检查，被告人听清楚了吗？

被告人：听清楚了。

审判长：被告人在法庭辩论结束后有最后陈述的权利。被告人听清楚了吗？

被告人：听清楚了。

审判长：控辩双方在申请举证时，应说明所举证据的来源及所要证明的内容。控辩双方向法庭提交证据，应当提供原件、原物。不能提交原件、原物的，应当说明理由，经法庭同意并核实后可以提交副本或者复制件。公诉人除开庭前向法院提供的证据目录外，有无新的证据需要在法庭上提出？

公诉人：没有。

审判长：被告人及辩护人有无新的证据需要在法庭上出示？

被告人：没有。

辩护人：没有。

审判长：今天的庭审分为三个阶段：法庭调查、法庭辩论、被告人最后陈述。

现在开始法庭调查，先由公诉人宣读起诉书。

（公诉人宣读起诉书）

审判长：被告人×××，是否听清楚公诉人宣读的起诉书内容？

被告人：清楚。

审判长：对起诉书所指控的事实及罪名有无意见？

被告人：……

审判长：公诉人可就起诉书所指控的事实对被告人进行发问。

公诉人：……

被告人：……

审判长：辩护人是否需要发问？

辩护人：需要……

审判长：下面开始法庭质证。请公诉人向法庭出示相关证据。

公诉人：下面出示本案的证据……

审判长：被告人、辩护人对上述证据有无意见？

被告人：……

辩护人：有意见……

公诉人：本案全部证据出示完毕。

审判长：被告人、辩护人有无证据向法庭提交？

被告人、辩护人：没有。

审判长：法庭调查结束，下面进入法庭辩论阶段。先由公诉人发表公诉意见。

公诉人：尊敬的审判长、审判员：依照《中华人民共和国刑事诉讼法》第××条的规定，本人以国家公诉人的身份出席今天的法庭，并依照《中华人民共和国刑事诉讼法》第××条的规定，依法履行法律监督职责。经过刚才的法定调查，公诉人现就本案的事实和证据发表以下公诉意见：被告人××无视国家法律……其行为触犯了《中华人民共和国刑法》第××条第×款第×项，犯罪事实清楚，证据确实充分，应当以××罪追究其刑事责任。请合议庭根据被告人的犯罪行为、犯罪情节、犯罪性质、对社会造成的危害性以及被告人的认罪态度，依法作出判处。

审判长：被告人×××，你有什么辩护意见？

被告人：……

审判长：下面由被告人×××的辩护人发表辩护意见。

辩护人:……

审判长:下面进行第二轮辩论,各方有无新的补充?

公诉人:……

被告人:……

辩护人:……

审判长:法庭已经听取了控辩双方的意见,并把控辩双方的意见记录在案,法庭辩论到此结束。下面由被告人作最后陈述。

被告人:……

审判长:今日的庭审到此结束。何时宣判等候法院通知。现在休庭。

(二)刑事二审庭审流程

刑事案件二审开庭程序,并不会像一审开庭程序那样严格按照法定程序。刑事案件二审开庭程序如何,实际上得取决于法官如何组织。

以吴某涉嫌运输毒品罪案的二审开庭流程为例,刑事二审庭审流程大致如下:

(书记员宣布法庭规则)

审判长:上诉人×××,你的姓名、出生日期、住址、羁押日期等基本情况是否与判决书中认定的一致?

上诉人:一致。我叫×××……

审判长:是否收到××人民法院的一审刑事判决书?

上诉人:收到。

审判长:什么时间收到?

上诉人:2018 年 3 月对我宣判的时候就给我了。

审判长:判你什么罪什么刑?

上诉人:以运输毒品罪判处死刑。

审判长:是否上诉?

上诉人:上诉。

审判长:×××人民法院审理×××人民检察院指控被告人吴某犯运输毒品罪一案,于 2018 年 3 月作出×××号刑事判决书。宣判后,被告人吴某不服,提出上诉。

根据《刑事诉讼法》第××条之规定,××高级人民法院刑事审判第×庭,今天在这里公开开庭进行审理。本案由××高级人民法院审判员××担任审判长,审判员××、××组成合议庭,书记员××担任法庭记录。××省人民检察院指派检察员××出庭履行职务,××律师事务所××律师受委托担任上诉人吴某的辩护人出庭参加诉讼。

根据《刑事诉讼法》第××条,上诉人在法庭上有如下权利:第一,申请回避的权利。上诉人吴某,是否申请回避?

上诉人:不申请回避。

审判长:根据《刑事诉讼法》第32条的规定,辩护人也有权申请回避,辩护人,是否申请回避?

辩护人:不申请。

审判长:第二,辩护权。除辩护人为上诉人辩护外,上诉人在法庭上可自行辩护。根据你的委托,由××律师事务所××律师担任你的辩护人,你是否同意?

被告人:同意。

审判长:第三,上诉人有权申请通知新的证人到庭,调取新的物证,申请重新鉴定或者勘验。第四,最后陈述权。上诉人在法庭辩论结束后,有最后陈述的权利。也就是说,有什么意见和要求,可以在法庭辩论结束后进行陈述。吴某,对上述各项权利听清楚没有?

上诉人:听清楚了。

审判长:今天的庭审分为三个阶段进行,第一,法庭调查;第二,法庭辩论;第三,上诉人最后陈述。现在开始法庭调查,由合议庭简要宣读一审判决书。

(审判员宣读一审判决书)

审判长:吴某,刚才法庭宣读的判决书和你收到的是不是一样的?你对一审判决认定的犯罪事实和量刑有没有意见?

上诉人:是一样的,但是我并不是涉案毒品的所有人,我只是帮忙运输的人。对于量刑我认为量刑过重,一审判处我死刑立即执行,我认为太重。

审判长:你是否认罪?

上诉人:我认罪。但是这些毒品并不是我所有的,我只是没钱,为了赚一点钱,帮别人带一下毒品而已,这些毒品不是我的,我是受人指使的。

审判长:由于一审开庭时已经就本案事实进行了全面审理,在今天的法庭调查中,请检辩双方就有争议的案件事实进行讯问、询问,没有争议的部分可在法庭辩论质证、法庭辩论阶段,直接发表意见。

审判长:辩护人,有没有问题需要发问?

辩护人:需要……

审判长:检察员,是否需要讯问?

检察员:需要。吴某,现在检察员依法对你进行讯问,希望你如实回答问题,清楚吗?

……

审判长:上诉人吴某,现由本庭问你问题,你要如实回答,听清楚了吗?

……

审判长:现在开始举证、质证。出示证据时,必须说明证据的来源、内容以及要证明的目的。已经一审庭审组织、质证的证据不需要再出示,但对证据有异议的,可以要求出示。上诉人吴某,你对一审证据是否有异议?是否要求重新出示?

上诉人:听律师的。

审判长:辩护人对一审证据是否有异议?是否要求重新出示?

辩护人:没有异议,不需要重新出示。

审判长:上诉人吴某,有没有新的证据需要在法庭上出示?

上诉人:没有。

审判长:辩护人是否有新的证据需要在法庭上出示?

辩护人:没有。

审判长:检察员是否有新的证据需要在法庭上出示?

检察员:有……

审判长:请法警将检察员提供的证据交由上诉人及辩护人查阅。

审判长:被告人对检察员出示的新证据有什么意见?

上诉人:有意见……

审判长:辩护人对检察员出示的新证据有什么意见?

辩护人:没有意见。

审判长:上诉人吴某,是否需要申请通知新的证人到庭、调取新的证据、申请重新鉴定或者勘验?

上诉人:不需要。

审判长:辩护人是否需要?

辩护人：不需要。

审判长：法庭调查结束，现在开始法庭辩论。请检辩双方根据事实和证据，发表自己的意见，并针对对方的观点展开辩论。先由上诉人吴某自行辩护。

上诉人：我不懂法律，我不知道怎么进行自我辩护，请律师帮我辩护。

审判长：辩护人发表辩护意见。

辩护人：……

审判长：吴某你是否同意你的辩护人，为你发表的辩护意见？

上诉人：同意。

审判长：请检察员发表出庭意见。

检察员：……

审判长：上诉人吴某，你还有什么新的意见？

上诉人：没有了，请法院宽大处理。

审判长：检辩双方还有没有补充意见？

辩护人：没有。

检察员：没有。

审判长：法庭已经充分听取了检辩双方的意见和理由，并已经记录在案。休庭后检辩双方如果还有补充意见，可以用书面形式提供给本合议庭。法庭辩论结束，下面由上诉人吴某作最后陈述。

上诉人：我真诚认罪悔罪，但这些毒品真的不是我的，请求法院给我改过自新的机会。

审判长：庭审阶段结束。下一阶段将进行合议庭评议。合议庭将根据查明的事实，依照相关法律规定，充分考虑检辩双方的意见，进行评议。本案最终判决结果，另行通知进行宣判。现在休庭。

二、沟通辩护观点

在开庭之前，辩护律师需要通过会见与被告人确定最终的辩护策略、辩护观点，将准备的发问问题、质证意见、辩护意见，悉数向被告人讲解清楚，让被告人理解每一个发问问题、每一个质证意见和辩护意见的原理和意义，让被告人在庭审中懂得自辩，并尽量配合辩护律师的辩护。

案例 2-42　郑某涉嫌寻衅滋事罪案

辩护律师庭前会见与郑某充分沟通辩护观点。

辩护律师：在这次庭审当中，是坚持无罪辩护还是罪轻辩护？

郑某：作罪轻辩护。

辩护律师：在庭审当中，我将要问你几个方面的问题，具体问题是这样的……你在法庭上要如实向法庭说明情况，帮助法庭查明事实。

郑某：好的，明白。

辩护律师：在庭审质证环节，我将会对本案的×××、×××、×××……这些证据提出质证意见，质证意见的主要观点大致是这样的……如果你对在案证据有质证意见，也可以提出来，向法庭充分解释你的意见。

郑某：好的，明白。

辩护律师：在法庭辩论阶段，我将主要说几点辩护意见……你有什么意见，同意吗？

郑某：好的，同意。

辩护律师：在法庭上你自己也可以发表辩护意见，你要充分准备一下你要说的辩护意见，明白吗？

郑某：好的，我会准备好。

辩护律师：在法庭审理过程中，还有被告人最后陈述的环节，你要准备一下，在这个环节说什么内容，是否清楚？

郑某：好的，我清楚。

辩护律师与被告人在庭前进行辩护观点的沟通，让被告人对本案的辩护观点心里有数，可以配合得更加默契。不至于出现被告人不同意辩护律师观点的尴尬。辩护律师在庭前与被告人充分沟通辩护观点，是保证庭审顺利的基础条件，是提供有效辩护的前提。

三、预测庭审焦点

辩护律师还要全面预测公诉人提问的重点、法官关注的焦点问题，在庭前会见时与被告人充分沟通。这样既能避免被告人因为被问到新问题而惊慌失措，也可以帮助法庭查明案件的关键焦点事实。

案例2-43　许某涉嫌交通肇事罪案

由于事发后被害人没有第一时间去医院做颅脑CT检查，而被害人的根本死因是重度颅脑损伤。导致引发本案被害人死亡与交通事故因果关系的重大争议：被告人的死亡是不是交通肇事行为引发的？被害人颅脑重度损伤的结果，是不是交通肇事行为导致的？

围绕着这个争议焦点，有经验的公诉人、法官肯定会关注交通事故当时，被害人是怎么被撞伤的，怎么倒地的，被害人的状态是什么样的，被害人有没有表达过哪里疼痛，首先到现场的医生是怎么判断的，被害人有没有和家属、被告人交流过什么内容，被害人有没有呕吐症状、什么时候开始出现呕吐症状等问题。**辩护律师应当尽量预测这些庭审焦点，并在庭前会见过程中，向被告人仔细分析讲解。这是非常有效的法律帮助，不仅帮助被告人，还帮助法庭查明案件事实。**

在该案庭审中，公诉人、法官关注的重点确实是这些问题，庭审讯问部分内容大致如下：

问：你当时是怎么撞到被害人的？

答：骑自行车撞到的。

问：自行车的什么地方撞到老人的什么地方？

答：自行车的左边把手，撞到老人的左手。

问：当时老人倒地了吗？

答：倒地了。

问：倒地的情形，你看清楚了吗？头部有没有着地？

答：是没有的。

问：你看清楚倒地的情形了吗？确定没有吗？

答：我也倒地了，我看到他的时候，他的头部是没有着地的。

问：倒地之后，被害人有没有说哪里痛？

答：没有。

问：被害人跟他的家属有没有交流过，说过哪里伤了，哪里痛了？

答：我没有看到。

问：120的医生来到之后，是怎么说的？

答：说没什么事。

问:你们当时怎么去医院的?

答:被害人的亲属开车去的。

问:你也在车上吗?

答:是的。

问:在车上被害人是坐着还是躺着?

答:坐着。

问:去医院的路上,被害人有没有跟你们交流?

答:没有。

问:被害人有没有跟他家属说哪里痛?哪里受伤了?

答:我没有听到。

问:被害人事发之后有没有呕吐?

答:在去到医院之后,在病床上有呕吐过一次。[1]

辩护律师在庭前会见时,帮助许某分析庭审的重点、焦点是哪些问题,预测公诉人的指控思路、公诉人讯问的重点、法庭关注的重点问题,许某在庭审中才能游刃有余。许某准确、如实地向法庭回答这些关键问题,既帮助他自己,也帮助法庭尽量查清全部案件细节,对案件准确定性,准确定罪量刑。

四、审前心理辅导

有些被告人因为诉讼胜算不高而心灰意冷,有的被告人因为自己有错而底气不足,有些被告人因片面认为司法环境差而沮丧,有的则因为某些原因而自暴自弃,各种情况都可能出现。总之,被告人可能因为各种各样的原因变得胆怯、紧张、不知所措,甚至自暴自弃。若被告人带着这样的心理状态到法庭上,就很有可能就变得畏畏缩缩、惊慌失措,甚至对抗庭审,这样的庭审效果是非常差的。因此,在庭审前,对被告人进行心理辅导是非常必要的。

案例 2-44　涂某涉嫌走私淫秽物品罪案

涂某是开淘宝书店的,曾经卖过淫秽漫画书。其中,有一次涂某进购的漫画书没有收到货。公诉机关指控被查扣的那批书籍就是涂某购买的,指控他构成走私淫秽物品罪。

---

〔1〕 病历中记载了有呕吐经历,许某当庭供述被害人到医院后曾呕吐过,符合客观事实。

涂某因为曾经卖过淫秽漫画书，也有一次进购的漫画书没有收到货，他也不知道这批货物是不是自己的。由于这批货物不排除是自己的，因此他对指控其涉嫌走私的事实是心虚的。但是，他又不甘心认罪被判处10年有期徒刑。在这种矛盾的心理作用下，他对于无罪辩护底气不足，自我辩解非常不自信，有点怯懦。面对这种情况，辩护律师需要对他进行庭前心理辅导。

辩护律师：涂某，你对于本案辩护，现在有什么想法？这书是你的吗？要做无罪辩护吗？

涂某：虽然我不知道这批货是不是我的，有可能不是我的，但不排除是我没有收到的那一批。所以，还是有点纠结。我以前也确实卖过这样的书。

辩护律师：如果你能认罪接受被判10年有期徒刑的结果，那就不需要质疑这批书究竟是不是你的了，直接认罪就可以，你能接受吗？

涂某：但我不接受这么长的刑期，而且这批书真的可能不是我的，购买时间、价格、本数都不太一样。

辩护律师：是啊。你要明白，法院对你定罪量刑，在证据上需要达到"事实清楚、证据确实充分"的证明程度。本案有种种疑点，证据上存在诸多问题。这些书不一定是你的，很可能就不是你的。

涂某：是啊。

辩护律师：那你想不想认罪？这个问题你是必须回答的，法庭上检察官、法官也会问你的。你的答案必须明确，知道吗？

涂某：刑期那么重，不想认罪。

辩护律师：既然你不想认罪。那就要理直气壮地向法庭解释清楚，这批书究竟是不是你的，有没有可能不是你的，哪些证据证明不是你的。只要证据不足以证明这些书是你的，那么你就是无罪的。只要有证据证明这些书可能不是你的，你也是无罪的。明白吗？

涂某：明白，确实可能不是我的，我也不确定是我的。

辩护律师：所以啊，就凭借着这样的事实情况定你的罪，还判刑那么重，是不妥当的。

涂某：是啊。

辩护律师：你要有理有据地解释清楚，不要唯唯诺诺。本案证据那么粗糙，完全有可能不是你的书，所以，你要有十足的底气，从容镇定地向法庭表达你的观点，说出证据存在的问题、事实存在的问题，这样才能帮助法庭查明事实。这是你的诉讼权利,你要充分行使你的诉讼权利,才是对自己负责任的态度。明白吗?

涂某:明白。

经过辩护律师耐心的心理辅导,涂某才能克服心理上的畏惧感,在法庭上能够更加从容、镇定地配合庭审,耐心地将案件事实细节讲述清楚,充分配合辩护策略,不卑不亢地为自己充分辩解。

在庭前会见时,对被告人进行心理辅导是非常必要的。如果没有进行有效的心理辅导,有时会出现控辩审三方都难以掌控的局面。

案例2-45　郑某涉嫌故意杀人罪案

被告人郑某在整个庭审过程中,都完全无视庭审、对抗庭审、拒绝合作。

审判长:被告人,现在法庭核实你的身份,你的姓名?

郑某:(低头不语)

审判长:被告人郑××,现在法庭核实你的身份信息,你说一下你的个人信息?

郑某:(低头不语)

审判长:郑××……

后来,审判长宣布休庭,让辩护律师对被告人做思想工作,但是没有效果。审判长又让被告人的父母与被告人单独见面,给被告人做思想工作,但是,依然无效。

在这次庭审过程中,被告人郑某要么低头不语,要么答非所问,要么顾左右而言他。郑某这种完全对抗庭审、拒绝合作的态度会对其造成十分不利的诉讼影响。显然,他的心理状态是不正常的,缺乏有效的心理辅导。从有效辩护的角度看,避免出现这种局面,离不开律师的有效帮助。

第三章
CHAPTER 03

刑事阅卷的意识与思路

阅卷和审查质证，是两个虽有交叉但又明显不同的环节。阅卷，是为了了解侦查机关、公诉机关认定犯罪嫌疑人、被告人的犯罪事实是什么，以及据以认定这些犯罪事实的证据是什么。在公诉案件中，侦查机关、公诉机关编织了指控犯罪嫌疑人、被告人构成犯罪的"网"，辩护律师则审查这张"网"是否捕错了对象、是否牢靠稳固。阅卷就是读懂这张"网"的过程。而审查质证，即审查证据、准备质证意见的过程，是辩护律师重新推演、复盘整个案件侦查、破案、证据收集的真实性、合法性、关联性，并针对关键证据进行审查的过程。

办理刑事案件，不一定需要大智慧，但一定需要恰当的方法、持久的耐心和强烈的责任感。作为辩护律师，要为当事人把好证据关。把好证据关，既要"知己"，也要"知彼"。阅卷是"知彼"的过程，审查质证是"知己"的过程。

第一节
阅卷的目的

阅卷的目的，就是找出辩护的"靶子"，梳理指控犯罪嫌疑人、被告人的犯罪事实，分析指控所依据的证据。在这个过程中，辩护律师可按照自己的方式对全案的指控事实和所依据的证据进行重新梳理，也可以按照指控的逻辑进行梳理。**不论采取什么样的方式梳理案卷材料，最终的目的就是读懂指控的内容、了解案卷情况，为后期审查质证和确定辩护策略服务。**

一、读懂指控事实

案件事实的真相，可以在会见时向犯罪嫌疑人、被告人本人了解，犯罪嫌疑人、被告人本人是最了解案件事实真相的人。但刑事诉讼过程中，辩护律师审查的不仅是真相，而且是办案机关指控、查证的法律事实。决定犯罪嫌疑人、被告人罪与非罪的，也不一定是真相，但一定是法律事实。而展现法律事实的材料，就是办案机关侦查所得的案卷材料。

辩护律师通过阅卷，了解办案机关指控犯罪嫌疑人、被告人构成犯罪的法律事实。《起诉意见书》《起诉书》所指控犯罪嫌疑人、被告人的犯罪事实、情节、罪名，是公安机关、检察院对侦查破案过程梳理、证据情况整理之后得出的结论性文件。《起诉意见书》《起诉书》所认定的事实，就是侦查机关、检察机关，根据案卷材料所认定的法律事实。这个法律事实，是刑事诉讼中罪与非罪辩护的基础事实。阅卷的目的，就是读懂指控的犯罪事实，究竟是什么。指控的犯罪事实，是辩护律师对案件辩护的“靶子”，明确了指控事实，辩护才有针对性。

案例 3－1　杨某涉嫌对非国家工作人员行贿罪案

辩护律师阅卷后发现，办案机关指控的基本事实是：杨某在 2017 年 × 月，为了其 × × 市国际花园 × × 号别墅顺利进行违建，找到装修施工的王某，商量装修加建别墅，并转账给王某 19 万元作为装修、物业关系费，为其别墅违建提供便利，王某向物业公司经理夏某行贿 13 万元，导致案发。

读懂办案机关指控杨某的事实后，辩护律师在后期审查质证、准备辩护意见时，就有相对明确的方向：王某是否贿送了钱款，王某贿送的钱款与杨某有何关系，杨某有没有指使王某向夏某贿送钱款，在案证据能不能证明杨某指使王某贿送钱款的行为等。

二、梳理案件逻辑

每一个刑事案件的案发、侦查、破案过程，都有一定的时间顺序和逻辑顺序。辩护律师通过阅卷，可以梳理侦查的逻辑、破案的过程，可以迅速了解案发过程的脉络主线，便于辩护律师迅速掌握全案犯罪事实和证据材料情况。

案例3－2　施某涉嫌抢劫罪案

施某被指控入户抢劫并在抢劫过程中导致被害人死亡。辩护律师遵循侦查的逻辑，梳理出整个案件发生、侦破的过程。

(1)2018年12月31日，证人赵某发现被害人死于出租屋内，赵某和房东一起报警。警方到达案发现场，进行现场勘验检查，提取物证，将物证送到公安司法鉴定中心进行鉴定。

(2)2019年1月1日，警方的《呈请拘留报告书》中记载“现场勘查提取物证送检比中嫌疑人施某”。

(3)警方找到出租屋房东、证人赵某、被害人家属等进行调查询问，同时发布悬赏通缉令，通缉具有重大作案嫌疑的施某，并到施某的户籍地展开抓捕行动。

(4)几个月后，警方顺利将施某抓获归案，施某到案后，如实供述于2018年12月29日将被害人杀害的案件事实。

(5)将施某的口腔擦拭子与现场提取的物证进行生物成分比对，发现案发现场烟蒂、毛发的生物成分与施某的生物成分STR分型相同。

按照这样的逻辑顺序，梳理案件发生、侦破的过程，辩护律师可以知道案件的主要事实、证据和侦破逻辑，较全面了解案件情况，迅速对全案证据材料有整体把握。

三、审查证据状况

对犯罪嫌疑人、被告人定罪量刑，诉讼证明标准必须是“事实清楚，证据确实充分”。《刑事诉讼法》第55条也规定了“证据裁判原则”：“对一切案件的判处都要重证据，重调查研究，不轻信口供。只有被告人供述，没有其他证据的，不能认定被告人有罪和处以刑罚；没有被告人供述，证据确实、充分的，可以认定被告人有罪和处以刑罚。证据确实、充分，应当符合以下条件：(一)定罪量刑的事实都有证据证明；(二)据以定案的证据均经法定程序查证属实；(三)综合全案证据，对所认定事实已排除合理怀疑。”

辩护律师阅卷的重要目的，就是审查证据状况。办案机关指控犯罪嫌疑人、被告人的犯罪事实，所依据的证据是否确实充分，需要辩护律师严格审查。如果证据不充分，则犯罪事实不清楚，犯罪嫌疑人、被告人的罪名就不成立。

四、简化案卷材料

随着法治化程度提高和证据裁判意识普及，案卷材料会越来越多。尤其是黑社会性质组织犯罪案件、传销活动案件、网络诈骗案件等群体性案件，该类案件被告人人数众多、被害人人数众多、犯罪事实数量众多，案卷材料中合同资料、银行流水等证据的数量也非常庞大。全案案卷材料的数量动辄几百卷，阅卷的难度是比较大的，辩护律师需要有正确的阅卷方法，才能实现快速高效。

辩护律师的阅卷过程，要像读书的过程一样，将一本书读薄，将全案几百卷案卷材料浓缩、简化，并对存疑的、关键的证据做出适当的标注。如此，辩护律师就可以对全案证据的概况了然于心，对全案证据有“掌控感”。

为了能够尽快掌握全案证据材料，辩护律师可以采用“摘要 + 索引”的方法来完成初步阅卷工作。即案卷有哪些证据、分别证明哪些内容、哪些证据材料是关键的、哪些证据材料是存在疑问的，以及分别在案卷材料中的第几卷第几页，辩护律师都可以在阅卷摘要中标注出来。如此，就可以快速将全案材料阅览完毕，初步掌握案件事实情况以及案卷材料中的证据情况。

第二节
阅卷的意识

在阅卷过程中，辩护律师需要具备三种意识：**怀疑意识、法条意识和辩点意识**。带着怀疑意识阅卷，能更好地去发现案卷材料中的问题，更能判断案卷材料的真实性、合法性、关联性、权威性；带着法条意识阅卷，能审查案卷材料是否符合法律规定；带着辩点意识阅卷，更容易发现辩点，确定辩护策略。

一、怀疑意识：带着怀疑阅卷

阅卷过程不要假定任何一份证据的真实性、合法性、关联性、权威性，要具备怀疑意识，要带着怀疑意识去审查证据，自我主动地去判断每一份证据的真实性、合法性、关联性、权威性。这份证据真不真实、合不合法、跟指控的犯罪有什么关联？这是阅卷过程中，辩护律师要牢牢记在心里的疑问。之所以要具备怀疑意识，主要在于：

（一）不是所有人都懂法

中国的法律多如牛毛，办案执法规范不计其数。办案人员虽然是执法者、司法者，从应然角度看，他们应该对法律非常熟悉的。但办案的毕竟是具体的、活生生的个人，他们只是普通公务人员，终归还是普通人。执法者、司法者不可能对所有的法律都懂，也不可能对所有的法律都熟悉。

（二）不是所有人都守法

在大部分情况下，办案人员都是依法办事的，但也有例外，甚至还存在个别办案人员知法犯法的情况，比较特殊的违法情况是虚构证据和刑讯逼供。例如，在杜培武案中，侦查机关虚构了案发现场"刹车踏板""油门踏板"上有足迹附着的泥土的证据，该虚构证据是最终导致该冤案发生的重要原因。[1] 又如在佘祥林案中，佘祥林被抓获归案后，1994 年 4 月 11 日至 4 月 22 日的 11 天审讯中，详细交代了自己如何杀害妻子张在玉的作案过程。后佘祥林被判处 15 年有期徒刑。然而，2005 年 3 月 28 日，"死者"张在玉突然回到离开 11 年的家乡，这起离奇的杀妻案才真相大白，佘祥林才得以沉冤昭雪。很显然，办案人员在审讯佘祥林时，极有可能存在违法情况。

在司法实践中发生的更通常的情况是，由于个别办案人员自己的法律专业能力不足、法律知识有限，或者办案条件限制等原因，导致他们在办案过程中难以避免地存在违法取证的情况。不论是哪一个领域的执法人员，都可能会存在这个问题。因此，不是所有人都守法，办案人员办理刑事案件过程中也不一定都守法。

（三）不是所有取证过程都合法

阅卷的过程，就是对办案机关所取得的证据进行审查、质疑的过程。辩护律师不能幻想所有证据都是办案机关依法依规取得的，更不能假定所有的取证过程都合法。实际上，由于种种原因，不是所有证据的取证过程都合法。明显违反法律规定的，是违法取证。证据材料缺少必备文件、缺少取证合法性证明时，辩护律师也需提出取证过程的合法性质疑。

1. 取证过程明显违法。司法实践中经常出现取证程序违法的情况。此时，

---

〔1〕 陈昌云:《从民警到死囚　从死囚到民警——"民警杜培武故意杀人冤案"昭示了什么》，载《人民公安》2000 年第 18 期。

辩护律师应当对此提出质疑，由侦查机关去证明其取证程序合法，否则该证据可能不会被采纳。

案例 3－3　王某涉嫌故意杀人罪案

侦查机关对王某的讯问过程只有录像没有录音，只提供了没有声音的录像。

辩护律师认为，公安机关提供的录像只有图像没有声音，则无法核实讯问笔录记录的内容是否与其说的一样，不能证实公安机关对被告人的讯问笔录的内容是真实的。从法律规定上看，讯问录像的声音必须清晰可辨。仅有录像，没有声音，是不符合法律规定的。《公安机关讯问犯罪嫌疑人录音录像工作规定》第 12 条规定，讯问录音录像的图像应当清晰稳定，话音应当清楚可辨，能够真实反映讯问现场的原貌，全面记录讯问的过程，并同步显示日期和 24 小时制时间信息。本案中，讯问录像没有声音，无法证实讯问笔录内容的真实性，应当认定取证过程不合法。

对此，公安机关出具《情况说明》，证实对王某的讯问录像没有声音的原因，是公安局同步录音录像设备出现故障，且公安机关对讯问笔录出现重复性词语都是按照被告人陈述如实记录的。

该案法院审理认为，因侦查机关提交的同步录音录像不完整，不符合《刑事诉讼法》第 123 条的规定，对于可能判处无期徒刑、死刑的案件或者其他重大犯罪案件，应当对讯问过程进行录音或者录像，录音或者录像应当全程进行，保持完整性。虽然侦查机关对录像没有声音的原因作出了情况说明，系设备出现故障导致，但其理由不具有合理性，故对相关讯问笔录及同步录音录像不予采纳。[1]

2. 取证过程合法性材料不足。部分证据材料缺少证明取证程序合法的必要文件，此时，辩护律师也应当提出取证程序合法性问题，如特殊证人的取证合法性问题。

---

〔1〕 详见河北省辛集市人民法院（2014）辛刑初字第 11 号刑事判决书。又如，在广东省肇庆市中级人民法院（2017）粤 12 刑终 305 号刑事裁定书中，法院认为，因办案机关没有对被告人讯问同步录音录像予以保存和提交，公诉机关对被告人审判前供述的合法性没有提供证据加以证明，赵某于 2015 年 2 月 2 日 15 时 31 分至 16 时 25 分所作的有罪供述被排除，不能作为定案的依据。

案例3-4 谢某等涉嫌组织、领导黑社会性质组织罪案

有一位特殊的证人(举报人),他做了很多次笔录,将被告人谢某等人描述得十恶不赦、罪大恶极、不判死刑不足以平民愤。这份证词,对被告人来说,非常不利。然而,笔录中除了一个不知真伪的姓名和笔录中捺的红色指印,其他任何个人信息都没有。这样的证词取证过程是否符合法律规定,这是辩护律师是需要仔细审查的。

辩护律师认为,该证据取证过程不合法。从形式上看,该证人身份不详、与案件各单犯罪事实有什么关系、如何得知各单犯罪事实有关情况、是案件亲历者的讲述还是听信传言的传来证据,均无法确认。因此,证言合法性、真实性均无法确认,不应当采信。从内容上看,该证人所作证词与其他证人证言、被告人供述、被害人陈述都有很大出入矛盾的地方,也不应当采信。从证人保护措施程序上,根据《公安机关办理刑事案件证人保护工作规定》第6条的规定,办案部门经评估认为确有必要采取保护措施的,应当制作呈请证人保护报告书,报县级以上公安机关负责人批准,才能实施证人保护措施。案卷材料中并没有任何批准手续,那么,对该证人采取证人保护措施,就是违反法律程序的。

公诉机关认为,对证人采取不公开真实身份信息等保护措施,是合法的。主要的依据是《刑事诉讼法》和《公安机关办理刑事案件证人保护工作规定》。根据《刑事诉讼法》第64条的规定,对于危害国家安全犯罪、恐怖活动犯罪、黑社会性质的组织犯罪、毒品犯罪等案件,证人、鉴定人、被害人因在诉讼中作证,本人或者其近亲属的人身安全面临危险的,人民法院、人民检察院和公安机关应当采取不公开真实姓名、住址和工作单位等个人信息等保护措施。根据《公安机关办理刑事案件证人保护工作规定》第7条、第9条的规定,对被保护的证人可以采取不公开真实姓名、住址、通信方式和工作单位等个人信息的保护措施,在公安机关讯问时,也不能透露证人的姓名、住址、通信方式、工作单位等个人信息……签名以捺指印代替。因此,公诉机关认为,因本案属于涉黑犯罪,证人作证导致证人及其近亲属的人身安全面临危险,办机关决定对证人采取不公开证人的真实姓名、住址和工作单位的保护措施,符合法律规定,根据《刑事诉讼法》等法律规定,该证人证言合法有效。

判断特殊证人的证词取证程序是否合法有效的关键在于:**第一,该证人是否真实存在,辩护律师可以要求查看证人保密密卷,查看证人个人信息,以确定**

该证人是否确实存在。[1] **第二,办案机关采取证人保护措施的手续是否合法、齐全。**证人保护措施的批准文件,是证明证人保护措施手续合法、齐全的必要证据,公诉机关要对证据合法性承担举证责任,如果不能提供证据证明对证人采取保护措施的手续合法、齐全,那么证人证言就不能采信。

(四)不是所有专业意见都权威

办案机关对于专业问题通常会委托专业机构出具鉴定意见,如电子数据鉴定意见、法医学鉴定意见、物种鉴定意见书、枪支鉴定意见、司法会计鉴定报告、价格认定书、血液酒精含量鉴定意见、车辆属性鉴定意见等。这些专业意见虽然均由比较权威的专业人士出具,但是专业意见不一定都正确合法。辩护律师对于案卷材料中出现的专业意见,不能想当然地认为他们都是权威、正确的。

专业鉴定意见出错的原因是多种多样的。一方面是由于刑事技术鉴定人员少,而刑事案件数量居高不下,各类鉴定任务十分繁重,鉴定人员长期处于超负荷运转状态,无暇开展对疑难鉴定的研究,制约了业务水平提高;另一方面是由于新仪器、新技术大多来自国外,如果鉴定人员无法及时参与培训和学习,势必无法保证检验工作的科学性。[2]

以审计报告或会计鉴定意见为例。涉及财务的专业问题,办案机关都需要委托专业司法会计鉴定机构进行司法会计鉴定或者审计,出具司法会计鉴定意见或者审计报告。这些会计类的鉴定意见,虽然是比较专业严谨的,但也不是无懈可击的,毕竟会计鉴定意见也是会计人员制作的,也完全可能存在错误。

案例 3-5　魏某涉嫌非法经营罪案

办案机关为了计算魏某购进货物的金额,委托了某会计师事务所对其进行专项审计。会计人员根据办案机关提供的魏某购货清单、支付凭证、采购合同等书证材料进行审计,出具了《专项审计报告》。该报告显示,犯罪嫌疑人魏某

---

〔1〕 辩护律师要求查看证人保护密卷,往往很难得到支持。公安机关印发的《公安机关办理刑事案件证人保护工作规定》第9条规定,“对于证人真实身份信息和使用化名的情况应当另行书面说明,单独成卷,表明密级,妥善保管。证人保护密卷不得提供给人民法院、人民检察院和公安机关的承办人员以外的人员查阅,法律另有规定的除外”。

〔2〕 赵琳琳:《刑事冤案问题研究》,中国法制出版社2012年版,第43页。

购进货物的数额是305万多元。

辩护律师在对该鉴定意见的计算过程进行核算时，对该审计报告中提到的每一笔订单、每一个付款记录、每一个收款记录、淘宝订单的每一笔数额，都进行了重新计算，发现审计报告存在计算错误问题。根据订单和付款记录，魏某的购进数额是287万多元，而不是305万多元。

于是，辩护律师针对审计报告存在的问题，撰写了一份辩护意见，并与经办检察官充分沟通。后经办检察官就该问题将案件退回公安机关补充侦查，要求重新核算魏某的非法经营的购进数额。后公安机关让会计机构重新出具了一份审计报告。重新出具的审计报告认定魏某购买涉案商品数额是287万多元。可见，审计报告也是会计人员制作出来的，也完全有可能存在错漏，辩护律师也需要对审计报告进行仔细核对。

案例3-6　刘某涉嫌贪污罪案

本案中，全案最重要的争议焦点在于涉案企业是否为国有出资企业。为了论证涉案企业是国有出资企业这个关键事实，办案机关委托某会计师事务所进行鉴定，出具了《对××公司股权处置事项的鉴定意见书》。

该鉴定意见的结论是："我们认为××公司的注册资本50万元均由××投入，没有××职工个人出资，××应占100%股权，享有100%权益，××公司的性质应为国有出资的集体企业，产权所有人为××。""我们认为××公司清产核资过程中违规集资，对其股金来源进行了虚假填报，改变了××公司的所有权性质，将国有出资的集体企业登记变更为个人出资的集体企业，造成国有资产流失。"办案机关根据该鉴定意见，认定涉案企业的性质是国有出资的企业，本案刘某等各个被告人中饱私囊，将国有出资企业变成个人企业，均成立贪污罪。

辩护律师审查发现，会计鉴定的鉴定范围只能是被鉴定对象的财务、会计情况，不应当包括被鉴定对象的所有权归属以及行为的法律定性等法律问题，司法会计鉴定意见对涉案企业的所有权归属和性质等法律问题作出鉴定，出具鉴定意见，不具有说服力。

其一，作为司法鉴定，所有鉴定事项必须受到司法鉴定范围的限制。《全国人民代表大会常务委员会关于司法鉴定管理问题的决定》第1条规定，司法鉴定是指在诉讼活动中鉴定人运用科学技术或者专门知识对诉讼涉及的专门性问题进行鉴别和判断并提供鉴定意见的活动。第9条规定,鉴定人和鉴定机构应当在鉴定人和鉴定机构名册注明的业务范围内从事司法鉴定业务。

其二,作为会计鉴定,鉴定范围也必须符合注册会计师法的相关规定。根据《注册会计师法》第14条的规定,注册会计师承办下列审计业务:审查企业会计报表,出具审计报告等。

其三,××事务所出具的营业执照上也明确显示,其鉴定范围包括:承办审查企业会计报表,出具审计报告等,都只有会计业务的鉴定范围,没有法律问题的鉴定范围。

所以,会计鉴定不能就涉案资产的所有权属于谁、被告人的行为是否造成国有资产流失、被告人的行为是否侵害国有资产等法律问题出具鉴定意见。涉案鉴定意见超出会计鉴定的范围,违反法律规定,不得当作证据使用。

辩护律师提出该辩护意见之后,公诉人也认同该鉴定意见存在违规鉴定法律事项的情况,不再以鉴定意见的证据种类出示,而是以"普通书证"证据形式出示该会计鉴定意见。

辩护律师进一步提出,鉴定意见能不能当作普通书证使用?显然是不能的。

首先,鉴定意见作为一种法定的证据种类,并不能随意更改。《刑事诉讼法》明确规定,证据包括物证、书证、证人证言、被害人陈述、犯罪嫌疑人被告人的供述和辩解、鉴定意见、勘验检查辨认侦查实验等笔录、视听资料、电子数据,这是法定的八种证据种类。谁也无权更改证据的种类。本案的鉴定意见属于《刑事诉讼法》中规定的"鉴定意见"还是"书证",是由证据本身的属性决定的,并不是谁都可以随意变更的。

其次,鉴定意见之所以作为法定证据种类,是因为它的专业性和权威性。它是相关领域的专家对于行业内的专业问题出具的一种中立客观的专家意见。普通书证是指以其内容来证明待证事实的有关情况的文字材料。书证不具有专业性和权威性的特征。鉴定意见和普通书证的证明力也不同。因此,鉴定意见一旦成为普通书证,就失去了作为鉴定意见的专业性和权威性,不得成为本案中专业问题的认定依据。

最后,鉴定意见和普通书证成为证据的原因不同、形成时间也不同。书证是在案件发生过程中形成的,在案发之后已经客观存在的证据。而鉴定意见,很显然属于案发之后,在案件侦查过程中才形成的证据。从形成时间上看,鉴定意见也不能当作书证。

（五）不是所有高科技都正确

办案机关在办案过程中有时会借助高科技手段破案、制作和收集证据材料，这些材料看起来非常精准、科学。然而，司法实践证明，高科技不等同于正确，利用高科技得出的结论也可能是错误的，毕竟高科技只是办案的工具，办案人员如何使用该工具，会直接影响结论的准确性。冤案产生的重要原因之一，就是“司法办案人员过分相信鉴定意见、测谎结论等科学证据，对鉴定意见、测谎结果的科学性、客观性不作实质性审查”。[1]

案例 3－7　杜培武涉嫌故意杀人案

1998 年 4 月 20 日，昆明市公安局通讯处民警王晓湘及昆明市石林县公安局副局长王俊波被人枪杀。王晓湘的丈夫、昆明市公安局戒毒所民警杜培武被认定有重大犯罪嫌疑。公安机关对杜培武以涉嫌故意杀人罪为由刑事立案，将杜培武拘押审讯。在该案中，办案机关动用了很多高科技手段进行侦查：警犬气味鉴别、泥土化学成分分析、“拉曼测试”（射击火药残留物测试）、CPS 心理测试（“测谎仪”测试）等。结果都对杜培武非常不利，都指向杜培武是本案真凶。

云南省公安厅刑事技术研究所、云南工业大学利用显微拉曼谱对杜培武所穿衣服进行分析，在衬衣袖口检出射击残留物。地质矿产部云南省中心实验室通过扫描电镜检验，云南工业大学通过拉曼光谱测试，认定杜培武衬衣上的泥土、衬衣内人民币上面的泥土与被害现场面包车内的泥土物质成分相同，与发案当晚杜培武所在场所的泥土不同。“通过昆明警犬基地、昆明市公安局、玉溪公安局、曲靖公安局和南京市公安局的近 11 头警犬 43 头次警犬对面包车内痕迹气味与从杜培武身上提取的嗅源及其他无关嗅源进行鉴别比对，除一头两次无反应外，其余 41 头次对杜培武的气味均反应强烈，都证明王俊波、王晓湘被害现场有杜培武的气味。”[2]在 CPS 心理测试中，杜培武如实回答，测谎仪却在“是不是你上车开枪把他们杀死的？”“是不是你用王俊波的枪把他俩杀死

---

〔1〕 刘文峰：《刑事申诉与再审办案十二讲》，中国检察出版社 2019 年版，第 38 页。

〔2〕 张桂勇、李新天：《对杜培武一案的分析》，载陈光中、江伟主编：《诉讼法论丛》（第 7 卷），法律出版社 2002 年版，第 238 页。

的？”等关键问题上认为杜培武的否认均为谎言。[1]

这些通过高科技手段取得的证据是认定杜培武为真凶的重要证据。1999年2月，昆明市中级人民法院作出一审判决，判处杜培武死刑。然而，2000年6月，昆明市公安机关破获杨天勇等八人抢劫杀人集团案，同时缴获了王俊波的手枪（七七式，枪号：605825）等赃物，这把枪曾被认定为杜培武作案的凶器。犯罪嫌疑人杨天勇归案后也对1998年4月杀害王俊波、王晓湘的犯罪事实供认不讳。大家终于恍然大悟，“杜培武报复故意杀人”纯属子虚乌有。[2]

（六）不是所有人都会说真话

案卷材料中会出现大量的证人证言、被告人供述等言词证据。言词证据是辩护律师了解案件来龙去脉最直观的证据，可以帮助辩护律师迅速了解案件事实。但是，所有人都不一定会说真话。有的人故意隐瞒事实真相而撒谎，有的人则会故意夸大事实而撒谎，有的人则由于存在认识偏差而无心作了错误的证词。所有的这些证词都要辩护律师仔细审查判断，并结合其他证据、结合辩护策略灵活运用。

案例3－8　肖某等涉嫌贪污罪案

涉案的粤某公司在改制之前登记的企业性质是职工持股的集体企业，企业职工是股东。肖某等人对该公司进行改制剥离之后，被指控贪污国有资产。该案的争议焦点在于，涉案某公司是国有企业还是职工持股的民营企业？

为了证明涉案粤某公司是国有企业，办案机关找到了该公司退休职工张某、周某等人作证，他们的证词均证实当时公司的职工都没有实际出资，实际出资的都是××研究所。因此，涉案公司是国有企业，不是职工持股企业。

作为该公司元老级员工的张某、周某，他们的证词对于证明涉案粤某公司的性质认定至关重要。如果他们的证词属实，那么涉案公司就确实是××研究所出资设立的国有企业，肖某等人的行为在法律评判上，就很有可能被认定为贪污罪。

辩护律师仔细审查这几份证词发现，证人张某、周某等人的证言与他们

---

〔1〕 陈昌云：《从民警到死囚　从死囚到民警——“民警杜培武故意杀人冤案”昭示了什么？》，载《人民公安》2000年第18期。

〔2〕 同上。

在其他刑事案件中所作的证词截然相反。辩护律师找到了十几年前王某涉嫌贪污罪的一份刑事判决书，该判决书记载，证人张某、周某等人的证言均证实，××公司成立时是集体所有制企业，后改制为有限责任公司，所有职工均为股东。

在王某涉嫌贪污罪案中，法院作出判决认定，“粤某公司是独立经营的非国有公司（国家没有出资、××所没有行文规定相关单位的项目给粤某公司承接，也没有任命公司的领导层），被告人王某也没有受××所委派到粤某公司从事公务，其负责粤某公司的项目，实质上是受粤某公司的聘请，即王某是以非国家工作人员的身份受粤某公司委托从事该公司经营业务，其非法占有粤某公司的财物也不属于公共财产，故指控这一部分的行为构成贪污罪，显然不当。”

显然，证人张某、周某等人的这几份关键证词，和他们在此前已经终审的刑事案件中作出的证词是截然相反的。他们在生效判决中的证词，不仅不能证明涉案粤某公司是国有出资企业，恰恰证明粤某公司当初成立时都是职工出资的，粤某公司不是国有企业，肖某等人不构成贪污罪。出现前后截然相反的证词，那就说明张某、周某等人的证词，必有一假。

（七）不是所有证据都能证明待证事实

案卷材料中证据虽然多，侦查机关、公诉机关也都会认为这些所有的证据都能证明犯罪嫌疑人、被告人构成犯罪以及犯罪金额、犯罪情节等。但这不是想当然的，不是所有的证据都能证明这些待证事实，如传来证据的问题。“传来证据”并不是法条上的概念，而是法学上的概念。[1] 传来证据指的就是来源于第二手的材料，如道听途说来的证词。原始证据就是亲身所为、亲身感受、亲眼看见、亲耳所闻的各种信息或材料。在很多刑事案件中，都普遍存在传来证据。这些传来证据能否证明侦查机关、公诉机关所指控的犯罪事实，是辩护律师需要进行解读和审查的。

---

〔1〕 在刑事诉讼法学教材对证据的分类上，有两种分类：第一种是按照《刑事诉讼法》规定的证据种类进行分类，分为实物证据和言词证据。实物证据包括：物证、书证、视听资料和电子数据、勘验检查笔录等；言词证据包括：被害人陈述、犯罪嫌疑人供述和辩解、证人证言、鉴定意见。第二种是理论上的证据分类，分为：言词证据和实物证据；原始证据和传闻证据；直接证据和间接证据；有罪证据和无罪证据。

案例 3-9　谢某忠等人涉嫌组织、领导黑社会性质组织罪案

本案中,证人证言有如下内容:

问:他们走私的货物来源?

答:我听说这些货物是从香港、泰国等地走私过来的,先拉到公海,再由谢某忠安排人手去公海将走私船只引到指定的走私码头。

问:你是如何得知这件事的?

答:我是从村民的口中得知的,因为当时全部村民都是这样说的。

这些都是比较典型的传来证据表现形式。传来证据该如何审查解读,证明效力如何?《最高人民法院关于适用〈中华人民共和国刑事诉讼法〉的解释》(以下简称《刑事诉讼法解释》)第 74 条规定,要着重审查"证言的内容是否为证人直接感知"。传来证据的证明力,当前司法实践中普遍认为:传来证据是有证明力的,具有可信度,但是,仅有传来证据不足以认定事实,需要结合其他证据来综合认定案件事实。[1]

(八)不是所有的证据都能被正确解读

很多证据本身不能直接证明谁是犯罪凶手、犯罪的金额、犯罪的情节如何等。只有依靠法律专业人士的解读,这些证据才能转化为认定犯罪嫌疑人、被告人是否有罪、罪轻罪重的依据。而对证据的解读是否正确,直接关乎定罪量刑的准确性。如果解读错了,证据证明的犯罪事实和犯罪情节就是错的。

案例 3-10　施某涉嫌抢劫罪案

公安机关指控施某入户抢劫,并将被害人杀害。施某也供认入户实施盗窃,在被害人发现之后与被害人扭打,将被害人勒晕之后逃离现场,但对于他是否导致被害人死亡的结果,他无法确认。公安机关对案发现场提取的物证进行 DNA 鉴定,鉴定结果显示,在房间开关按钮擦拭子、被害人的文胸正面罩杯下端外侧面擦拭子检测出了混合 Y-STR 分型。对这个鉴定结果的解读是否正确,直接影响全案的定罪量刑。

"在混合斑的鉴定中,常染色体 STR 分析若是混合结果,应进一步进行 Y-STR分析。由于其是单倍体,故不仅可以确定男性生物检材的来源,还可确

[1] 例如,甘肃省高级人民法院(2016)甘刑终 210 号刑事裁定书等。

证是几个男性的混合结果，因此 Y－STR 在案件分析中很有价值。”[1]本案中，在涉案房间开关按钮擦拭子、被害人的文胸正面罩杯下端外侧面擦拭子检测出了混合 Y－STR 分型，由于 Y－STR 分型是单倍体，可以确定是男性生物成分。那么，办案机关应当进一步检查确定，有几个男性的 Y－STR 分型，分别都是哪些人的，他们为什么会在这两个地方留下生物成分，这是需要查清楚的，否则就是案件的重大疑点所在。在该案庭审中，辩护律师提出了本案存在的这个疑点。该疑点没有得到合理解释，则本案认定施某是真凶的证据就无法排除其他合理怀疑。

二、法条意识：紧扣法条阅卷

阅卷过程中审查的核心问题之一就是证据的合法性。证据是否合法，只能将法律、法规、司法解释等规范性文件的具体法律条文和证据的取证依据、取证过程等进行仔细比对，才能得出准确的结论。

由于法律、法规、司法解释等规范性文件的数量非常庞杂，没有人能够一一谙熟于心，只能通过尽量全面地检索、尽量细心地阅读比对，才能够下定论。在有法律规定的情况下，办案机关取证必须遵守法律规定，若违反则不合法。相应地，**辩护律师在阅卷过程中，不能脱离法条，不能想当然地、草率地下定论，要时时紧扣法条、研读法条、比对法条，如此阅卷才能更快发现辩点。**

案例 3－11　杨某涉嫌运输毒品罪案

辩护律师发现案卷材料中有一份毒品的《理化检验报告书》，出具报告的其中一名鉴定人是助理工程师。那么，助理工程师能不能作为鉴定人出具《理化检验报告书》？助理工程师签名的《理化检验报告书》是否符合法律规定？应当回归相关的法条，紧扣法条进行比对审查。

《全国人民代表大会常务委员会关于司法鉴定管理问题的决定》第 4 条规定：“具备下列条件之一的人员，可以申请登记从事司法鉴定业务：（一）具有与所申请从事的司法鉴定业务相关的高级专业技术职称；（二）具有与所申请从事的司法鉴定业务相关的专业执业资格或者高等院校相关专业本科以上学历，从事相关工作五年以上；（三）具有与所申请从事的司法鉴定业务相关工作十年以上经历，具有较强的专业技能。”可见，高级专业技术职称与鉴定人资格是

[1] 李树：《Y－STR 检验技术在侦查破案中的应用》，载《公安学刊》2009 年第 2 期。

不同的概念，具有高级专业技术职称只是可以申请从事司法鉴定业务，是成为司法鉴定人的一种情况，不具备高级技术职称，但符合其他条件时，也可以申请登记从事司法鉴定业务。

那么，什么时候才必须由具有高级技术职称的鉴定人来鉴定呢？应当回归司法鉴定的相关法律规范。《司法鉴定程序通则》第 32 条规定，接受重新鉴定委托的司法鉴定机构的资质条件应当不低于原司法鉴定机构，进行重新鉴定的司法鉴定人中应当至少有一名具有相关专业高级专业技术职称。可见，只有在进行重新鉴定时，才要求至少有一名鉴定人具有高级技术职称。[1]

案例 3－12　刘某涉嫌故意毁坏财物罪案

侦查机关委托当地物价部门，对涉案被毁坏的财物进行价格认定，出具了《价格认定书》。这份《价格认定书》是认定刘某犯罪数额的重要依据。对于辩护律师而言，价格认定是熟悉而又陌生、通俗而又专业的领域。辩护律师不能想当然地认为涉案财物的价格按照市场价格认定即可。

在阅卷时，辩护律师留意到价格认定是根据被毁坏财物的照片进行的认定，没有进行实地勘察。那么这种价格认定方法是否符合法律规定呢？应当回归法条，找到价格认定的法律法规，利用这些法律法规来评判《价格认定书》。与此有关的，具体有《价格认定行为规范》《价格认定依据规则》等法律规范，通过对这些法律规定和涉案书证《价格认定书》的比对来审查证据。

根据《价格认定行为规范》第 17 条的规定，价格认定人员应当对价格认定标的进行实物查验、核实或者勘验，并记录查验或者勘验情况。《价格认定依据规则》第 4 条规定："价格认定依据包括，（一）法律、法规、规章及规范性文件、技术标准文件；（二）价格认定提出机关提供的资料，包括价格认定协助书及相关资料、有关证据等；（三）价格认定人员收集的资料。"第 7 条规定："实物查（勘）验记录是指价格认定人员对与案件有关的物品或者现场进行查验、勘验、测量、绘图、拍照等所作的记录。"

那么，价格认定过程中对涉案物品的实物进行查验是必要的程序，如果没有

〔1〕 详见甘肃省会宁县人民法院（2018）甘 0422 刑初 216 号刑事判决书。法院认为："因甘肃××司法医学鉴定所鉴定人员均系助理工程师，不符合重新鉴定的司法鉴定人的专业技术职称要求，故对甘肃××司法医学鉴定所的两份司法鉴定意见书不予采信。"

实物查验，就显然是严重违反鉴定程序，可以导致《价格认定书》不被采纳。[1]

三、辩点意识：带着辩点阅卷

在阅卷过程中，辩护律师要敏锐察觉每一个细节对案件辩护的意义，这就是辩点意识。阅卷是为了通过审查证据，寻找辩点，确定辩护策略。阅卷过程盲目摘抄是没有意义的，要带着辩点去阅卷、审查证据，才能发现并把握辩点，为确定辩护策略服务。

案例3－13　钟某涉嫌诈骗罪案

起诉意见书指控钟某诈骗金额是55万元人民币。如果诈骗55万元的犯罪事实成立，他将面临的量刑档次是"十年以上有期徒刑或者无期徒刑，并处罚金或者没收财产"。

辩护律师在审查起诉阶段阅卷时，注意到两个时间点：钟某向被害人还款完成的时间是2018年2月6日，公安机关立案时间是2018年2月20日。还款时间在立案时间之前，这对诈骗罪定罪量刑有什么影响呢？

辩护律师阅卷过程中发现了这个可疑情况、可能存在辩点的地方，就可以快速检索相关司法解释、案例资料，研究刑事立案之前已经偿还的数额，能否认定为诈骗犯罪的数额和诈骗犯罪的数额应该如何计算等问题。

（1）司法解释规定，诈骗类案件应当以行为人实际骗取的数额计算，案发前已经归还的数额应当予以扣除。

《最高人民法院关于审理非法集资刑事案件具体应用法律若干问题的解释》第5条中规定，集资诈骗的数额以行为人实际骗取的数额计算，案发前已归还的数额应予扣除。《最高人民法院研究室关于申付强诈骗案如何认定诈骗数额问题的电话答复》中规定，在具体认定诈骗犯罪数额时，应把案发前已被追回的被骗款额扣除，按最后实际诈骗所得数额计算。《全国法院审理金融犯罪案件工作座谈会纪要》（法〔2001〕8号）规定，在具体认定金融诈骗犯罪的数

---

〔1〕　例如，在广东省吴川市人民法院（2016）粤0883刑初352号刑事判决书中，法院认为："因鉴定与案发相隔时间较长，涉案标的物的状况存在变化，鉴定机构对部分数据无法进行现场查验，只能根据公安机关提供的数据来鉴定。而公安机关对涉案标的进行勘察的时间为2016年6月16日，是在鉴定结论作出之后，此时勘查现场，除了涉案标的存在发生变化的可能之外，鉴定机构接收的鉴定数据的真实性亦存有疑问……本院对公诉机关指控被告人叶某甲故意毁坏财物价值合计47563元的事实不予认定。"

额时，应当以行为人实际骗取的数额计算。

由此可见，在诈骗类犯罪中，将案发前已归还的数额从诈骗犯罪数额中扣除，是司法解释中一个普遍性的规定。根据司法解释规定的计算诈骗数额方法，本案钟某的诈骗犯罪数额是 0 元。

（2）从法理解释看，诈骗类案件应当以行为人实际骗取的数额计算，案发前已经归还的数额应当予以扣除。

诈骗犯罪是以非法占有为目的的财产型犯罪，侵犯的客体就是公私财产所有权，没有实际取得被害人的部分财产，不应该认定为犯罪数额。骗取被害人财物之后，又及时返还的，不宜认定为犯罪数额。对于多次进行诈骗，并以后次诈骗财物归还前次诈骗财物的，在计算诈骗数额时，应当将案发前已经归还的数额扣除，以被害人的实际损失作为确定诈骗数额的依据。因此，本案诈骗犯罪的数额是 0 元。

（3）从裁判案例分析，裁判案例普遍认为，诈骗类案件应当以行为人实际骗取的数额计算，案发前已经归还的数额应当予以扣除。

在灌检诉刑不诉（2017）11 号案中，检察院认为，本案中合同标的额为 33 万元，但是李某某实际被骗的数额为 1 万元，达不到合同诈骗罪的立案追诉标准，故不起诉。[1]

在江检公诉刑不诉（2015）52 号案中，检察院认为，在具体认定保险诈骗数额时，应当以行为人实际骗取的数额计算，但应当将案发前已归还的数额扣除，鉴于胡某甲所参与的该节事实中，相关诈骗款在案发前已全部退还，因此胡某甲没有犯罪金额，故不构成犯罪。[2]

在（2017）闽 01 刑终 803 号案中，法院认为，原判对涉案金额以实际骗取的数额扣除案发前已归还的数额认定，并无不当。[3]

在（2017）赣 0828 刑初 73 号案中，法院认为，在认定被告人贷款诈骗犯罪的数额时，应当以被告人实际骗取的数额计算，被告人刘某卫虽然诈骗了金融机构 5 万元贷款，但计算犯罪数额时应扣除被告人在本案立案侦查前已归还利息 1447.21 元，故被告人刘某卫贷款诈骗的数额应认定为 48,552.79 元。[4]

---

〔1〕 详见江苏省连云港市灌南县人民检察院灌检诉刑不诉（2017）11 号不起诉决定书。
〔2〕 详见浙江省杭州市江干区人民检察院江检公诉刑不诉（2015）52 号不起诉决定书。
〔3〕 详见福建省福州市中级人民法院（2017）闽 01 刑终 803 号刑事裁定书。
〔4〕 详见江西省万安县人民法院（2017）赣 0828 刑初 73 号刑事判决书。

在(2016)粤0511刑初372号案中,法院认为,起诉书指控被告人叶某骗取被害人王某10万元的事实。关于对本案合同诈骗被害人王某数额问题。经查,被告人叶某在本案刑事立案前,先后归还被害人王某25,000元。根据法律规定,实施诈骗的,诈骗数额应当以行为人实际骗取的数额认定,本案被告人叶某实际骗取的数额为75,000元。[1]

由上述案例可知,在具体认定诈骗犯罪数额时,案发前已经被追回的诈骗款应当扣除,按照最后实际骗得的数额计算诈骗数额。那么,案发前已经主动归还的数额,更加应该从诈骗数额中扣除。故本案钟某诈骗犯罪的数额是0元。

因此,即使犯罪嫌疑人钟某的行为符合诈骗罪的构成要件,考虑到其案发前已经多次全部归还了所欠钱款,不应再计算诈骗的犯罪数额,犯罪嫌疑人的诈骗犯罪数额是零元,也就不宜再追究犯罪嫌疑人诈骗罪的刑事责任。

经过上述三个方面的研究论证梳理,案发前已经归还的数额应当扣除的观点具有了相当的说服力,前述案例中钟某诈骗55万元的犯罪事实,就很难成立了。后检察院审查之后认为,钟某诈骗55万元的犯罪事实不成立,故对该部分犯罪事实不予起诉。

第三节
阅卷的思路

一、梳理指控内容

指控是辩护的前提,辩护针对的内容就是指控的内容。因此,辩护律师拿到案卷材料后,不要埋头阅卷、摘抄,第一步要做的就是理清楚指控的内容,研读起诉意见书、起诉书、一审判决书,搞清楚指控的内容、指控的逻辑、指控所依据的证据框架,为辩护立个明确的"靶子",即搞清楚办案机关指控了什么、按照什么样的逻辑来指控的、指控所依据的主要证据是什么。由于一审、二审所要针对的"靶子"有所不同,一审阅卷和二审阅卷的思路有稍微区别。

(一)一审阅卷

起诉意见书是公安机关指控内容的总结,起诉书是全部案卷材料和观点的

---

[1] 详见广东省汕头市金平区人民法院(2016)粤0511刑初372刑事判决书。

总结。在一审阅卷时,辩护律师首先需要研读起诉意见书、起诉书的内容,明确办案机关指控的事实、罪名、数额,指控的逻辑和依据的主要证据。

案例3-14 梁某涉嫌虚开增值税专用发票罪案

本案中,案卷材料有10册。我们在阅卷时,首先研读起诉意见书、起诉书,对案情和全案证据,就有一定程度的把握。

起诉意见书认定:2013年1月至2015年11月,梁某在明知是补开增值税专用发票的情况下,让其控股的××公司补开增值税专用发票……合计开出涉案税额共180万元的增值税专用发票。

起诉书认定:2013年1月至2015年11月,××公司在经营过程中收取的增值税专用发票不够抵扣当月的税款,×××等人在没有实际货物购销的情况下,向梁某购买了增值税专用发票×张,向××税局抵扣了税款合计180万元。

认定上述事实的证据如下:(1)到案经过、户籍证明、××公司的账簿、记账凭证、银行账户交易流水、增值税专用发票、××公司的工商登记资料、刑事判决书、税务稽查检查资料等书证;(2)证人陈某、李某、程某、王某、钟某等人的证言;(3)被告人梁某的供述和辩解;(4)辨认笔录。

通过研读起诉意见书、起诉书,可以发现:

其一,起诉意见书与起诉书存在关键区别。起诉意见书认定的是"补开增值税发票","补开"的前提是有真实交易没有及时开票,后在有需要时补充开出发票。那么,将补开增值税专用发票的行为认定成虚开增值税专用发票,是值得商榷的,起诉意见书已经埋伏(提示)了一个重要辩点。但是,起诉书直接认定是购买发票的虚开行为。辩护律师在阅卷时应当着重审查,梁某的行为究竟是"补开"还是"虚开","补开"和"虚开"在虚开增值税专用发票罪认定中的影响,应着重审查这个辩点存在的可能性。

其二,起诉书对全部案卷材料进行了总结。起诉书明确了指控梁某构成虚开增值税专用发票的手法是卖增值税专用发票,还详细列举了本案的主要证据。辩护律师通过研读起诉书,了解案件主要事实、主要证据之后,阅卷时就会心中有数,可以有的放矢。

(二)二审阅卷

一审判决是一审阶段所有材料的浓缩。**二审阅卷时,应首先研究一审判决**

书的内容，对一审公诉机关指控的事实、辩护律师提出的辩护观点、一审判决认定的事实、一审判决采信的主要证据、一审判决对辩护意见的评述等，进行系统梳理。

案例 3－15 袁某涉嫌集资诈骗罪案

本案案卷材料有110多卷，数量比较多。如果辩护律师拿到案卷后马上埋头看案卷、做证据摘抄、准备质证意见、准备二审辩护意见，由于没有明确的辩护方向，辩护律师试图通过阅卷寻找辩护方向，是事倍功半的。二审阶段的阅卷，首先应该对袁某案的一审判决书进行研究。

其一，起诉书指控的事实。起诉书指控：2015年8月至2016年3月，被告人袁某等人，以广州某公司的名义……诱骗投资人出借资金，后由于资金链断裂，无法兑现投资人的本金及收益。经统计，被害人投资金额共计234万元。公诉机关认为，被告人袁某等人构成集资诈骗罪，数额特别巨大。

其二，一审的辩护意见。辩护律师认为：袁某主观上不具有非法占有目的，不构成集资诈骗罪；案发前返还被害人的工资、利息，应当抵扣本金，相应数额应予以扣除。

其三，法院认定的事实。法院审理查明：2015年8月至2016年3月，被告人袁某等人，以广州某公司的名义……诱骗投资人出借资金，后由于资金链断裂，无法兑现投资人的本金及收益。经统计，被害人投资金额共计170万元，实际损失共计168万元。

其四，法院采信的主要证据。36名被害人的报案陈述及提供的相关单据、涉案公司的工商登记资料、各被告人的供述和辩解、各被告人的银行流水资料、会计师事务所出具的专项审计报告及鉴定意见等。

其五，法院对辩护意见的评述。法院认为，袁某的行为符合"集资后不用于生产经营活动或者用于生产经营活动与筹建资金规模不成比例，致使集资款不能返还"，可以认定为"以非法占有为目的"，符合集资诈骗罪的构成要件；被害人收到的利息、工资等，可以从犯罪数额中予以扣除。

通过研读梳理一审判决书，可以初步掌握主要犯罪事实，全案证据材料情况和证据材料种类、分布情况，可以了解一审判决认定被告人构成犯罪的主要理由。这是辩护律师为二审辩护树立的"靶子"，知道一审怎么判的，才便于辩护律师研究如何推翻一审的判决。

二、掌握全案证据

当公诉人在法庭上出示一份关键证据,这份关键证据明明就在案卷材料中,而辩护律师却不知道这份证据时,辩护律师就容易慌乱。这就说明辩护律师的阅卷工作不到位、不细致,没有掌握全案所有证据材料。不得不说,这可能是辩护律师的失误。为避免遗漏,辩护律师在阅卷时,需要将证据材料按照一定的顺序,将其中的主要证据及证据内容梳理成册。

(一)选择恰当的阅卷顺序

案卷材料的排序不同、案件类别不同,辩护律师可以相对应地调整阅卷顺序。结合不同案件的特点,选定不同的阅卷思路和阅卷顺序。

1. 若犯罪嫌疑人比较少(如单人单案),各卷材料之间往往有一定的逻辑顺序,公安机关整理案卷材料时,逻辑顺序明显,按照卷一、卷二、卷三等顺序排列整理。此时,辩护律师则可按照案卷材料的顺序,逐页逐本阅卷,掌握全案证据。

案例3-16　施某涉嫌抢劫罪案

全案证据材料有七卷:卷一是诉讼文书材料;卷二是犯罪嫌疑人施某的讯问笔录及户籍资料;卷三是证人证言;卷四是现场勘查材料;卷五是涉案物品的扣押材料;卷六是侦查工作卷,包括破案报告书、呈请强制措施类报告书、呈请侦查措施类报告书(调取证据、搜查、鉴定、扣押、辨认、解剖尸体、侦查实验等)等材料;卷七是补充侦查材料。辩护律师在阅卷时,按照这个逻辑顺序阅卷即可。

2. 若犯罪嫌疑人比较多(如开设赌场罪案件、黑社会性质案件),各卷材料之间逻辑关联不强,公安机关对各卷案卷材料也可能没有整体排序,只按照犯罪嫌疑人分列A卷、B卷、财务调查卷等。此时,辩护律师可以按照起诉意见书所认定犯罪嫌疑人的顺序、起诉书所认定被告人的顺序,逐一阅卷。

案例3-17　吴某某涉嫌开设赌场罪案

辩护律师按照起诉意见书确定的被告人顺序,对各被告人的案卷材料逐一阅卷。吴某某A卷、吴某某B卷、吴某某财务调查卷;王某A卷、王某B卷、王某财务调查卷……辩护律师按照这个方式,逐一阅卷,相对方便。

（二）摘抄证据内容及位置

在阅卷时，记录所见到的证据及主要证据内容，并注明证据所在位置。辩护律师阅卷时可以通过这种方式，掌握全案究竟有哪些证据材料，各证据主要证明的内容。以犯罪嫌疑人供述、证人证言、书证、鉴定意见这几类证据为例：

1. 对于犯罪嫌疑人供述的摘抄。案卷材料中的供述笔录有几次、大致都是什么内容、有什么变化，分别在哪一卷哪一页，需要在阅卷过程中进行总结摘抄和标注。

2. 对于证人证言的摘抄。案卷材料中有哪些证人证言，作证时间是什么时候，分别证明了哪些内容，证言中有什么特殊的情况，有无相互矛盾之处，分别在哪一卷、哪一页，需要在阅卷过程中总结摘抄和标注。

3. 对于书证的摘抄。案卷材料中出现哪些书证，分别证明哪些主要内容，在哪一卷、哪一页，需要在阅卷过程中进行总结摘抄和标注。

4. 对于鉴定意见的摘抄。案卷材料中有几份鉴定意见，鉴定意见的主要内容，拟证明的目的，在案卷哪一卷、哪一页，需要在阅卷过程中进行摘抄和标注。

通过对全案证据的把握，有经验的辩护律师可以很快判断，案卷材料中是否缺少关键证据。每一个案件的案卷材料中，都应该有一份到案经过之类的文书，证明犯罪嫌疑人到案的经过。这份材料直接影响犯罪嫌疑人是否具有自首情节。如果案卷材料中缺少到案经过类文书，则需要到有关部门去调取。这一点在职务犯罪中尤为重要。

案例3－18　曾某涉嫌受贿罪案

在该案中，被告人曾某供述系主动向纪委投案、如实供述，应当成立自首，辩护律师也在庭审中着重论述被告人的自首情节。但是，一审判决没有认定曾某的自首情节。

我们作为二审阶段辩护律师介入案件，阅卷后发现，案卷材料中与曾某到案经过有关的，只有纪委出具的一份《关于曾某×××涉嫌严重经济犯罪问题的移送函》，但没有说明曾某到案经过，案卷材料中缺少这份关于曾某的到案经过的关键证据。于是，辩护律师申请法院向××纪委调取曾某归案情况的函件，后××纪委办公厅出具了《关于曾某到案经过的函》，该函证明曾某具有自首情节。

于是，二审法院予以改判。二审判决认定："原审判决认定上诉人曾某受贿的事实清楚，证据充分，适用法律及定性准确，审判程序合法。唯在本院审理期间出现新的证据认定上诉人曾某构成自首，故本院依法予以纠正。”〔1〕

三、摘抄详略得当

为了掌握全案证据究竟有哪些，辩护律师在阅卷过程中需要对证据材料进行适当的摘抄。总体的摘抄内容不宜过多、不宜过于详细，但是需要详略有别。

（一）不做多余的摘抄

对于案卷材料中的关键证据，可以摘抄得稍微详细一些。但是，很多案件中都有一些不太重要、不太相关的证据，这些证据大都是侦查机关为了指控证据的完整性而收集的，如涉案公司的工商登记资料、格式合同、银行流水等证据材料。这一类证据的特点是，数量特别多，动辄好几十卷，而且仔细阅看的难度特别大。但这些证据往往不太重要，公诉机关在庭审举证时，也大多一两句话总结了事。若与辩护策略没有太大关联，则无须浪费时间进行细致的摘抄。是否需要仔细审查，在后期确定辩护策略时再斟酌确定。

案例 3－19　谢某涉嫌组织、领导黑社会性质组织罪案

谢某等被告人投资、经营的公司达几十个，案卷材料中，这些公司的工商登记资料就有三十多卷。另外，犯罪嫌疑人及相关证人的银行账户流水也有十几卷。这些公司的工商登记资料和银行流水，与本案谢某等人涉嫌组织、领导黑社会性质组织罪有关联，但是与涉案辩护关联性不大。

对这些书证可以先不着急进行详细翻阅，只需要简单摘抄即可。可记为：“××公司的工商登记档案（××卷××页）、犯罪嫌疑人×××的××银行账户流水（××卷××页）、证人×××的××银行账户流水（××卷××页）……”在后期审查质证阶段，如果确需研究某个公司的工商登记资料或核查某个银行账号流水，则可根据摘抄索引，迅速找到该公司的工商登记资料或者该银行账户流水，进行详细审查分析。

案例 3－20　杨某等人涉嫌合同诈骗罪案

400 多名被害人都与公司签订了合同，这些合同文本被全部放入案卷材料

---

〔1〕 广东省广州市中级人民法院（2019）粤 01 刑终 151 号刑事判决书。

中，每一份合同都有几十页。因此，这些格式合同文本就有几十卷。这些合同资料对于指控杨某等人涉嫌合同诈骗罪，是不可或缺的证据材料。但是，这些合同资料对辩护而言，意义不大。

因此，辩护律师在阅卷过程中，不着急仔细翻阅摘抄这些书证，只需要逐一摘抄记载即可，如"被害人王××的合同（××卷××页）、被害人陈××的合同（××卷××页）……"

（二）不做重复的摘抄

在被告人数量众多的案卷材料中，被告人的供述和辩解、证人证言的数量，往往非常多，非常耗费阅卷的时间。但是，证人证言、被告人供述和辩解普遍存在多次重复、内容如出一辙的情况。此时，提炼主要证言内容、主要供述内容即可。同时，要留意证人证言、被告人供述的矛盾之处及相互矛盾之处，证词和供述反复之处以及反复的内容等特殊情况。

案例3-21　聂某涉嫌受贿罪案

聂某本人的讯问笔录就有60多次。每一次的讯问笔录内容又都比较长。辩护律师阅卷时发现，这60多次讯问笔录的内容如出一辙，于是对这些讯问笔录，采取提取主要观点的方法，可以节省很多时间。

（三）不做无意义的摘抄

证据摘抄是不少刑事律师的传统做法，尤其是律师助理的必做工作。证据摘抄是非常耗费时间的工作，同时也是非常必要的工作。因此，辩护律师在做证据摘抄时，要采用正确的方式方法，不能不加区别地闷头摘抄。如果对辩护意见、质证意见的形成没有帮助，那就是无意义的摘抄。

在阅卷梳理证据过程中，摘抄的内容可以很少。但要紧紧围绕着"质证和辩护"这个核心目的展开。特别摘抄某份证据的某一段，一定是因为这份证据对犯罪嫌疑人、被告人特别不利或者特别有利，而且一定与质证意见、辩护意见密切相关。在摘抄的证据内容后面，应该附上质证意见、辩护意见，这才是有意义的摘抄。否则，将与辩护意见和质证意见关系不大的证据内容大篇幅摘抄，意义是不大的。

第四章
CHAPTER 04

审查质证的思路与方法

在刑事案件中，无论对于控方还是辩方，最重要的就是证据。证据是认定犯罪事实的基石，是指控犯罪的支柱，是辩护需要审查反驳的对象，也可能是辩护辩点的支撑。“我国当前的大多数错案不是因为适用法律不当，而是因为认定的事实有误，这些都与证据有关。证据是司法公正的关键。”[1]几乎在任何一个刑事案件中，辩护律师的重点工作都是审查质证，围绕着辩护的目的，审查关键证据，准备庭审质证意见。在审查证据的过程中，形成质证意见，为最终确定辩护策略、形成辩护意见服务。审查质证的过程，大致分为三个步骤：寻找本案的关键证据，审查这些关键证据，准备庭审质证意见。

第一节 辨别涉案的关键证据

刑事案件的案卷材料，都有固定的“范式”。证据中基本都包括物证、书证、证人证言、被害人陈述、犯罪嫌疑人被告人的供述和辩解、鉴定意见、勘验检查辨认侦查实验等笔录、视听资料、电子数据等证据种类。因为公诉案件的举证责任在于公诉机关，他们必须将证明犯罪嫌疑人、被告人有罪的全部证据搜集罗列齐全。这是导致刑事案件案卷材料普遍较多的原因。

尽管证据材料比较多，但辩护律师审查质证时无须面面俱到。每一个案件

[1] 朱明勇：《无罪辩护》，清华大学出版社2015年版，第34页。

的争议焦点都是有限、相对固定的，而且这些关键争议焦点又决定着犯罪嫌疑人、被告人的罪与非罪、罪轻罪重。围绕案件争议焦点的证据，才是关键证据。这样的关键证据在每一个案件中，都不会太多。辩护律师要重点研究审查的，就是这些关键证据。

每一个案件的关键证据都是不同的。对于侦查机关、公诉机关有利的关键证据，与对于被告人、辩护律师有利的关键证据，是截然不同的。即使是同一个案件，公诉机关采取不同的指控策略，所依据的关键证据也不同。辩护律师采取不同的辩护策略，所依赖的关键证据也不同。一般而言，锁定案件的关键证据的方法有两种：第一种是从指控的逻辑确定控方所依据的关键证据，第二种是结合辩护策略确定辩方所依据的关键证据。

一、从指控逻辑确定控方的关键证据

侦查机关、公诉机关指控犯罪嫌疑人、被告人构成犯罪的关键证据，辩护律师需要甄别出来，再进行仔细审查研究，准备反驳的质证意见。案卷材料中的侦查实验、审计报告、司法会计鉴定意见、电子数据鉴定意见、法医鉴定意见、车辆属性鉴定意见、淫秽物品鉴定意见、偷逃税款核定证明书、查封扣押笔录、物种鉴定意见书、价格认定书、枪支鉴定意见、医疗器械鉴定意见、爆炸物品鉴定意见、火灾事故认定书、事故责任认定书、毒品的提取扣押取样称量笔录、血液酒精含量鉴定意见、血样采集笔录等证据，大多是直接影响定罪量刑的关键证据，要重点审查。

例如，在交通肇事案件中，对侦查机关、公诉机关而言，《道路事故责任认定书》往往是关键证据。该事故认定书所划分的事故责任，是指控犯罪嫌疑人、被告人构成交通肇事罪的前提依据。没有交通事故责任划分，则交通肇事罪不成立。

又如，在故意伤害案件中，《法医学活体检查鉴定书》往往是关键证据。该鉴定书认定的被害人损伤程度，是指控犯罪嫌疑人、被告人构成故意伤害罪的前提依据。没有损伤程度鉴定，则故意伤害罪不成立。

再如，在网络传销涉嫌组织、领导传销活动罪的案件中，虽然案卷材料非常多，但最关键的证据往往是《电子数据鉴定意见》。因为《电子数据鉴定意见》认定涉案组织的网络层级结构、奖励模式等传销组织关键要素，是认定涉案组

织达到"组织内部参与传销活动人员在三十人以上且层级在三级以上的"的前提依据。没有《电子数据鉴定意见》,则组织、领导传销活动罪很难证成。

根据侦查机关、公诉机关的指控事实和逻辑,可以从全案的证据链条中,筛选出控方指控犯罪嫌疑人、被告人构成犯罪、罪责轻重所依据的关键证据。辩护律师应审查研究这一类关键证据是否符合法律规定,寻找推翻该证据的突破口,为"破"控方的证据链条做准备。

二、从辩护策略确定辩方的关键证据

辩护律师在审查质证时,除了需要找出对侦查机关、公诉机关指控犯罪有利的关键证据,还需要结合辩护策略找出对辩方有利的关键证据。辩护律师审查研究这一类关键证据,目的就是"立"自己的证据链条。这些关键证据是用于支持辩护策略、辩护意见的,也是需要在整个庭审过程中,适时予以重点解释的。

案例 4-1 许某涉嫌交通肇事罪案

交警部门出具的《事故责任认定书》认定许某承担事故全部责任。后侦查机关委托法医司法鉴定中心对被害人周某的死因进行鉴定,出具了《法医鉴定意见》。该鉴定意见认定被害人死亡原因是重度颅脑损伤,且被害人的颅脑损伤符合××年××月××日交通事故造成的。

公诉机关指控被告人许某构成交通肇事罪的关键证据,就是《事故责任认定书》和《法医鉴定意见》,前者认定许某负事故全部责任,后者认定许某的行为与被害人死亡之间存在直接因果关系。这两个关键证据都是专业机构出具的专业意见,证明力极强,被采纳的可能性极高。但若是这两份证据中有任何一份证据不成立,许某都可作无罪辩护。

辩护律师在研究审查证据时,发现被害人的病历资料可以否定被告人许某的行为与被害人死亡之间的因果关系,或者说至少可以证实许某的行为与被害人死亡之间是否存在因果关系存疑。病历资料就是支撑该辩护策略的关键证据。辩护律师仔细对比医院的病历资料和《法医鉴定意见》,发现两者存在矛盾。

其一,医院病历资料显示,医院对病人进行治疗时,给病人做的胸腹部CT,影像学报告显示,病人的胸腹部骨性结构没有明显骨折。但是,《法医鉴定意见》却显示，病人有 6 根肋骨骨折。

其二，医院病历资料显示，医生对病人头部检查记载“头颅大小正常，无明显压痛”。但是，《法医鉴定意见》却显示，被害人颅脑重度损伤，颅脑还有 36 厘米长度的横行骨折。

肋骨骨折通过胸腹部 CT 是能诊断出来的。另外，如果头颅有这么长的骨折，医生按压检查时，也是应该能够发现的，而且病人疼痛感会比较剧烈。病历资料显示没有这些损伤，而《法医鉴定意见》却显示有这么严重的损伤。那就说明，存在一种可能性：被害人发生交通事故，医生检查完回家之后，又发生了其他意外或者伤害。至少病历资料显示，不能排除这种可能性。

如此一来，《法医鉴定意见》对于证明被告人的行为与被害人死亡之间的因果关系、被告人构成犯罪的关联性，就大打折扣。这些病历资料，就是辩护策略所依赖的关键证据，找到了这份关键证据，辩护策略就有了“骨肉”，有了支撑。

第二节
关键证据的审查思路

对于一份关键证据的审查，角度不限、方法不限、思路不限，只要能够复核该关键证据的真实性、合法性、关联性即可。在司法实践中，辩护律师可以尝试从取证程序、证据形式、证据内容、证据依据、证据和指控内容的关联性等方面入手审查。

一、取证程序是否合法

刑事诉讼不仅追求实质正义，还追求程序正义。取证程序合法是程序正义的要求。辩护律师审查证据是否合法有效，可以审查证据的取证程序是否合法。如果证据取证程序不合法，则直接要求该证据不得作为定案的依据即可。

值得注意的是，在当前中国司法实践中，辩护律师对取证程序合法性提出充分的质证意见，往往很难得到相关证据被排除的效果，只能在部分案件中影响法院量刑的尺度。在部分案件中，法院往往会对取证程序违法行为予以适当制裁，避免成为侦查机关程序违法行为的“共犯”，同时又避免过度刺激侦查机关，防止出现因为排除控方关键证据而不得不宣告被告人无罪的局面，法院有时作出从轻量刑的妥协性裁判结论。[1] 因此，无论是出于无罪辩护还是出于罪轻辩护，取证程序是否合法都应当予以审查。以下列几项取证程序合法性问题为例：

（一）境外证据取证程序问题

境外证据在大陆刑事审判中当作证据使用，一般应当依照司法互助程序调取，侦查机关不能擅自向境外机构或个人调查取证。境外证据的取证程序是否合法，辩护律师需要予以审查。

案例4－2　凃某涉嫌走私淫秽物品罪案

公诉机关指控凃某系被查扣的一批淫秽漫画书的所有人，全案认定涉案的淫秽物品属于凃某所有的关键证据，就是来自我国台湾地区的陈某的三份《情况说明》。该《情况说明》明确涉案被海关查扣的淫秽漫画书的本数、箱数、收货人、收货人地址、收货人电话，直接指向这些书籍是寄送给凃某的。这份材料成为对凃某定罪量刑的关键证据。辩护律师审查该三份《情况说明》发现，该三份《情况说明》来源不明、取证主体和过程不明、取证程序不符合境外证据取证要求，根本无法辨识真伪，依法不得作为定案的根据。

（1）证据来源不明，真实性无法确认。顺丰快递单显示，寄件人是陈某，收件人是××海关缉私分局。但是，寄件人的真实身份无法确认。既没有陈某的身份户籍资料，也没有照片资料，是不是涉案货物台湾发货人陈某本人所出具，无法确认；也没有营业执照等公司证明文件，陈某所称的公司是否存在，也无法确认。根据《刑事诉讼法解释》第405条的规定，对于来自境外的证据材料，人民法院应当对材料来源、提供人、提供时间以及提取人、提取时间等进行审查，经审查，材料来源不明或者其真实性无法确认的，不得作为定案的根据。

（2）取证主体和取证过程不明。该《情况说明》是署名为“陈某”的人寄送过来的，但他为何会寄送过来，是谁向他取证，如何向他取证，取证过程是否合法合规，是否告知证人作证权利义务，是否告知伪证的法律后果等，均没有显示。根据《刑事诉讼法解释》第77条的规定，证人证言收集时，没有告知有关作证的权利义务和法律责任，收集程序、方式有瑕疵，经补正或者作出合理解释的，可以采用；不能补正或者作出合理解释的，不得作为定案的根据。

---

〔1〕参见陈瑞华：《论刑事辩护的理论分类》，载《法学》2016年第7期。

(3)取证程序不合法。涉案《情况说明》来自我国台湾地区,属于境外证据,除非经过司法互助获取,都应该经过公证、认证程序,才符合境外证据的取证要求。而涉案《情况说明》是署名为"陈××"的人向办案部门直接寄送的,既不是通过司法互助获取的,也没有经过公证、认证程序,不符合境外证据的取证要求。

(二)辨认笔录取证程序问题

辨认笔录是锁定犯罪嫌疑人、认定犯罪事实的重要证据材料,法律也明确规定辨认笔录应当遵守的法律规范。辨认笔录取证程序是否合法,辩护律师需要予以审查。

案例4-3 刘某涉嫌制造毒品罪案

辩护律师发现案卷材料中有一份辨认笔录比较特殊。证人对被告人进行的辨认,12张男性免冠照片中只有被告人的照片有色彩、有背景,而且背景是明显的刻度,与其他混杂人员照片的色彩、背景,有非常大的差距,特征非常明显。

辩护律师审查认为,该辨认笔录明显违反《刑事诉讼法解释》。《刑事诉讼法解释》第90条规定:"对辨认笔录应当着重审查辨认的过程、方法,以及辨认笔录的制作是否符合有关规定。辨认笔录具有下列情形之一的,不得作为定案的根据:(一)辨认不是在侦查人员主持下进行的;(二)辨认前使辨认人见到辨认对象的;(三)辨认活动没有个别进行的;(四)辨认对象没有混杂在具有类似特征的其他对象中,或者供辨认的对象数量不符合规定的;(五)辨认中给辨认人明显暗示或者明显有指认嫌疑的;(六)违反有关规定、不能确定辨认笔录真实性的其他情形。"可见,本案辨认笔录明显属于"辨认对象没有混杂在具有类似特征的其他对象中"的情形。这样的辨认笔录是违法的,存在重大缺陷,不得作为证据使用。相应地,该证人的指控证言能不能当作证据使用,也应当予以慎重采信。

(三)讯问笔录取证程序问题

在司法实践中,经常出现根据法律规定,应同步录音录像,却没有同步录音录像,或者同步录音录像不符合法律规定,只有录像没有录音甚至只录了一小段等各种取证程序违法的情形。根据法律规定,应当进行同步录音录像,却没有依法进行同步录音录像时,能否排除有关供述,取决于被告人及辩护人能否提供证据证明可能存在非法取证的情形,如不能排除非法取证的可能,则应当排除有关供述。

案例4-4　杨某涉嫌运输毒品罪案

杨某涉嫌运输400多克甲基苯丙胺被抓获归案。侦查机关在侦查阶段对杨某讯问了多次,制作了多次讯问笔录。而杨某归案之后,只有第一次和第二次接受讯问时的讯问笔录,是认罪的。杨某提出他是遭受侦查人员的诱骗才在认罪笔录中签名的。辩护律师申请调取杨某的讯问同步录音录像,要求核实杨某的讯问笔录与实际讯问情况是否相符。经过多次沟通之后,办案机关仅提供了一段仅15分钟长且是用手机录制的录像,该录像掐头去尾、声音听不清楚、画面也非常模糊。

根据法律规定,讯问过程是需要进行同步录音录像的案件主要有五大类:(1)可能判处无期徒刑、死刑的案件;(2)致人重伤、死亡的严重危害公共安全犯罪、严重侵犯公民人身权利犯罪案件;(3)黑社会性质组织犯罪案件,包括组织、领导黑社会性质组织,入境发展黑社会组织,包庇、纵容黑社会性质组织等犯罪案件;(4)严重毒品犯罪案件,包括走私、贩卖、运输、制造毒品,非法持有毒品数量大的,包庇走私、贩卖、运输、制造毒品的犯罪分子情节严重的,走私、非法买卖制毒物品数量大的犯罪案件;(5)其他故意犯罪案件,可能判处10年以上有期徒刑的。[1]

辩护律师提出,杨某的两次认罪供述讯问过程严重违反《刑事诉讼法》及相关司法解释的强制性规定。《刑事诉讼法》第123条规定,对于可能判处无

---

〔1〕《刑事诉讼法》第123条中规定:"对于可能判处无期徒刑、死刑的案件或者其他重大犯罪案件,应当对讯问过程进行录音或者录像,录音或者录像应当全程进行,保持完整性。"

《公安机关办理刑事案件程序规定》第208条规定"对于可能判处无期徒刑、死刑的案件或者其他重大犯罪案件,应当对讯问过程进行录音录像。前款规定的'可能判处无期徒刑、死刑的案件',是指应当适用的法定刑或者量刑档次包含无期徒刑、死刑的案件。'其他重大犯罪案件',是指致人重伤、死亡的严重危害公共安全犯罪、严重侵犯公民人身权利犯罪,以及黑社会性质组织犯罪、严重毒品犯罪等重大故意犯罪案件。对讯问过程录音或者录像的,应当对每一次讯问全程不间断进行,保持完整性。不得选择性地录制,不得剪接、删改"。

《公安机关讯问犯罪嫌疑人录音录像工作规定》第3条规定:"对讯问过程进行录音录像,应当对每一次讯问全程不间断进行,保持完整性,不得选择性地录制,不得剪接、删改。"第4条规定:"对下列重大犯罪案件,应当对讯问过程进行录音录像:(一)可能判处无期徒刑、死刑的案件;(二)致人重伤、死亡的严重危害公共安全犯罪、严重侵犯公民人身权利犯罪案件;(三)黑社会性质组织犯罪案件,包括组织、领导黑社会性质组织,入境发展黑社会组织,包庇、纵容黑社会性质组织等犯罪案件;(四)严重毒品犯罪案件,包括走私、贩卖、运输、制造毒品,非法持有毒品数量大的,包庇走私、贩卖、运输、制造毒品的犯罪分子情节严重的,走私、非法买卖制毒物品数量大的犯罪案件;(五)其他故意犯罪案件,可能判处十年以上有期徒刑的。"

期徒刑、死刑的案件或者其他重大犯罪案件，应当对讯问过程进行录音或者录像。录音或者录像应当全程进行，保持完整性。本案系运输毒品犯罪，毒品数量为400多克，含甲基苯丙胺成分，依据《刑法》第347条的规定，属于"十五年有期徒刑、无期徒刑或死刑"的法定刑档次，且系严重毒品犯罪案件，符合前述应当对讯问过程进行全程同步录音录像的情形。因此，本案对被告人讯问应制作全程同步录音录像，这两次讯问过程完全违反上述法律规定，不得作为定案的依据。

后公诉机关出示了公安机关出具的《情况说明》，该说明写道："×××一案，在对×××提审期间因我支队同步录音器材已坏，所以未对其每次讯问进行同步录音录像，特此说明。"

辩护律师认为，不管公安机关出具了什么样的情况说明，该取证过程违反法律规定无疑，讯问笔录需要慎重审查采信。但是很可惜，法院认为，侦查机关对被告人讯问是在看守所进行，询问前依法告知了其权利义务，且对未进行同步录音录像的客观原因作了书面的说明。被告人提出的公安人员以取保候审为条件，诱使其作有罪供述的情节，在相关笔录上没有任何反映和记载，辩护意见不予采纳。[1]

案例4-5　刘某涉嫌制造毒品罪案

在本案中，证明刘某参与制造毒品的直接证据，只有同案人冯某的第一次讯问笔录。对于其他笔录，双方都是不认罪的。公安机关在对冯某进行的第一次讯问笔录，只有图像没有声音。这个案件涉案毒品高达2吨，被告人可能被判处"十五年有期徒刑、无期徒刑或者死刑"，是依法应当进行同步录音录像的案件。

辩护律师提出，对被告人冯某的这次讯问，没有依法进行同步录音录像，取证程序违法，相应的讯问笔录应当不得作为定案的依据。《关于全面推进以审判为中心的刑事诉讼制度改革的实施意见》第24条中规定："对于法律规定应当对讯问过程录音录像的案件，公诉人没有提供讯问录音录像，或者讯问录音录像存在选择性录制、剪接、删改等情形，现有证据不能排除以非法方法收集证据情形的，对有关供述应当予以排除。"结合冯某所陈述的其遭受非法取证的

〔1〕详见江西省南昌铁路运输中级法院(2017)赣71刑初1号刑事判决书。

情况，办案机关应当证明不存在非法取证。如不能提供，则该讯问笔录不应当采信。

公诉机关认为，没有同步录音录像，不等于存在刑讯逼供。应当同步录音录像却没有同步录音像的案件，只有在现有证据不能排除以非法方法收集证据的情形时，才应当排除相关笔录。在本案中，公安机关应当进行同步录音录像却没有进行同步录音录像是有瑕疵，但根据法律规定，缺少“不能排除以非法方法收集证据情形的”这个条件，还不足以排除这份证据。[1]

（四）见证人是否适格的问题

在毒品的提取、扣押、封装、称量、取样活动所得的笔录，现场搜查、现场勘查检验的笔录，网络远程勘查检验笔录等证据材料中，都有“见证人”一栏，见证人是否符合法律规定，也是需要审查的。在司法实践中，经常出现的问题是见证人信息不合格、见证人身份不适格等违法情况。对见证人信息身份的审查主要表现在以下方面：

1. 见证人信息是否合格。在当前司法解释中，对见证人信息规定得比较清晰明确的，是最高人民法院、最高人民检察院、公安部发布的《办理毒品犯罪案件毒品提取、扣押、称量、取样和送检程序若干问题的规定》，该司法解释第38条规定，毒品的提取、扣押、封装、称量、取样活动有见证人的，笔录材料中应当写明见证人的姓名、身份证件种类及号码和联系方式，并附其常住人口信息登记表等材料。因此，证据材料中只有见证人签字，没有见证人的其他人口信息的，该证据取证程序是违法的。若案卷材料中只有见证人姓名，没有其他任何信息，无法核实见证人是否适格。司法实践中，辩护律师也常常提出这个辩点，以见证人身份不明为由要求认定取证程序不合法。

2. 见证人身份是否适格。《刑事诉讼法解释》第67条第1款规定：“下列人员不得担任刑事诉讼活动中的见证人：（一）生理上、精神上有缺陷或者年幼，不具有相应辨别能力或者不能正确表达的人；（二）与案件有利害关系，可能影响案件公正处理的人；（三）行使勘验、检查、搜查、扣押等刑事诉讼职权的公安、司法机关的工作人员或者其聘用的人员。”该条第2款还规定，“由于客观原因无法由符合条件的人员担任见证人的，应当在笔录材料中注明情况，并

---

〔1〕 该案法院判决也没有排除该份讯问笔录，刘某制造毒品罪被认定。

对相关活动进行录像”。

司法实践中经常出现的见证人身份不适格的情况，一般是让参与办案的辅警作为见证人。根据法律规定，辅警作为公安机关聘用的合同制员工，是不能担任刑事诉讼活动的见证人的；如果侦查机关实在找不到合格的见证人，就应当在笔录中注明情况，并且对相关活动进行录像。见证人不适格的问题普遍存在，但不同地区的法院、不同案件，往往很可能有截然不同的裁判观点。

案例4-6 李某涉嫌贩卖毒品罪案

公安机关多名侦查人员在没有拍照、录像的情况下，对犯罪嫌疑人的包裹进行拆封搜查，结果搜出了2公斤海洛因。辅警王某当晚听令参与了公安局的抓捕行动，作为现场搜查、检查、扣押毒品的见证人，在《搜查笔录》《扣押清单》上签字。公诉机关指控李某构成贩卖毒品罪。王某是当晚参与执勤的民警，民警能否作为见证人身份出现呢？这是各方争议的焦点。

法院认为，从法理上看，法律规定在物证，尤其是毒品的搜查、提取过程中应当有中立的见证人或者全程录音录像的佐证，这一程序设计的立法本意，就是要在毒品等关键物证的提取上，不能仅有公安人员的单方面证明，而应有其他客观证据证明取证的合法性和证据的真实性，通过对侦查权进行限制和监督，从而最大限度地保护人权、防止冤假错案。在既无适格的见证人，对相关扣押过程也无录像及其他证据证明的情况下，即便有再多的公安人员证明，亦不能仅凭公安人员单方面的证言认定物证的合法性和真实性。否则，就违背了这一程序设计的根本目的，难以排除其他合理可能性。[1]

然而，另一案件中裁判观点作出了相反的解释，认为辅警作为见证人确属证据瑕疵，但并未严重影响司法公正。

案例4-7 曹某涉嫌贩卖毒品罪案

在该案中出现参与行动的辅警作为见证人的情况。法院认为，辅警作为见证人确属证据瑕疵。但根据《关于办理刑事案件严格排除非法证据若干问题的规定》，收集物证、书证不符合法定程序，可能严重影响司法公正的，应当予以补正或者作出合理解释；不能补正或者作出合理解释的，对有关证据应当予

〔1〕 例如，广东省深圳市中级人民法院（2013）深中法刑一初字第234号刑事判决书中有类似观点。

以排除。但本案瑕疵证据并未严重影响司法公正。本案的检查过程是两名侦查人员进行的，即使没有见证人，按照《刑事诉讼法解释》的规定，该证据也并非一律排除，何况本案两名侦查人员在检查的过程中，还有三名辅警在场，虽不符合见证人的要求，但足以确保涉案毒品这一物证来源于曹某的摩托车。因此本案的扣押检查工作并未严重影响司法公正。[1]

二、证据内容是否准确

证据不仅要求具备真实性、合法性和关联性，还要求具备准确性。例如，在毒品案件中最经常遇到的称量取样笔录，辩护律师在审查质证时，需要注重审查称重的过程，称重是否准确。毒品的数量是毒品犯罪定罪量刑最基本的标准。犯罪嫌疑人、被告人供述贩卖了多少克毒品数量，就直接影响他的定罪量刑标准。认定毒品重量的关键证据，就是毒品的《称量取样笔录》、照片、毒品重量的计算方式。如果称量结果不准确，则证据不成立，不能采信。

（一）没有查获的毒品，怎么计算毒品的重量？

在毒品犯罪案件中，经常出现犯罪嫌疑人被抓获后，从其身上查获了部分毒品，他也如实供述此前也贩卖过很多毒品的情况。根据司法解释，被查获的和已经销售的毒品数量，都应该计入贩卖毒品的数量。此时，已经销售的毒品，该如何认定为贩卖毒品的犯罪重量呢？

案例 4－8　杨某涉嫌贩卖毒品罪案

案发时杨某被查出携带 8 包毒品，每包净重 1.13 克，杨某到案后还供述他还出售了 100 包这样的毒品。那么，杨某贩卖毒品的数量是多少？已经出售未被查扣的 100 包毒品，该如何认定毒品的重量呢？

办案机关将他身上查获的 8 包进行称重计算，得出每包 1.13 克，因此，指控杨某贩卖毒品的数量是 122.04 克（$100 \times 1.13 + 8 \times 1.13 = 122.04$）。

辩护律师认为，不应该这样计算杨某贩卖毒品的数量。

其一，被查获的 8 包毒品经过鉴定，含有毒品成分，可以认定为毒品。可是，卖出去的 100 包，并没有查获实物，没有经过鉴定，无法确认是否含有毒品

〔1〕 详见广东省高级人民法院（2017）粤刑终 1700 号刑事裁定书。

成分，不能排除不含毒品成分的可能。根据《大连会议纪要》，有些毒品犯罪案件，往往由于毒品、毒资等证据已不存在，导致审查证据和认定事实困难。在处理这类案件时，只有被告人的口供与同案其他被告人供述吻合，并且完全排除诱供、逼供、串供等情形，被告人的口供与同案被告人的供述才可以作为定案的证据。仅有被告人口供或同案被告人供述作为定案证据的，对被告人判处死刑立即执行要特别慎重。因此，在没有查获毒品实物的情况下，应当慎重认定。仅有被告人口供，没有同案其他被告人供述吻合、没有物证加以充分印证，不能认定未查扣的物品也是毒品。

其二，另外100包的毒品重量无法确定，既可能高于每包1.13克，也可能远小于每包1.13克，办案机关以每包1.13克计算，不科学、不准确。[1] 例如，在娜某涉嫌贩卖毒品罪案中，被告人贩卖给小学生2颗，这2颗没有查获归案。后娜某被公安机关抓获归案，从其住处搜得9颗毒品，共计0.8克。公安机关通过侦查实验测算，得出两颗的重量约0.16克。被告人贩卖毒品的数量是多少呢？是0.8克+0.16克吗？法院认为，被告人贩卖的2颗毒品甲基苯丙胺的实际重量不清，已不能查证，不能仅以侦查实验结果的单颗重量来推定其贩卖该2颗甲基苯丙胺毒品的重量（共计0.16克）。侦查实验有利于办案机关侦破案件，但不能将实验结果类推用于其他无法查证的案件事实，故被告人娜某的贩卖行为只计次数，不计数量。因此，法院仅认定被告人贩卖毒品的数量是0.8克。[2]

（二）毒品的称重，该怎么称？

最高人民检察院公诉厅颁布的《毒品犯罪案件公诉证据标准指导意见（试行）》（〔2005〕高检诉发第32号）规定："毒品数量是指毒品净重。称量时，要扣除包装物和容器的重量。"因此，在毒品称重过程中，必须称出毒品的净重，而不能包括毒品的包装袋、容器的重量。毒品的称重过程遇到最普遍的问题，就是带包装称重，将包装袋重量也计入毒品数量的问题。

---

〔1〕 部分观点认为：《武汉会议纪要》规定，"对于未查获实物的甲基苯丙胺片剂等混合型毒品，可以根据在案证据证明的毒品粒数，参考本案或者本地区查获的同类毒品的平均重量计算出毒品数量"。因此，对未被查扣的毒品数量按照平均重量计算符合法律规定。

〔2〕 详见云南省西盟佤族自治县人民法院（2016）云0829刑初32号刑事判决书。

案例 4－9　吴某涉嫌运输毒品罪案

侦查机关对吴某随身携带、被查扣的毒品进行称重。显示"当场在其随身携带的双肩包内查获白色晶体7包,经检验,净重分别为1014.4克、1013.3克、1014.4克、1013.3克、1013.4克、1011.9克、1013.3克"。

称量编号	性状	编号或名称	称量结果	备注
1	白色晶体	20161125 人民 01	1014.4g	含封装袋重量
2	白色晶体	20161125 人民 02	1013.3g	含封装袋重量
3	白色晶体	20161125 人民 03	1014.4g	含封装袋重量
4	白色晶体	20161125 人民 04	1013.3g	含封装袋重量
5	白色晶体	20161125 人民 05	1013.4g	含封装袋重量
6	白色晶体	20161125 人民 06	1011.9g	含封装袋重量
7	白色晶体	20161125 人民 07	1013.3g	含封装袋重量

辩护律师研究该称重过程发现,《称量取样笔录》显示,公安机关对涉案7包毒品的称重结果,都备注是"含封装袋重量",而不是净重量。称量照片也显示,公安机关对涉案毒品的称重结果,并不是净重,而是"含封装袋重量",该称量结果是不准确的。因此,涉案毒品的净重究竟是多少,应当剔除包装袋的重量,重新称重。

三、法律依据是否充分

每一份证据不仅证据形式要合法、取证程序要合法、证据内容要准确,而且,证据本身的法律依据也要合法,如果证据本身没有合法的法律依据支撑,则该证据也是不合法的。辩护律师在审查关键证据时,对关键证据所涉及的法律依据要进行仔细研究审查。

案例 4－10　高某涉嫌走私淫秽物品罪案

侦查机关出具了《淫秽物品审查鉴定书》,认定涉案书籍是淫秽物品。这份《淫秽物品审查鉴定书》是认定高某构成走私淫秽物品罪的关键证据。如果该证据成立,则涉案书籍就是淫秽物品,那么高某的行为就构成走私淫秽物品罪。因此,这份关键证据是否合法有效,直接关乎本案的定性,关乎高某的刑期。

公诉机关也考虑到鉴定的合法性问题。在审查起诉阶段第一次退查时，出具了《关于高某走私淫秽物品案的补充侦查提纲》，要求“补充××海关缉私局淫秽物品审查鉴定的资质证明文件和鉴定人的资质证书，以证明该局鉴定资格的合法性”。后侦查机关提供《公安部关于海关走私犯罪侦查机关鉴定淫秽物品有关问题的批复》（公治〔1999〕581号），用来证明××海关有权进行淫秽物品鉴定。

公诉机关据此认为公安部的该批复证明了××海关是适格的淫秽物品审查鉴定主体，《淫秽物品审查鉴定书》符合法律规定，可以证实涉案物品就是淫秽物品。

辩护律师审查该《淫秽物品审查鉴定书》发现，该证据所依据的关键法律依据，并不是公安部现行有效的规范性文件，不在《公安部现行有效规章及规范性文件目录》内。

辩护律师认为该证据存在以下问题：

其一，海关在案卷中提供的这个公安部给海关缉私局的批复，并没有公安部的盖章，形式上不符合规范。

其二，公安部给海关总署的批复，落款时间是1999年4月24日，但是，在该落款时间上盖的章是“××海关缉私分局”的章，这也是不符合客观事实的。

其三，公安部2014年7月2日公布了《关于清理部门规章及规范性文件的公告》。公安部对现行的部门规章（截至2014年4月）和规范性文件（截至2013年2月）进行了清理，决定保留部门规章71件、规范性文件412件，废止规范性文件45件。根据清理结果，公安部编制了《公安部现行有效规章及规范性文件目录》和《公安部决定废止的规范性文件目录》。在《公安部现行有效规章及规范性文件目录》中，现行有效的部门规章有71件、规范性文件有412件，但其中并没有《公安部关于海关走私犯罪侦查机关鉴定淫秽物品有关问题的批复》（公治〔1999〕581号）。可见，即使《公安部关于海关走私犯罪侦查机关鉴定淫秽物品有关问题的批复》（公治〔1999〕581号）确实存在过，也早已失效。

综上，辩护律师提出，海关根据失效的法律依据作出的《淫秽物品审查鉴定书》，依法不得作为证据使用。

四、证据是否有关联性

证据的关联性，不仅指证据与指控事实之间存在关联，而且还要求证据能够证明指控事实成立。如果不能证明指控事实成立，则该证据不能作为定案依据。如该证据不能证明指控事实成立，反而证明指控事实不存在或不成立，则该证据应当作为证明被告人无罪的证据。

案例 4-11 南昌大学原校长周文斌涉嫌受贿罪案

该案的证据的关联性被辩护律师总结出来，令人啼笑皆非。辩护律师指出：指控周文斌 2005 年收受 10 万元港币，但港币上被发现有 2007 年的银行扎条；指控 2008 年 1 月周文斌在丹凤酒店收受 100 万元，但丹凤酒店在 2008 年 7 月才开张；指控周文斌 2003 年在南昌大学老树咖啡收受 100 万元，而工商登记显示该店 2011 年才开张。[1]

这种情况在司法实践中其实并不罕见。而且，这只是证据不能证明指控事实的一种表现形式，在司法实践中，证据不能证明指控事实的情况还有很多种。

案例 4-12 欧某涉嫌合同诈骗罪案

欧某是某旅行社的法定代表人，以 980 万元的价格接了一个韩国旅游团的大单，签订了《旅游接待协议书》。之后，欧某找到另外一个旅行社，以 1000 万元的价格又将这单业务转包给了这个旅行社，签订了《包船旅游协议书》。欧某倒贴 20 万元来做这单业务。欧某的公司负责中转，旅游团的费用分期付给欧某的公司，欧某再将钱款付给下一个旅行社。因为欧某的旅行社资金紧张，欧某在收到了 980 万元款项之后，只向下一个旅行社支付了 395 万元，剩下 585 万元被用于公司经营。后由于资金链断裂，欧某被抓获归案。公安机关指控欧某涉嫌合同诈骗罪，非常重要的理由在于：欧某倒贴了 20 万元来做这单业务，显然是为了诈骗，才不惜倒贴 20 万元来骗取这单业务。

欧某一直辩解称，表面上倒贴 20 万元，但是因为与下一家旅行社口头约定了事后返佣和游艇消费提成，所以，实际上可以获利 50 万元左右，并没有亏钱。

公安机关除了找来相关人员调查取证，还找到了一位当地某市旅游协会秘书长来证明旅游行业不存在佣金。该秘书长作证证明，旅游佣金的结算方法，因为经营者之间，在合约结算价内直接减除，不存在事后返佣的问题。如果合同中没有提及返佣的问题，就不存在佣金，而且返佣也是由具体负责出游的旅行社直接收取。该秘书长称，本案所称的返佣问题，在旅游行业中不存在，有可

[1] 详见朱明勇：《无罪辩护》，清华大学出版社 2015 年版，第 277 页。

能是他为了另外一个项目,情愿该项目亏钱,以维护与客户的合作关系。

辩护律师对该秘书长的证词提出强烈质疑,这位旅游协会秘书长的证词不能证明欧某所说50万元事后返佣不存在。其一,他的证言不能证明本案的案件事实。《刑事诉讼法》第62条第1款规定:"凡是知道案件情况的人,都有作证的义务。"可知,证人必须是知道案件情况的人。而旅游协会秘书长不是本案的当事人,并不了解案件情况。他的证言不能证明本案的案件事实。其二,他的说法并不能代表整个旅游行业的惯例。旅游行业是否存在事后返佣,应该根据广泛社会调查,才能得到真实可靠的结果,仅凭某一个人的说辞,来证明一个行业惯例,显然是没有任何证明效力。其三,即使旅游行业不存在事后返佣的惯例,也不足以证明本案就不存在事后返佣。具体到个案是否存在事后返佣,需要根据具体情况进行分析,需要调查欧某和相关人员的具体交易过程和约定。因此,本案中是否存在返佣问题,必须回归案件事实本身,根据案件具体情况具体分析。旅游协会秘书长的证言没有证明力,没有关联性。[1]

五、证据是否科学合理

证据是否科学、是否符合常情常理,也是辩护律师需要对证据进行审查的方向。不科学、不符合常理的证据,就是有问题的、不应该被采信的证据。比如,在审查案涉《价格认定书》时,如果辩护律师发现,涉案产品是"三无"产品、品牌不明的产品、型号不明的产品,或者存在认定价格的时间与基准日相差太久、没有实物、质量状况不详、国家禁止进口和买卖的物品等情况时,价格认定部门依然出具《价格认定书》,则该《价格认定书》显然是不科学、不合理的。因为这些产品连品牌、型号、实物等认定价格的必备因素都不具备的情况下,是没有价格认定基础的。国家禁止买卖的物品,自然没有国内流通的价格。没有实物,则物品真伪、质量状况都无法认定,自然无法认定价格。如果物价部门对这些产品也出具了"价格认定书",则可以认为,该证据是不科学、不符合常理,甚至是不符合法律规定。

在司法实践中,最经常出现不科学、不符合常理的证据,就是材料签认。犯

〔1〕 然而,最终法院还是采信了这位旅游协会秘书长的证言。法院认为,专家证人旅游协会秘书长的证言证实按照行业惯例,旅游合同佣金会在经营者合约结算价内直接减除,不存在事后返佣的情况。详见广东省广州市中级人民法院(2015)穗中法刑二重字第11号刑事判决书。

罪嫌疑人、被告人、证人签认的材料是案卷中非常重要的证据,几乎在每一个刑事案件中,侦查机关都要求犯罪嫌疑人、被告人、证人对涉案的物证、书证等证据进行签认。有时,签认材料是不科学、不合理的,不仅没有起到证明案件事实的效果,还会起到影响法院作出错误判决的效果。

案例 4－13　涂某涉嫌走私淫秽物品罪案

涂某向境外网站订购了一批淫秽漫画书,后来这批漫画书在海关入境时被查获。办案人员对这些书拍了六张照片:其中一张是这批书籍的整体照片,两张是这批货物中十个大箱子中的某一个箱子的照片,还有三张是里面的三本淫秽漫画书的封面照片。

办案人员将这六张照片,拿给犯罪嫌疑人签认,让他写上"以下照片打印件共 3 页 6 张,其中第 1 页是我从 ××× 订购的淫秽漫画书的包装纸箱的外观照,第 2 页上面是我订购的淫秽漫画书的照片,下面是我订购的淫秽漫画书的堆放照,第 3 页是我订购的淫秽漫画书的照片"。

而实际上,犯罪嫌疑人只是在外国网站上下了一个订单,买了一批书,他不知道对方包装书籍的纸箱外包装是什么样子的,他无法确定图片中的淫秽漫画书全部或部分是他购买的。从常理常情上看,他也不可能知道。我们在淘宝上买了上千个东西,东西在运输途中被查获,仅凭几张照片,我们也是无法确认这样的包装是我们那些东西的包装,无法确认照片里堆在一起的那一堆东西的全部、每一件都是我们购买的。

这样的签认不仅不能证明案件事实,还可能误导办案机关、法庭查明案件事实。第一,涂某没有看过实物,只对着照片,根本认不出来这批书是不是他买的。第二,涂某不知道他买的书是怎么包装的,分几个箱子装,是纸箱子还是木箱子,是大箱子还是小箱子。只有三本书的封面,也只能看出三本都是成人漫画书,但其他书是不是成人漫画书就不知道了,涂某本人也不知道,更不可能确定是不是他订购的。第三,办案机关后来调查发现,这一堆书里面有几箱书是其他人的,当时混在一起了。但涂某也错误地签认这都是他购买的。从这个细节可以发现,涂某客观上根本不能识别,这批书是不是他购买的。后来其他几箱书的所有人也被抓获归案。

案例 4－14　张某、周某涉嫌故意杀人罪案

本案起诉书指控,张某、周某在 1998 年 2 月下旬的一天,将被害人无名氏诱骗到广州市××果林内，持菜刀砍击被害人无名氏的面部、头部、颈部、肩部等部位，导致被害人无名氏死亡。2017年张某、周某被抓获归案。张某、周某归案后如实供述了全部犯罪事实。

公安机关让周某辨认案发现场发现皮鞋和鞋垫的一张照片，让周某签认照片中的鞋子就是同案人张某当时脱掉丢弃在现场的鞋子。

本案中，辩护律师提出一个疑点供法院参考：这份辨认是对照片的辨认，并不是对原物的辨认，辨认过程不符合法律规定，也违反记忆规律。主要理由如下：

(1)照片不能反映原物，且照片本身不是物证，案发现场的鞋子才是物证。《刑事诉讼法解释》第70条中规定，物证的照片、录像、复制品，不能反映原物的外形和特征的，不得作为定案的根据。本案中，物证照片不能反映原物的外形和特征，不得作为定案的依据。

(2)同案人对鞋子的辨认仅是对照片的辨认，且仅对一张照片进行辨认，不符合法律规定。《刑事诉讼法解释》第90条规定："对辨认笔录应当着重审查辨认的过程、方法，以及辨认笔录的制作是否符合有关规定。辨认笔录具有下列情形之一的，不得作为定案的根据：……(四)辨认对象没有混杂在具有类似特征的其他对象中，或者供辨认的对象数量不符合规定的；……"《公安机关办理刑事案件程序规定》第260条中规定，辨认时，应当将辨认对象混杂在特征相类似的其他对象中，不得给辨认人任何暗示。辨认犯罪嫌疑人时，被辨认的人数不得少于7人；对犯罪嫌疑人照片进行辨认的，不得少于10人的照片；辨认物品时，混杂的同类物品不得少于5件。本案中，辨认对象仅是一张照片，并没有混杂在类似照片中，辨认笔录不合法，依法不得作为证据使用。

(3)周某不可能辨认出20年前案发当天自己或者同案人穿的鞋子和鞋垫，这是违反常人记忆能力的。[1]

---

〔1〕 该案一审法院认为，同案人对现场鞋垫、鞋子的辨认是否符合辨认规则的问题，公安人员组织同案人对现场鞋垫、鞋子进行辨认，是对特定物的签认，并不一定要进行混杂辨认。详见广东省广州市中级人民法院(2018)粤01刑初184号刑事判决书。

第三节
关键证据的审查方法

涉案关键证据审查效果如何,直接关系到能否确定案件的最佳辩护策略。除了从证据取证程序、证据的准确性、证据的法律依据、证据的关联性以及证据的科学性等思路切入审查外,如何进一步审查关键证据,才能快捷高效,也是辩护律师需要思考的问题。总体而言,辩护律师可以通过复盘关键证据的取证过程和证据细节、按照关键证据的逻辑审查各个逻辑链条、针对关键证据的弱点进行审查的方法,尝试推翻关键证据。

一、复盘取证过程、证据细节

审查关键证据的方法,首要的就是对办案机关的取证过程,进行重新推演、复盘取证过程的真实性、合法性、关联性。根据案卷材料,将自己设定为办案机关取证过程的见证者甚至亲历者的角色,推演每一份关键证据的获取过程,复核办案机关取证的过程和证据细节。通过复盘取证过程、复盘证据细节,该关键证据是否具备真实性、合法性、关联性,是否准确、合理、科学,就清晰透彻了。在这个基础上,辩护律师就可以写出比较具有说服力的质证意见。下面,笔者以两个示例来稍作分析。

示例一:复盘《法医学活体检验鉴定书》

对于被害人损伤的案件,往往会有《法医学活体检验鉴定书》,对被害人的损伤情况进行鉴定,该鉴定书一般来说都是非常权威的。但因为辩护律师并非法医鉴定专业人士,提出的质疑如果理据不充分,则基本上不会受重视。对于伤情鉴定报告,辩护律师往往需要复盘鉴定过程,从鉴定依据、鉴定过程、鉴定结果等方面对该证据进行重新推演,以尽量专业的视角,来审视《法医学活体检验鉴定书》是否符合法律规定。

(一)鉴定标准是否正确

鉴定标准是鉴定人员出具鉴定报告必须遵守的规范,也是伤情鉴定结论的根基。在谢某故意伤害案中,公安机关委托某司法鉴定中心对被害人的损伤情况进行鉴定,出具了《法医学活体检验鉴定书》,认定被害人的损伤程度为轻微伤。

辩护律师在复盘时，就发现，这份伤情鉴定意见存在很多问题，最基础的问题就是鉴定标准用错了。被害人受伤的时间是2014年以前，在2014年1月1日之前，人体损伤程度鉴定标准有三项：《人体重伤鉴定标准》（1990年）、《人体轻伤鉴定标准（试行）》（1990年）、《人体轻微伤的鉴定标准》（1996年）。2014年1月1日起，这三个标准同时废止，统一适用《人体损伤程度鉴定标准》。

《司法部司法鉴定管理局关于适用〈人体损伤程度鉴定标准〉有关问题的通知》规定："一、致人损伤的行为发生在2014年1月1日之前，尚未审判或者正在审判，需要进行损伤程度鉴定的，适用原鉴定标准。但按照《损伤标准》不构成损伤或者损伤程度较轻的，适用《损伤标准》。"因此可见，伤情鉴定的法律适用，也是"从旧兼从轻"。

在该案中，被害人受伤时间是2005年，鉴定结论是损伤程度为轻微伤，那么鉴定依据应该是《人体轻微伤的鉴定标准》（1996年），而不应该是《人体轻伤鉴定标准（试行）》（1990年）。

（二）论证逻辑是否成立

对于鉴定意见的论证过程，辩护律师需要审查是否符合逻辑。例如，在谢某秋被故意伤害案件中，公安机关委托某司法鉴定中心对谢某秋的伤情进行鉴定，出具了《法医学活体检验鉴定书》。其中论证认为"根据《人体轻伤鉴定标准（试行）》有关规定未构成轻伤，属轻微伤"，于是得出结论"谢某秋损伤属于轻微伤"。

其实，1990年的《人体轻伤鉴定标准（试行）》对于什么是轻微伤并没有作出规定，该标准全文都没有对轻微伤进行定义。轻微伤和轻伤并不是非此即彼的关系。不构成轻伤，并不意味着一定构成轻微伤。被害人是否构成轻微伤，应该按照1996年的《人体轻微伤的鉴定标准》进行比对，而不能因被害人不属于轻伤，就认定其构成轻微伤。

（三）鉴定过程是否真实

鉴定过程必须依照法律规范、鉴定规范如实进行，如果鉴定过程都作假，则鉴定意见违反诚信原则，鉴定结论的可信度大打折扣。例如，在孙某辉被故意伤害案中，公安机关委托某司法鉴定中心对被害人的损伤情况进行鉴定，出具了《法医学活体检验鉴定书》,认定被害人的损伤程度为轻伤二级。

辩护律师复盘整个鉴定过程,发现该鉴定意见存在重大诚信问题——活体检查造假。

几乎所有的伤情鉴定,对伤者检验都必须分为两部分:病历资料摘要和伤者活体检查。病历资料摘要是要从被害人的病历描述中,分析被害人的受伤情况;活体检查是要对伤者受伤的后果情况进行分析。这两部分结合才能综合得出伤者的损伤情况。

在孙某辉被故意伤害案的伤情鉴定书中,法医活体检查所见记载:“2018 年 5 月 28 日,对伤者进行了损伤检验,伤者神志清楚,检查合作,能陈述受伤过程,语言流畅,行动自如。”

表面上看起来,这份伤情鉴定合法合规,没有瑕疵。但是,辩护律师复盘发现,原来,鉴定人员在 2018 年 5 月 28 日,并没有见到伤者,没有对伤者进行检验,鉴定人只是根据伤者的照片进行所谓的“活体检查”。

很显然,伤者的照片是不可能反映伤者“神志清楚、检查合作、能陈述受伤过程、语言流程、行动自如”这些特征的。活体检验是伤情鉴定的必需程序,必须由鉴定人根据鉴定规定进行。而该次鉴定,鉴定人不仅没有做活体检验,还作出了虚假陈述,这是非常严重的程序违法问题,也违背了鉴定科学客观真实的基本准则。

(四)鉴定程序是否合法

司法鉴定必须依照法定的程序进行,程序违法则会影响鉴定意见的合法性。

案例 4 - 15　谢某居涉嫌故意伤害罪案

谢某于 2005 年 7 月遭受伤害后入院治疗,案件最终在派出所调解结案。13 年后,伤人者谢某居被公安机关以组织、领导黑社会性质组织罪为由抓获归案。2005 年 7 月的这一起斗殴事件被当作黑社会性质组织的重要犯罪事实。

公安机关委托司法鉴定机构,对谢某进行法医活体检查,得出伤情鉴定结论,认定被害人伤情为轻微伤。辩护律师审查发现,该伤情鉴定严重违反鉴定程序。1996 年的《人体轻微伤的鉴定标准》规定:“2.5　轻微伤的鉴定应在被鉴定者损伤消失前作出评定。”而本案轻微伤是在案发 13 年之后作出的评定,谢某的损伤已经愈合早已消失,不应该在继续鉴定,继续鉴定的结果,也应当不予采信。[1]

（五）伤情与损伤程度是否匹配

虽然辩护律师不是法医专业人士，但损伤程度的鉴定标准是公开的，是可以比对的。辩护律师可以根据伤情，结合鉴定标准，审查被害人的损伤状况，究竟属于何种损伤程度。

案例4－15中，鉴定人员对谢某进行损伤检验，发现的伤情是：左手有两处1cm长的伤疤、左大腿外侧有一处2.5cm长的伤疤。于是，鉴定意见记载道："谢某系受锐性暴力作用致左手、左大腿多处创口，根据《人体轻伤鉴定标准（试行）》有关规定未构成轻伤，属于轻微伤。"

鉴定意见记载的谢某的伤情，是否匹配他的伤情等级？辩护律师结合伤情和鉴定标准，进行匹配，结果发现谢某的伤情达不到轻微伤的程度。

《人体轻微伤的鉴定标准》（1996年）规定："5　四肢损伤　5.1　肢体软组织挫伤面积在$15cm^2$以上；擦伤面积在$20cm^2$以上。5.2　肢体皮肤及皮下组织创口长度在1cm以上，刺创深达肌层。5.3　肢体关节、肌腱损伤，伴有临床体症。5.4　手、足骨骨折。5.5　外伤致指（趾）甲脱落，甲床暴露，甲床出血。"

虽然谢某受伤的总长度达到1cm以上，但是没有显示受伤的深度，不能确定受伤深度有没有达到肌肉层。而当年的病历也只显示有一处2cm长和一处3cm长的伤口，只记载了长度，并没有记载伤口深度。因此，根据1996年《人体轻微伤的鉴定标准》，谢某的伤情不属于轻微伤，是否达到轻微伤的标准存疑。

示例二：复盘《血液酒精含量鉴定意见》

在每一个危险驾驶案件中，都有一份关键证据，那就是对犯罪嫌疑人、被告人的血液酒精含量进行鉴定的《鉴定意见》，该鉴定意见是认定犯罪嫌疑人、被告人是否达到醉酒标准的最重要证据。辩护律师审查该关键证据时，可以复盘该证据的形成过程。

《血液酒精含量鉴定意见》的形成过程大致是：犯罪嫌疑人、被告人酒后驾驶被公安机关查获，公安机关对他进行血样采集或带至医院采集血样，后血样

[1] 例如，广东省茂名市电白区人民法院（2014）茂港法刑初字第40号刑事判决书中写道，因为被害人的伤情并未达到重伤或者轻伤，损伤已经愈合，鉴定机构发函终止鉴定。

被送往鉴定机构,鉴定人员按照法定标准对血样中的酒精含量进行鉴定,最终出具《血液酒精含量鉴定意见》。辩护律师可以顺着这个形成过程,以亲历者或者见证者的角色,去仔细复盘每一个取样、报关、送检、鉴定的过程。

(一)血液样本采集过程是否合法合规

呼气酒精测试结果如果显示行为人已经醉酒,涉嫌危险驾驶罪,交警会对他采取三方面的行政强制措施:扣留驾驶证、拖移机动车、检验血液。于是,行为人被带到当地医院进行血样采集。对于采集血样过程是否合法合规,可从以下几点来审查质证:

1. 是否有血样采集过程的执法记录视频。采集血样的过程,如果仅有几张照片,远远不足以证明血液采集过程的合法性。没有执法记录视频,完全可以提出质疑:血样是否由专业人员抽取,是否采用了酒精类药品对皮肤进行消毒,抽血的针筒和装血的容器是否干净、干燥、符合规定,是否及时密封存放,等等。辩护律师可以从这些疑点归纳出强有力的辩点:不能排除血样检材来源不明的合理怀疑,更不排除血样检材被污染或调换的可能。

2. 血液采集的主体是否符合法律规定。血液采集过程涉及两类主体:医务人员和执法人员。《车辆驾驶人员血液、呼气酒精含量阈值与检验》中规定,“抽取血样应由专业人员按要求进行”,因此,可以要求查看抽取血样的医务人员的资格证明。

根据《行政强制法》第 18 条的规定,行政机关实施行政强制措施,应当由两名以上行政执法人员实施。如果没有两名具有执法权的警察现场监督并签名确认,则取证程序存在重大瑕疵。应当特别注意的是,辅警不具备执法权,若仅有辅警或者一名警察同其他辅警在场监督签字,也是违法的。

3. 血样采集使用的消毒液是否符合规定。《车辆驾驶人员血液、呼气酒精含量阈值与检验》中规定,“不应采用醇类药品对皮肤进行消毒”。然而,医院通常使用的消毒液是安尔碘皮肤消毒液,安尔碘消毒液有不同的型号,一般都含有 65% ±5% 的乙醇含量。如果采用了乙醇类消毒液,血样必然受到污染,导致血样中乙醇浓度升高,进而导致鉴定意见无效。所以,应当特别留意审查《当事人血样提取登记表》中的消毒液名称,审查消毒液是否含有乙醇。

当然,如果医务人员不慎用了乙醇消毒液,控方通常的补救措施无非是让医务人员出具一份情况说明,作出如“当时使用的消毒液中仅仅含有极其少量的乙醇,且是等消毒液干后才抽血提取的,并不影响血样测定结果”的解释。实际上,这种情况说明并不能改变血样已经被污染的客观事实。

4. 审查保存血样的容器类型是否符合规定。审查血样采集过程时,需要特别留意所使用容器上的字样。《车辆驾驶人员血液、呼气酒精含量阈值与检验》中规定,“抽出血样中应添加抗凝剂,防止血液凝固”。如果医务人员使用了促凝管,则明显违反法律规定,不仅样本采集程序违法,而且导致样本被污染。

对于这种取证硬伤,控方通常有两种补救措施:第一种,让鉴定人员出具情况说明,并在情况说明上表明:“该检测结果基本不受血样标本中的凝血块的影响。”第二种,委托司法鉴定机构进行对比实验,从而证明促凝管的使用对于行为人醉驾的测定并没有实质影响。例如,在某案件中,控方通过委托司法鉴定机构做对比试验,得出结论认为:“促凝管对血液酒精含量检测结果误差小于5%,行为人的血液酒精浓度为119mg/100ml,即使扣除5%的误差后的数值也远远大于醉驾阈值,因此,使用促凝管对于认定行为人醉酒的事实没有影响。”〔1〕

实际上,无论哪种情况说明,都无法推翻血样被污染的客观事实,对于控方的补救措施,辩护律师完全可以轻松应对。然而,实践中常常遇到,有些法院对于使用促凝管的问题不予理会,其理由往往是:使用促凝管储存血样时,是否会对于血样中乙醇含量的检测结果产生影响,影响有多大,并无科学文献记载,也无法律规定。〔2〕

对此,辩护律师应当提出质疑。笔者查找到司法部下属的权威杂志《法医学杂志》上的一篇文献,该文献通过实验专门研究“采集管中添加剂对血样中乙醇含量的影响”。这篇文献中提到:“实验结果表明,相同的血样采用不同的采血管包装,血样中乙醇含量不同。用无抗凝剂管(未加抗凝剂、促凝剂)、促凝剂管、分离胶—促凝剂管采集的血样,因保存过程中血液发生凝固,致使血样中固相对增加、液相对减少,导致血样中乙醇含量检测结果比抗凝管高。”可见,使用促凝管装采集的血样,的确会导致血样中乙醇含量检测结果升高。因此,在血样中添加促凝剂的行为,应当定性为污染血液样本的行为。

---

〔1〕 例如,江苏省苏州市中级人民法院(2015)苏中行终字第00067号行政判决书。

〔2〕 例如,江苏省苏州市吴江区人民法院(2014)吴江刑初字第0144号刑事判决书。

（二）血液样本采集鉴定过程是否合法合规

1. 作为检材的血样，是否有完整的保管、流转、送检原始记录，能否确认检材的同一性和未受污染。除了审查血样采集过程是否合法合规、是否及时密闭包装之外，还须要求控方提供检材血样的原始保管、流转的记录。此外，还要仔细核对容器上是否有编号、姓名、抽血时间，并将之与鉴定意见上的检材信息进行对比，以确保检材是否同一。

2. 鉴定方法是否符合法律规定。《车辆驾驶人员血液、呼气酒精含量阈值与检验》明确规定了醉驾案件中血液乙醇含量检验，应当按照 GA/T 105 或者 GA/T 842 的方法进行。然而，有的鉴定机构会使用 SF/ZJD 0107001 – 2010 检验方法进行检测，还有的鉴定机构会采用 GA/T 1073 – 2013 等检验方法进行检测。其实，这是有待商榷的，明显违反了法律的强制性规定，可能导致鉴定意见不能作为证据使用。

当然，在司法实践中，控方可能会让鉴定机构出具情况说明，以证明使用其他的检测方法对血液酒精含量的检测不会产生实质性影响。例如："从生化检验技术的专业角度看，使用 SF/ZJD 0107001 – 2010 的方法检验和使用 GA/T 105 或者 GA/T 842 的方法检验，对血液样本中酒精含量的检测不会产生实质影响。"

辩护律师并非鉴定专业人士，对于各种鉴定检验方法为何物并不十分了解，但法律既然已经规定了鉴定检验方法，就应当遵守，强词夺理并不能改变鉴定所使用的检验方法违反法律强制性规定的事实。

二、按照证据的逻辑进行审查

每一份关键证据，都有它的内在逻辑链条。每一个逻辑链条都环环相扣，这份证据才真实、合法、可信。一旦某个逻辑链条出现了断裂，那么，这份证据就存在缺陷，辩护的空间就出现了。辩护律师应当理顺关键证据的内在逻辑，然后顺着这个逻辑链条去审查每一个环节。

示例：审查《偷逃税款核定证明书》

在走私案件中，逃税金额是定罪量刑的最重要标准。一般来说，逃税金额都是由海关核定并出具《偷逃税款核定证明书》，证实涉案货物偷逃税款的税额是多少。

对《偷逃税款核定证明书》的审查质证，其实就是对犯罪嫌疑人、被告人是否存在偷逃税款以及偷逃税款数额的审查过程。它的内在逻辑在于：犯罪嫌疑人、被告人存在走私事实，缉私部门根据走私货物的品名、原产地、规格、数量、价格、税率等，核算犯罪嫌疑人、被告人偷逃税款的数额，最终形成《偷逃税款核定证明书》这份书证。理顺了这个逻辑链条，就可以按照这个逻辑链条，逐环审查《偷逃税款核定证明书》。

（一）审查核税基础事实：走私事实是否成立

走私的行为方式有多种多样，有通过伪装、藏匿等手段的通关走私，有通过伪报品名、少报数量、低报价格等方式的通关走私，有通过边境小道绕过海关检查的绕关走私，有将保税的货物、特定减免税的货物在境内销售的变相走私，等等。但走私的本质无外乎偷逃税款，不缴或少缴税款。因此，走私事实的证据是否充分，是审查的第一步。若走私事实证据不足，则逃税金额自然无法认定。

案例 4－16　周某涉嫌走私普通货物罪案

该案的起诉意见书认定周某委托吕某报税进口牛皮革边角料、盐湿牛皮，吕某接受委托之后，指使员工制作报关单证，将涉案货物通过报关公司申报进口，并在货物进口后安排车辆运送至周某指定的仓库。《偷逃税款核定证明书》认定周某偷逃税款 151 万多元。但是，该案周某对吕某走私是否存在明知的故意很难认定，走私事实难以成立，《偷逃税款核定证明书》认定周某该部分偷逃税款数额，应当相应扣减。[1]

案例 4－17　郑某涉嫌走私普通货物罪案

海关的《起诉意见书》认定郑某通过“洗单”的方式，在境外购买了××品牌的激光二极管之后，在境外将货物发货至台湾某公司，在台湾更换包装、品牌后，再制作虚假的发票、装箱单等资料，向大陆海关低报、伪报进口。从 2014 年到 2019 年共走私了 58 单，合计税款数额 500 多万元。

辩护律师审查发现，58 单走私事实有很大一部分证据严重不足。海关提供的报关单只有 2016 年到 2019 年的，指控郑某 2016 年之前的几十单走私普通货物行为，均没有报关单等关键证据。缺少报关材料，就意味着在认定是否

〔1〕 详见广东省高级人民法院（2015）粤高法刑二终字第 100 号刑事裁定书。

存在报关低报、伪报进口的行为时缺少关键书证，无法证实，在认定逃税金额时，应当剔除这些没有报关单的走私数额。

案例4－18　张某涉嫌走私普通货物罪案

涉案《偷逃税款海关核定证明书》认定张某偷逃税额为人民币980,500.30元。但是，其中有8票货物海关没有查找到进口的报关单证，有20票是查到进口报关单证的，因此，公诉机关把其中8票没有报关单证的予以扣减，不作为犯罪数额，最后确认的就是走私普通货物20单，偷逃税额是795,562.67元。[1]

案例4－19　龙某涉嫌走私普通货物罪案

涉案《偷逃税款海关核定证明书》认定涉案货物偷逃税额是人民币6,697,132.61元，法院对没有相对应的报关单、存在重复计核的部分项目予以扣减，最后认定偷逃税款数额为人民币6,480,863.95元。[2]

案例4－20　余某涉嫌走私普通货物罪案

海关的《起诉意见书》认定余某以"包税"的方式委托官某将货物走私入境，官某收取货物总价值的2.5%作为代理费。之后，官某将这单业务委托给易某，易某再委托给陈某等人将货物通过粤港直通车夹藏方式将货物走私入境，交给余某。

余某、官某、易某到案之后，对走私犯罪事实的供述前后反复，余某、官某、易某的微信聊天记录、邮件往来被查扣在案，表面上看，证据比较充分。辩护律师审查发现，该案虽然货主、进口代理人员都归案，但是，除了三人的供述之外，货物入境的任何证据都没有，陈某等将货物从境外携带入境的具体行为人，都没有归案，涉案货物也未查扣在案。那么，涉案货物是否确实是走私入境、如何走私入境，缺少关键行为人的证词，没有证据证实。在这种情况下，能否认定为走私普通货物罪，还有一定的辩护空间。

（二）审查核税的过程：价格、原产地等是否准确

在认定走私事实的证据比较充分的情况下，可以对涉案产品的原产地、核税价格、税率等是否准确进行审查，审查核税过程有无错误。

---

〔1〕 详见广东省广州市中级人民法院（2018）粤01刑初36号刑事判决书。
〔2〕 详见广东省高级人民法院（2009）粤高法刑二终字第90号刑事裁定书。

案例 4－21　谢某等涉嫌走私罗汉松案

谢某在 2013 年走私涉案物品，2018 年 6 月 × 日案发被抓获归案，涉案走私物品被查扣在案。为计算偷逃税款的金额，公安机关找到价格认定中心，对涉案走私物品的价格进行认定。价格认定中心以 2018 年 6 月 × 日为基准日，并以涉案物品的市场零售价为依据，出具了一份《价格认定书》。海关缉私部门根据该《价格认定书》，作出《偷逃税款核定证明书》，计算出被告人偷逃税款的数额。

办案机关认为，《海关计核涉嫌走私的货物、物品偷逃税款暂行办法》第 28 条中规定："在计核涉嫌走私的货物或者物品偷逃税款时，应当以走私行为案发时所适用的税则、税率、汇率和按照本办法第十六条至第二十五条的规定审定的计税价格计算。"因此，以案发时间 2018 年 6 月 × 日为基准日核税，是符合法律规定的。

辩护律师审查该《偷逃税款核定证明书》发现：

其一，计税价格的依据是错误的。《海关计核涉嫌走私的货物、物品偷逃税款暂行办法》第 16 条规定："涉嫌走私货物能够确定成交价格的，其计税价格应当以货物的成交价格为基础审核确定。"无法确定成交价格，才能以第 17～25 条规定确定计税价。因此，在能够确定成交价格的情况下，计税价格应以货物的成交价格为基础确定。在本案中，在案证据能够认定涉案货物的成交价格，就不需要进行价格认定，不能以市场零售价格认定计税价格。

其二，《偷逃税款核定证明书》所依据的《价格认定书》的基准日是错误的。价格计算不应该以 2018 年 6 月 × 日计算。涉案货物的价格是变动的，从 2013 年进行走私至今已经 5 年，现在的价格上涨很多，应当以当时走私进来的时间作为基准日来认定价格，进而核税。《海关计核涉嫌走私的货物、物品偷逃税款暂行办法》第 28 条中规定："在计核涉嫌走私的货物或者物品偷逃税款时，应当以走私行为案发时所适用的税则、税率、汇率和按照本办法第十六条至第二十五条的规定审定的计税价格计算。"

首先，"走私行为案发时"有多种理解，例如，走私行为案件发生时，走私行为案件被发现时（东窗事发时），走私行为案件当事人被抓获归案时，等等。不能狭义理解为走私案件当事人被抓获时，即 2018 年 6 月。

其次，该如何理解"走私行为案发时"，要回归到具体的法条上下文语境。

《海关计核涉嫌走私的货物、物品偷逃税款暂行办法》第28条规定："在计核涉嫌走私的货物或者物品偷逃税款时，应当以走私行为案发时所适用的税则、税率、汇率和按照本办法第十六条至第二十五条的规定审定的计税价格计算。具体计算办法如下：（一）有证据证明走私行为发生时间的，以走私行为发生之日计算；（二）走私行为的发生呈连续状态的，以连续走私行为的最后终结之日计算；（三）证据无法证明走私行为发生之日或者连续走私行为终结之日的，以走私案件的受案之日（包括刑事和行政受案之日）计算；同一案件因办案部门转换出现不同受案日期的，以最先受案的部门受案之日为准。"因此，在有证据证明走私行为发生时间的情况下，就应当以走私行为发生之日计算——按照走私行为发生时的税则、税率、汇率和走私行为时按照本办法确定的计税价格计算。

综上，在该法条中，"走私行为发生时间"就是"走私行为发生时"的意思，不应当以被告人被抓获的时间作为核价基准日。

案例4-22　谢某等涉嫌走私茶花树案

本案中，海关出具了《偷逃税款核定证明书》，适用的税率是关税10%、增值税17%。辩护律师研究发现，《偷逃税款核定证明书》对茶花树的适用关税税号、税率是值得商榷的。

其一，关税税率问题。海关认定涉案茶花树的货品名"其他活植物（种用除外）"，因而适用税号为"0602.9099 99"的关税税率10%。然而，根据《海关进出口税则》的规定，税号0602.9091 99的货品名称为"其他种用苗木"，关税税率为0，增值税率为11%。涉案的茶花树均用于种植，可以认定为"其他种用苗木"类货物，适用与之对应的税率。至于"其他活植物（种用除外）"还是"其他种用苗木"的区别，办案机关没有作出解释。

其二，增值税税率问题。《财政部、税务总局关于调整增值税税率的通知》（财税〔2018〕32号）第1条规定："纳税人发生增值税应税销售行为或者进口货物，原适用17%和11%税率的，税率分别调整为16%、10%。"第6条规定："本通知自2018年5月1日起执行。此前有关规定与本通知规定的增值税税率、扣除率、出口退税率不一致的，以本通知为准。"因此，涉案的茶花树也可适用2018年5月1日后的增值税率10%标准，关税税率为0。

案例4-23　杨某涉嫌走私大米案

海关出具的《偷逃税款核定证明书》对涉案大米按照65%的关税税率计算

偷逃税款金额。辩护律师审查发现,被告人的供述、国内购买大米货主的证言、发票以及对账表、计核资料清单等证据都显示,涉案大米完全是在东盟成员国缅甸生产的,涉案大米的原产地是缅甸。

根据《进出口关税条例》(2003 年)、《中华人民共和国海关〈中华人民共和国与东南亚国家联盟全面经济合作框架协议〉项下进出口货物原产地管理办法》、《国务院关税税则委员会关于 2013 年关税实施方案的通知》等,原产于与中华人民共和国签订含有关税优惠条款的区域性贸易协定国家或者地区的进口货物,适用协定税率;对原产于文莱、印度尼西亚、马来西亚、新加坡、泰国、菲律宾、越南、缅甸、老挝和柬埔寨的部分税目商品实施中国—东盟自由贸易协定税率。我国与缅甸的大米的协定关税是 20% 。关税税率的选择,对于认定逃税金额的影响是巨大的。此类走私案件,应该适用最惠国税率还是适用协定税率,在司法实践中,存在较大争议,辩护律师可以提出税率适用的辩护意见。[1]

三、针对证据的弱点进行审查

俗话说,“挽弓当挽强,用箭当用长。射人先射马,擒贼先擒王”。审查证据也类似,要重点审查关键证据,而且要重点审查关键证据中最容易被突破的地方。每一份关键证据都有软肋,辩护律师需要善于挖掘、总结,避开证据的强处,针对证据弱点重点审查质证。审查质证的方法正确,才能尽量节省时间,事半功倍。

示例:审查《电子数据鉴定意见》

《电子数据鉴定意见》电子数据鉴定专家出具的非常专业的意见,它的强处就是专业,内容非常多,有的电子数据鉴定意见可以长达上千页,其中大部分是密密麻麻的代码和代码分析、图表分析,辩护律师一般很难看懂里面的论证过程,只能看最后几页结论。因此,辩护律师如果一直研究电子数据鉴定内容、研究电子数据的分析过程,不仅费时费力,而且效果也是非常差的,毕竟这不是辩护律师的专业所长。如果确实需要审查电子鉴定意见的论证过程,只能寻求电子数据鉴定专家的帮助。

---

〔1〕 部分法院裁判认为,产地与原产地并非相同概念,适用协定税率,需要同时提交原产地证书等材料,如不能提供,则不适用协定税率。如福建省福州市中级人民法院(2016)闽 01 刑初 41 号刑事判决书、湖南省长沙市中级人民法院(2018)湘 01 刑初第 34 号刑事判决书等案件。

在司法实践中，由于侦查难度大，电子数据材料多，提取、分析过程复杂，《电子数据鉴定意见》的弱点也很明显，鉴定检材的提取过程、流转过程、鉴定检材的同一性、鉴定结论与待证事实的关联性，往往是薄弱环节，容易出现较多的问题。

（一）检材文件获取过程是否合法

服务器及数据储存在哪里，公安机关通过什么方式获取了该电子数据检材，这是电子数据鉴定检材获取手段合法性的重要审查内容。如果服务器在境外，大陆办案机关直接采取远程勘查等技术手段，从境外服务器获取电子数据，则显然不符合境外证据取证程序。

案例 4－24　刘某涉嫌组织、领导传销活动罪案

公安机关对涉案传销组织放置在香港的服务器进行网技秘密侦查措施，获取了香港服务器的远程地址和管理账号密码，进行勘察，获取了后台数据，得到鉴定检材文件。

本案涉及以下两个问题：

（1）境外证据的取证程序问题。根据《香港特别行政区基本法》等相关法律规定，大陆办案机关在香港特别行政区是没有执法权和司法权的，不能直接入侵位于香港的服务器调查取证，应当按照大陆与香港之间的司法协助对相关证据进行调取。因此，大陆办案机关对香港的服务器进行技术侦查，不符合法律程序，取得的证据不得作为证据使用。

（2）技术侦查措施的合法性问题。《公安机关办理刑事案件程序规定》第265条第1款规定："需要采取技术侦查措施的，应当制作呈请采取技术侦查措施报告书，报设区的市一级以上公安机关负责人批准，制作采取技术侦查措施决定书。"第268条第2款规定："采取技术侦查措施收集的材料作为证据使用的，采取技术侦查措施决定书应当附卷。"可见，采取技术侦查措施，必须经过严格的批准手续，也必须严格按照批准的措施种类、适用对象和期限执行，采取技术侦查措施的决定书应当附卷。然而，在刘某组织、领导传销活动罪案中，公安机关并没有提供采取网技秘密侦查手段的任何批准手续文件，在没有任何合法手续的情况下，公安机关采取技术侦查手段不合法，所获得的电子数据不得作为证据使用。

(二)检材文件流转过程是否清晰

电子数据鉴定检材文件的流转过程是否清晰完备,对审查判断检材文件是否受到污染来说至关重要。如果检材流转过程无法环环相扣,则检材是否受到污染存疑,鉴定意见存疑。而侦查所得电子数据文件是否与鉴定检材一致,案卷材料无法证实,那么鉴定意见也是存疑的。

案例4-25　谷某等涉嫌组织、领导传销活动罪案

本案中,为了证明涉案商业系统、涉案人员之间存在奖励层级,公安机关提取了涉案人员的个人信息、网络结构、电子币交易情况,并委托了司法鉴定中心进行司法鉴定。鉴定使用公安机关送来的检材光盘。鉴定意见标明了光盘内文件的名称及MD5值。

但是,辩护律师研究发现,公安机关远程勘验只获得一个光盘,全案只有一个电子数据光盘,该光盘中所列明的文件及其MD5值,并没有体现在鉴定意见检材中。鉴定意见所使用的光盘、光盘内容及其MD5值是0ABA结尾的一串符号。然而,公安机关远程勘查所获得的光盘、光盘文件及其MD5值,分别是BA38结尾的一串符号、A433结尾的一串符号和A416结尾的一串符号。显然,鉴定意见的检材文件流转过程不清晰,检材来源存疑,检材的唯一性无法体现,鉴定意见能否作为证据使用就存疑了。

案例4-26　黄某等涉嫌组织、领导传销活动罪案

为了证明涉案系统存在传销组织的层级,存在无限层级的奖励制度,公安机关委托司法鉴定中心对涉案电子数据进行鉴定。鉴定意见显示的检材是"光盘一张,光盘中包含4个压缩文件、1个EXCEL文件和2个WORD文档,上述数据来源于×××公安局远程勘查"。鉴定意见所列的检材是这7个文档,每个文档都标注了对应的哈希值。

辩护律师审查发现,公安机关远程勘查确实获得了一张光盘,光盘中有一个"案件电子数据"的压缩文件,公安机关只测算出了该压缩文件的哈希值,尾号是BE35的一串符号,该哈希值与鉴定检材中所列7个文档的哈希值,无一能对应上。这就有疑问了,公安机关提供的检材光盘和鉴定意见注明的检材光盘,是否具有同一性,哈希值是否一致?公安机关提供的检材光盘中的"案件电子数据"压缩文件夹中,有没有鉴定意见中的7份检材,不得而知。因此,辩护律师提出，现有证据不足以证明，鉴定检材与公安机关提取的电子数据检材的同一性。公安机关提取的电子数据，是一个光盘，光盘中有一个压缩文件夹，鉴定意见的检材是几个文件。那么“光盘—压缩文件夹—各检材文件”之间是如何流转的、文件是否一致等，均无法确认。

（三）检材文件与侦查所得文件是否同一

作为鉴定意见检材的文件，是否就是侦查所得的文件，这涉及检材流转的同一性问题。如果不一致或者存疑，则鉴定意见都面临检材来源不明、检材受污染的重大缺陷。

案例4－27　姜某等涉嫌组织、领导传销活动罪案

公诉机关指控姜某构成犯罪的关键证据就是一份电子数据鉴定意见，对涉案数据库进行鉴定，结论认为涉案的系统存在无限层级的嘉奖制度。如果该鉴定意见不成立，则涉案传销组织不成立。

辩护律师对该鉴定意见的检材提取过程、流转过程是否衔接、有无错漏，检材是否具备同一性进行了审查，审查发现该鉴定意见的检材流转过程存在重大疏漏。该鉴定意见的检材来源于公安机关去阿里云公司调取的数据，公安机关制作了《提取笔录》和《提取文件清单》，之后将该数据作为检材样本，交给鉴定机构进行司法鉴定，司法鉴定机构顺利出具了司法鉴定意见。

然而，辩护律师又发现，鉴定意见中记载的检材名称和公安机关提取的检材名称虽然很相似却并不相同。鉴定意见中的检材名称中缺少“_ta_”，而且，文件格式是“tar. tar”，与公安提取的电子数据“tar. gz”格式文件，截然不同。该鉴定意见就存在重大疏漏，说明检材文件与侦查所得文件根本不具备同一性。

第五章
CHAPTER 05

确定辩护策略的思路与方法

第一节
辩护策略错误成因及案例分析

每一个刑事案件的辩护策略都不尽相同,但每一个辩护策略都直接关乎犯罪嫌疑人、被告人的财产、自由,乃至生命。这句话绝不是危言耸听。辩护策略的选择是每一个案件中最关键的部分,也是最能直观体现辩护律师的办案经验和专业能力的环节。专业能力强、经验丰富的辩护律师,能为每一个案件量身定制最有成效的辩护策略。而能力和经验不足的辩护律师,有时会为当事人选错辩护策略,导致惨不忍睹的后果。

一、法条理解错误,辩护策略无效

法律条文并不是每一条都清晰明了,从字面上就可以完全理解的。往往需要充分结合相关司法解释、案例、理论分析等来理解法律条文,才能相对充分明了。一旦对法条理解错误,建立在法条理解错误基础上的辩护策略,注定是站不住脚的。

案例 5-1　吴某涉嫌运输毒品罪案

公安机关在汽车站将吴某抓获,从吴某的双肩包里搜出了十几斤甲基苯丙胺。面对运输十几斤毒品,且人赃俱获的不利境地,吴某如何才能保命,辩护律师的任务异常艰巨。

在这个案件中,辩护律师和吴某商量选择的辩护策略是:作罪轻辩护,认为吴某的行为应当定性为非法持有毒品罪,不构成运输毒品罪。

从笔者后来会见吴某以及查看案卷材料、庭审笔录、一审判决书的情况看,该辩护律师选择这个罪轻辩护策略的主要理由是:吴某虽然将毒品从县城带到了省城,但是他为谁运输、运到哪里、接头人是谁、是否为了贩卖等问题都没有查清楚,都没有证据予以证实,无法认定吴某具有非法运输毒品的目的、没有证据证明其是为了实施贩卖毒品等其他犯罪。因此,在现有证据条件下,只能认定为非法持有毒品罪。

也许是为了配合这个辩护策略,吴某对于涉案毒品的来源、上家、下家、接头人等信息,都缄口不言或答非所问。最后,公安机关无法查实犯罪嫌疑人运输的目的、毒品所有人、毒品接收人、是否为了实施其他毒品犯罪等情况。

如果仔细研读司法解释,就可以发现这个辩护策略是注定失败的。对于犯罪嫌疑人持有毒品被人赃俱获时,定非法持有毒品罪还是运输毒品罪的问题,司法解释中的规定非常明确。

《武汉会议纪要》明确规定:“吸毒者在购买、存储毒品过程中被查获,没有证据证明其是为了实施贩卖毒品等其他犯罪,毒品数量达到刑法第三百四十八条规定的最低数量标准的,以非法持有毒品罪定罪处罚。吸毒者在运输毒品过程中被查获,没有证据证明其是为了实施贩卖毒品等其他犯罪,毒品数量达到较大以上的,以运输毒品罪定罪处罚。”

可见,持有毒品被办案机关人赃俱获,存在定非法持有毒品罪还是运输毒品罪的争议,需要两个前提:其一,犯罪嫌疑人是吸毒者;其二,犯罪嫌疑人所持毒品的数量还没有达到“数量较大以上”。

本案中,犯罪嫌疑人并不是吸毒者,尿检结果也显示不是吸毒人员。因此,第一个前提已经不成立。细究之下可发现,第二个前提也不成立。根据《武汉会议纪要》的上述规定:(1)达到《刑法》第348条最低数量标准的,即构成非法持有毒品罪。(2)毒品数量达到较大以上的,即构成运输毒品罪。

《刑法》第348条规定:“非法持有鸦片一千克以上、海洛因或者甲基苯丙胺五十克以上或者其他毒品数量大的,处七年以上有期徒刑或者无期徒刑,并处罚金;非法持有鸦片二百克以上不满一千克、海洛因或者甲基苯丙胺十克以上不满五十克或者其他毒品数量较大的,处三年以下有期徒刑、拘役或者管制,并处罚金;情节严重的,处三年以上七年以下有期徒刑,并处罚金。”因此,非法持有毒品罪的最低数量标准是“甲基苯丙胺十克以上不满五十克”，数量达到这个区间，才构成非法持有毒品罪。而本案中，吴某携带的毒品甲基苯丙胺高达十几斤，显然第二个前提也不可能成立。

因此，辩护律师选定的这个辩护策略，从一开始就注定是失败的。结果，在一审庭审中，辩护律师发表完辩护意见后，公诉人直接用《武汉会议纪要》的规定彻底否定了这种辩护观点。

公诉人认为，根据2015年《武汉会议纪要》的规定，首先，吴某不是吸毒人员；其次，在运输毒品的过程中被查获，没有证据证明其是为了实施贩卖毒品等其他犯罪，毒品数量达到较大以上的，以运输毒品罪定罪处罚。因此，本案以运输毒品罪定罪，定性准确。被告人为什么运输、要运输到哪里、毒品所有人是谁、毒品接收人是谁等问题，都不影响本案的定性。

最后，法院判决认定，被告人构成运输毒品罪，判处死刑。可见，**如果辩护策略建立在对法条错误理解的基础上，结果很可能就是毫无根据地盲目顽抗，而判决结果往往非常不理想。**

二、遗漏重要法条，辩护策略错误

确定正确的辩护策略之前，辩护律师要将所有相关的法律、法规、司法解释、国家标准、规范性文件等都检索齐全，切忌遗漏。我国各类法律法规纷繁复杂，新旧更替不及时、相互矛盾、前后矛盾的情况时有发生。如果稍有遗漏，可能就会导致辩护策略错误。

比如，职务侵占罪的立案数额标准究竟是多少？当前不同法规有不同的规定。

根据2010年5月7日施行生效的《最高人民法院、公安部关于公安机关管辖的刑事案件立案追诉标准的规定(二)》第84条的规定，公司、企业或者其他单位的人员，利用职务上的便利，将本单位财物非法占为己有，数额在5000元至10,000元以上的，应予立案追诉。根据该规定，职务侵占罪的立案追诉标准是5000元人民币。

然而，根据2016年4月18日施行生效的《关于办理贪污贿赂刑事案件适用法律若干问题的解释》(以下简称《贪污贿赂解释》)第11条的规定，《刑法》第163条规定的非国家工作人员受贿罪、第271条规定的职务侵占罪中的“数额较大""数额巨大"的数额起点，按照本解释关于受贿罪、贪污罪相对应的数额标准规定的2倍、5倍执行。

《贪污贿赂解释》第1条规定，贪污或者受贿数额在3万元以上不满20万元的，应当认定为《刑法》第383条第1款规定的"数额较大"，依法判处3年以下有期徒刑或者拘役，并处罚金。因此，职务侵占罪的数额较大指的是60,000元人民币，而不是5000元人民币。

这两个司法解释都现行有效，但如果辩护律师对法律法规检索不够细致，遗漏了某一司法解释，就会对案件产生误判，确立错误的辩护策略。

案例5-2　袁某等涉嫌销售假冒注册商标的商品罪案

全案涉案金额是50多万元。部分辩护律师提出本案不是自然人犯罪，是单位犯罪，应当判处3年以下有期徒刑的辩点。

该罪轻辩护的主要依据在于：

2004年《最高人民法院、最高人民检察院关于办理侵犯知识产权刑事案件具体应用法律若干问题的解释》第2条规定："销售明知是假冒注册商标的商品，销售金额在五万元以上的，属于刑法第二百一十四条规定的'数额较大'，应当以销售假冒注册商标的商品罪判处三年以下有期徒刑或者拘役，并处或者单处罚金。销售金额在二十五万元以上的，属于刑法第二百一十四条规定的'数额巨大'，应当以销售假冒注册商标的商品罪判处三年以上七年以下有期徒刑，并处罚金。"第15条规定："单位实施刑法第二百一十三条至第二百一十九条规定的行为，按照本解释规定的相应个人犯罪的定罪量刑标准的三倍定罪量刑。"

据此，辩护律师提出，本案涉案金额50多万元，涉案销售假冒注册商标商品的行为，属于单位犯罪，被告人袁某等人的行为，属于"数额较大"的情形，法定刑是"三年以下有期徒刑或者拘役，并处或者单处罚金"。

然而，细究发现该辩护策略是不成立的，原因在于对法律条文研究不透彻。侵犯知识产权犯罪行为的单位犯罪和自然人犯罪的定罪量刑标准，是一致的，早已不存在"三倍"的标准。

2007年《最高人民法院、最高人民检察院关于办理侵犯知识产权刑事案件具体应用法律若干问题的解释（二）》第6条规定："单位实施刑法第二百一十三条至第二百一十九条规定的行为，按照《关于办理侵犯知识产权刑事案件具体应用法律若干问题的解释》和本解释规定的相应个人犯罪的定罪量刑标准定罪处罚。”第7条规定：“以前发布的司法解释与本解释不一致的，以本解释为准。”可见，侵犯知识产权犯罪行为的单位犯罪数额标准和自然人犯罪数额标准已经是一致的了，认定为单位犯罪并不能实现对自然人减档轻判的结果。辩护律师在确定辩护策略时，要注意将关键辩点的法律问题研究清楚透彻，才能避免出现辩护策略的重大疏漏。

三、沟通不够充分，辩护策略紊乱

辩护策略的选择应该始终如一、言行如一，根据具体案件情况选定辩护策略之后，不能轻易改变、瞻前顾后、犹豫不决，甚至自相矛盾。一旦自相矛盾，辩护策略可能会不攻自破，前功尽弃。

案例5-3　张某涉嫌运输毒品罪案

犯罪嫌疑人张某携带毒品被公安机关抓获。公安机关从他随身携带的行李箱中，搜出了大量毒品。张某被指控涉嫌运输毒品罪。

辩护律师为他选定的辩护策略是：不知道行李箱里面的是毒品，应构成非法持有毒品罪。一方面，被告人认为自己不知道行李箱中的物品是毒品，是别人给他让他帮忙带过来的，他出于帮忙的心态，就帮忙带了，因此，他不构成毒品犯罪。另一方面，他又作罪轻辩护，认为不应该构成运输毒品罪，应当认定为非法持有毒品罪。这种自相矛盾的辩护策略，注定是失败的。结果，在法庭审理过程中，就出现了被告人“被吊打”的尴尬一幕：

法官：你对起诉书指控的事实和罪名（运输毒品罪）有无意见？

被告人：有意见。东西是他叫我带过来的，但运输不属实。

法官：那你对罪名有什么意见？你认为构成什么罪？

被告人：非法持有毒品罪。

法官：你认为你构成非法持有毒品罪？

被告人：是的。

法官：所以，你知道行李箱里的是毒品，是吧。

被告人：不知道。

法官：你不知道行李箱里面的东西是毒品，为什么又认为你构成非法持有毒品罪？

被告人：我被抓后才知道里面的东西是毒品。

法官:你认为自己不知道里面的是毒品,为何又当庭认为你构成非法持有毒品罪?

被告人:毒品确实在我行李箱里,我被人利用,所以没办法,我不敢说无罪。

其实,这种矛盾的辩护策略,不仅是无效的,还会起到反效果,让法庭确信被告人主观上就是知道涉案物品是毒品,被告人才会认为构成非法持有毒品罪。而明知涉案物品是毒品,还将毒品运送到其他地方,毫无疑问构成运输毒品罪。

四、办案经验不足,误判审判形势

刑事辩护要审时度势,在办案经验基础上,结合有效的沟通,准确判断法院的大致处理方向,才能为辩护策略的确定提供正确的方向。如果办案经验不足,对审判形势产生误判,则可能造成灾难性后果。

案例 5-4　王某涉嫌受贿罪案

王某因涉嫌受贿60万元被抓获归案。在侦查阶段,王某就如实交代了收受两人行贿款的全部事实,也安排家属退缴了全部赃款60万元。于是,王某被变更强制措施,改为取保候审。在司法实践中,这种形势在绝大多数情况下会被判处缓刑,不会判处实刑收监。然而,由于辩护策略选择错误,最后,王某被判处了实刑,被收押了。

辩护律师和被告人商量的辩护策略是:对其中一单受贿30万元的犯罪事实予以认可,对另外一单受贿30万元的犯罪事实不予认可,认为这是借款,不是受贿款。

在法庭上,被告人及其辩护律师都认为:对本案受贿罪的定性没有异议,但对受贿数额存在异议,第一单30万元是被告人与×××之间的经济往来,是两人的正常借贷往来,不应计入受贿数额中。

为了这一单事实应认定为借款还是行受贿的问题,控辩双方在法庭上争论了一番。开完庭后,还在取保候审状态的王某全然没有意识到该辩护策略引发的灾难性后果。几个月后,法院作出了一审判决。判决认为,被告人×××有稳定的工作和固定的收入,被告人向×××借款30万元至案发前,既没有办理任何合法借款手续,也没有退还30万元给×××,该借款行为,实际上是"明借暗贿"的受贿行为,辩护意见不予采纳。被告人及其辩护人要求法庭从轻处罚合理，但要求适用缓刑的理由不充分，不予采纳。综合全案犯罪事实、情节、被告人认罪悔罪态度等，对被告人判处有期徒刑3年。就在宣判当天，王某就被收押了。

其实，根据《贪污贿赂解释》第2条的规定，贪污或者受贿数额在20万元以上不满300万元的，应当认定为《刑法》第383条第1款规定的“数额巨大”，依法判处3年以上10年以下有期徒刑，并处罚金或者没收财产。在这个案件中，受贿数额是30万元还是60万元，对被告人的定罪量刑意义不大，都是“三年以上十年以下有期徒刑”。因此，即使第二单30万元不是受贿款而是借款的辩解成功了，量刑档次还是一样。这个辩解没有什么意义。而该无罪辩解，让被告人认罪悔罪的态度大打折扣，最后判处实刑的概率就大大增加了。

案例5－5　孔某涉嫌非法经营罪案

本案中孔某被抓获归案，后被逮捕。在检察院审查起诉阶段，经过沟通争取，检察院决定对孔某取保候审。孔某也与检察院签了认罪认罚具结书，检察院建议量刑为2年以上3年以下有期徒刑，但是没有建议适用缓刑。

根据办案经验，取保候审的被告人，只要继续认罪认罚、没有翻供，法院判决时一般都会适用缓刑，不再羁押，因此，在没有任何征兆的情况下，法院决定逮捕收押孔某的概率很小。本案存在的不确定因素是检察院只建议2年以上3年以下有期徒刑，没有建议适用缓刑。这就意味着，法院既可以判处实刑，也可以适用缓刑。至于要判处实刑还是适用缓刑，则往往取决于不同法院、不同经办法官的不同判断和办案习惯。

辩护律师在庭前或者庭后的适当时机可与经办法官联系，商谈案件如何处理、刑罚适用方式、罚金数额等问题。建立有效沟通之后，问题自然就解决了。对于经办法官而言，取保候审的被告人一般都不想再判处实刑，但检察院没有建议适用缓刑，因此，本案还需要在认罪认罚的基础上，出现其他的从轻情节，适用缓刑理据才更加充分。

经过沟通之后，经办法官也坦言：虽然作了认罪认罚，但是检察院只是建议2年以上3年以下有期徒刑的实刑，如果没有其他从轻减轻情节，他可能要判处实刑。法官还建议，被告人可以考虑是否主动缴纳罚金20万元，争取有从轻处罚的情节。如果有这个从轻处罚的情节，对孔某的处罚可能会更轻微，适用缓刑也是有可能的。

沟通至此,审判形势更加清晰明了,孔某只需如数缴纳罚金即可。孔某在开庭前一天将罚金全部缴纳。第二天开庭时,法院当庭宣判,对孔某适用缓刑。

案例5-6　郑某涉嫌寻衅滋事罪案

本案中,辩护律师也同样面临把握审判形势的问题。郑某被指控涉嫌寻衅滋事的犯罪事实两单,被刑事拘留后,检察院如期批准逮捕。辩护律师通过申请羁押必要性审查,成功将郑某变更强制措施,改为取保候审。在审查起诉阶段,该案没有启动认罪认罚程序。案件到了法院审判阶段后,帮助郑某获得适用缓刑的结果是辩护律师争取的目标。

辩护律师与经办法官沟通之后得知,经办法官认为,郑某只对寻衅滋事第一单事实的被害人退赔,没有对第二单寻衅滋事的被害人退赔,建议对第二单寻衅滋事的被害人也进行退赔,可以争取多一个从轻情节。于是,郑某的家属找到第二单寻衅滋事的被害人家属,赔偿了1100多元,获得了谅解书。郑某的家属将谅解书交到经办法官手上时,法官说,“这样对你们好,对我们办案也方便”。几个月后,法院对郑某作出判决,适用了缓刑,皆大欢喜。

五、脱离关键指控,辩护没有针对性

所有的辩护都建立在指控基础上,正确的辩护策略必须是紧密围绕指控的事实和罪名展开。脱离指控的自说自话,没有针锋相对的辩驳,是注定无效的,这样的辩护策略注定很难有影响力。

案例5-7　林某涉嫌运输毒品罪案

本案中,公诉机关指控林某犯运输毒品罪。在庭审中,被告人林某和辩护律师都紧紧围绕着“不是毒品所有人”来确定辩护策略。

被告人林某认为,他认罪,但是,他并不是涉案毒品的所有人,这批毒品不是他的,他只是帮忙运输的人,是从犯。

辩护律师发表辩护意见认为,被告人林某应当是从犯,因为毒品不是被告人的。涉案毒品没有流入社会,没有造成严重后果。请求对被告人量刑留有余地。

结果,公诉人发表意见认为,在案证据能充分证实林某犯运输毒品罪。关于本案定性,林某独立自主完成运输毒品的整个环节,构成运输毒品罪的主犯。本案确实存在毒品不是林某所有的可能性,但是运输毒品是一个单独的犯罪,毒品是否归属于其所有,不影响定罪量刑。

在本案中，公诉机关指控被告人构成运输毒品罪，但被告人及辩护律师始终以“不是毒品所有人”为辩点，并要求因不是毒品所有人而认定为从犯，显然是完全脱离了指控的事实和罪名。毒品所有人有无查清，对被告人运输毒品罪的定罪量刑并不重要。公诉机关指控的是运输毒品罪，即使毒品不是被告人的，运输毒品罪也成立。被告人单独自主地实施了全部运输毒品行为，独自携带运输大量毒品，认定为运输毒品罪问题不大。独立运输毒品的被告人，认定为主犯还是从犯，可能存在一定辩护空间。但被告人不是毒品所有人，并不是认定为从犯的理由。

六、缺少推敲论证，检举他人变揭发自己

每一个案件的辩护策略，都必须是辩护律师充分运用专业知识和办案经验，反复推敲论证确定的，要有理有据、站得住脚，如此才能经得起庭审的辩驳。否则，辩护意见不仅可能起不到辩护作用，还可能产生相反的效果。

案例5－8　李某涉嫌运输毒品罪案

公诉机关指控被告人李某构成运输毒品罪，一审法院判决被告人构成运输毒品罪，判处死刑。二审阶段，被告人求保命，与辩护律师商量如何可以救他一命。商量之后，被告人和辩护律师确定了新的辩护策略：毫无保留地如实供述上下家及交易流程，通过增加立功情节来保命。

于是，在上诉阶段，由被告人口述，辩护律师执笔记录了一份《检举信》。之后被告人向法院递交了该《检举信》。其中详细记载：上诉人×××于××年××月××日，从××那里领到20万元，然后，将钱放在包里，上诉人×××带着20万元，到××市××镇××路口，与×××交易，将20万元钱交给×××，对方给了上诉人涉案的十几斤毒品。上诉人拿到毒品之后，将毒品运输到××市××区××小区，准备交给×××……

结果，二审法院看到这份《检举信》后发现，上诉人×××不仅运输了涉案十几斤毒品，而且还是他自己拿着20万元去卖家处购买来的，李某不仅有运输毒品的行为，还有贩卖毒品的行为。

于是，二审法院判决认为，上诉人××提交的《检举信》显示，上诉人亲自将购毒资金交给卖家××，从卖家××处拿毒品并运送到××小区准备交给买家××，行为积极、主动，尽管受雇用，但不足以从轻处罚。就这样，二审法院维

持了死刑立即执行的原审判决。

由于没有对“立功保命”的辩护策略进行仔细推敲，没有对《检举信》内容进行仔细研究论证，导致检举他人的《检举信》，反向揭发了被告人自己更加严重的犯罪行为或犯罪情节，导致的后果非常致命。

第二节
确定辩护策略的基础

辩护策略不是辩护律师凭空想象出来的，而是需要建立在扎实的基础上。确定辩护策略的基础包括：将案件相关的法律法规、司法解释都检索无遗漏，且研究透彻；对案件争议焦点相关的裁判案例分析总结透彻；将全部案件细节梳理清楚；将全案的关键证据审查研究充分。通过这四方面的梳理研究，大部分案件的辩护策略基本可以确定。

一、法律规定研究透彻

确定案件辩护策略的基础工作，就是检索涉案罪名相关的法律法规、司法解释，对涉案罪名相关的定罪量刑标准进行仔细梳理，并进行稍微整理。下面笔者以销售假冒注册商标的商品罪为例，从以下七个方面梳理该罪有关法律规定：

（一）定罪量刑的数额标准

《刑法》第214条规定：“销售明知是假冒注册商标的商品，销售金额数额较大的，处三年以下有期徒刑或者拘役，并处或者单处罚金；销售金额数额巨大的，处三年以上七年以下有期徒刑，并处罚金。”

《最高人民检察院、公安部关于公安机关管辖的刑事案件立案追诉标准的规定（二）》第70条规定：“销售明知是假冒注册商标的商品，涉嫌下列情形之一的，应予立案追诉：（一）销售金额在五万元以上的；（二）尚未销售，货值金额在十五万元以上的；（三）销售金额不满五万元，但已销售金额与尚未销售的货值金额合计在十五万元以上的。”

《最高人民法院、最高人民检察院关于办理侵犯知识产权刑事案件具体应用法律若干问题的解释》第2条规定：“销售明知是假冒注册商标的商品，销售金额在五万元以上的，属于刑法第二百一十四条规定的‘数额较大’，应当以销售假冒注册商标的商品罪判处三年以下有期徒刑或者拘役，并处或者单处罚金。销售金额在二十五万元以上的，属于刑法第二百一十四条规定的‘数额巨大’，应当以销售假冒注册商标的商品罪判处三年以上七年以下有期徒刑，并处罚金。”

（二）销售金额与非法经营数额的计算方式

根据《最高人民法院、最高人民检察院关于办理侵犯知识产权刑事案件具体应用法律若干问题的解释》第 9 条第 1 款的规定，《刑法》第 214 条规定的“销售金额”，是指销售假冒注册商标的商品后所得和应得的全部违法收入。

根据上述司法解释第 12 条的规定，“非法经营数额”，是指行为人在实施侵犯知识产权行为过程中，制造、储存、运输、销售侵权产品的价值。已销售的侵权产品的价值，按照实际销售的价格计算。制造、储存、运输和未销售的侵权产品的价值，按照标价或者已经查清的侵权产品的实际销售平均价格计算。侵权产品没有标价或者无法查清其实际销售价格的，按照被侵权产品的市场中间价格计算。多次实施侵犯知识产权行为，未经行政处理或者刑事处罚的，非法经营数额、违法所得数额或者销售金额累计计算。

（三）关于尚未销售部分犯罪数额的定罪

《关于办理侵犯知识产权刑事案件适用法律若干问题的意见》第 8 条规定：“销售明知是假冒注册商标的商品，具有下列情形之一的，依照刑法第二百一十四条的规定，以销售假冒注册商标的商品罪（未遂）定罪处罚：（一）假冒注册商标的商品尚未销售，货值金额在十五万元以上的；（二）假冒注册商标的商品部分销售，已销售金额不满五万元，但与尚未销售的假冒注册商标的商品的货值金额合计在十五万元以上的。假冒注册商标的商品尚未销售，货值金额分别达到十五万元以上不满二十五万元、二十五万元以上的，分别依照刑法第二百一十四条规定的各法定刑幅度定罪处罚。销售金额和未销售货值金额分别达到不同的法定刑幅度或者均达到同一法定刑幅度的，在处罚较重的法定刑或者同一法定刑幅度内酌情从重处罚。”

（四）关于犯罪主观明知的认定

《最高人民法院、最高人民检察院关于办理侵犯知识产权刑事案件具体应用法律若干问题的解释》第9条第2款规定："具有下列情形之一的，应当认定为属于刑法第二百一十四条规定的'明知'：(一)知道自己销售的商品上的注册商标被涂改、调换或者覆盖的；(二)因销售假冒注册商标的商品受到过行政处罚或者承担过民事责任、又销售同一种假冒注册商标的商品的；(三)伪造、涂改商标注册人授权文件或者知道该文件被伪造、涂改的；(四)其他知道或者应当知道是假冒注册商标的商品的情形。"

(五)共同犯罪行为的认定

《最高人民法院、最高人民检察院关于办理侵犯知识产权刑事案件具体应用法律若干问题的解释》第16条规定："明知他人实施侵犯知识产权犯罪，而为其提供贷款、资金、账号、发票、证明、许可证件，或者提供生产、经营场所或者运输、储存、代理进出口等便利条件、帮助的，以侵犯知识产权犯罪的共犯论处。"

《关于办理侵犯知识产权刑事案件适用法律若干问题的意见》第15条规定："明知他人实施侵犯知识产权犯罪，而为其提供生产、制造侵权产品的主要原材料、辅助材料、半成品、包装材料、机械设备、标签标识、生产技术、配方等帮助，或者提供互联网接入、服务器托管、网络存储空间、通讯传输通道、代收费、费用结算等服务的，以侵犯知识产权犯罪的共犯论处。"

(六)单位犯罪的数额认定

《最高人民法院、最高人民检察院关于办理侵犯知识产权刑事案件具体应用法律若干问题的解释》第15条规定："单位实施刑法第二百一十三条至第二百一十九条规定的行为，按照本解释规定的相应个人犯罪的定罪量刑标准的三倍定罪量刑。"

《最高人民法院、最高人民检察院关于办理侵犯知识产权刑事案件具体应用法律若干问题的解释(二)》第6条规定："单位实施刑法第二百一十三条至第二百一十九条规定的行为，按照《最高人民法院、最高人民检察院关于办理侵犯知识产权刑事案件具体应用法律若干问题的解释》和本解释规定的相应个人犯罪的定罪量刑标准定罪处罚。"第7条规定："以前发布的司法解释与本解释不一致的，以本解释为准。"

由此要特别注意，侵犯知识产权犯罪案件(包括销售假冒注册商标的商品案)中，单位犯罪的定罪量刑数额标准与个人犯罪的定罪量刑数额标准是一致的。在确定辩护策略时要留意到这一点，否则以为单位犯罪还是个人犯罪数额标准的3倍，就可能确定错误的辩护策略。

（七）关于罪名竞合如何处理的问题

《最高人民法院、最高人民检察院关于办理生产、销售伪劣商品刑事案件具体应用法律若干问题的解释》第10条规定："实施生产、销售为伪劣商品犯罪，同时构成侵犯知识产权、非法经营等其他犯罪的，依照处罚较重的规定定罪处罚。"

《关于办理侵犯知识产权刑事案件适用法律若干问题的意见》第16条规定："行为人实施侵犯知识产权犯罪，同时构成生产、销售伪劣商品犯罪的，依照侵犯知识产权犯罪与生产、销售伪劣商品犯罪中处罚较重的规定定罪处罚。"

二、裁判案例研究透彻

裁判文书的公开为辩护律师提供了大量的研究素材，绝大部分案件可以在公开的裁判文书中找到相同或相似的案例，绝大部分法律问题可以在公开的裁判文书中找到过往相同或相似的研究。**辩护律师在确定辩护策略时，应当对同类案例研究透彻，在适当时机将同类的裁判案例提交给检察院、法院。**

（一）裁判案例对辩护策略，有没有影响？

研究同类裁判案例，对辩护策略的确定意义重大。"一个律师如果不了解适用于其案子的判例就走进法庭，那么，我将对他说：'你将厄运缠身了，律师。'"[1]研究裁判案例对于辩护策略的制定有以下两方面的帮助。

1. 开拓辩护思路，助于辩护意见的形成。裁判文书公开以来，发布了数千万份的裁判文书，几乎辩护律师办理的每一个案件都能在公开的裁判文书中找到相同、相似的案例。即使在案情上找不到相同、相似的案例，辩护律师也能找到相同、相似争议问题的案例。分析这些案例，可以让辩护律师从中得到启发，帮助形成个案的辩护策略。

2. 验证辩护观点，让辩护策略经受考验。辩护律师提出的辩护观点要符

---

〔1〕 林正主编：《完美的辩护：美国名律师胜诉案例精选》（上），中国法制出版社2016年版，代序第2页。

合法律规定,要合情合理,不能强词夺理,更不能违背常理。辩护律师通过检索研究相关裁判案例,让辩护策略得到过往裁判案例的验证,更加经得起考验。

案例5－9　黄某涉嫌非法制造毒品罪案

毛某找到黄某表示要购买盐酸羟亚胺,黄某联系卖家徐某,介绍毛某与徐某交易,徐某安排人员直接与毛某联系,徐某所安排人员与毛某所安排人员直接进行盐酸羟亚胺的买卖交易。之后,毛某将盐酸羟亚胺转手加价转卖给制毒人员。后来制毒人员被抓获归案之后,毛某、黄某等人悉数被抓获归案。公安机关指控毛某、黄某等人均涉嫌制造毒品罪。

作为黄某的辩护律师,在确定辩护策略时,需要研究非法买卖制毒物品罪与制造毒品罪两者的区分、非法买卖制毒物品罪该如何认定的相关案例。辩护律师检索研究发现如下案例,对本案辩护有非常好的参考价值:

(1)《刑事审判参考》第802号案例——王小情、杨平先等非法买卖制毒物品案,该案认为:王小情等人的行为不符合按照制造毒品罪共犯论处的条件。根据共同犯罪理论,构成共同犯罪必须具备共同的犯罪故意和共同的犯罪行为。共同的犯罪故意要求各共同犯罪人之间有“意思联络”,即共同犯罪人在犯意上相互沟通。共同的犯罪行为包括实行行为、组织行为、教唆行为、帮助行为。《刑法》第350条第2款规定:“明知他人制造毒品而为其提供前款规定的物品的,以制造毒品罪的共犯论处。”可见,适用该款规定,应当同时具备主客观两个要件。主观要件方面,是行为人应当明知他人实施制造毒品犯罪。这里的“明知”是指“确切地知道”,“他人”是指“相对确定的某人”,即要求行为人具有与相对确定的他人制造毒品的共同犯罪故意,即有与相对确定的他人共同实施制造毒品犯罪的意思联络。客观要件方面,是行为人应当有为制毒人员实施制造毒品犯罪提供制毒原料的帮助行为。例如,向制毒人员贩卖制毒物品;向制毒人员提供制毒物品、交换毒品或者抵账;以提供制毒物品作为出资形式参与制造毒品共同犯罪等。

(2)广东省高级人民法院(2014)粤高法刑三终字第444号案,该案判决认为:《刑法》第350条第2款规定,明知他人制造毒品而为其提供前款规定的物品的,以制造毒品罪的共犯论处。即明知他人制造毒品而为其提供制毒物品的,以制造毒品罪的共犯论处,但刑法规定的明知他人必须是明知某个特定的“他人”,而并非泛指的“他人”。本案证据证实,李某、范某、洪某供述知道麻黄素可用于制造毒品，但其没有将麻黄素卖给直接制毒的特定“他人”，他们均构成非法买卖制毒物品罪，而不是制造毒品罪。

（3）广东省高级人民法院（2015）粤高法刑四终字第135号案[1]，该案判决认为：我国《刑法》第350条第2款规定：“明知他人制造毒品而为其提供前款规定的物品的，以制造毒品罪的共犯论处。”从此条文上看，非法买卖制毒物品的行为，可以构成非法买卖制毒物品罪，也可以构成制造毒品罪，两者的区别在于行为人的主观故意不同。“明知他人制造毒品”是指行为人知道具体的人正在或者将要实施制毒行为。“为其提供前款规定的物品”是指行为人既认识到提供给他人的物品的化学性质是可以用来制造毒品，也认识到获取该易制毒物品的人是直接用来制造毒品，行为人自己提供易制毒物品的行为，正在为制毒的人提供直接的帮助。两款规定是递进的关系，第2款的主观故意除了应具备第1款的主观故意之外，还需要具有共同制造毒品犯罪的意思联络。没有犯罪主观故意的联络，不构成共犯。认定被告人构成制造毒品犯罪的共犯，还需要有足够的证据证明，被告人主观上与制毒者有共同制毒的目的，最少是认识到提供制毒物品的行为，是在帮助具体的制毒者实施制毒犯罪。主观上仅知道制毒物品有可能被人用于制毒，却不清楚具体的制毒者是何人，本质上是对制毒物品的认知，仍然不是与制毒者的犯意联络。因此，被告人构成非法买卖制毒物品罪，不构成制造毒品罪。

通过上述检索，辩护律师就可以总结出最高人民法院、广东省高级人民法院等法院，对于非法买卖制毒物品罪与制造毒品罪如何区分的裁判观点：

“明知他人制造毒品”是指行为人知道具体的人正在或者将要实施制毒行为。“为其提供前款规定的物品”是指行为人既认识到提供给他人的物品的化学性质是可以用来制造毒品，也认识到获取该易制毒物品的人是直接用来制造毒品，行为人自己提供易制毒物品的行为，正在为制毒的人提供直接的帮助。两款规定是递进的关系，行为人既明知介绍买卖的化学物品可以用来制造毒品，而且行为人还知道具体的人正在或者将要实施制毒行为，才构成制造毒品罪的共犯。

因此，非法买卖制毒物品的行为，构成非法买卖制毒物品罪，还是构成制造毒品罪？区分关键在于：行为人是否知道具体的制毒者正在或者将要实施制毒

---

[1] 该案一审判决参见广东省清远市中级人民法院（2014）清中法刑一初字第26号刑事判决书。

行为。

经过充分的检索研究,辩护律师为黄某确定的辩护策略是:虽然是黄某介绍买卖的盐酸羟亚胺,最终被制毒者用于制造毒品,但黄某既不知道具体是谁正在或者将要制造毒品,也与制毒者不存在制造毒品的犯意联络,主观故意仍然没有超脱非法介绍买卖制毒物品的故意范畴,黄某不构成制造毒品罪,认定为非法买卖制毒物品罪更加合适。

(二)裁判案例对检察官有没有影响?

辩护律师确定辩护策略时,需要检索大量的裁判案例,必要时还要将裁判文书提交给检察院,供经办检察官参考。那么,裁判案例对检察官有没有影响呢?从笔者经办的几个案例中,基本可以作出判断。

案例5-10　李某涉嫌危险驾驶罪案

在本案中,辩护律师向检察官提交了全国各地方法院的裁判案例以及最高人民法院的《刑事审判参考》中的刊载案例,后与检察官沟通案件情况。

检察官:你提交的这个案例我们都看了,也讨论了,这确实是一种观点,但也只是一种观点。我们有不同的观点。我们认为,涉案车辆应该认定为机动车,被告人的行为应该认定为危险驾驶罪。

辩护律师:可是,最高院刑事审判参考案例都分析得非常详细彻底,这种情况不应该认定为犯罪,超标电动自行车不应该认定为机动车,被告人不应该构成危险驾驶罪。很多地方法院也都是这样认定的,这几乎是共识了。

检察官:案例我们看了,但这也只是一种观点而已,参考案例不是司法解释,我们不同意参考案例的观点,我们有不同的观点。

从本案的沟通情况看,裁判案例对检察官的主观判断,几乎没有起到任何作用。

案例5-11　徐某涉嫌受贿罪案

徐某被指控在担任某市×××局长期间,收受他人财物合计330多万元。案发后,徐某主动投案、如实供述全部罪行,而且徐某的家属退缴了全部赃款。在审查起诉阶段,就徐某认罪认罚量刑问题,辩护律师与检察官进行了多次充分沟通。

辩护律师:虽然法定刑是"处十年以上有期徒刑或者无期徒刑,并处罚金或者没收财产”,但是徐某具有自首、退赃的情节,看能否建议量刑有期徒刑5年,启动认罪认罚程序。

检察官:虽然有自首、退赃的情节,但减轻幅度超过一半,难度比较大。我们应该很难做到。

辩护律师:其实是可以的,我们找了很多案例,发现很多超过300万元受贿案甚至七八百万元的受贿案件,有自首、退赃情节的,都有判四五年的。贵院起诉的案例,我们也找到了一些,受贿数额超过300万元,全部退赃,有自首情节,判5年的也有。

检察官:你找到了类似案例是吧,那寄过来给我看一下。

辩护律师:好的。

提交这些参考案例之后,检察官同意我们的量刑要求,启动认罪认罚程序,建议量刑有期徒刑四年半到五年半。最终法院判决:被告人徐某身为国家工作人员,利用职务上的便利,非法收受他人财物并为他人谋取利益,数额特别巨大,其行为已构成受贿罪。徐某犯罪后主动投案,如实供述自己的罪行,是自首,可以从轻或者减轻处罚;徐某案发前退还部分受贿款予行贿人,具有悔罪表现,可酌情从轻处罚。徐某对公诉机关指控的犯罪事实及罪名不持异议,且认罪认罚,退缴赃款300余万元,现公诉机关据此向本院提出的量刑建议,符合法律规定并适用法律正确,本院予以采纳……被告人徐某犯受贿罪,判处有期徒刑5年,并判处罚金50万元。

笔者认为,裁判案例对检察官的审查判断是有影响的,只是裁判案例对检察官的判断思维起到多大的作用,会受到很多因素的影响:案件的审理阶段,审查逮捕阶段、审查起诉阶段、一审阶段、二审阶段、重审阶段、再审阶段,由于各种法律内外因素的影响,裁判案例对检察官的影响会有很大的不同;甚至不同经办检察官的专业能力、个性、办案经验,也都会影响到他们对同类裁判案例的看法。

(三)裁判案例对法官有没有影响?

中国不是判例法国家,所以,从理论上看,任何过往案例对于在办案件的裁判是没有约束力的。但最高人民法院通过一些方式经常发布一些“参考案例”,如《刑事审判参考》《最高人民法院公报》等。“参考案例”“公报案例”是给各地司法机关裁判案件参考借鉴的。但在司法实践中,法官不接纳这些裁判观点的情况也时有。例如，在王某涉嫌敲诈勒索罪案中，辩护律师向法院提交刑事审判参考案例，判决书对此回应称，该案例既不是证据，也和本案事实没有关联，因此不予采信。[1]

笔者办理的李某涉嫌危险驾驶罪案中也存在同样的问题，辩护律师向法官提交了全国各地方法院的裁判案例以及最高人民法院的《刑事审判参考》中刊载的案例。在沟通过程中，法官明确告知："你提交的那个判决书没用，我们不是判例法国家。我不会看的。"

尽管如此，后来上级法院还是将该案件发回重审，而发回重审的具体理由，就是辩护律师提交的裁判案例中的理由。《发回重审函》中载明发回重审的理由是："目前电动自行车、电动摩托车及危险驾驶的案件较多，在法律没有做出明确规定两轮摩托车、自行车为机动车的情况下，要考虑刑法的谦抑原则，入罪时应慎重考虑。"[2]

综上，笔者认为，裁判案例对所有的办案人员，都会产生影响。其一，从观点本身的正确性来看，裁判案例中的观点都是经过控辩审三方多次争辩过的，甚至经过一审、二审、重审、再审多次推敲论证过，这些观点一般都会更加准确，有更强的说服力。其二，从人的正常心理来看，裁判案例至少会对办案人员的内心确信产生一定影响。裁判案例的观点可以对办案人员产生一定的心理暗示："同行们都这么认为，作出这样的裁判是没有错；不管对错，都有人陪着你，你并不是孤岛。"

辩护律师确定辩护策略时，将相关参考案例研究透彻，并适时向办案机关提交，是辩护的必备工作内容。如果案例多，还可以仔细梳理每一个案例的案情、争议焦点、裁判结果、与本案相似情况等，然后列表排序提交，力争让办案人员一目了然。

三、全部案情梳理透彻

"对于辩护来说，事实比语言更重要，因为从根本上说，辩护并不是基于语言，而是基于语言所描述的事实。由此，合理地组织事实就是辩护。"[3]辩护律

[1] 详见江苏省徐州市中级人民法院（2013）徐刑二终字第79号刑事裁定书。

[2] 详见广东省广州市中级人民法院（2017）粤01刑终1999号案件发回重审函。

[3] 林正主编：《完美的辩护：美国名律师胜诉案例精选》（上），中国法制出版社2016年版，代序第2页。

师将全部案件事实、案件细节梳理清楚，才有可能确定正确的辩护策略。如果连案件事实、案件细节都不明白，辩护律师几乎是不可能提出有效辩护策略的。

在阅卷之前，辩护律师通过会见犯罪嫌疑人、被告人和研究案卷材料了解案件事实。在研究案卷材料之后，辩护律师还要带着案卷材料、带着疑问去会见犯罪嫌疑人、被告人，向他们了解案情。除了向犯罪嫌疑人、被告人了解案情外，辩护律师还要向他们的家属了解案情，充分梳理清楚案卷内外所体现的全部案件细节。毕竟，他们都是对案件细节最了解的人。

（一）向当事人挖掘案件细节

对案件细节最清楚的一般都是犯罪嫌疑人和被告人本人。**确定辩护策略前，辩护律师应当向犯罪嫌疑人和被告人核实，挖掘全部案件细节。**这是获取全部案件细节最快捷的方式之一，辩护律师也可以据此寻找辩护策略。

案例 5－12 杨某涉嫌走私普通货物罪案

起诉书指控，2011 年 10 月，杨某利用被告单位××公司承租××口岸联检中心。2013 年 5 月至 2014 年 2 月，××公司与杨某利用该联检中心，利用××县政府加强县边民互市贸易繁荣的政策，在××口岸以边民互市的名义为米商走私进口粮食，以边民互市管理费的名义，以大米 2 元/50 公斤、玉米 2 元/50 公斤、米糠 1.5 元/50 公斤的标准向米商收费，并开具省地税发票，偷逃应缴税额 8000 多万元。公诉机关认为××公司及被告人杨某明知大米等粮食进口货物没有缴纳关税仍然指使其公司人员进行夜间值班、过磅、称量收钱和放行，造成了国家税款的流失，其行为符合走私普通货物罪的客观要件。

案卷证据材料表面上显示，杨某组织人员欺骗海关工作人员，对涉案粮食进行了虚假录入，将所有进口的粮食都虚假申报为边民贸易，免缴关税和增值税，通过这种手法实现走私目的。

杨某始终认为自己无罪，他一直认为以前的律师没搞明白案件情况，侦查机关、检察官也都没有搞懂这个所谓走私进口的实际情况。这个走私过程确实非常复杂，辩护律师的首要职责，就是帮助杨某梳理清楚整个货物通过国门进口的流程，由此证实杨某在货物通过国门进口过程中的地位和作用，进而才可以考察他究竟构不构成走私普通货物罪。

经过反复阅卷、向杨某核实，让杨某画图解释整个“走私”进口流程后，辩护律师才将这个过程梳理清楚：

（1）促进边民互市贸易、收取边民互市市场使用费，是当地县委、县政府领导多次召集海关、边防、商检和税局等多个部门领导开会决定的事项，具体操作的过程也是政府部门确定下来的。被指控用于欺骗海关、虚假录入的为边民贸易的100多份边民证，也是海关监管科工作人员提供给杨某等人的，要求在落实该边民贸易政策时必须使用该100多份边民证。××公司、杨某按照当地政府决定的方案，为货物提供场地管理和服务，代政府收取税费和服务费，是支持、配合地方政府的工作。

（2）货车从××海关大国门经过联检部门执法人员的检查后进到查验场，然后申报进口，由海关部门出具税收文件，后将车开到地磅处过磅，由××公司收费，车辆凭借缴费凭证，经过海关执法人员设立的岗哨，最终离开查验场，正式入境。在这个过程中，车辆是海关查验放行的，杨某仅仅收取场地费和服务费，是协助政府的收费行为。

（3）××公司收取的边民互市市场使用费，一半上缴给边防和联检中心等政府部门，获益最大的是地方政府，而不是杨某等人；另一半用于场地费、场地维护费、水电费和外聘工作人员等开支。

从梳理这些案件细节发现，办案机关认定杨某欺骗海关监管走私普通货物构成犯罪，确实是值得商榷的。即使认定构成犯罪，杨某也应当认定为从犯。

（二）向家属挖掘案件细节

有时向犯罪嫌疑人和被告人家属挖掘案件细节，可以了解到案卷材料所没有体现的案件细节，而这些“案卷外”的案件细节，有时对确定辩护策略非常有用。

案例5－13　陈某涉嫌非法经营罪案

陈某因销售假冒香烟被指控构成非法经营罪。辩护律师向陈某的家属了解陈某的背景和陈某家庭的背景，如陈某之前是做什么的，有什么正当工作，为什么会卖假烟等细节。

辩护律师：你爸爸平时做什么的？有什么工作吗？

家属：他平时就是在家里开小杂货店啊，杂货店里什么都有，也有卖香烟。

辩护律师：你们家是开杂货店的是吧，有营业执照吗？

家属：有的，我们是个体户，有证。

辩护律师：你们家的杂货店也卖烟，那些烟是真烟假烟？

家属：是真的烟，烟草公司送货的，绝对真烟。

辩护律师：不是指控你们非法经营吗？烟草公司还给你们真烟卖？

家属：我们有卖真烟，烟草公司送的，我爸偶尔也有夹杂着卖一些假烟。

辩护律师：有卖真烟，那你们卖烟有没有证件？

家属：有啊，小卖铺开了这么多年，我们家一直都有烟草证的，好像是《烟草专卖零售许可证》。

辩护律师：你们家有证卖烟，就算卖假烟，认定为非法经营也是值得商榷的。这个证是谁名下的，里面规定在哪个店铺经营的？找出来看一下。

家属：我找找……证是我名下的，就是我家那个小卖铺零售香烟的许可证。

辩护律师：证是你名下的，那你是做什么的？

家属：我爸以我的名义去办理的零售许可证，我没有在老家工作，我一直在广州工作，家里小卖铺都是我爸、我妈在经营。

通过向犯罪嫌疑人家属了解案情，我们可以发现一个非常重要的细节：虽然犯罪嫌疑人陈某自己名下没有《烟草专卖零售许可证》，但这个小卖铺是家庭经营，陈某以他儿子名义办理《烟草专卖零售许可证》来经营香烟业务，认定他无证经营、非法经营，是不妥当的。通过了解案件的细节，我们就发现了这个案件未来可能的重要辩点。

四、关键证据研究透彻

关键证据是控辩双方都绕不开的证据，直接关系到犯罪嫌疑人、被告人罪与非罪、此罪彼罪和罪轻罪重。它既是侦查机关、公诉机关指控犯罪嫌疑人和被告人构成犯罪的“支柱”，也是辩护律师确定辩护策略绕不开的“障碍”，也可能是案件的辩护突破口。因此，研究透彻案件的关键证据，才能确定行之有效的辩护策略。研究透彻关键证据的过程，其实也是辩护策略逐渐形成的过程。如果关键证据能被推翻，辩护策略自然就能确定。如果关键证据无法推翻，则需另辟蹊径继续寻找辩护策略。

案例 5－14　陈某涉嫌污染环境罪案

侦查机关、公诉机关认定陈某构成污染环境罪的关键证据，是环保部门环境监测机构出具的《监测报告》。辩护律师应仔细审查该关键证据能否作为证据使用。经审查发现,根据污染环境行为发生时合法有效的司法解释《最高人民法院、最高人民检察院关于办理环境污染刑事案件适用法律若干问题的解释》[1](法释〔2013〕15号)第11条规定:"对案件所涉的环境污染专门性问题难以确定的,由司法鉴定机构出具鉴定意见,或者由国务院环境保护部门指定的机构出具检验报告。县级以上环境保护部门及其所属监测机构出具的监测数据,经省级以上环境保护部门认可的,可以作为证据使用。"另外,涉案行为发生时仍然有效的《广东省高级人民法院、广东省人民检察院查处涉嫌环境污染犯罪案件的指导意见》(粤环〔2014〕129号)第20条也明确规定:"监测数据认可按照《广东省环境保护厅关于县级以上环境监测机构监测数据认可工作程序》实施。"

综合分析可以发现,县级环保部门环境监测站出具的涉案监测报告,作为刑事证据使用的前提是,县级以上环保部门向广东省环保厅申请认可,广东省环保厅出具书面认可意见,经广东省环保厅认可的,才可以作为证据使用。本案中,涉案环境监测报告必须经过省级环境保护部门出具书面认可意见,才能当作刑事证据适用。但是,本案的环境监测报告,并没有经过省级以上环境保护部门的书面认可,这意味着它不能当作刑事证据使用,重要的辩护策略随之可以初步形成。

案例5-15　林某涉嫌污染环境罪案

本案中,关键证据也是环保部门环境监测机构出具的《监测报告》。监测机构对案发工厂的水样进行检测,监测的项目有pH值、化学需氧量、悬浮物、色度、氨氮、总氮、总磷、碳化物、苯胺类、六价铬。监测机构出具《监测报告》显示苯胺类和六价铬两项不合格。苯胺类监测出0.21mg/L,六价铬监测出0.029mg/L,而根据《纺织染整工业水污染物排放标准》(GB 4287-2012),苯胺类和六价铬都是不得监测的项目。环境保护部门也出具《证明》,认定苯胺类是有毒物质。该《监测报告》是指控林某涉嫌污染环境罪的重要证据。

从表面上看,该《监测报告》对被告人非常不利。然而,细究发现,《监测报告》执行的标准是不正确的。国家环境保护部、国家质量监督检验检疫总局2013年1月1日起实施的《纺织染整工业水污染物排放标准》(GB 4287-

[1] 该司法解释已于2017年1月1日废止,为《最高人民法院、最高人民检察院关于办理环境污染刑事案件适用法律若干问题的解释》(法释〔2016〕29号)所替代。

2012)规定了四个排放标准表:现有企业水污染物排放浓度限值及单位产品基准排水量(表1)、新建企业水污染物排放浓度限值及单位产品基准排水量(表2)、水污染物特别排放限值(表3)。表1规定六价铬排放的限值标准是0.5mg/L,苯胺类排放的限值比中是1.0mg/L;表2、表3均规定,苯胺类和六价铬是"不得检出"的项目。

然而,在2015年6月17日环境保护部发布《公告》(2015年第41号)规定:"一、暂缓执行GB 4287－2012中表2和表3的苯胺类、六价铬排放控制要求,暂缓期内苯胺类、六价铬执行表1相关要求。在GB 4287－2012修订实施前,按以上规定执行。"

因此,苯胺类、六价铬的执行标准,应当按照《纺织染整工业水污染物排放标准》(GB 4287－2012)中规定的水污染物排放浓度限值(见表1)。

表1　现有企业水污染物排放浓度限值及单位产品基准排水量

单位:mg/L(pH值,色度除外)

序号	污染物项目	限值		污染物排放监控位置
		直接排放	间接排放	
1	pH值	6～9	6～9	企业废水总排放口
2	化学需氧量(COD_{Cr})	100	200	
3	五日生化需氧量	25	50	
4	悬浮物	60	100	
5	色度	70	80	
6	氨氮	12 20(1)	20 30(1)	
7	总氮	20 35(1)	30 50(1)	
8	总磷	1.0	1.5	
9	二氧化碳	0.5	0.5	
10	可吸附有机卤素(AOX)	15	15	
11	硫化物	1.0	1.0	
12	苯胺类	1.0	1.0	
13	六价铬	0.5		车间或生产设施废水排放口
注:(1)蜡染行业执行该限值				

对比可见,本案中,六价铬、苯胺类的排放量,都是符合国家排放标准的。即使环保部门认定苯胺类是有毒物质,涉案工厂排放的浓度也远低于国家排放标准的限值。

污染物,并不是不能排放的物质。企业在经营生产过程中必然会或多或少产生污染物,这是生产过程的必然产物。为了限制污染物的排放量,国家出台各个行业的污染物的排放标准限值。环境保护部门环境监测站进行的环境监测,出具监测报告的目的,就在于认定涉案污染物有无超过国家排放标准限值。只要在国家排放标准限值之内排放,即使排污行为违规,认定为犯罪也应当慎重。

第三节
确定辩护策略的思路

审查案卷材料,确定辩护策略,可以从指控的事实是否存在、事实是否存疑、指控有无超越罪刑法定原则、犯罪情节认定是否准确、犯罪罪名认定是否准确、犯罪罪数认定是否准确、罪责大小认定是否准确、犯罪数额认定是否准确、责任主体认定是否准确九个思路入手。

一、指控事实是否存在

审核清楚办案机关所指控的犯罪事实是否存在,这是辩护律师确定辩护策略时首先需要考虑的。如果所指控的事实不存在,则犯罪嫌疑人、被告人无须承担所指控事实对应的刑事责任,辩护律师也无须寻找其他的辩护策略,澄清事实即可。

案例5-16　白某涉嫌盗窃罪案

公安机关指控白某涉嫌盗窃罪。起诉意见书认定:2017年4月15日20时许,被害人陈某到本市××区××路723号首层的中国建设银行××支行的ATM柜员机存款人民币4500元,后忘记按确认键就离开了银行,随后来该银行取款的犯罪嫌疑人白某发现了该ATM柜员机有异常,就按了“取消”键,此时该ATM柜员机的放钞口打开,犯罪嫌疑人白某就将ATM柜员机放钞口内的人民币4500元放进自己的裤袋里并离开该银行。时至2017年5月24日犯罪嫌疑人白某才被我局民警抓获。

在这个案件中,起诉意见书所指控的事实是否真实存在、是否符合客观事实,辩护律师需要仔细审核。辩护律师去到案发现场,对涉案机器进行操作试验,审查所指控事实是否存在。结果发现,指控的犯罪事实并不存在。

(1)起诉意见书所指控白某供述按了“取消”键,与事实不符。

白某在笔录中供述:“我拿出自己的银行卡正准备插入 ATM 机时,我发现 ATM 机有异常,我就试着按了 ATM 机右边的‘取消’键,我刚按完就发现 ATM 机的存钱口打开了。”但是,辩护律师实地考察涉案 ATM 机发现,屏幕右下方的是“确认”键,屏幕左下方为“取消”键,“取消”键是在左边而不是右边。

(2)白某在 ATM 机的按键行为与“ATM 柜员机的放钞口打开”,没有因果关系。

结合监控录像和辩护律师实地操作的视频,比对时间发现,白某到达 ATM 机时,ATM 机由于被害人陈某操作超时,ATM 机已经自动地进入退钞模式,将钞票退还,画面显示“钞票正在退出,请稍后……”退钞过程中,ATM 机发出清点钞票的声音。

此时,按任何一个键,ATM 机都不会有任何反应,白某此时按了 ATM 机的某一个按钮,对于 ATM 机正在进行的退钞来说,没有任何意义和作用,ATM 机退钞、存款槽挡板自动打开与白某的操作没有任何关系,ATM 机退钞并不是由于白某的任何操作所导致的,两者没有因果关系。

起诉意见书认定白某构成盗窃罪的关键事实是:白某发现了该 ATM 柜员机有异常,就按了“取消”键,此时该 ATM 柜员机的放钞口打开。然而,该事实与客观情况不符。

客观事实是:白某到达 ATM 机,发现了 ATM 机正在响动;白某为了取款,点了 ATM 机右边的一个按钮,他操作的时间与退钞完毕、存款槽打开的时间非常凑巧地、非常意外地一致,导致他也认为钱款是自己“按”出来的。这些钱,是他捡回来的,而不是偷回来的。

(3)该事实变化导致白某行为定性发生根本性变化。

第一,ATM 机将钱退还给储户,银行及其 ATM 机都不占有这笔钱款。陈某存钱时,忘记按“确认”键,ATM 机根据操作流程,在超时没有操作的情况下,自动默认用户放弃存款操作,因此自动将钞票退还,此次存款交易不成功。ATM 机将钞票退还,存款槽挡板自动打开,屏幕上出现“请取回您的钞票”,ATM 机语音提示“请取回您的钞票”。此时,这笔钱款 ATM 机不予接受,不予占有,所以原路退回放在存款槽中,打开挡板,让储户领回。

第二,ATM 机所退的钱款,陈某由于忘记交易未完成就离开,这笔钱属于陈某的遗忘物。由于存款交易不成功,ATM 机将钱退回给储户陈某。然而,由于疏忽大意,陈某忘记操作未完成,误以为操作已经完成,就离开了 ATM 机,并没有意识到这笔钱款还留在 ATM 机存款槽。陈某已经离开了 ATM 机,客观上没有实际控制和占有这笔钱款。

第三,白某到达 ATM 机时,将陈某的遗忘物拿走,属于捡拾的行为,不应认定为盗窃罪。事后也悉数退还,不应承担刑事责任。

二、指控事实是否存疑

辩护律师无法证明指控的犯罪事实不存在时,也可以考虑指控犯罪事实的证据是否确实充分,如果指控的犯罪事实存疑,则疑点利益归于犯罪嫌疑人、被告人,所指控的犯罪也不能成立。

案例 5－17　许某涉嫌交通肇事罪案

起诉书指控的事实是:许某于 2018 年××月×日早上 6 时许,驾驶无牌自行车,沿本市××街道往西驾驶至××路口时,遇被害人周某在该路段步行,由于许某驾驶自行车在没有交通信号灯的道路上行驶时,未在确保安全的原则下通行,致使其驾驶的自行车左侧把手与被害人周某身体发生碰撞,致使其倒地受伤。事故后,许某与周某家属一起将周某送医救治。同日 11 时许,周某返回家中休息。同日 18 时许,周某因病情加重再度送医救治,后于第二天早上,2018 年××月××日抢救无效死亡。经鉴定,重度颅脑损伤是根本死因。经交警部门认定,许某承担此事故的全部责任,周某无责任。许某违反道路交通运输管理法规,因而发生重大事故,致一人死亡,且负事故的全部责任,应当以交通肇事罪追究其刑事责任。

决定许某是否构成交通肇事罪的关键事实是:被害人死亡是不是许某交通肇事行为导致的?如果该事实成立,那么,交通肇事罪成立。如果该事实是否成立存疑,则许某构成交通肇事罪的事实不清、证据不足,依法不能认定许某构成交通肇事罪。

辩护律师无法得知被害人死亡是许某交通肇事导致的,也无法确认被害人死亡不是许某交通肇事导致的。但辩护律师审查研究发现,本案疑点重重,许某交通肇事导致被害人死亡的这个关键事实存疑。

(1)在胸腹部损伤方面,证据显示,交通事故发生之后,被害人的胸部可能又发生其他伤害。

医院于2018年××月××日(事发当日上午,交通事故后2小时)出具、针对胸部平扫、全腹部平扫的《放射影像学诊断报告》显示:“双侧胸廓对称……双侧未见胸腔积液。扫及骨性结构未见明显骨折征。”住院记录也记载:“CT检查:胸部及全腹部未见外伤病变。”可见,被害人在胸腹部骨性结构没有明显骨折征,也没有大面积出血。

然而,被害人死亡后的《法医病理司法鉴定意见书》显示:“左侧第3~7肋于近锁骨中线处骨折,伴20cm×10cm片状出血,右侧第6肋骨折,伴周围小片状出血;双侧膈肌高度均位于第5、6肋间,双肺弹性回缩存在,左肺上叶与胸壁粘连,右肺与胸壁广泛粘连;左侧胸腔内见约5ml暗红色液,右侧胸腔未见积液,第3、4胸椎变形。”

可见,被害人第三天死亡后的尸检报告显示,被害人周某胸部6根肋骨骨折,鉴定结论是多发性肋骨骨折。在6根肋骨骨折、两个胸椎变形的情况下,第一次入院治疗时CT检查,不可能检查不出来。

(2)在头部损伤方面,证据显示,交通事故发生之后,被害人的头部可能又发生其他伤害。

医院于2018年××月××日(事发当日上午,交通事故后2小时)出具的病历资料显示,医生对被害人头部检查结果是“头颅大小正常,无明显压痛”。

然而,被害人死亡后的《法医病理司法鉴定意见书》显示:“被害人周某系重度颅脑损伤,伤害包括:(1)右顶颞枕部头皮挫伤;(2)枕骨线性骨折;(3)右颞部硬脑膜下血肿;(4)大脑、小脑蛛网膜下腔出血;(5)右额颞叶脑实质挫裂创;(6)扣带回疝、海马旁回疝形成。”

同时,《法医病理司法鉴定意见书》还显示,被害人头部的损伤非常严重:“枕骨粗隆上方见2处横行骨折,相距3cm,左侧骨折长度为14cm,右侧骨折长度为22cm。”

被害人的头部颅骨骨折长达36cm,在这种情况下,第一次入院医生检查时,既没有检查出骨折的症状,也没有检查出疼痛的症状,却得出“头颅大小正常,无明显压痛”的检查结论,显然不符合常理。

最终,辩护律师提出,本案证据不能排除被害人在交通事故之后,又遭受其他伤害或意外的可能,许某交通肇事导致被害人死亡的这个关键事实存疑。

三、是否超越罪刑法定

罪刑法定是《刑法》的基本原则,《刑法》第 3 条就开篇明义指出:“法律明文规定为犯罪行为的,依照法律定罪处刑;法律没有明文规定为犯罪行为的,不得定罪处刑。”一个没有实行罪刑法定原则的国家,不可能是法治国家。罪刑法定原则是法治任何含义、价值的思想基础。罪刑法定原则要求司法机关只能根据已经公布的《刑法》定罪量刑。[1] 在确定辩护策略时,辩护律师也需要审查公安机关、公诉机关的指控是否超出了罪刑法定的原则。

案例 5－18　李某涉嫌危险驾驶罪案

控辩双方就是否超越罪刑法定原则进行了激烈的争论。李某醉酒后驾驶了一辆只有重量这一个因素超标的自行车,在道路上驾驶途中被公安机关抓获归案。公诉机关认为,超标电动自行车属于机动车,李某醉酒驾驶机动车,构成危险驾驶罪。

李某酒后驾驶超标电动自行车的行为,能否认定为危险驾驶罪?超标电动自行车能否等于机动车?这是本案的争议焦点。

(1)指控李某醉酒驾驶超标电动自行车构成危险驾驶罪,是否超出罪刑法定原则?

《刑法》第 133 条之一规定,“在道路上驾驶机动车,有下列情形之一的,处拘役,并处罚金:……(二)醉酒驾驶机动车;……”可见,《刑法》规定的是醉酒驾驶机动车的行为,才构成危险驾驶罪。《刑法》并没有规定醉酒驾驶超标电动自行车的行为,也构成危险驾驶罪。因此,指控李某醉酒驾驶超标电动自行车构成危险驾驶罪,值得商榷。

(2)将超标电动自行车认定为机动车,是否超出罪刑法定原则?

---

〔1〕 详见张明楷:《刑法学》(第 4 版),法律出版社 2011 年版,第 55 页。

当前法律法规中并没有规定超标电动自行车应该按照机动车管理;当前机动车管理部门等国家有关职能部门,也从未对超标电动车按照机动车进行管理。只有部分地方公检法机关出台的规范性文件才作出此类认定。例如,东莞市中级人民法院、东莞市人民检察院、东莞市公安局印发的《关于办理"醉驾型"危险驾驶案件的联席会议纪要》(东检〔2018〕69 号)规定:"7.《刑法》第一百三十三条之一中的'机动车',按《道路交通安全法》第一百一十九条第(三)项和国家质量监督检验检疫局发布的《机动车运行安全技术条件》等有关规定执行,包括各类汽车和摩托车。对于醉酒驾驶超标电动车的,鉴定机构根据《道路交通安全法》和《机动车运行安全技术条件》的规定,鉴定属于机动车的,可以作为定案的依据。"

但是,司法实践中,从最高人民法院刑事审判庭编写的《刑事审判参考》中刊载的案例到各地方法院的判决,大部分裁判案例都认为,现行的有关机动车管理法规并未将超标电动自行车纳入公安机关交通管理部门登记管理的机动车,不能将超标电动自行车认定为机动车。

其一,最高人民法院刑事审判庭编写的《刑事审判参考》(总第 94 集)中,发布的第 894 号刑事审判参考案例"林某危险驾驶案",就专门针对"醉酒驾驶超标电动自行车的,是否构成危险驾驶罪"的问题进行充分的论证。认为对"机动车"等概念性法律术语的理解应当与其所对应的行政法规保持一致,不能随意扩大解释。案例内容如下:

"目前,对于超标电动自行车是否属于机动车,相关行政法规并未作出明确规定。虽然根据《机动车国标》对摩托车的规定,部分超标电动自行车符合摩托车的技术条件,似属机动车,但《机动车国标》并未明确规定超标电动自行车属于机动车,只是规定符合国家标准的残疾人机动轮椅车、电动自行车不属于摩托车。退言之,即使《机动车国标》明确规定超标电动自行车属于机动车,其法律性质与效力也存在疑问。《标准化法》规定,保障人体健康、人身、财产安全的标准和法律、行政法规规定强制执行的标准是强制标准,必须执行。据此,《机动车国标》属于强制性国家标准,但强制性国家标准是否属于行政法规、部门规章,法律并无明确规定。虽然从其设置的权利义务和效力等实质要件判断,强制性国家标准与部门规章并无实质差异,但从其制定与发布的程序、体系结构、名称内容等形式要件判断,其不属于部门规章,只是接近于行政规范性文件。因此,国家标准对法院审理案件有一定的参考价值,但不具有法律规范意义上的约束力。只有行政法规或者部门规章明确规定超标电动自行车属于机动车之后,法院才能据此认定超标电动自行车属于法律意义上的机动车。在此之前,不应片面地以超标电动自行车符合《机动车国标》的规定,或者以《道交法》未排除超标电动自行车属于机动车为由,认定醉酒驾驶超标电动自行车或者驾驶超标电动自行车追逐竞驶情节恶劣的行为构成危险驾驶罪。这种认定,属于不合理的扩大解释,违反了罪刑法定原则,在实践层面还会造成行政执法的困境。《道交法》规定,无证驾驶机动车应当受行政处罚,但公安机关交通管理部门从未印发过超标电动自行车驾驶证,故无权对无证驾驶超标电动自行车的行为进行处罚,对醉驾超标电动自行车者吊销机动车驾驶证的行政处罚更是无从谈起。"

其二,广州市中级人民法院裁判认为,目前电动自行车、电动摩托车及危险驾驶的案件较多,在法律没有作出明确规定电动摩托车、电动自行车为机动车的情况下,要考虑刑法的谦抑原则,入罪时应慎重考虑。[1]

其三,天河区人民法院、白云区人民法院等法院裁判认为:现行的有关机动车管理法规并未将超标电动自行车纳入公安机关交通管理部门的登记管理的机动车,在现行法律未对此进行明确解释的情况下,不应任意扩大机动车的范围。[2]

其四,在对电动自行车、超标电动自行车的日常行政管理过程中,我国也没有对超标电动自行车建立相应的车辆登记、上路行驶、交强险购买等按照机动车管理的配套制度。《道路交通安全法》第 8 条规定:"国家对机动车实行登记制度,机动车经公安机关交通管理部门登记后,方可上道路行驶。尚未登记的机动车,需要临时上道路行驶的,应当取得临时通行牌证。"实际上,国家对于

---

〔1〕 详见广东省广州市中级人民法院(2017)粤 01 刑终 1999 号案件发回重审函。

〔2〕 例如,广东省广州市天河区人民法院(2015)穗天法刑初字第 115 号刑事判决书认为:"现行的有关机动车管理法规并未将超标电动自行车纳入公安机关交通管理部门的登记管理的机动车。根据罪刑法定原则,被告人罗某驾驶超标电动自行车碰撞被害人致其重伤的行为不构成交通肇事罪,应当以过失致人重伤罪对其定罪处罚。"又如,广东省广州市天河区人民法院(2015)穗云法刑初字第 325 号刑事判决书认为:"在现行法律未对此进行明确解释的情况下,不应任意扩大机动车的范围,曾某甲无驾驶资格骑行电动车的行为不应认定为交通肇事罪的构成要件。"再如,四川省成都市中级人民法院(2014)成民终字第 3841 号民事判决书认为:"因我国现今并无明确的法律法规将不符合国家规范的电动二轮车纳入机动车范围进行管理,也未建立相应的车辆登记、上路行驶、交强险购买等配套制度,故本案也不宜将王瑞红驾驶的不符合规范的电动二轮车作为机动车认定。"

电动车、电动自行车、超标电动自行车都没有实行登记制度，也不要求购买交强险、考驾驶证，没有建立相应的配套制度。由此可以看出，在对超标电动自行车的实际管理过程中，国家也没有将超标电动车纳入机动车管理的范围。

因此，辩护律师提出，在法律法规没有明确规定超标电动自行车按照机动车管理的情况下，不能扩大机动车的范围。将涉案超标电动自行车认定为机动车，将醉酒驾驶超标电动自行车认定为危险驾驶罪，超越了罪刑法定原则。

四、犯罪情节是否准确

刑法中规定了非常多的法定情节和酌定情节，如自首、立功、从犯、犯罪预备、犯罪中止、犯罪未遂、受雇用、在被追诉前主动交代、防卫过当、紧急避险、未满18周岁、已满75周岁、退赔、退缴赃款、赔偿谅解，等等。辩护律师需要对这些犯罪情节是否存在、办案机关的认定是否准确，进行逐一审查。下面笔者将结合案例进行示范分析。

案例5－19 宋某涉嫌走私毒品罪案

宋某从事为非洲客人进行英语翻译和代购家具等工作。2016年4月，埃塞俄比亚人W找到宋某商议，希望宋某能够帮忙，由宋某提供一个广东省外地址接收装有恰特草的国际邮包，经过分装后再转寄美国。宋某则从中赚取每单运费的20%～30%（美元）的费用。

宋某与W商定后，即打电话给其在湖南省娄底市新化县××镇的嫂子伍某，要其帮助接收几个国外寄来的邮包，将邮包内的“茶叶”用其提供的茶叶分装袋分装后再寄往美国。伍某同意后用微信将收货地址发送给宋某。宋某提供给W。W先后从埃塞俄比亚首都亚的斯亚贝陆续将四个装有恰特草的邮包寄往新化县××镇伍某收。

2016年5月11日至12日，上述四件邮包到达长沙，长沙海关邮检科在长沙国际邮件快件监管中心对上述邮件进行X光机查验时，发现图像异常，经开箱查验初步判断为毒品恰特草。海关邮检科随即将上述线索移送长沙海关驻黄花机场办事处缉私分局。缉毒民警决定采取控制下交付措施。5月17日下午，伍某在邮政寄递点签收邮件时被当场抓获。根据伍某的交代，缉私民警将宋某抓获。

本案需要审查宋某的两个主要情节：是一次走私还是多次走私，是主犯还是从犯?

(1)关于是否存在"多次走私"的情节?

海关缉私部门出具的《起诉意见书》认定:"依据《最高人民法院关于审理毒品案件适用法律若干问题的解释》第四条第一项之规定,多次走私毒品的,应当认定为刑法第三百四十七条第四款规定的'情节严重'。"

《最高人民法院关于审理毒品案件适用法律若干问题的解释》第4条规定:"走私、贩卖、运输、制造毒品,具有下列情形之一的,应当认定为刑法第三百四十七条第四款规定的'情节严重':(一)向多人贩卖毒品或者多次走私、贩卖、运输、制造毒品的;(二)在戒毒场所、监管场所贩卖毒品的;(三)向在校学生贩卖毒品的;(四)组织、利用残疾人、严重疾病患者、怀孕或者正在哺乳自己婴儿的妇女走私、贩卖、运输、制造毒品的;(五)国家工作人员走私、贩卖、运输、制造毒品的;(六)其他情节严重的情形。"海关缉私部门根据该司法解释认定宋某具有"多次走私毒品"情节,属于走私毒品罪中的"情节严重"。

辩护律师审查发现,不应当认定宋某"多次走私毒品"的情节。

第一,"多次走私毒品"中的每一次都必须能构成独立的走私毒品犯罪。"多次走私毒品"是走私毒品罪中的情节加重犯。"情节加重犯是在基本犯的基础上加重法定刑,从逻辑关系上说,适用加重法定刑的前提是,行为必须符合基本犯的构成要件。"〔1〕"基本犯与情节加重犯必须符合某同一具体犯罪构成要件,且情节加重犯以成立其基本犯为前提。"〔2〕在行为人的行为已经符合基本犯罪构成要件的基础上,当行为人的行为符合某些条件时,就加重行为人的刑罚。

走私毒品犯罪的情节加重犯是在基本犯罪构成上所附加的特殊要件,它的成立必须以该情节符合基本犯罪构成为前提,否则加重的情节只能认定为一般违法行为而非犯罪行为,更不是情节加重犯。因此,作为走私毒品犯罪的情节加重犯的"多次走私毒品",每一次都应当符合走私毒品犯罪的全部构成要件,每一次都构成独立的走私毒品犯罪。

第二,"多次走私毒品"中的"多次",应当是指三次以上。对于如何认定"多次走私毒品"中的"多次",目前刑法及司法解释尚未对此作出明确规定。

〔1〕 胡东飞:《情节加重犯的未遂》,载《刑法论丛》2015 年第 1 期。
〔2〕 肖中华:《情节加重犯研究》,载《法治研究》2012 年第 4 期。

从通常理解看,刑法条款中的"多次"一般是指三次以上,如《最高人民法院关于审理抢劫、抢夺刑事案件适用法律若干问题的意见》中规定,"多次抢劫'是指抢劫三次以上"。因此,从通常意义理解,参考刑法其他罪名对多次的通常认定标准,多次走私毒品是指走私毒品三次以上的情况。

第三,综合考虑宋某涉嫌走私毒品犯罪的犯意产生时间、犯罪行为实施时间、地点等因素,应当认定为一次犯罪。宋某只有一个走私毒品的犯意,所有涉案邮件均寄往同一地点,四个邮件寄送时间前后仅相差几天,到达海关的时间仅相差一天(2016 年 5 月 11 日和 2016 年 5 月 12 日),属于在较短时间内连续实施走私毒品的行为,应当认定为一次,而不是多次。

对此,可以参照《最高人民法院关于审理抢劫、抢夺刑事案件适用法律若干问题的意见》中的规定:"刑法第二百六十三条第(四)项中的'多次抢劫'是指抢劫三次以上。对于'多次'的认定,应以行为人实施的每一次抢劫行为均已构成犯罪为前提,综合考虑犯罪故意的产生、犯罪行为实施的时间、地点等因素,客观分析、认定。对于行为人基于一个犯意实施犯罪的,如在同一地点同时对在场的多人实施抢劫的;或基于同一犯意在同一地点实施连续抢劫犯罪的,如在同一地点连续地对途经此地的多人进行抢劫的;或在一次犯罪中对一栋居民楼房中的几户居民连续实施入户抢劫的,一般应认定为一次犯罪。"

综上,辩护律师提出,结合最高人民法院关于抢劫罪、抢夺罪、盗窃罪中"一次"与"多次"的认定标准,宋某基于一个犯意,在同一地点,同时试图收取四个涉案邮件的行为,只能认定为一次犯罪而非多次犯罪。最终,检察机关认可了辩护律师提出的意见,没有认定宋某"多次走私毒品"的加重情节。

(2)关于是否具有从犯情节?

检察机关虽然同意辩护律师提出宋某不具有"多次走私毒品"的加重情节,但坚持认为宋某系走私毒品犯罪的主犯,不是从犯。辩护律师审查认为,宋某系从犯,不应当认定为主犯。理由如下:

第一,从犯意提起、具体行为分工、出资和实际分得毒赃多少以及共犯之间相互关系等方面来看,应当认定宋某是从犯。

根据《大连会议纪要》的规定,在毒品犯罪案件中,区分主犯和从犯,应当以各共同犯罪人在毒品共同犯罪中的地位和作用为根据。要从犯意提起、具体行为分工、出资和实际分得毒赃多少以及共犯之间相互关系等方面,比较各个共同犯罪人在共同犯罪中的地位和作用。在毒品共同犯罪中,为主出资者、毒品所有者或者起意、策划、纠集、组织、雇用、指使他人参与犯罪以及其他起主要作用的是主犯;起次要或者辅助作用的是从犯。受雇用、受指使实施毒品犯罪的,应根据其在犯罪中实际发挥的作用具体认定为主犯或者从犯。

结合《大连会议纪要》的规定,宋某只起到次要或者辅助作用,是从犯而不是主犯。具体而言:

从犯意提起上看,犯意提起者是 W,而不是宋某,宋某只是在 W 的请求下,基于帮忙心态,简单帮忙转寄而已。

从毒品来源上看,毒品来源于 W,而不是宋某,宋某只负责接收并转寄,不知毒品的来源和具体去向。

从具体分工上看,W 负责提供毒品、伪装、邮寄入境、与上下家联络和谈判等对走私毒品犯罪而言最重要的部分,而宋某只负责接收临时入境的毒品,并进行转寄,在整个走私毒品的行为中,只负责非常次要的一个环节。

从获得利益数量上看,宋某帮忙接收快递并转寄往美国,只能获得运费 20% ~30% 的辛苦费,四个包裹总共辛苦费只有几百元,而其余的所有收益都由 W 获得,可见,宋某没有任何高额收益,不宜认定为主犯。

从共犯之间的关系上看,W 是出资者、毒品所有者、起意、策划、纠集、组织、雇用、指使者等,而宋某是受指使者,她的行为都是在 W 的指示下进行的,无疑,W 才是主犯。

第二,宋某是基于信任朋友,被动参与整个过程,其行为的被动性也不符合走私毒品犯罪主犯的行为特征。

根据案卷内容显示,事情源于宋某的朋友 W 希望宋某能帮他收一个国际包裹然后转寄美国,宋某向其确认不会涉及人身安全问题后,根据 W 的要求提供了相应的地址和联系方式。后来又在 W 的要求和指示下购买了部分包装袋准备重新包装包裹。从整个过程来看,从提供地址到购买包装袋重新包装,宋某都是在 W 的指示下进行的。而且从宋某与 W 的聊天内容显示,宋某从没主动联系过 W,一直是 W 不停地向宋某追问包裹的信息,宋某也没有接触过任何涉案毒品。可见,整个过程中宋某并没有积极参与。

《刑法》第 27 条第 1 款规定:"在共同犯罪中起次要或者辅助作用的,是从犯。"《大连会议纪要》中规定,"对于确有证据证明在共同犯罪中起次要或者辅助作用的，不能因为其他共同犯罪人未到案而不认定为从犯，甚至将其认定为主犯或者按主犯处罚”。因此，在本案中，现有证据足以证明宋某只起到次要或者辅助作用，虽然主犯 W 没有到案，但不影响宋某的从犯地位。

综上，辩护律师提出，宋某在本案的走私犯罪中，只起到辅助或者次要作用，是从犯，而不是主犯。

一审法院判决认定：被告人宋某与外国人 W 共同从境外走私恰特草入境，系共同犯罪，在共同犯罪中，被告人宋某起了主要作用，系主犯。[1]

辩护律师在二审阶段继续坚持从犯情节，二审法院终于改判，认定：宋某应他人要求接收和转寄毒品，在共同犯罪中系从犯，主观恶性较小，依法应当减轻处罚。[2]

五、罪名认定是否准确

罪名不同，直接影响定罪量刑的入罪标准，如单位行贿和对单位行贿，销售假冒注册商标的商品罪和非法经营罪等。而且认定罪名不同，也直接影响犯罪嫌疑人、被告人的涉案行为属于既遂还是未遂的犯罪状态，如销售假烟的犯罪行为。当事人准备销售一批假烟，已经购买回来了，但在销售之前被查获。涉嫌的罪名是销售假冒注册商标的商品罪、销售伪劣产品罪、非法经营罪。如果认定为销售假冒注册商标的商品罪或者销售伪劣产品罪，由于涉案产品还没有销售，属于犯罪未遂。[3] 如果认定为非法经营罪，很多法院就认为属于犯罪既遂，因为非法经营罪属于举动犯，即只要被告人实施了非法经营活动中的任何一个环节（包括非法收购、非法运输、非法销售等）的犯罪活动，就扰乱了市场秩序，构成犯罪既遂。尽管其中部分假烟被查获，并未销售成功，但这并不影响其非法经营的性质，其行为应按非法经营罪定罪处罚。[4]

因此，确定辩护策略时，辩护律师需要审核起诉意见书、起诉书、一审判

---

〔1〕 详见湖南省长沙市中级人民法院（2016）湘 01 刑初 108 号刑事判决书。

〔2〕 详见湖南省高级人民法院（2017）湘刑终 260 号刑事判决书。

〔3〕《最高人民法院、最高人民检察院关于办理非法生产、销售烟草专卖品等刑事案件具体应用法律若干问题的解释》第 2 条第 1 款规定：“伪劣卷烟、雪茄烟等烟草专卖品尚未销售，货值金额达到刑法第一百四十条规定的销售金额定罪起点数额标准的三倍以上的，或者销售金额未达到五万元，但与未销售货值金额合计达到十五万元以上的，以生产、销售伪劣产品罪（未遂）定罪处罚。”

〔4〕 例如，湖北省黄梅县人民法院（2014）鄂黄梅刑初字第 00077 号刑事判决书。

决书确定的罪名是否准确、是否符合法律规定，有无重罪变轻罪的可能。如非法吸收公众存款罪与集资诈骗罪、非法经营罪与赌博罪、赌博罪与开设赌场罪、制造毒品罪与非法买卖制毒物品罪、运输毒品罪与非法持有毒品罪，等等。

案例 5－20　袁某涉嫌集资诈骗罪案

检察机关指控：2015 年 8 月至 2016 年 3 月，被告人袁某等人，以广州某公司的名义……诱骗投资人出借资金，后由于资金链断裂，无法兑现投资人的本金及收益。经统计，被害人投资金额共计 234 万元。公诉机关认为，被告人袁某等人构成集资诈骗罪，数额特别巨大。

辩护律师研究发现，本案罪名认定并不妥当。袁某的行为认定为非法吸收公众存款罪更加合适。理由如下：

（1）袁某在案发前持续不断支付投资款本金、利息。起诉书认定袁某在 2015 年 11 月至 2016 年 1 月，实施集资诈骗犯罪行为。然而，袁某在 2015 年 11 月至 2016 年 2 月，有大量偿还投资款本金、利息的行为，偿还的资金规模总额达 80 多万元。

（2）袁某积极洽谈项目，企图营利。袁某在经营过程中，与其他公司洽谈合作、签订真实的业务合作合同，证明袁某在吸收资金时，企图通过利用集资款进行投资、经营活动，实现盈利，以盘活公司，偿还投资人本金、利息。

（3）为缓解资金紧张而集资，集资款全部用于维系公司运行、支付投资款本金、利息，属于“用于生产经营活动”。涉案所有集资款均进入公司的公账和公司实际控制使用的账户，款项均由公司统一管理，每一笔收入支出都有财务账册凭证予以如实记录，所有支出都用于支付投资人的本金、利息、公司运营费用等公司支出。袁某吸收资金的目的是缓解公司资金短缺，将钱款用于公司正常运营，试图让公司起死回生，与集资诈骗罪中吸收资金的目的就是非法占有明显不同。

（4）袁某投入公司的款项高于指控集资款总额。在公司资金紧张的情况下，袁某作为实际控制人，用自有资金向公司投入款项超过 177 万元，以维系公司的正常运行和支付投资款利息、本金，袁某投入的资金，比其吸收的资金 170 万元还超出 7 万多元。这充分显示袁某对公司的主观态度和对集资款的主观态度，是努力盘活公司、经营牟利，有产生利益的期待可能，意图通过公司的生产经营活动，归还投资人投资款，自己也发财致富，而不是非法占有集资款。

(5)袁某没有将集资款用于偿还个人债务、购车、购房、高档消费、购买六合彩、赌博等挥霍行为。判断非法吸收投资款行为是否构成集资诈骗罪，非常重要的参考标准在于，行为人是否将钱款用于偿还个人债务、购车、购房、高档消费、购买六合彩、赌博等，将钱款大部分挥霍。如果集资人将绝大部分集资款均用于个人使用、挥霍，导致投资人血本无归，则可以认定其具有非法占有目的，构成集资诈骗罪。若集资人没有将钱款用于个人挥霍，不宜认定其具有非法占有目的。在本案中，涉案公司的所有款项收入、支出都严格如实记账，袁某个人并没有从集资款中获得非法利益，没有将投资款用于任何个人消费、赌博等进行挥霍，反而个人投入了超过 177 万元资金，不宜认定其具有非法占有目的。

(6)袁某没有逃匿、销毁账簿。非法占有目的的认定，也可以从被告人是否交代钱款去向、是否销毁账簿凭证、是否逃匿等行为进行认定。如果行为人在收取集资款之后，拒不交代钱款去向，甚至销毁账簿、逃匿，导致投资人血本无归，那么，其行为构成集资诈骗罪。但是，若行为人既没有占有、控制集资款，所有投资款均用于公司经营、偿还投资人本金利息，没有销毁账簿行为，更没有逃匿，而且资金链断裂后，还不断自掏腰包往公司投钱，不断与投资人协商还款方案，就不宜认定其具有非法占有目的。

综上，辩护律师提出，袁某不具有非法占有的目的，依法不应当认定为集资诈骗罪，认定为非法吸收公众存款罪更加恰当。

案例 5－21　黄某涉嫌制造毒品罪案

公安机关出具的《起诉意见书》认定，黄某涉嫌制造毒品罪，毒品数量巨大，面临的法定量刑档次是“十五年以上有期徒刑、无期徒刑或者死刑”。

辩护律师审查发现，公安机关认定的罪名是错误的，黄某的行为不能定性为制造毒品罪，认定为非法买卖制毒物品罪更加合适。理由如下：

(1)黄某不知道具体、明确的他人正在或将要制造毒品。

非法买卖制毒物品的行为，可以构成非法买卖制毒物品罪，也可以构成制造毒品罪。黄某介绍徐某和毛某联系购买盐酸羟亚胺，这种行为，既可构成非法买卖制毒物品罪，也可构成制造毒品罪。关键在于行为人是否知道具体、明确的他人正在或将要制造毒品,仍然继续提供制毒物品。

《刑法》第350条第1款规定:"违反国家规定,非法生产、买卖、运输醋酸酐、乙醚、三氯甲烷或者其他用于制造毒品的原料、配剂,或者携带上述物品进出境,情节较重的,处三年以下有期徒刑、拘役或者管制,并处罚金;情节严重的,处三年以上七年以下有期徒刑,并处罚金;情节特别严重的,处七年以上有期徒刑,并处罚金或者没收财产。"第2款规定:"明知他人制造毒品而为其生产、买卖、运输前款规定的物品的,以制造毒品罪的共犯论处。"

"明知他人制造毒品"是指行为人知道具体的人正在或者将要实施制毒行为。这里的"明知"是指"确切地知道","他人"是指"相对确定的某人"。"为其提供前款规定的物品"是指行为人既认识到提供给他人的物品,是可以用来制造毒品的制毒原料,也认识到获取该易制毒物品的人是直接用来制造毒品,行为人自己提供易制毒物品的行为,正在为制毒的人提供直接的帮助。两款规定是递进的关系,行为人既明知介绍买卖的化学物品可以用来制造毒品,还知道具体的人正在或者将要实施制毒行为,才构成制造毒品罪的共犯。[1]

本案中,黄某居间介绍毛某和徐某买卖易制毒物品盐酸羟亚胺。黄某应该知道此类物品可以用于制造毒品。但是,黄某并不知道是否有其他具体的制毒人员正在或者将要实施制毒行为。

(2)黄某与制毒人员之间没有共同制造毒品的意思联络。

认定黄某构成制造毒品犯罪的共犯,还需要有足够的证据证明,其主观上与制毒者有共同制毒的目的,至少认识到提供制毒物品,是在帮助具体的制毒者实施制毒犯罪。

然而,黄某主观上仅知道制毒物品有可能被人用于制毒,却不清楚具体的制毒者是何人,本质上是对制毒物品的认知,仍然不是与制毒者的犯意联络。而且,由于存在制毒物品经过毛某的转卖,甚至中间还有多次转卖的可能,黄某在介绍买卖时,并不知道毛某将盐酸羟亚胺卖给制毒者还是卖给其他转卖者,中间的环节完全切断了黄某与制毒者之间的犯意联络。

---

〔1〕 参见广西壮族自治区高级人民法院(2014)桂刑三终字第86号刑事裁定书,广东省高级人民法院(2014)粤高法刑三终字第444号刑事裁定书,《刑事审判参考》第802号案例——王小情、杨平先等非法买卖制毒物品案等案件。

虽然有证据证明黄某介绍买卖的盐酸羟亚胺，最终被制毒者用于制造毒品。但黄某介绍买卖盐酸羟亚胺时，既不知道具体是谁正在或者将要制造毒品，也没有与制毒者联络，与制毒者不存在制造毒品的主观犯意联络。所以，仅仅有制毒物品最终被用于制毒的结果，仍不足以证明黄某与制毒者有共同制毒犯罪的故意。黄某的主观故意仍然没有超脱非法介绍买卖制毒物品的故意范畴，不宜认定为制造毒品的主观故意。[1]

(3)黄某的行为定性为非法买卖制毒物品罪更妥当。

如图1所示，黄某介绍徐某与毛某买卖盐酸羟亚胺，黄某知道盐酸羟亚胺可能会用于制造毒品。毛某阻隔了黄某与盐酸羟亚胺去向之间的联系、阻隔了黄某与制毒分子的犯意联络：

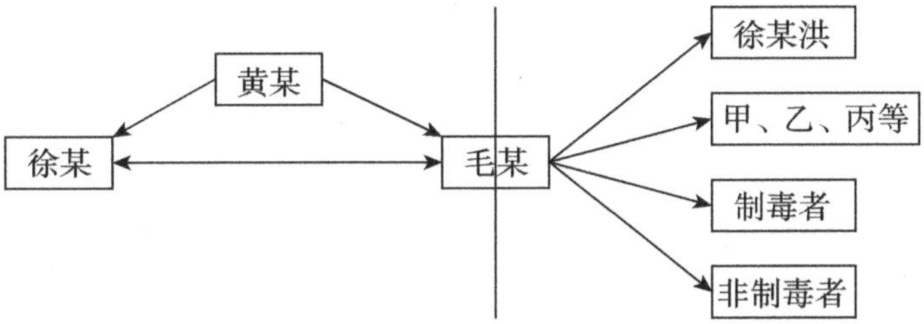

图1　黄某涉嫌制造毒品罪案犯意联络

第一，黄某不认识徐某洪，不知道毛某会将盐酸羟亚胺卖给徐某洪，还是甲乙丙等其他人；因此，黄某并没有与徐某洪、甲、乙、丙等向毛某购买盐酸羟亚胺的人形成犯意联络，未与徐某洪、甲、乙、丙等人构成共同犯罪，也未与非制毒者构成其他犯罪的共同犯罪。

第二，毛某并不是制造毒品的人，而是高价倒卖盐酸羟亚胺的人；黄某仅与毛某、徐某有犯意联络，而黄某与毛某、徐某的犯意联络，不是制造毒品罪的犯意联络，而是非法买卖制毒物品罪的犯意联络，因此，黄某仅有非法买卖制毒物品罪的犯罪故意，并无制造毒品罪的犯罪故意。

第三，黄某不知道毛某会将盐酸羟亚胺卖给制毒者，还是其他倒卖盐酸羟亚胺的非制毒者。对于黄某来说，毛某完全可能将盐酸羟亚胺转卖给其他倒卖者，而不是制毒者。因此，现有证据还不足以认定黄某明知毛某会将涉案盐酸

[1] 参见广东省清远市中级人民法院(2014)清中法刑一初字第26号刑事判决书、广东省高级人民法院(2015)粤高法刑四终字第135号刑事裁定书。

羟亚胺卖给制毒者。若因徐某洪将盐酸羟亚胺用于制造毒品,就反推黄某构成制造毒品罪,有客观归罪、唯结果论的嫌疑。

综上,辩护律师提出,黄某明知盐酸羟亚胺是制毒物品,仍然居中介绍毛某与徐某买卖盐酸羟亚胺,符合非法买卖制毒物品罪的犯罪故意,定性为非法买卖制毒物品罪更加符合法律规定。在该案审查起诉阶段,辩护律师制作了这个经典的图,一举说服检察官,检察官不得不改变罪名,最后再起诉时,检察官将罪名由制造毒品罪改成了非法买卖制毒物品罪。

六、罪数认定是否准确

在指控犯罪嫌疑人、被告人数罪并罚的案件中,辩护律师要特别留意罪数的认定是否准确的问题。犯罪嫌疑人、被告人实施了多个犯罪行为,应该认定为数罪还是一罪,要运用吸收犯、牵连犯、连续犯、集合犯、结合犯、结果加重犯、想象竞合犯等理论来分析认定。例如,在绑架过程中杀害被害人,认定为绑架罪一罪,还是绑架罪与故意杀人罪数罪并罚。又如,在非法拘禁过程中使用暴力致人死亡,认定为故意杀人罪一罪,还是非法拘禁罪和故意杀人罪数罪并罚。诸如此类问题,都需要探究罪数认定是否准确。

案例 5 – 22　谢某涉嫌走私普通货物罪、行贿罪案

起诉书指控,谢某走私普通货物,逃税金额达到 49 万多元。谢某为了谋取走私护私的非法利益,规避执法部门检查,安排人员多次向时任 × × 公安边防支队 × × 边防派出所所长张某贿送人民币 295 万元,向另一边防派出所所长贿送人民币 40 万元,向 × × 市公安局副局长陈某贿送港币 10 万元。检察院指控谢某构成走私普通货物罪,有其他严重情节;为谋取不正当利益,多次给予多名国家工作人员共计人民币 335 万元、港币 10 万元,情节特别严重;……

辩护律师审查发现,指控谢某走私普通货物"有其他严重情节"和行贿"情节特别严重"数罪并罚,存在重复评价的问题。

(1)指控谢某犯走私普通货物罪和行贿罪,数罪并罚,是第一次对行贿行为进行评价。

走私行为和行贿行为,是两个存在牵连关系的犯罪行为,原审判决没有适用牵连犯理论,直接进行数罪并罚,已经评价了行贿行为一次。

(2)指控谢某犯走私普通货物"有其他严重情节",是第二次对行贿行为进行评价。

《刑法》第 153 条规定:"走私货物、物品偷逃应缴税额较大或者一年内曾因走私被给予二次行政处罚后又走私的,处三年以下有期徒刑或者拘役,并处偷逃应缴税额一倍以上五倍以下罚金。"

《最高人民法院、最高人民检察院关于办理走私刑事案件适用法律若干问题的解释》第 16 条规定,"走私普通货物、物品,偷逃应缴税额在十万元以上不满五十万元的,应当认定为刑法第一百五十三条第一款规定的'偷逃应缴税额较大'"。第 16 条还规定,"走私普通货物、物品,具有下列情形之一,偷逃应缴税额在三十万元以上不满五十万元的,应当认定为刑法第一百五十三条第一款规定的"其他严重情节"。其中情形之一就是"(三)为实施走私犯罪,向国家机关工作人员行贿的"。

可见,如果没有重复评价行贿行为,被告人谢某走私普通货物,逃税金额 49 万多元,属于"偷逃应缴税款数额较大"的情形,不属于"其他严重情节"的情形。因此,起诉书以"为实施走私犯罪,向国家机关工作人员行贿的"为由,认定谢某走私普通货物罪具有"其他严重情节",第二次评价了谢某的行贿行为。

(3)原审判决认定谢某行贿行为"系情节特别严重",是第三次对行贿行为进行评价。

《贪污贿赂解释》第 9 条规定:"犯行贿罪,具有下列情形之一的,应当认定为刑法第三百九十条第一款规定的'情节特别严重':(一)行贿数额在五百万元以上的;(二)行贿数额在二百五十万元以上不满五百万元,并具有本解释第七条第二款第一项至第五项规定的情形之一的;……"该解释第 7 条第 2 款第 1 ~ 5 项规定,"(一)向三人以上行贿的;(二)将违法所得用于行贿的;(三)通过行贿谋取职务提拔、调整的;(四)向负有食品、药品、安全生产、环境保护等监督管理职责的国家工作人员行贿,实施非法活动的;(五)向司法工作人员行贿,影响司法公正的"。

起诉书指控谢某向三人行贿的行为,属于"情节特别严重",加重了谢某行贿行为的量刑档次,从"处五年以上十年以下有期徒刑,并处罚金"升格为"处十年以上有期徒刑或者无期徒刑,并处罚金或者没收财产"的量刑档次。谢某行贿数额 250 万元以上不满 500 万元,本应属于"情节严重",起诉书又认定为"情节特别严重",再一次加重评价行贿行为,即第三次评价了行贿行为。

综上，既指控谢某犯走私普通货物罪和行贿罪数罪并罚，又指控谢某属于走私普通货物罪“有其他严重情节”，行贿行为“系情节特别严重”，显然对谢某的行贿行为进行了重复评价。

走私和行贿应否数罪并罚的问题，可以参考《刑事审判参考》指导案例第336号“王红梅、王宏斌、陈一平走私普通货物、虚开增值税专用发票案”。该案认为：“首先，之所以向海关人员行贿是为了将货物走私进口成功这一目的。因此，实施的走私普通货物行为与向海关人员行贿的两个独立的犯罪行为之间，在主观上符合牵连犯罪构成所必要的主观条件，即数行为之间是为了同一个犯罪目的。其次，向海关有关人员行贿的行为与将货物走私入境的行为之间，在客观上亦存在着不可分割的手段与目的的牵连关系，前者即行贿行为构成了后者即走私普通货物行为的组成部分，从而与后者构成了方法上的牵连犯罪。总之，向海关人员行贿的行为，与将货物走私入境的行为，属于两个独立的犯罪行为，触犯了两个性质完全不同的罪名即单位行贿罪与走私普通货物罪，并且都是出于将货物走私进口成功这一犯罪目的，而且在客观上存在着手段与目的的牵连关系，因此，应以牵连犯罪论处，择一重罪即走私普通货物罪定罪处罚，而不应实行数罪并罚。”[1]

七、罪责认定是否准确

罪责大小的认定，会直接或者间接影响对犯罪嫌疑人、被告人的量刑期限。犯罪嫌疑人、被告人即使确实构成犯罪，没有无罪辩护的空间，辩护律师也需要帮忙审查他的罪责大小，审查起诉意见书、起诉书、一审判决书对犯罪嫌疑人、被告人的罪责认定是否准确。审查罪责认定需要从两个方面入手：正面审查被告人的罪责大小，反面审查被害人的过错大小。

（一）被告人的罪责大小

在一个共同犯罪案件中，无罪辩护已经没有可能，只能作罪轻辩护时，可以对被告人的排序进行辩护。被告人的排序基本都是按照罪责大小、主犯从犯的顺序排列的，法院在判决时，也基本都按照罪责大小排序的。比如，第一被告和

---

〔1〕 详见《刑事审判参考》（总第43集）指导案例第336号“王红梅、王宏斌、陈一平走私普通货物、虚开增值税专用发票案”。

第二、第三被告相比，绝大部分情况下，第一被告的罪责都会被认定为最重的，量刑也是最重的。因此，如果辩护律师将犯罪嫌疑人、被告人的排位往后排，犯罪嫌疑人、被告人的量刑也会相应较轻。被告人排序该如何辩护呢？有如下四种方法可以参考：

1. 人物关系梳理法

在部分案件中，涉案犯罪行为是由多名犯罪嫌疑人、被告人共同实施，分工合作、环环相扣，不同涉案人员之间的关系相对比较复杂时，辩护律师可以通过梳理涉案人员的关系，来区分各个犯罪嫌疑人、被告人在涉案犯罪中的罪责大小。

案例 5－23　魏某涉嫌诈骗罪案

魏某作为副院长，被指控是除院长徐某之外罪责最重的被告人。辩护律师通过对涉案骗取医保行为的全过程以及涉案各被告人具体参与的行为，进行仔细梳理，通过画出关系图，清晰呈现出魏某的职位和他在涉案犯罪中的罪责并不能等同，他虽然是副院长，但属于受雇用的职业经理人，他对医院骗保行为虽然知情，但并没有指挥、参与骗保过程，没有获得分红，相比于科室承包人郭某、汪某等人，罪责更小（见图 2）。

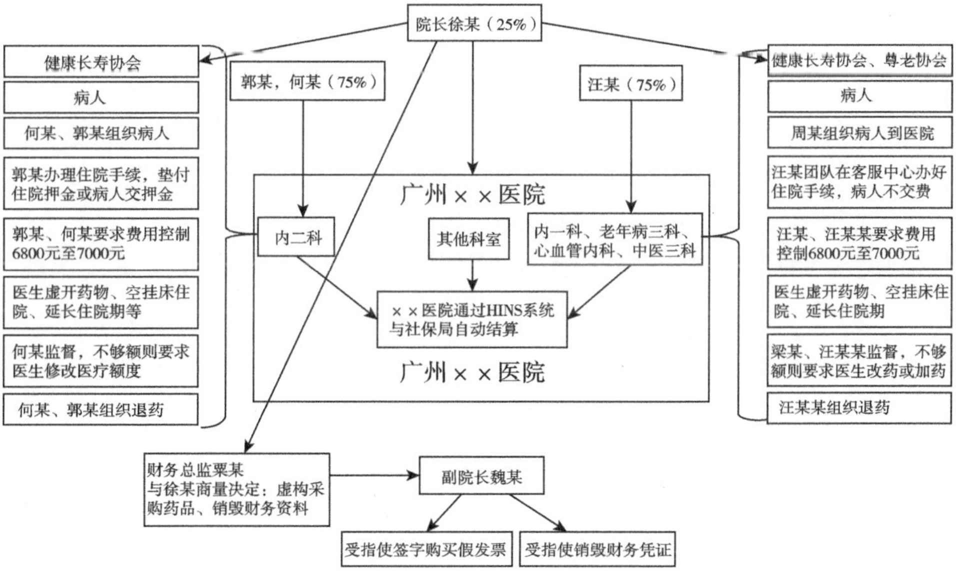

图 2　魏某涉嫌诈骗案关系梳理

2. 作用大小比较法

在被告人之间存在组织与被组织、领导与被领导关系的犯罪中，被告人的人数通常比较多，不同参与者的作用大小是不同的，面临的量刑期限也是不同的，甚至承担刑事责任的范围亦是不同的。比如，犯罪集团的首要分子，由于作用大，法律规定他需要对集团所犯的全部罪行都要承担刑事责任；又如，黑社会性质组织的组织者、领导者，由于作用大，法律规定他需要对黑社会性质组织的全部犯罪承担刑事责任；再如，在聚众扰乱社会秩序罪中，首要分子面临 3 年以上 7 年以下有期徒刑，积极参加者，仅面临 3 年以下有期徒刑、拘役、管制或者剥夺政治权利。对犯罪嫌疑人、被告人的作用大小认定是否准确，可以影响犯罪嫌疑人、被告人承担刑事责任的范围和量刑的轻重。

案例 5－24　谢某等涉嫌组织、领导黑社会性质组织罪案

起诉书指控谢某是组织者，应当为涉案黑社会性质组织的所有犯罪承担责任，包括谢某完全没有参与的行贿罪、故意伤害罪、聚众斗殴罪、聚众冲击国家机关罪等全案犯罪。

在黑社会性质组织中，涉及三种角色：组织、领导者，积极参加者和其他参加者。这三种角色意味着在涉案犯罪中的作用大小不同，他们面临的量刑档次和承担刑事责任的范围，存在天壤之别。

其一，三种角色面临量刑档次截然不同。《刑法》第 294 条规定："组织、领导黑社会性质的组织的，处七年以上有期徒刑，并处没收财产；积极参加的，处三年以上七年以下有期徒刑，可以并处罚金或者没收财产；其他参加的，处三年以下有期徒刑、拘役、管制或者剥夺政治权利，可以并处罚金。"

其二，三种角色承担的刑事责任的范围截然不同。根据《最高人民法院、最高人民检察院、公安部办理黑社会性质组织犯罪案件座谈会纪要》（法〔2009〕382 号）中规定："对黑社会性质组织的组织者、领导者，应根据法律规定和本纪要中关于'黑社会性质组织实施的违法犯罪活动'的规定，按照该组织所犯的全部罪行承担刑事责任……对黑社会性质组织中的积极参加者和其他参加者，应按照其所参与的犯罪，根据其在具体犯罪中的地位和作用，依照罪责刑相适应的原则，确定应承担的刑事责任。"

在本案中，起诉书指控谢某是组织者，应当为全案所有犯罪都承担刑事责任。辩护律师在罪责辩护方面，主要论证谢某在涉案犯罪、涉案犯罪组织中的作用,不是“组织者、领导者”,而只是“积极参加者”或者“其他参加者”,不应当承担组织、领导黑社会性质组织的刑事责任,只应当承担参加黑社会性质组织的刑事责任。如此一来,谢某只需要对他参与的具体犯罪行为承担刑事责任,不需要对他未参与的犯罪行为承担刑事责任。

之后法院在该案判决书中认定,谢某没有参与冲击国家机关,其不是犯罪组织的领导者,不对组织所犯全部罪行承担刑事责任,故起诉书指控谢某承担聚众冲击国家机关的刑事责任,不予确认;在案证据并未反映谢某有参与行贿,谢某并非犯罪组织的领导者,对本案行贿犯罪不负组织领导责任,故起诉书指控谢某犯行贿罪的依据不足,不予确认;现有证据不足以证实谢某有参与聚众斗殴,另外,谢某并非犯罪组织的领导者,对本宗聚众斗殴罪不负组织领导责任,故起诉书指控谢某对本宗聚众斗殴罪承担刑事责任的依据不足,不予确认。

在该案中,罪责辩护的重点是被告人作用大小的比较,是“组织者、领导者”,还是“积极参加者”或“其他参加者”,**作用大小认定不同,被告人面临的量刑档次和承担刑事责任的范围存在天壤之别。**

3. 责任轻重比较法

在被告人共同实施某一犯罪的案件中,即使各个被告人之间没有明显的上下级关系,但不同被告人也有责任轻重之分。参与涉案犯罪中的责任轻重不同,在起诉意见书、起诉书、判决书中的排序则不同,最终判决的刑期长短就会不同。辩护律师可以通过比较各个犯罪嫌疑人、被告人的涉案程度来区分责任轻重。

案例 5-25 蔡某涉嫌介绍卖淫罪案

蔡某等人与卖淫女组成团伙,实施卖淫和介绍卖淫行为。蔡某等人之间不存在上下级管理关系,各自开展业务,有时相互配合,各自获得相应的介绍卖淫费用。此类案件中,辩护律师也可以仔细梳理各被告人的参与时间长短等内容,呈现各被告人参与涉案犯罪的程度,展现责任轻重的不同。

辩护律师主要比较下列几个方面:(1)比较各个被告人介绍卖淫时间长短,即犯罪时间长短;(2)比较各个被告人介绍卖淫的人次;[1](3)比较各被告

〔1〕《最高人民法院、最高人民检察院关于办理组织、强迫、引诱、容留、介绍卖淫刑事案件适用法律若干问题的解释》第10条规定:“组织、强迫、引诱、容留、介绍他人卖淫的次数,作为酌定情节在量刑时考虑。”

人是否提起犯意；(4)比较各被告人是否纠集其他人参加介绍卖淫行为；(5)比较各被告人获利大小；(6)比较卖淫开房款的来源（犯罪资金来源比较）；(7)比较是否陪同、护送卖淫女；(8)比较各被告人食宿资金来源。

这些情形，就可以清晰呈现本案各个被告人在涉案介绍卖淫行为中的责任轻重、罪责大小。经过对比，论证被告人蔡某的责任最小，应当判处较轻的刑罚（见表2）。

表2　各被告人涉案行为对比

对比项＼姓名	刘某	孙某	蔡某
介绍卖淫时间	至案发已七八个月	至案发已6个月	至案发才一个半月
介绍卖淫人次	7人次	13人次	4人次
是否提起犯意 是否纠集同案犯	纠集其他人加入介绍卖淫	否	否
卖淫款去向	刘某对全部卖淫款有支配权	按单收取介绍费	按单收取介绍费
卖淫开房款谁出	刘某出房钱	不出房钱	不出房钱
是否陪同护送 卖淫女去卖淫	陪同护送	没有陪同	没有陪同
谁出资安排食宿	刘某支付食宿资金	每天交50元， 刘某兜底	每天交50元， 刘某兜底

4. 量刑情节比较法

在共同犯罪案件中，各犯罪嫌疑人、被告人有不同的量刑情节，被判处的刑罚也应当有所不同。辩护律师可以审查各犯罪嫌疑人、被告人的量刑情节，并尽量为自己的当事人争取有利的量刑情节，争取排序靠后、相对较轻的判决结果。

案例5－26　刘某、陈某、陈某某、付某、杨某涉嫌诈骗罪案

起诉意见书、起诉书中都认定，刘某是五名被告人中，排位第一的被告人。很显然，如无意外，刘某的刑期将是五名被告人中最重的。案件已经到法院阶段，怎么做才能够将刘某从第一被告人的位置上降下来，减少他的刑期，是辩护律师需要细心考虑的问题。

辩护律师留意到，五名被告人中，所有被告人都还没有退赔，也没有取得被害人的谅解。于是，辩护律师建议，刘某的家属代替刘某向法院退还部分款项。后刘某的家属向法院退赔了部分赃款。退赃是重要的量刑情节，刘某家属的退赃行为，对他的排位和量刑，起到重要作用。

最后，法院判决认为，被告人刘某、陈某、陈某某、付某、杨某以非法占有为目的，诈骗他人财物，数额巨大，其行为已经构成诈骗罪，应依法惩处……刘某、陈某、陈某某在共同犯罪中起主要作用，是主犯。付某、杨某在共同犯罪中起次要作用，系从犯，依法可以减轻处罚……被告人刘某积极退赃，可酌情从轻处罚。据此，根据本案的犯罪性质、事实、情节和对社会的危害程度……判决如下：一、被告人陈某有期徒刑三年三个月……二、被告人陈某某有期徒刑三年三个月……三、被告人刘某有期徒刑三年……四、被告人付某有期徒刑一年六个月……五、被告人杨某有期徒刑一年……

虽然刘某仍然被认定为主犯，但由于其具有退赃情节，而其他主犯没有退赃情节，他从第一被告变成第三被告，减少了 3 个月的刑期。

（二）被害人的过错大小

在当前司法实践中，被害人过错是重要的量刑情节。被害人存在过错，可相应减少被告人的罪责。辩护律师确定辩护策略时，也应充分考察是否存在被害人过错的因素。

刑法意义上的被害人过错，是指被害人出于故意实施了错误或不当的行为，且该行为违背了社会公序良俗，伦理规范或法律，侵犯了被告人的合法权利或者正当利益，客观上导致了犯罪行为的发生。依据现行的刑事政策及审判实践，被害人过错有两种，一种是在婚姻家庭、邻里纠纷等民间矛盾中明显有过错，另一种是对上述矛盾激化负有直接责任的过错。而激化矛盾的责任，一般是指被害人的言词、行动直接刺激被告人，使其犯罪或导致更严重的犯罪后果发生。[1]

被害人的过错，在理解上有三点需要注意：第一，主观上，被害人应该存在故意或者过失的过错，即被害人被害前的行为主观上具有相当的过错，具有强烈的可谴责性。第二，客观上，被害人在被害前确实以作为或者不作为的方式实施了相关的违法犯罪或者严重违反道德的行为，这种行为足以引起犯罪嫌疑人、被告人实行犯罪。第三，被害人在被害前的过错行为与犯罪嫌疑人、被告人

〔1〕 参见广东省高级人民法院（2017）粤刑终 181 号刑事判决书、安徽省合肥市中级人民法院（2017）皖 01 刑终 634 号刑事裁定书、安徽省合肥市中级人民法院（2018）皖 01 刑终 446 号刑事裁定书等案件。

的犯罪行为存在直接的因果关系。[1]

考量被害人过错,应从以下三个方面分析:

(1)被害人先行实施了不当行为。这个不当行为,在行为定性上,违背了社会公序良俗,伦理规范或法律。在行为结果上,侵犯了被告人的合法权利或者正当利益。在行为侵犯程度上,是程度激烈、危害较大的。

(2)被害人的不当行为侵犯了犯罪嫌疑人、被告人的正当权益或社会公共利益。被害人行为的目的是侵犯犯罪嫌疑人、被告人的合法权益或者社会公共利益,而且实际上已经发生了侵害结果。

(3)被害人的过错行为与犯罪嫌疑人、被告人犯罪行为之间存在因果关系或者关联性。因果关系比较容易理解,即被害人的先前行为直接引发了犯罪嫌疑人、被告人的犯罪行为。关联性则需要从各个角度考察,分析该关联是否足够密切。比如,利益上的关联性,被害人不当行为侵犯的正当法益或社会公共利益与犯罪嫌疑人、被告人的关联性。又如,时间上的关联性,被害人的不当行为发生时间与犯罪行为发生时间间隔的长短。

总的来说,对被害人过错程度的评价,一般要综合考虑被害人对法律规范、伦理道德、善良风俗的背离程度,以及促使犯罪嫌疑人、被告人实施加害行为的关联程度进行认定。被害人存在过错的典型情形有:被害人破坏他人婚姻,违反社会伦理;被害人率先动手殴打被告人等情形。[2]

被害人是否存在过错问题的争论,在凶杀案中尤为常见。**因此,在凶杀案件辩护中,辩护律师要仔细分析审查被害人的行为是否激化矛盾、是否存在被害人过错的情况。**

案例 5 – 27　郑某涉嫌故意杀人罪案

2016 年 10 月 27 日××时××分许,被告人郑某认为被害人黄某有意用手从背后拍了他一下,遂与被害人黄某发生口角继而发生打斗。被人拉开后,郑某意图报复。次日 17 时××分许,在广东省东莞市×××水果行,郑某趁被害人黄某不备,持事先准备的水果刀从背后捅刺黄某多刀,导致黄某胸部升主

---

〔1〕 参见青海省高级人民法院(2018)青刑终 19 号刑事判决书、广东省高级人民法院(2017)粤刑终 181 号刑事判决书等案件。

〔2〕 例如,在广东省高级人民法院(2018)粤刑终 35 号刑事裁定书中,法院认为被害人刘某在与钟某发生争执后率先脚踢钟某,从而引发本案,其对本案的发生起因存在一定过错。

动脉破裂引起失血性休克死亡。诉讼各方对于被害人是否存在过错，产生较大分歧。

辩护律师认为，被害人在案发前一天发生冲突，被害人黄某在众目睽睽之下首先动手殴打被告人郑某，对被告人拳打脚踢，严重刺伤被告人郑某的自尊心，被害人黄某对矛盾激化负有直接责任，存在明显过错。请求法院对被告人郑某从轻或减轻处罚。

公诉人认为，在第一天的冲突中，被告人得知拍打行为并不是被害人所为，但依然起了杀意，被害人对于案件起因没有过错。

被害人家属的诉讼代理人认为，被害人对于本案的发生，没有任何过错。其一，被害人黄某与被告人郑某在案发前一天的争执行为，既不是违法犯罪行为，也不是严重违背道德、善良风俗或者其他社会规范的行为，而且与加害行为的发生也不存在刑法意义上的因果关系。因此，案发前一天，被害人没有刑法意义上的过错。其二，被告人郑某提前购买水果刀，一直藏在裤袋里，准备用于对被害人行凶，蓄谋杀害的主观犯意非常明显。在被害人不备的情况下，从身后左手勾住被害人的脖子，右手捅刺被害人的胸前要害部位和头部，将被害人压在地上后，连续捅刺 16 刀，直到被闻讯赶来的其他人夺走刀并将他拉开，才停止捅刺，作案手法凶狠残忍。而案发当天，被害人黄某与被告人郑某之间没有发生任何口角或肢体冲突，被害人黄某对被告人郑某的行凶始料未及。因此，在案发当天，被害人黄某也不具有任何过错。

法院最后判决认为，案发前一天郑某与被害人之间的纠纷已经他人劝阻平息，且郑某已观看过监控视频，明确知道从后面拍打其的并非被害人，但次日郑某仍持刀趁被害人不备捅刺被害人多刀，被害人对本案的发生不存在过错。

八、数额认定是否准确

犯罪数额是直接影响定罪量刑的重要因素。辩护律师确定辩护策略时，需要审查涉案犯罪数额是否准确，以及涉案犯罪事实具体该如何认定。如果审查发现涉案犯罪数额认定错误，则相应部分的辩护策略自然就可以确定。

案例 5-28　魏某涉嫌非法经营罪案

魏某因为销售某危险化学品，被公安机关抓获归案，公安机关指控他涉嫌非法经营罪。在这个案件中，进货单据都被公安机关从上家公司查扣，显示进货的数额是287万多元。魏某的淘宝销售记录也被公安机关查扣，销售记录显示是114万多元。那么，涉案的犯罪金额究竟是多少？应认定为287万多元，还是114万多元？在审查起诉初期，检察官始终认为，本案应当按照287万多元来认定非法经营的数额。检察官的意见对魏某的刑期而言非常不利。

根据2013年10月16日广东省高级人民法院发布的《全省法院经济犯罪审判工作座谈会纪要》（粤高法〔2013〕325号）的规定，对司法解释未明确规定量刑标准的其他非法经营犯罪行为，具有下列情形之一的，应当认定为“情节严重”：(1)个人非法经营数额在5万元以上，或者违法所得数额在1万元以上的；(2)单位非法经营数额在50万元以上，或者违法所得数额在10万元以上的。具有下列情形之一的，应当认定为“情节特别严重”：(1)个人非法经营数额在200万元以上，或者违法所得数额在40万元以上的；(2)单位非法经营数额在500万元以上，或者违法所得数额在100万元以上的。因此，在该案件中，如果销售金额认定为287万多元，魏某可能面临5年以上有期徒刑的量刑档次，而如果销售金额认定为114万多元，魏某面临5年以下有期徒刑的量刑档次。

辩护律师仔细审查研究了关于非法经营的犯罪数额该如何认定、本案的犯罪数额究竟是多少、检察官拟认定的犯罪数额是否正确等问题。

在该案中，辩护律师意识到涉及犯罪数额的概念有四个：订单数额、进货数额、销售数额与非法经营数额，这四个概念应当加以区分界定。通过区分界定这四个不同概念，对非法经营数额该如何认定，就有理有据，更容易说服办案人员。在审查起诉阶段，辩护律师提出：

第一，订单数额与进货数额不一定等同。办案机关从非法经营行为的上家搜查得到全部的订单，根据这些订单找到所有经销商（下家），并将所有经销商抓获归案，指控他构成非法经营罪，将从上家公司中搜出来的全部订单数额，都认定为非法经营犯罪数额。而实际上，将订单数额等同于进货数额，是不妥当的。

从证据链条的角度来看，订单数额不能推定进货数额。没有每笔订单对应的付款记录，没有每笔订单货物对应的发货记录，也没有收货记录，就无法查证经销商们究竟付了哪几笔订单的款项，上家发货时发了哪几笔订单的货物，经销商们收货时收到了哪几笔货物。因此，以上家公司中查获的全部订单总额来计算经销商的进货数额，是不妥当不合理的。

从订单的性质来看,订单数额未必是真实交易数额。订单的数额和经销商进货的数额,并不是相同的概念。订单只是购买商品的单方或双方的交易意向,并不是必然发生的事实。只有经销商付款、对方发货两个条件同时具备,交易才真正发生。所以,只要经销商没有付款或者上家没有发货,那么,这部分订单就是无效的订单,无效订单对应的货值,就不能认定为经销商进货的数额,也就不能认定为非法经营的数额。

因此,进货数额的计算,在能够找到付款记录或者送货记录的情况下,要以经销商真实支付了多少货款或者上家真实送出了多少货物为准。

第二,进货数额与销售数额、非法经营数额不一定等同。销售数额会被认定为非法经营数额,这是毫无疑问的。但是,进货数额并不能等同于销售数额,也不能等同于非法经营数额。在司法实践中,经常出现进货数额与销售数额存在较大差别的情况。比如,当事人购进了大批货物,但是只销售了一部分货物,其中大部分货物放在仓库中或者灭失了。此时,进货数额和销售数额就是不相同的。

如果出现这种情况,非法经营数额的认定,取决于尚未销售部分货物的去向。如果这部分货物在仓库中被查扣,则毫无疑问会被认定为非法经营数额,争论点在于:这部分非法经营的数额,应当认定为犯罪既遂的数额还是认定为犯罪未遂的数额。如果这部分货物没有查扣在案,甚至已经灭失,那么,这部分数额就不能认定为非法经营数额。

在本案件中,根据当事人的解释,其他的货物并没有卖掉,而是在案发前由于自己使用、损坏、空瓶、自然灾害(台风暴雨)泡坏等原因,在案发前早已灭失。这部分案发前已经灭失的货物和在仓库查扣在案的货物,存在本质区别:货物在仓库查扣在案的情况下,货物的状态是待售的,货物随时有可能被出售、流入社会、危害社会;由于公安机关的查处查扣,才未能顺利出售,可以认定为犯罪既遂或者未遂;而涉案货物在案发前已经灭失,不具有出售的现实可能和潜在可能,没有流入社会、危害社会的可能性,当然不应该再计入非法经营数额中。

因此,辩护律师提出,本案应当以 114 万多元作为非法经营数额,法定刑是"五年以下有期徒刑"。最后,经过多次沟通,检察官终于同意辩护律师的观点,不以进货数额计算非法经营数额,而以销售数额作为非法经营数额,魏某的法定刑从"五年以上有期徒刑"直接变更为"五年以下有期徒刑"。最终,法院判决魏某有期徒刑2年，缓刑3年。

九、责任主体是否准确

责任主体的审查，主要是审查涉案犯罪行为，应当认定为单位犯罪还是个人犯罪，以及是哪些（个）单位承担责任或者哪些（个）自然人承担责任。指控为涉案犯罪行为承担责任的主体是否准确，对涉案单位和涉案犯罪嫌疑人、被告人的罪责认定影响很大。辩护律师确定辩护策略时，审查承担刑事责任的主体，也是必备的项目。主要体现在如下几个方面：

（一）犯罪行为主体不同，定罪量刑的标准可能不同

责任主体不同，对相关人员的意义重大。在很多罪名中，单位犯罪和个人犯罪的定罪量刑数额标准相差巨大。如果认定责任主体是单位，属于单位犯罪，则定罪量刑要轻很多。在当前《刑法》及司法解释中，单位犯罪与个人犯罪定罪量刑标准不同的罪名，比较常见有合同诈骗罪，走私普通货物、物品罪，集资诈骗罪等。

1. 合同诈骗罪。《广东省高级人民法院印发关于办理破坏社会主义市场经济秩序犯罪案件座谈会纪要的通知》（粤高法〔2014〕301号）第12条的规定，单位犯合同诈骗犯罪的数额标准，按照个人犯罪数额标准的5倍掌握。

2. 走私普通货物、物品罪。根据《最高人民法院、最高人民检察院关于办理走私刑事案件适用法律若干问题的解释》第16条、第24条的规定，走私普通货物、物品，偷逃应缴税额在10万元以上不满50万元的，应当认定为《刑法》第153条第1款规定的“偷逃应缴税额较大”；偷逃应缴税额在50万元以上不满250万元的，应当认定为“偷逃应缴税额巨大”；偷逃应缴税额在250万元以上的，应当认定为“偷逃应缴税额特别巨大”。单位犯走私普通货物、物品罪，偷逃应缴税额在20万元以上不满100万元的，应当依照《刑法》第153条第2款的规定，对单位判处罚金，并对其直接负责的主管人员和其他直接责任人员，处3年以下有期徒刑或者拘役；偷逃应缴税额在100万元以上不满500万元的，应当认定为“情节严重”；偷逃应缴税额在500万元以上的，应当认定为“情节特别严重”。可见，单位犯走私普通货物、物品罪的定罪量刑数额标准，是个人犯罪定罪量刑数额标准的2倍。

3. 集资诈骗罪。《最高人民检察院、公安部关于公安机关管辖的刑事案件

立案追诉标准的规定(二)》第49条规定:“以非法占有为目的,使用诈骗方法非法集资,涉嫌下列情形之一的,应予立案追诉:(一)个人集资诈骗,数额在十万元以上的;(二)单位集资诈骗,数额在五十万元以上的。”《最高人民法院关于审理非法集资刑事案件具体应用法律若干问题的解释》第5条规定,个人进行集资诈骗,数额在10万元以上的,应当认定为“数额较大”;数额在30万元以上的,应当认定为“数额巨大”;数额在100万元以上的,应当认定为“数额特别巨大”。单位进行集资诈骗,数额在50万元以上的,应当认定为“数额较大”;数额在150万元以上的,应当认定为“数额巨大”;数额在500万元以上的,应当认定为“数额特别巨大”。可见,单位犯集资诈骗罪的定罪量刑标准,是个人犯罪定罪量刑数额标准的5倍。

单位犯罪与个人犯罪定罪量刑标准存在很大区别的罪名还有:对外国公职人员、国际公共组织官员行贿罪;诱骗投资者买卖证券、期货合约罪;金融凭证诈骗罪;信用证诈骗罪;保险诈骗罪;非法经营罪;对有影响力的人行贿罪;对单位行贿罪,非法吸收公众存款罪等。

在办案过程中,辩护律师对是否属于单位犯罪、单位犯罪与自然人犯罪定罪量刑是否有差别等问题,都要一一进行仔细审查认定。

案例5-29 欧某涉嫌合同诈骗罪案

欧某是某旅行社的法定代表人,以980万元的价格接了一个韩国旅游团的大单,签订了《旅游接待协议书》。之后,欧某找到另外一个旅行社,以1000万元的价格又将这单业务交给了这个旅行社,签订了《包船旅游协议书》。欧某倒贴了20万元来做这单业务。欧某的公司负责中转,旅游团的费用分期付给欧某的公司,欧某再将钱款付给下一个旅行社。因为欧某的旅行社资金紧张,欧某在收到了980万元款项之后,只向下一个旅行社支付了395万元,将剩下的585万元挪作他用,用于该旅游公司的经营。

公诉机关认为,应当定性为欧某的个人犯罪行为。欧某以非法占有为目的,在履行合同过程中骗取被害人财物,数额特别巨大,应当以合同诈骗罪追究其刑事责任。

对于本案责任主体,辩护律师始终认为,本案应当定性为单位犯罪,而不是欧某的个人犯罪,主要辩护理由在于:

其一,与被害公司签订《旅游接待协议书》的主体是欧某经营的旅游公司,挪用585万元团费的行为主体也是该旅游公司。作为协议的相对方和挪用团费行为的实施主体,该旅游公司才是本案的责任主体。

其二,欧某作为旅游公司的法定代表人、控股股东,以旅游公司的名义履行职责,代表的是单位的意志,相应的行为责任应由旅游公司承担。

其三,虽然旅游公司以欧某的个人账户接受被害单位支付的团费,也以欧某的个人账户向其他旅行社支付包船款,但欧某的个人账户长期为公司所使用,以欧某的个人账户用于公司款项收付行为,不能认定为欧某的个人行为,认定为旅游公司单位行为更加妥当。

其四,本案所挪用的资金主要用于旅游公司的日常经营,没有用于欧某的个人开销,所有支出都与旅游公司的业务密切相关。

一审法院判决认为,旅游公司的会计证实,根据银行凭证和对比会计账册,欧某收取了被害单位的款项之后,用于旅游公司使用的资金仅为190万元。被告人欧某辩称将收取被害单位的300多万元都用于旅游公司业务和日常经营,与证据不相符合。大部分款项被欧某个人实际占有或支配,不是主要由旅游公司获益。所以,不属于单位犯罪,应当认定为个人犯罪。

辩护律师和欧某坚持上诉,二审法院裁定认为,原审判决认定事实不清、证据不足,撤销原判,发回重审。

重审一审法院判决认为,旅游公司是依法成立的具有独立法人资格的独资、私营企业,公司的法定代表人兼董事长都是欧某。欧某以旅游公司的名义收取款项,相关款项都存入了欧某的个人账户,该账户既用于公司收支资金,也用于个人财务收支。现有证据显示,从欧某的多个银行账户的银行流水可以看出,部分款项用于返还投资者的本金、利息,但是,侦查机关并没有对欧某的账户进行审计,无法甄别资金的其他具体去向。但是欧某确实实际经营着旅游公司,这个公司在本地还有10个营业部,公司和营业部的日常经营需要大量资金维持,现有证据无法排除欧某供述把资金用于公司运营的情形。因此,欧某的行为符合单位犯罪的特征,应当认定为单位犯罪。[1]

〔1〕 详见广东省广州市中级人民法院(2014)穗中法刑二初字第118号刑事判决书;广东省高级人民法院(2015)粤高法刑二终字第75号刑事裁定书;广东省广州市中级人民法院(2015)穗中法刑二重字第11号刑事判决书。

（二）犯罪行为主体不同，自然人的民事赔偿责任不同

犯罪行为的主体认定不同，对这些行为主体的民事赔偿责任影响很大。

其一，犯罪行为主体除了需承担刑事责任外，还面临民事赔偿的风险。犯罪行为主体厘清认定后，其他行为人没有参与到涉案犯罪中，这些人员是否承担民事赔偿责任，可以有很多免责的抗辩理由。而那些被认定实施犯罪行为主体的人，除了刑事责任，可能还将面临民事赔偿责任问题。

其二，单位犯罪与自然人犯罪的区分，对自然人承担民事赔偿责任的影响比较大。如果认定为自然人团伙犯罪，在民事侵权纠纷中，属于自然人之间的共同侵权行为，行为人除承担刑事责任之外，可能还面临赔偿责任。如果认定为单位犯罪，所有的行为人都属于公司的员工或者公司的股东，这些人除了为单位犯罪承担刑事责任外，不一定需要再为公司的侵权行为承担民事赔偿责任，存在无须承担民事赔偿责任的可能性。

这在侵犯知识产权犯罪中表现得尤为明显。公司实施了侵犯知识产权犯罪行为，公司主要负责人及相关员工为该犯罪行为承担刑事责任。单位犯罪能否成立，直接影响所有行为人的民事赔偿责任。

案例 5－30　朴某、崔某、××公司侵犯假冒注册商标罪案

法院判决崔某在××公司任厂长期间，朴某在××公司任总务期间，协助××公司大量生产了假冒某商标标识的牛肉粉。崔某被判处有期徒刑 3 年，缓刑 3 年。朴某被判处免予刑事处罚。后被侵权人起诉××公司及崔某、朴某等人，要求承担连带赔偿责任。

法院认为，《侵权责任法》第 34 条规定，用人单位的工作人员因执行任务造成损害的，由用人单位承担侵权责任。本案而言，朴某、崔某系××公司的职工，且××公司实施的侵权行为已构成单位犯罪，故因员工朴某、崔某的侵权行为而承担的赔偿责任，应由××公司承担。[1] 在该案中，被认定单位犯罪之后，单位员工无须承担民事赔偿责任。

（三）犯罪行为主体不同，关乎企业的生存与发展

犯罪行为的责任主体认定，对很多大型企业，尤其是上市公司的生存与发

〔1〕 详见吉林省延边朝鲜族自治州中级人民法院（2013）延中民三知初字第 14 号民事判决书。

展是生死存亡的问题。很多政府部门、企事业单位的项目，都要求投标人及其法定代表人和拟任项目经理没有行贿犯罪记录。《无犯罪记录证明》是必备的招投标文件，有犯罪记录的企业，将失去获得这些业务的机会，失去重要的业务市场，企业的生存和发展直接受到威胁。

例如，某上市公司的项目经理涉嫌向某国家工作人员行贿，应认定为该项目经理的个人行贿犯罪，还是认定为该项目所在上市公司的子公司或分公司的单位犯罪，还是认定为该上市公司的单位犯罪，对上市公司而言，是命悬一线的大事。一旦认定为该上市公司的单位行贿罪，则该上市公司再也开不出《无犯罪记录证明》，公司的业务将面临极大的限制，公司的生存和发展面临巨大威胁。

又如，某国有企业的工作人员，为了工作方便，降低成本，没有按照国家环保部门的要求，违反公司的污染物处理规范，擅自将公司产生的危险废物交给没有资质的公司处理。环保部门介入调查后，将该污染环境案移送公安机关立案侦查。公安机关对相关负责人以污染环境罪立案侦查。那么，该污染环境行为，认定为相关负责人员的个人犯罪，还是认定为该国有企业的单位犯罪，对该国有企业而言，关乎生死。一旦认定为该国有企业的单位犯罪，该企业将再也开不出《无犯罪记录证明》，也几乎将失去主要的业务市场，可能会宣告破产。

第四节 寻找辩护策略的方法

辩护律师在做好确定辩护策略的基础工作，按照常规的思路分案研究案卷材料后，大部分案件的辩护策略基本可以确定。但可能有少部分案件仍然很难找到有效辩点，难以确定最佳的辩护策略。此时，辩护律师可以尝试重点针对关键概念、关键行为、关键证据深入研究，厘清关键概念、定义关键行为、突破关键证据。

一、厘清关键概念

在寻找辩护策略时，要厘清案件中涉及的所有专业概念。刑事诉讼是非常专业的领域，不仅要求事实清楚，证据确实充分，而且所使用的概念应当非常准确。关键概念不准确将直接影响事实认定、证据采信，进而影响罪与非罪、此罪与彼罪、罪轻与罪重的裁决。

刑事诉讼过程中会涉及很多概念，有的是法律概念，有的是非法律概念。辩护律师对这些概念，都不能望文生义、想当然地去理解，要回归法条、回归专业领域，弄清楚每一个概念在所在领域内的准确含义。

例如，“职务犯罪”的概念，并不是与职务有关的任何犯罪都属于“职务犯罪”，更不是罪名中包含“职务”两个字的都属于职务犯罪。例如，“职务侵占罪”就不属于职务犯罪。刑法中的职务犯罪，是有专门含义的。根据 2016 年 3 月 30 日施行的《最高人民检察院、公安部、财政部关于保护、奖励职务犯罪举报人的若干规定》第 27 条的规定，职务犯罪，是指国家工作人员实施的刑法分则第八章规定的贪污贿赂犯罪及其他章中明确规定依照第八章相关条文定罪处罚的犯罪，刑法分则第九章规定的渎职犯罪，国家机关工作人员利用职权实施的非法拘禁、刑讯逼供、报复陷害、非法搜查的侵犯公民人身权利的犯罪以及侵犯公民民主权利的犯罪。

在寻找辩护策略时，要着重紧扣法条，对关键概念深入研究，审核控方所使用的概念是否准确。厘清这些概念，可以综合使用各种方法：

其一，引用规范文件。每一个概念几乎都会有相应的规范性文件予以解释、界定，如“国家工作人员”“国家机关工作人员”“受委托从事公务的人员”等，刑法及司法解释中有明确的规范界定。又如，与伤情鉴定的相关概念，有《人体损伤程度鉴定标准》（2014 年）等文件来专门解释。再如，“蛊惑交易操纵”“抢帽子交易操纵”“重大事件操纵”“利用信息优势操纵”“虚假申报操纵”“谎骗交易操纵”“跨期、现货市场操纵”等操纵证券、期货市场罪的相关概念，有《检察日报》刊登的《〈关于办理操纵证券、期货市场刑事案件适用法律若干问题的解释〉重点难点问题解读》等文件予以专门解释。

其二，请教专业人士。例如，对于 MD5 值、哈希值、金字塔结构、树状结构这些电子数据概念，应当请教电子数据鉴定专家来界定。又如，对于对冲基金、换手率、集合竞价、交割、连续竞价、内幕交易、内幕信息等证券、期货行业术语，在检索法律法规仍然无法理解的情况下，还需要向证券、期货行业专业人士请教。再如，轻伤、轻微伤、创口、创伤、右顶颞枕部、枕骨线性骨折、右颞部硬脑膜、小脑蛛网膜下腔、扣带回疝、海马旁回疝形成等医学或法医学概念，则应当请教医学或法医学专业人士。朱明勇律师在胡良友涉嫌故意伤害案中，就曾通过请教专业人士,通过对“表皮擦伤”和“创口”的概念区分,提出鉴定意见中“颈部创口累计达到8cm”的轻伤认定不成立的辩点,最后取得良好辩护效果。[1]

其三,参考裁判案例。在检索规范性文件和向专业人士请教的基础上,也可以通过检索以往裁判文书,从裁判文书中寻找定义。如超标电动自行车的概念,就可以在众多的案例中找到类似定义。

通过厘清案卷材料中涉及的关键概念,尤其是控方指控逻辑链条所依赖的关键概念,有时可以起到釜底抽薪的辩护效果。

案例5-31　李某涉嫌危险驾驶罪案

起诉书指控:2016年10月,被告人李某酒后无证驾驶一辆无号牌两轮电动摩托车途经××建设北路与紫薇路交叉路口处,被执勤民警查获。经××司法鉴定中心检验,从送检的李某血液中检出乙醇成分,含量为270.2mg/100ml。经某汽车服务有限公司鉴定,涉案车辆为两轮电动摩托车,属于机动车的范畴。表面证据看,该案事实清楚,证据充分,辩护难度极大。

该案涉及多个关键概念:“醉酒驾驶”“电动车”“轻便摩托车”“电动轻便两轮摩托车”“摩托车”“机动车”“电动自行车”“超标电动自行车”“道路”“车辆”等。为了寻找辩护策略,辩护律师需要逐一厘清这些概念。

(1)“醉酒驾驶”。根据《关于办理醉酒驾驶机动车刑事案件适用法律若干问题的意见》(法发〔2013〕15号)的规定,“醉酒驾驶”,是指在道路上驾驶机动车,血液酒精含量达到80mg/100ml以上的,属于醉酒驾驶机动车的行为。

(2)“道路”“车辆”“机动车”“非机动车”。根据《道路交通安全法》的规定,“道路”,是指公路、城市道路和虽在单位管辖范围但允许社会机动车通行的地方,包括广场、公共停车场等用于公众通行的场所。“车辆”,是指机动车和非机动车。“机动车”,是指以动力装置驱动或者牵引,上道路行驶的供人员乘用或者用于运送物品以及进行工程专项作业的轮式车辆。“非机动车”,是指以人力或者畜力驱动,上道路行驶的交通工具,以及虽有动力装置驱动但设计最高时速、空车质量、外形尺寸符合有关国家标准的残疾人机动轮椅车、电动

---

〔1〕 在该案中,犯罪嫌疑人胡良友与被害人徒手发生冲突,“创口”应当是属于外伤导致的皮肤创裂伤,例如刀砍、匕首刺产生的伤痕,表皮、真皮、皮下脂肪受到的创伤。该案中被害人的伤情,只能是“表皮擦伤”,不能认定为法医学上的“创口”。详见朱明勇:《无罪辩护》,清华大学出版社2015年版,第55页。

自行车等交通工具。

(3)“电动自行车”。根据《电动自行车通用技术条件》(GB 17761－1999)的规定,“电动自行车”,是指以蓄电池作为辅助能源,具有两个车轮,能实现人力骑行、电动或电助动功能的特种自行车。

(4)“轻便摩托车”“电动轻便两轮摩托车”“摩托车”。根据《摩托车和轻便摩托车术语》(GB/T 5359.1－2008)的规定,“轻便摩托车”,是指最高设计车速不大于50km/h,若使用发动机,其排量不大于50ml的两轮或三轮车辆,且发动机的最大净功率不大于4kW、整车整备质量不超过400kg相对于纵向中心平面,三轮对称分布的车辆。“电动轻便两轮摩托车”,是指由电力驱动的,具备下列条件之一的两轮摩托车:最高设计车速大于20km/h且不大于50km/h;整车整备质量大于40kg且最高设计车速不大于50km/h。“摩托车”,是指最高设计车速大于50km/h,若使用发动机,其排量大于50ml,整车整备质量不超过400kg的三轮车辆。

(5)“电动两轮摩托车”。根据《电动摩托车和电动轻便摩托车通用技术条件》(GB/T 24158－2009)的规定,“电动两轮摩托车”,是指由电力驱动的,最高设计车速大于50km/h的两轮摩托车。

厘清这些概念后,可以发现,被告人李某确实是醉酒驾驶,但他醉驾的不是两轮电动摩托车,不是机动车,而是超标电动自行车。

(1)起诉书认定的“两轮电动摩托车”与事实、证据不符。

根据《电动摩托车和电动轻便摩托车通用技术条件》(GB/T 24158－2009)的规定,电动两轮摩托车,指由电力驱动的,最高设计车速大于50km/h的两轮摩托车。电动三轮摩托车,指由电力驱动的,最高设计车速大于50km/h,整车整备质量不超过400kg的三轮摩托车。可见,只有最高设计时速大于50km/h的两轮摩托车,才是两轮电动摩托车。而本案涉案车辆,最高设计时速是多少,并没有鉴定测算过,认定涉案车辆是“两轮电动摩托车”,与事实、证据不符。

(2)超标电动自行车和机动车,是两个截然不同的概念。

“机动车”是指以动力装置驱动或者牵引,上道路行驶的供人员乘用或者用于运送物品以及进行工程专项作业的轮式车辆。超标电动自行车是指不具有人力骑行功能,或者相关技术参数超出《电动自行车通用技术条件》(GB17761)(包括最高车速超过20公里/小时、整车质量超过40千克、电动机额定连续输出功率超过240瓦或者蓄电池标称电压大于48伏特等）的电驱动两轮车辆。[1]

在厘清这些关键概念，尤其是区分“超标电动自行车”与“机动车”的概念后，就基本可以确定本案主要辩护策略：超标电动自行车不等于机动车，醉驾超标电动自行车不应认定为危险驾驶。

案例5－32　邱某等涉嫌污染环境罪案

环保部门发现涉案公司非法处置了废油漆桶，严重污染环境，于是向公安机关移送《涉嫌犯罪案件移送书》，将犯罪线索交由公安机关处理。

环保部门认为，按照《国家危险废物名录》，废油漆桶属于危险废物，危险废物类别为HW49（废矿物油与含矿物油废物），废物代码为900－041－49。于是，环保部门初步认定，涉案公司擅自将危险废物交由没有危险废物资质的公司，处置量超过3吨，属于《刑法》第380条规定的“严重污染环境”的情形，涉嫌污染环境罪。

后公安机关出具的《起诉意见书》也认为，犯罪嫌疑人邱某等人非法处置危险废物，超过3吨，严重污染环境，涉嫌污染环境罪。公安机关将案件移送检察院审查起诉。

本案证据相对充分，辩护难度较大。辩护律师审查发现，环保部门、公安机关均认定邱某等人非法处置了固体废物、危险废物，涉嫌污染环境罪。但实际上，被告人非法处置的是废油漆桶。本案涉及几个关键的概念：固体废物、危险废物、废油漆桶，显然这些概念之间不能画等号，辩护律师需要厘清这些概念。本案争议的关键问题就在于：涉案废油漆桶是不是危险废物，固体废物是不是危险废物？

（1）根据司法解释，非法处置危险废物，涉嫌污染环境罪。《最高人民法院、最高人民检察院关于办理环境污染刑事案件适用法律若干问题的解释》（法释〔2016〕29号）规定的是“（二）非法排放、倾倒、处置危险废物三吨以上的”属于“严重污染环境”，应当认定为污染环境罪。因此，非法处置废油漆桶，构成污染环境罪的前提是废油漆桶属于危险废物。

（2）涉案的《环境检测报告》显示，鉴定机构对涉案油漆桶进行鉴定，鉴定

[1] 参见《中山市超标电动自行车过渡期管理办法》中对“超标电动自行车”的定义。

的类别是"固体废物"。[1] 检测结果显示,涉案废油漆桶中提取的固体废物样品,经过检测,未检测出浸出毒性特征和腐蚀性特征。因此,根据该《环境检测报告》,涉案废油漆桶被认定为固体废物,但没有检测出毒性和腐蚀性。

(3)固体废物不等于危险废物,不具有危险特性的,不属于危险废物。《国家危险废物名录》第 2 条规定:"具有下列情形之一的固体废物(包括液态废物),列入本名录:(一)具有腐蚀性、毒性、易燃性、反应性或者感染性等一种或者几种危险特性的;(二)不排除具有危险特性,可能对环境或者人体健康造成有害影响,需要按照危险废物进行管理的。"

根据《国家危险废物名录》第 8 条的规定,经鉴别具有危险特性的,属于危险废物,应当根据其主要有害成分和危险特性确定所属废物类别,并按代码"900 - 000 - × ×"(× ×为危险废物类别代码)进行归类管理。经鉴别不具有危险特性的,不属于危险废物。危险特性包括五种:腐蚀性(Corrosivity,C)、毒性(Toxicity,T)、易燃性(Ignitability,I)、反应性(Reactivity,R)和感染性(Infectivity,In)。

另外,根据《最高人民法院、最高人民检察院关于办理环境污染刑事案件适用法律若干问题的解释》(法释〔2016〕29 号)第 15 条的规定,危险废物,是指列入国家危险废物名录,或者根据国家规定的危险废物鉴别标准和鉴别方法认定的,具有危险特性的废物。

综合对上述各关键概念的分析可知,固体废物和危险废物,不是对等关系,两者不能等同。固体废物经过鉴定,有危险特性的,属于危险废物,没有危害性的,则不属于危险废物。那么本案的主要辩护策略就基本可以确定:本案中的废油漆桶经过检测,是没有检测出毒性和腐蚀性的固体废物,不具有危险特性,因此不属于危险废物,违规处置这样的废物,不属于非法处置危险废物,不构成污染环境罪。

案例 5 - 33　莫某涉嫌受贿罪案

公诉机关指控莫某以其亲属林某的名义和冯某注册成立公司,莫某和林某都没有实际出资。在公司经营过程中,冯某向莫某赠送 470 多万元"分红款"。公诉机关认为,实际上林某持有的是干股,冯某以分红名义向莫某赠送钱款。

---

〔1〕与"固体废物"并列的鉴定种类是废水、地表水、废气、烟气黑度、烟尘、油烟、噪声、震动、放射性、电磁波、植物、水生物、室内空气、环境空气、土壤、有机废气等。

根据司法解释的规定,国家工作人员利用职务上的便利为请托人谋取利益,收受请托人提供的干股的,以受贿论处。进行了股权转让登记的,或者相关证据证明股份发生了实际转让的,受贿数额按照转让行为时股份价值计算,所分红利按受贿孳息处理。股份未实际转让,以股份分红名义获取利益的,实际获利数额应当认定为受贿数额。因此,公诉机关认定莫某受贿金额为470多万元。

该案涉及的最关键的概念是“干股”。如何理解这个概念,判断莫某有没有收受“干股”,成为这470多万元能否认定为受贿款的关键。

《最高人民法院、最高人民检察院关于办理受贿刑事案件适用法律若干问题的意见》中规定:“干股是指未出资而获得的股份。”为了弄清楚该公司的设立经过,辩护律师调取了涉案公司的工商登记资料和设立时的银行流水,发现涉案公司的注册资金,既不是莫某或林某出资的,也不是冯某出资的,而是来自不知名的第三人。经过核实,原来,该公司的出资款是由垫资公司垫资的,冯某、林某、莫某都没有出资。显然,这种股份和“干股”是有区别的。

第一,冯某和莫某都没有出资,不存在赠送股份的前提。没有实际出资获得干股认定为受贿的情况,应当理解为受贿方没有出资,而行贿方出资了,干股是有价值的,行贿方帮助受贿方出资,如此,才具备贿送股份构成受贿犯罪的前提。然而,本案中,双方都没有出资,冯某自己也没有出资,不存在向莫某贿送干股的前提。

第二,莫某不属于法律规定的“没有实际出资”。在本案中,莫某和冯某都没有实际出资,他们商量一起创业时,双方都没有资金。莫某负责提供技术支持,冯某主要负责公司日常业务,两人共同商量找到垫资公司,设立了该公司。垫资的手续费也是两人共同支付的。两人都没有实际出资而是找垫资公司垫资,这是他们合作的开端方式。这种情况下,双方的股份都不能认定为“干股”,莫某获得股份及分红,不应当认定为受贿。

第三,莫某有实际参与到公司的经营管理,从公司利润中获得分红具有正当性。公司成立后,莫某有实际参与到公司的实际经营管理中,经常主持公司董事会,无论是在公司的运营流程方面,还是在公司的员工培养方面,莫某均花费了不少时间与血汗。在公司盈利后,通过冯某从公司获得利润分红,具有正当性。

二、定义关键行为

犯罪嫌疑人、被告人被追究刑事责任，归根结底是因为实施了刑法分则规定的犯罪行为。各罪名相对应的犯罪行为，都是由刑法严格界定定义的。只有犯罪嫌疑人、被告人实施了刑法分则规定的犯罪行为，才构成犯罪。这是罪刑法定原则的基本要求。因此，辩护律师可以定义和解释犯罪嫌疑人、被告人的涉案行为。如犯罪嫌疑人、被告人的涉案行为并不符合刑法分则规定的犯罪行为的定义，则指控不能成立。

案例5－34 毛某涉嫌非法行医罪案

起诉书指控认为，被告人毛某于2014年10月起，受雇于其儿子毛某某，在儿子毛某某经营的位于×××的中医诊所内从事配药及部分看诊工作，被告人毛某在没有取得执业医师资格证、明知自己没有资格给病人看病诊断的情况下，于2015年10月××日上午，为前来看病的李某诊断病症、开具处方药，并进行含有葡萄糖成分的静脉注射。注射完毕后李某回到家中，并于当日下午14时许死于家中。经鉴定，李某发生了糖尿病酮血症，静脉滴注葡萄糖液诱发糖尿病酮血症造成循环功能衰竭死亡。公诉机关认为，毛某构成非法行医罪，且造成就诊人死亡。

该案的关键行为是非法行医行为，毛某的行为该如何定义，是否属于《刑法》中规定的非法行医犯罪行为，辩护律师需要予以分析研究。

（1）非法行医罪在客观上表现为非法行医，即不具有医生执业资格的人，非法独立、完整地实施诊断、治疗、医务护理工作。

《医疗机构管理条例实施细则》第88条规定："诊疗活动：是指通过各种检查，使用药物、器械及手术等方法，对疾病作出判断和消除疾病、缓解病情、减轻痛苦、改善功能、延长生命、帮助患者恢复健康的活动。"一个完整的诊疗行为应当包括诊察（包括问诊、视诊、听诊、触诊、打诊、检查等）、选择治疗方案、填写处方、审核处方、配药、注射用药、手术或理学疗法、吩咐医嘱等诸多环节。构成非法行医罪，要求行为人独立、完整地实施上述诊疗行为。

（2）毛某受雇于诊所从事配药及协助问诊等部分诊疗协助行为，没有独立开展完整的诊疗行为，不符合非法行医罪的客观行为要素。

毛某受雇于诊所从事辅助工作，既没有违反法律强制性规定，又完全能够胜任该工作。法律并没有对诊所的辅助人员所应具备的资质作出明确的规定，而毛某具有丰富的医学专业知识、技术、经验和能力。可见,毛某受雇于诊所从事辅助工作,既没有违反任何法律的强制性规定,他也完全有能力胜任诊所的辅助工作。

从涉案诊疗过程来看,毛某仅从事配药和协助问诊工作,偶尔帮忙草拟处方,但所有的处方均需经过儿子毛某某审核,儿子毛某某对处方有决定权。毛某草拟的处方,仅供儿子毛某某参考使用,儿子毛某某需要进行审核,并可以进行修改。所以,毛某所草拟的涉案被害人李某的处方,也只是等待儿子毛某某确认的处方,在没有得到儿子毛某某审核同意之前,不会进行配药,该处方在实际使用之前也经过儿子毛某某的审核同意。因此,毛某始终只是诊所的辅助人员,从事对儿子毛某某的诊疗行为进行辅助性工作,而从未实施过独立、完整的诊疗行为,他的行为完全不符合非法行医罪的客观行为要素。

(3)儿子毛某某作为执业医师,他才是实施涉案诊疗行为的医疗人员,才是对外承担法律责任的主体。

儿子毛某某在配药时,已对处方进行了实质调整。儿子毛某某在为李某配注射液时,认为补充能量没有必要注射10%浓度的葡萄糖液,5%浓度的葡萄糖液已经足够,于是,只配了5%浓度的葡萄糖液。

所以,毛某协助问诊行为都是在儿子毛某某的监管审核之下,儿子毛某某才是实施诊疗行为的主体。他作为执业医师,应该对处方所确定的药品及治疗方案、处方内容的正确性、完整性及由此产生的疗效负责。如果病人因诊疗出现问题,也应当由负责诊疗的医生毛某某来承担全部责任,而不应该由诊所的辅助人员来承担责任。

在该案中,经过对毛某行为的解释,结合“非法行医行为”的定义,可以发现毛某的行为并不符合《刑法》中规定的非法行医行为,本案主要辩护策略由此可以确定。

案例5-35　刘某涉嫌制造毒品罪案

起诉书指控,2016年1月中旬,谢某到东莞市××镇找到被告人冯某、刘某,并向冯某、刘某借400万元用于制毒,并承诺年前最少制出1000千克氯胺酮给其二人用于贩卖,冯某商量后决定借100万元给谢某作为购买毒品的订金,并由刘某转款。毒品尚未制造完成,全部人员被抓获归案。

倘若指控内容属实，刘某的行为，该如何定性？制造毒品罪、贩卖毒品罪还是非法持有毒品罪呢？关键在于：刘某明知他人制造毒品还支付订金购买毒品的订购毒品行为，在法律上应当如何定义？

（1）钱款的性质属于制毒投资款，还是毒品订金？

支付投资款，是一种投资行为。投资人需要承担投资风险，支付毒资之后既可能获得远高于投资款的收益，也可能因制造毒品失败没有获得任何收益。而支付购毒订金是一种买卖行为，成立买卖合同关系。支付订金的人不需要承担投资风险，也不能获得额外收益。如果制造毒品成功，也只能获得订金对应数量的毒品，如果制造毒品不成功，也可以索回订金，不会亏损。

本案口供显示，如果到时谢某制造不出毒品，该100万元是要返还给冯某的；如果到时冯某拿不出更多的钱，就只能卖给他价值100万元的毒品。因此，该100万元是购买毒品的资金，而不是制造毒品的投资款。因此，冯某的行为应属于订购毒品的订金，而不是投资制造毒品的投资款。

（2）订购毒品，是否属制造毒品行为？

虽然预付、现付钱款的购买行为，都会对制造行为产生直接或者间接的作用，但并不影响购买行为与制造行为的差别，不能由此混淆购买行为与制造行为。订购毒品的行为，是否构成制造毒品的共犯，最重要的考察标准在于两点：第一，订购资金是否系制造毒品的投资款，行为人支付资金后是否能成为股东享有股份；第二，支付资金后，行为人是否具体参与动议策划、租赁场地、购买运输原料、接送人员等制造毒品活动。

第一，支付毒资是否能入股制造毒品，成为股东，享有股份。判断一笔毒资，究竟是购买毒品的资金，还是制造毒品投资款，取决于支付该毒资之后，行为人是否能成为制造毒品的投资人，成为股东，享有股份。如果行为人支付毒资之后与其他制毒人员一起，共同投资、共同经营、共担风险、共享收益，或者他需要自行承担投资风险，既可能获得远高于投资款的收益，也可能制毒失败，没有获得任何收益。那么，该行为认定为制造毒品行为比较合适。如果行为人支付毒资之后，没有成为制毒的股东，不享有股份，且不论制毒成功与否，都不会亏损也不会获得额外的收益，则不宜认定为制造毒品行为。

第二，支付订购资金后，是否具体参与制造毒品的过程：动议策划、租赁场地、购买运输原料、接送人员等。支付毒资的行为是否构成制造毒品罪的共同犯罪，需要考察的另外一个重要因素在于：支付毒资之后，有没有具体参与制造毒品,是否有参与制造毒品的动议策划、租赁场地、购买运输原料、接送人员等具体行为中。本案中,冯某向谢某订购毒品,并没有参与谢某等制毒人员长时间的制造毒品动议策划中,也没有参与、纠集、指挥他人制造毒品,也没有参与租赁场地、购买运输原料、接送人员等具体制造毒品行为,甚至与制造毒品的技术、设备、原料、厂房、人员都没有关联,谢某以外的所有制毒分子都不认识冯某。因此,冯某的行为不应定性为制造毒品罪的共同犯罪。

(3)订购毒品,属非法持有毒品行为?

《武汉会议纪要》中规定:"吸毒者在购买、存储毒品过程中被查获,没有证据证明其是为了实施贩卖毒品等其他犯罪,毒品数量达到刑法第三百四十八条规定的最低数量标准的,以非法持有毒品罪定罪处罚。吸毒者在运输毒品过程中被查获,没有证据证明其是为了实施贩卖毒品等其他犯罪,毒品数量达到较大以上的,以运输毒品罪定罪处罚。"本案中,毒品还没有制造出来,还没有"运输毒品"的环节。被告人是在购买毒品过程中被查获,没有证据证明其是为了实施贩卖毒品等其他犯罪,毒品数量达到《刑法》第 348 条规定的最低数量标准的,以非法持有毒品罪定罪处罚较为合适。

(4)订购毒品尚未获得毒品,犯罪状态应如何判断?

刘某支付订购毒品订金后,尚未持有毒品,也不可能实际持有毒品,犯罪处于尚未着手状态,应当认定为非法持有毒品罪的犯罪预备。其一,从理论上看,由于谢某等被告人在制造毒品过程中被公安机关抓获,毒品尚未制造出来,毒品不可能交付给冯某,刘某没有、也不可能实际持有该毒品。因为刘某未能着手实施持有毒品的行为,该犯罪行为停留在犯罪预备状态,刘某订购了毒品但并没有实际取得毒品的行为,定性为非法持有毒品罪的犯罪预备,符合刑法理论。其二,从《刑法》的规定来看,冯某订购毒品,并支付了订金 100 万元。刘某、冯某为其非法持有毒品而积极创造条件,符合《刑法》第 22 条第 1 款的规定:"为了犯罪,准备工具、制造条件的是犯罪预备。"因此,刘某、冯某为非法持有毒品制造条件的行为定性为非法持有毒品罪的犯罪预备,符合刑法规定。

(5)刘某明知涉案 100 万元系用于购买毒品,由于刘某为他人购买毒品行为提供转款帮助,应当认定为非法持有毒品罪的从犯。

根据《大连会议纪要》的规定,在毒品犯罪案件中,区分主犯和从犯,应当以各共同犯罪人在毒品共同犯罪中的地位和作用为根据。要从犯意提起、具体行为分工、出资和实际分得毒赃多少以及共犯之间相互关系等方面,比较各个共同犯罪人在共同犯罪中的地位和作用。在毒品共同犯罪中，为主出资者、毒品所有者或者起意、策划、纠集、组织、雇佣、指使他人参与犯罪以及其他起主要作用的是主犯；起次要或者辅助作用的是从犯。受雇佣、受指使实施毒品犯罪的，应根据其在犯罪中实际发挥的作用具体认定为主犯或者从犯。

犯意提起者是冯某，冯某与制毒人员协商好了订购毒品事宜之后，才让刘某帮忙转款。刘某在整个事件中仅有帮助转款行为，并没有参与到订购毒品的商量、谋划等讨价还价的过程中。从共犯之间的关系上看，冯某是出资者、毒品所有者、起意、策划、纠集、组织、雇佣、指使者等，而刘某只是被指使帮助转款的人，所有行为都在冯某的指示下进行，刘某也没有获得任何利益，在共同犯罪中起非常次要的作用。《刑法》第 27 条规定："在共同犯罪中起次要或者辅助作用的，是从犯。对于从犯，应当从轻、减轻处罚或者免除处罚。"

综合分析刘某的行为可以发现，刘某的行为在法律评价上，认定为非法持有毒品，是犯罪预备，且系从犯，更加妥当。

案例 5－36　陈某涉嫌污染环境罪案

起诉意见书认为，2015 年×月××日，陈某将染布机所产生的污水，没有经过任何处理，通过私设暗管将污水直接排向厂外，严重污染周边环境。经鉴定，污水中检测出下列指标均超标：化学需氧量 96mg/L，六价铬 0.009mg/L，苯胺类 0.27mg/L。环保部门出具《证明》，证明苯胺类是有毒有害物质。水务局出具《证明》，证明水务局没有收到××公司关于如何排污口设置的申请，也没有批准过该公司在××溪设置入河排污口。因此，该公司在××溪设置的入河排污口为非法设置的排污口。

据此，公诉机关认定，陈某私设暗管排放污水，污水被检测出有毒物质，属于《最高人民法院、最高人民检察院关于办理环境污染刑事案件适用法律若干问题的解释》（法释〔2016〕29 号）第 1 条规定的"（五）通过暗管、渗井、渗坑、裂隙、溶洞、灌注等逃避监管的方式排放、倾倒、处置有放射性的废物、含传染病病原体的废物、有毒物质的"，应当认定为严重污染环境，涉嫌污染环境罪。

本案的指控思路非常明显，水务局证明没有批准过涉案公司在××溪设置入河排污口，而犯罪嫌疑人、被告人的公司一直在排污，则属于私设暗管。私设暗管，排放苯胺类这些有毒物质，则构成污染环境罪。

本案的关键行为是私设暗管排放有毒物质。陈某的行为属不属于私设暗管的行为，成为定罪量刑的关键。辩护律师需要梳理清楚污染环境罪中，“私设暗管”的行为是如何界定的？陈某的行为属不属于私设暗管的行为，水务局的《证明》能否认定涉案犯罪嫌疑人、被告人陈某的行为是私设暗管的行为？

(1)排污口的设置是合法的。

陈某的××公司已经成立了20多年，拥有一个经过环保部门批准、拥有唯一编号、符合排污口规范整治技术要求的排污口，还获得《××省污染物排放许可证》。××公司的排污口编号为WS-××××，这是国家和地方环境保护部门审批之后统一编排的唯一排污口编号，可证明××公司的排污口设置完全合法合规，并非私设。

根据国家环保局1996年5月印发的《排污口规范化整治技术要求(试行)》(环监〔1996〕470号)的规定：“各级环保部门和排污单位均需使用由国家环境保护局统一印制的《中华人民共和国规范化排污口标志登记证》，并按要求认真填写有关内容。登记证与标志牌配套使用，由各地环境保护部门签发给有关排污单位。登记证的一览表中的标志牌编号及登记卡上标志牌的编号应与标志牌辅助标志上的编号相一致。编号形式统一规定如下：污水WS-××××噪声ZS-××××废气FQ-××××固体废物GF-××××。编号的前两个字母代表类别，后五位为排污口顺序编号。排污口的顺序编号数字由各地环境保护部门自行规定。”

公安机关、水务局认定陈某私设暗管的重要依据为《入河排污口监督管理办法》第6条第1款规定：“设置入河排污口的单位(下称排污单位)，应当在向环境保护行政主管部门报送建设项目环境影响报告书(表)之前，向有管辖权的县级以上地方人民政府水行政主管部门或者流域管理机构提出入河排污口设置申请。”

但是，该《入河排污口监督管理办法》是2004年才由水利部印发，后又于2015年修改的，陈某的排污口在此之前早已存在。根据该办法第2条的规定，只有江河、湖泊新建、改建或者扩大排污口，以及对排污口使用的监督管理，才适用该办法。排污口的新建、扩建和改建属于设置排污口的行为，而陈某并没有对该排污口进行新建、扩建或者改建，不属于设置排污口的行为，理论上不需要向环保部门报送申请。

(2)涉案排污管道并未逃避监管。

涉案××公司的排污管道也依照环保部门的要求，在核定排污口安装了在线监测监控系统,污水经过处理后排放时,在线监测监控系统会将排污口的污水总量、污染物等情况实时发送到环保部门进行监测。之后,污水才流进排污管道排出。因此,涉案公司安装了××市环保局的在线监测监控系统,环保部门能够对公司的排污情况进行实时监控,涉案排污管道并未逃避监管。

(3)没有逃避监管的排污管不应认定为"暗管"。

根据法律法规及司法解释,暗管是指通过隐蔽的方式达到规避监管目的而设置的排污管道。"根据《环境保护法》第42条第4款的规定,对于'暗管',应当理解为通过隐蔽的方式达到规避监管的目的而设置的管道。在适用《环境污染犯罪解释》第1条第5项时,应当注意把握'暗管'的本质属性是隐蔽排污。"[1]陈某××公司的排污管道,并没有逃避监管,不具备"隐蔽排污"的本质特征,不应认定为"暗管"。

(4)排污口非法设置不等同于"暗管"。

即使陈某××公司的排污口是未按照水务局的规定设置的,是非法的排污口,不是核定的排污口,能否据此认定排污管是"暗管"?显然不能。

对于排污口是否按照规定设置,与排污管道是否为暗管两者之间的关系,最高人民法院法官喻海松详细解释道:"需要注意的是,私设暗管不同于不按规定设置排污口的情形。《水污染防治法》第22条规定,'向水体排放污染物的企事业单位和个体工商户,应当按照法律、行政法规和国务院环境保护主管部门的规定设置排污口;在江河、湖泊设置排污口的,还应当遵守国务院水行政主管部门的规定。''禁止私设暗管或者采取其他逃避监管的方式排放水污染物'。据此,对于未按照有关规定设置排污口排污,但所设置的排污口不具备隐蔽性特征的,不应当认定为'暗管'。"[2]

通过对刑法中"私设暗管"和涉案公司排污行为的解释分析,本案的主要辩护策略就可以基本确定:陈某的××公司的排污管道,是受到环保部门实时监控的排污管道,不具备隐蔽排污、规避监管的特性,不属于暗管,陈某的行为不属于"私设暗管"的行为,涉案排污行为不构成污染环境罪。

---

〔1〕 喻海松:《环境资源犯罪实务精释》,法律出版社2017年版,第72页。
〔2〕 同上。

三、突破关键证据

公安机关、公诉机关指控犯罪嫌疑人、被告人的行为构成犯罪，必然有据以指控的关键证据，该关键证据能否成立，直接关系到犯罪嫌疑人、被告人罪与非罪、此罪与彼罪以及罪轻与罪重的认定。**辩护律师在寻找辩护策略陷入困境时，要回归重点，审查指控所依赖的关键证据。**如能突破该关键证据，行之有效的辩护策略自然就能形成。

案例 5-37　陈某涉嫌污染环境罪案

公安机关出具的起诉意见书认定，陈某于2014年6月10日将××印染厂生产过程中产生的污水，没有经过任何处理，通过公司南面的雨水沟直接排向厂区外，严重污染周边环境，陈某在公司负责环保设施的运行管理及环保相关业务。环保局当天发现并查处上述违法行为，经过××环境保护局监测站监测，《监测报告》显示，××印染厂偷排的污水含有六价铬0.135mg/L、苯胺类0.19mg/L。2018年6月案发，陈某等人被公安机关抓获归案，涉嫌的罪名是污染环境罪。

由于是排污现场被环保部门查获，污染环境事实无可辩驳，犯罪嫌疑人在环保部门的行政调查中也如实供述了公司直接排污的行为。确实存在排污事实，又被现场抓获，证据非常充分，本案辩护的难度很大。

本案定罪量刑的核心在于《监测报告》这份关键证据。污染环境行为发生是2014年，直到2018年才被刑事追诉，时间间隔比较长，案件有一定的特殊性。在这期间，《刑法》、司法解释、行政法规的发生了较大变动，导致本案法律适用比较复杂，但这也为全案带来一定的辩护空间。

（1）2013年司法解释与2016年司法解释存在重大区别。

2013年6月17日发布的《最高人民法院、最高人民检察院关于办理环境污染刑事案件适用法律若干问题的解释》（法释〔2013〕15号）已于2017年1月1日废止，该司法解释第11条规定："对案件所涉的环境污染专门性问题难以确定的，由司法鉴定机构出具鉴定意见，或者由国务院环境保护部门指定的机构出具检验报告。县级以上环境保护部门及其所属监测机构出具的监测数据，经省级以上环境保护部门认可的，可以作为证据使用。"

2016年12月23日发布的《最高人民法院、最高人民检察院关于办理环境污染刑事案件适用法律若干问题的解释》（法释〔2016〕29号）第12条规定：

"环境保护主管部门及其所属监测机构在行政执法过程中收集的监测数据,在刑事诉讼中可以作为证据使用。公安机关单独或者会同环境保护主管部门,提取污染物样品进行检测获取的数据,在刑事诉讼中可以作为证据使用。"

可见,2013 年发布的前述司法解释规定,县级环保部门及其所属监测机构收集的环境监测数据,需经省级以上环保部门认可,才可以作为刑事诉讼证据使用。2016 年发布的前述司法解释规定,环保部门及其所属监测机构收集的监测数据,在刑事案件中可以作为证据使用。该司法解释变动,对于认定县级环保部门及其所属监测机构出具的环境监测报告,能否在刑事诉讼中当作证据使用,影响非常重大。

(2)根据"从旧兼从轻"原则,本案应当适用 2013 年发布的司法解释。

《最高人民法院、最高人民检察院关于适用刑事司法解释时间效力问题的规定》第 3 条规定:"对于新的司法解释实施前发生的行为,行为时已有相关司法解释,依照行为时的司法解释办理,但适用新的司法解释对犯罪嫌疑人、被告人有利的,适用新的司法解释。"

对于污染环境案件司法解释的适用问题,最高人民法院研究室曾编著《最高人民法院、最高人民检察院环境污染刑事司法解释理解与适用》一书,详细论述污染环境案件司法解释的时间效力问题。该书认为,在旧的司法解释施行期间、新的司法解释生效之前实施的污染环境行为,在新的司法解释生效之后,未经审判或者判决尚未确定的,根据从旧兼从轻的溯及力原则,无疑应当适用旧的司法解释,对此应当没有疑问、争议。[1] 因此,本案涉案排污行为发生在 2014 年,对该行为的评价应当适用行为时的司法解释,即 2013 年发布的《最高人民法院、最高人民检察院关于办理环境污染刑事案件适用法律若干问题的解释》(法释〔2013〕15 号)。

(3)根据 2013 年发布的该司法解释规定,县级环保部门及其所属监测机构收集的环境监测数据,需经省级以上环保部门认可,才可以作为刑事诉讼证据使用。

《最高人民法院、最高人民检察院关于办理环境污染刑事案件适用法律若干问题的解释》(法释〔2013〕15 号)第 11 条规定:"对案件所涉的环境污染专

---

〔1〕 详见胡云腾主编,最高人民法院研究室编著:《最高人民法院、最高人民检察院环境污染刑事司法解释理解与适用》,人民法院出版社 2014 年版,第 107 页。

门性问题难以确定的，由司法鉴定机构出具鉴定意见，或者由国务院环境保护部门指定的机构出具检验报告。县级以上环境保护部门及其所属监测机构出具的监测数据，经省级以上环境保护部门认可的，可以作为证据使用。”

广东省环境保护厅、广东省高级人民法院、广东省人民检察院、广东省公安厅2015年1月1日开始实施，后又于2018年1月5日起废止的《关于查处涉嫌环境污染犯罪案件的指导意见》（粤环〔2014〕129号）第20条规定：“对环境污染专门性问题出具检验报告的机构以环境保护部发布的《环境损害鉴定评估推荐机构名录》为准。监测数据认可按照《广东省环境保护厅关于县级以上环境监测机构监测数据认可工作程序》实施。对于国家和地方排放标准中没有规定排放限值的含重金属污染物，其中重金属排放限值不得超过环境影响评价批复文件要求或相应环境质量标准（包括标准数值和测试方法）。”

为规范监测数据认可工作，提高认可工作效率，广东省环保厅制定了《广东省环境保护厅关于县级以上环境监测机构监测数据认可工作程序》（粤环函〔2013〕1378号），对广东省范围内各级环境保护主管部门所属环境监测机构出具或需要作为涉嫌环境污染刑事案件证据认可的工作程序，作出详细规定。根据该工作程序，需将监测数据作为涉嫌环境污染刑事案件证据使用的，由县级以上环保部门提出书面认可申请，并经地级以上市环保部门加具初步意见后，报送省环境保护厅并抄送省环境监测中心，涉及辐射监测数据的需抄送省环境辐射监测中心。省环境保护厅在收到省环境监测中心或省环境辐射监测中心的审核意见后3个工作日内，向申请单位出具书面认可意见。

可见，根据本案行为时的有效的法律法规的规定，县级环保部门环境监测站出具的涉案监测报告，作为刑事证据使用的前提是，县级以上环保部门向广东省环保厅申请认可，广东省环保厅出具书面认可意见，即经广东省环保厅书面认可后，才可以作为刑事证据使用。

（4）本案《监测报告》未得到省环保厅的书面认可。

广东省环境保护厅于2017年12月1日印发的《广东省环境保护厅关于废止部分规范性文件的通告》（粤环发〔2017〕9号），决定废止《广东省环境保护厅关于县级以上环境监测机构监测数据认可工作程序》（粤环函〔2013〕1378号）。这就意味着环境监测报告认可制度已经被废除。

综上分析，涉案《监测报告》作为本案的关键证据，必须经过省级环境保护部门出具书面认可意见，才能当作刑事证据适用。但是，该案《监测报告》，没有经过省级以上环境保护部门的书面认可，不能当作刑事证据使用。

案例5－38　凃某涉嫌走私淫秽物品罪案

侦查机关、公诉机关认定凃某走私淫秽物品，走私数量1000本以上。该指控对凃某而言是致命的，他在网上下单订购了1000多本成人漫画书，就将面临“十年以上有期徒刑或者无期徒刑，并处罚金或者没收财产”的量刑档次，这个刑罚对凃某而言是非常重的。由于种种原因，凃某在归案之后就如实交代了全部案件细节，每一次供述都认罪非常彻底。为了确定涉案淫秽漫画书究竟有多少本，侦查机关还进行了侦查实验，按照有利于凃某的原则进行计算，认定凃某购买的淫秽漫画书至少有1000本以上。该案证据非常充分，辩护难度极大。

该案的关键证据之一，就是侦查机关做侦查实验的《侦查实验笔录》，该笔录认定凃某所属的淫秽书籍数量为1000本以上。如果能否定这份关键证据，就意味着法定刑幅度从“十年以上有期徒刑或者无期徒刑，并处罚金或者没收财产”，直接降至“三年以上十年以下有期徒刑，并处罚金”，甚至“处三年以下有期徒刑、拘役或者管制，并处罚金”。辩护律师在辩护陷入困境时，就可以回归到该关键证据，仔细研读、审查该关键证据，尝试寻找辩护突破口。

（1）审查侦查实验的启动程序。

《刑事诉讼法》第135条第1款规定：“为了查明案情，在必要的时候，经公安机关负责人批准，可以进行侦查实验。”《公安机关办理刑事案件程序规定》第221条第1款、第2款规定：“为了查明案情，在必要的时候，经县级以上公安机关负责人批准，可以进行侦查实验。进行侦查实验，应当全程录音录像，并制作侦查实验笔录，由参加实验的人签名。”而该案中，侦查实验是缺少批准程序的，案卷材料中没有任何批准进行侦查实验的文书材料。

当然，如果侦查机关在进行侦查实验前进行了相关内部审批程序，侦查实验程序符合法律规定，就具有合法性。或者，侦查机关能够对侦查实验的审批程序作出补正及说明，侦查实验也可以采用。但无论如何，都需要侦查机关出具侦查实验得到批准的书面批准材料，否则侦查实验就是违反法律规定的，侦查实验结果也是违反法律规定取得，不能当作证据使用。

（2）审查侦查实验的准确性。

如果侦查实验的过程出现大量基础错误，则直接影响侦查实验结果的准确性，进而导致侦查实验结论不成立。在本案中，涉案淫秽物品的数量成为影响定罪量刑的最关键证据。涉案的成人书籍，共计1331本，其中部分是凃某的，部分是案外人黄某的，但由于海关工作人员的疏忽，将两个人的书籍混在一起，导致无法区分他们各自有多少本。

为了确定凃某的涉案淫秽物品究竟有多少本，办案机关进行了侦查实验，对每一本淫秽漫画书都进行称重，然后测算出凃某的书籍最少有多少本，有没有超过1000本。如果最少超过1000本，则法定刑期是"十年以上有期徒刑或者无期徒刑，并处罚金或者没收财产"。后办案机关经过侦查实验计算出，涉案书籍中属于凃某所有的数量至少在1000本以上。该证据成为认定凃某走私淫秽物品罪量刑档次的关键证据。

辩护律师在审查该侦查实验笔录时，发现办案人员记录的数据存在大量基础错误，至少有20多种书和100多本书的称重结果数据记录错误。例如，称重结果为227.5g，但侦查实验笔录记载成248g；又如，称重结果为212g，但侦查实验笔录却记载成244.5g。诸如此类的错误大量存在。侦查实验采取"称重法和扣减法"来计算涉案书籍的最少数量，如果称重的重量结果记载错误，那么整个侦查实验都不具备准确性。

(3)审查侦查实验的真实性。

侦查实验过程应当真实可信，这样侦查实验结果才具备可信度。在本案中，辩护律师审查发现，办案人员在进行侦查实验时，手上并没有全部的1331本书，只有1326本，还有5本(种)其他书籍，早已发还给当事人。

侦查实验是对1331本书，其中1326本淫秽漫画、5本(种)非淫秽漫画进行的，对每一本书进行称重、比对。那么，侦查实验前提是1331本书都查扣在案，并都作为侦查实验的检材。侦查实验的时间是2017年10月。海关的《扣留决定书》《解除扣留通知书》显示，海关在2017年4月已经解除了5本(种)非淫秽漫画书的扣留，由案外人李某签收领走这5本书。

因此，2017年10月进行侦查实验时，书本总量只有1326本，办案机关却宣称对1331本书进行了称量计算，且没有说明另外5本(种)书是否被再次查扣在案，那么，侦查实验很可能存在虚假成分，实验过程不真实。有5本(种)书失而复得却来历不明，这5本(种)书的实验数据真实性存疑。

(4)审查侦查实验的科学性、合理性。

《刑事诉讼法解释》第91条规定："对侦查实验笔录应当着重审查实验的过程、方法，以及笔录的制作是否符合有关规定。侦查实验的条件与事件发生时的条件有明显差异，或者存在影响实验结论科学性的其他情形的，侦查实验笔录不得作为定案的根据。”可见，对侦查实验的质疑，还可以对侦查实验本身的方式方法是否科学、合理，进行审查质证。

本案中的侦查实验，侦查机关采取了称重法和扣减法，计算属于两人所有的一堆书籍中，已知其中一人（本案被告人涂某）所有书籍的重量、箱数，从而计算涂某的书籍数量有多少本。侦查机关采取称重法和扣减法进行侦查实验，只考虑重量一个因素。但是，涉案书籍除了重量不同之外，面积大小、体积大小也差异很大。如何在一堆书中区分出涂某的还是黄某的，如何计算出各自的书最多有多少本、最少有多少本，不仅要考虑每本书的重量，还需要考虑每本书的面积大小、体积大小、箱子的容积立方数，如书本面积大、体积较大，则10个箱子所能堆放书籍的数量，则较少。每本书的质量、面积、体积、箱子的容积立方数，以及其能对应多少本书，是非常细致、专业的计算工作，需要由有相关资质的机构通过科学的方法进行精确的测量计算得出，办案机关自行进行的侦查实验，科学性存疑。侦查实验的相关数据不宜采信。

侦查实验的科学性、合理性，是审查侦查实验的重要内容。科学性存疑的侦查实验，是不能被采信的。例如，在马某涉嫌贩卖毒品案中，刑侦中队查获毒品一批，称重显示为13.70克，后将毒品移交禁毒大队，禁毒大队接收后称量的克数为21.37克。两次称重结果不同，以哪一份为准呢？公安机关对原称量马某毒品的该刑警中队的电子秤及禁毒大队称量毒品的电子秤进行侦查实验，侦查实验结果显示，该刑侦中队的电子秤存在很大误差，属于故障，无法反映实际重量，禁毒大队使用的电子秤误差很小，属于正常误差范围，能反映物品实际重量。因此，公诉机关指控马某贩卖毒品的数量是21.37克。

办案机关的侦查实验有没有合理性、科学性呢？法院判决认为，关于质量及重量是否准确，应当由相关的具有资质的部门作出，办案机关自行进行的侦查实验，不符合法定程序，侦查实验的相关证据，不予采信。[1] 换言之，不同的电子秤之间，哪一个误差小哪一个误差大，应该由有资质的机构通过科学的方法进行精确测量计算得出，办案机关自行进行侦查实验得出的结果，不具有科学性。

---

〔1〕 详见云南省大理市人民法院（2015）大刑初字第112号刑事判决书。

第六章
CHAPTER 06

庭审发问的误区与技巧

第一节
庭审发问的十大误区

辩护律师在庭审中的发问，包括对被告人的发问、对同案人的发问、对证人的发问、对鉴定人的发问、对专家证人的发问等。无论发问对象是谁，发问内容始终都是围绕着证明己方被告人无罪或者罪轻的目的展开的。庭审发问既是宝贵的机会，也是潜在的危机。公诉人、法官、被害人的诉讼代理人，可能通过庭审发问证明被告人有罪、罪重；辩护律师则可以通过发问，证明被告人无罪、罪轻。辩护律师在庭审发问中的角色和作用非常关键。有经验的辩护律师，会通过庭审发问还原案件事实，恰当地证明被告人无罪或者罪轻；而没有经验的辩护律师，不仅可能白白浪费这个环节的辩护机会，有时还会起反效果，通过发问错误地证明被告人有罪或罪重。

一、庭前沟通不充分，让被告人错误自证其罪

大部分被告人本人是缺乏法律知识的，他们不一定能够区分清楚罪名的区分标准、主从犯的区分标准、既遂未遂的区分标准等，辩护律师在庭前应当对被告人进行充分的普法培训和辩护策略沟通，不至于让被告人在庭审发问现场不知所措，甚至不小心证明自己有罪、罪重。

案例 6－1　陈某涉嫌寻衅滋事罪案

全案总共有陈某、刘某、方某、郑某四名被告人参与，四名被告人均被指控

构成寻衅滋事罪。公诉机关并没有指控被告人陈某纠集了刘某、方某、郑某去参与打砸的“纠集”情节。庭审中，被告人陈某的辩护律师发问。

辩护律师：陈某，其他三个人跟你是什么关系？

陈某：是同一个镇上的好朋友。

辩护律师：他们叫你去的，还是你纠集他们一起去的？

陈某：是的，是我叫他们去帮忙的。

辩护律师：哦……那是你主动叫他们去的吗？

陈某：是的。

在问其他人被告人时，辩护律师又逐一问了这个问题，得到的都是对他的当事人不利的结果。

辩护律师：刘某，当时是陈某叫你去的吗？

刘某：是的，是他叫我过去的。

这样的庭审发问就免不了尴尬了，公诉机关都没有指控被告人陈某有纠集的行为，辩护律师却贸然问出这个问题，最终得出对被告人陈某极其不利的答案。显然，辩护律师和被告人陈某在庭前没有充分沟通，辩护律师在庭前也没有向被告人陈某全面了解情况。

二、辩护人角色错位，错把自己当成公诉人

辩护律师对自己的当事人发问，目的是要通过庭审发问，让当事人当庭讲述案件事实，通过他的庭审供述证明他无罪或者罪轻，而不是还原全部案件事实，辩护律师没有还原全部案件事实的义务。辩护律师应该摆正自己的角色，切勿不断追问对己方被告人不利的事实和情节，以至于让己方被告人误以为这是对他有利的情节，而把对自己不利的情节着重陈述。

案例 6－2　向某等人涉嫌诈骗罪案

涉案公司多名被告人被抓获归案，被指控构成诈骗罪。庭审中，其中一名辩护律师对他的被告人发问。

辩护律师：×××，你在公司的收入怎么样？

被告人：每个月都有工资，大概几千元。

辩护律师：你除了工资，有没有拿过奖金？

被告人：没有。

辩护律师：真的没有领过奖金吗？

被告人：没有。

辩护律师：可是你笔录里面说，去年你有领过几万元？

被告人：哦，想起来了。2018 年时候，我领过 4 万元钱奖金。

辩护律师：好的。

有无领取奖金，关乎违法所得数额的大小，进而关乎定罪量刑的轻重和罚金的数额。在这个案件中，辩护律师不断追问己方被告人有没有领取过奖金，在被告人当庭回答没有的情况下，仍然不放弃，继续"指证"己方被告人在笔录中已经说过领取几万元奖金，让被告人误以为自己的辩护律师反复问的这个问题，应该是对自己有利的情节，于是当庭供认领过 4 万元钱奖金的情节。显然，辩护律师没有牢记自己辩护律师的角色，把自己当成了公诉人，不断追问、"指控"对己方被告人不利的事实和情节。

角色错位，是庭审各方都要时刻避免的错误。有时公诉人也会犯这个错误。

案例 6－3　谢某等人涉嫌组织、领导黑社会性质组织罪案

庭审中，公诉人讯问被告人时，不小心把自己的角色变成了辩护人。

公诉人：公安机关讯问时做的笔录内容，是否属实？

被告人：属实。

公诉人：笔录你都仔细看了吗？

被告人：没有。

公诉人：为什么没有仔细看？

被告人：有时候时间太匆忙了，没有注意去看。

当事人没有仔细看就签署笔录，这是辩护律师想问的问题和想要的答案，公诉人问笔录是否属实就足够的，但多问了辩护律师会问的问题，从而产生指控的反效果。

三、追问的尺度不当，把同案人逼成控方证人

辩护律师向己方被告人发问，一般情况下，尺度比较好把握，可以问开放性的问题。毕竟，辩护律师庭前与己方的被告人都有充分沟通过。但是，在对己方被告人之外的其他被告人发问时，就要留意发问的尺度了，同案被告人对案

情都比较了解，也会了解很多对己方被告人非常不利的事实或情节，辩护律师切勿把同案人逼问成控方证人。[1]

案例6－4　郑某等涉嫌寻衅滋事罪案

庭审中，其中一名辩护律师向同案被告人发问。

辩护律师：你好，我是×××的辩护律师，我想问，×××有没有参与这一单寻衅滋事？

同案人：怎么回答呢，应该有吧。

辩护律师：你能肯定一点吗？我不希望是猜测性答案，有就有，没有就没有。

同案人：有。因为我在现场的时候，有看到他。

辩护律师：你在现场看到他在干什么？

同案人：有看到他们在一块儿。

辩护律师：好。那×××有没有参与这单打人的事情？

同案人：有，他有。

案例6－5　王某等涉嫌走私普通货物罪案

庭审中，其中一名辩护律师向同案被告人发问。

辩护律师：你好，我是×××的辩护人，我想问，你是否确认×××有参与走私？

同案人：有啊。

辩护律师：你知道他具体负责什么吗？

同案人：不知道。

辩护律师：你不知道他具体负责什么，那你是怎么知道他参与走私的呢？

同案人：因为有个一起走私的人也是他叫进来的。

辩护律师：有个人是他叫进来的，你就知道他有参与走私吗？

同案人：是的，我走私的时候，也有看到过他在现场。

案例6－6　蔡某等参与走私望风的走私团伙案

庭审时，其中一名辩护律师向同案被告人发问。

辩护律师：你好，我是×××的辩护人，现向你核实几个问题。据你所知，

---

〔1〕在我国法律制度中，还不存在明确的“控方证人”这个概念。

×××有没有跟老板一起在车里一块儿去巡逻?

同案人:忘记了,不太记得。

辩护律师:为什么你在公安机关说他是和老板,在老板车里一起去巡逻的?

同案人:应该是吧,可能是吧,好像见过他跟老板一起巡逻过。

辩护律师:好像见过? 就是不确定是吧?

同案人:确定,为走私望风的时候,他有跟老板一起巡逻过。

上面三个案例中,辩护律师向同案被告人发问没有把握好尺度,不断追问对自己当事人不利的事实和情节,"非要得出"一个对自己当事人不利的结果,就这样把同案人逼问成了控方证人,证明出自己的当事人有罪或罪重,得不偿失。

四、问题未精心设计,问题和答案都没有营养

为了通过庭审发问,得出自己当事人有利的事实、情节,庭审发问的问题需要精心推敲设计,既要精简凝练,又要直接切入主题,还要能够大致预测可能的答案。问题及其答案对证明案件事实应是有利的、可控的,这样的问题和答案对证明被告人无罪、罪轻而言,才是有营养的。

案例 6-7　谢某等涉嫌组织、领导黑社会性质组织犯罪案

在本案中,包括司机在内的几十名被告人都被抓获归案,接受审判。在庭审中,司机的辩护律师向同案人发问。

辩护律师:你为什么要让他做你的司机?

同案人:因为他会开车。

案例 6-8　蔡某等涉嫌寻衅滋事罪案

涉案双方因为做工程的问题发生纠纷,其中一方多名工人将对方打伤。后工程老板和工人都被指控构成寻衅滋事罪。在庭审中,其中一名工人的辩护律师向同案人(老板)发问。

辩护律师:你好,我是×××的辩护人,在这个工程里,他帮你做工是吧?

同案人:是的。

辩护律师:那他为什么要帮你做工程?

同案人:不是帮我,他自己要加入进来做这个工程。

辩护律师:他为什么要做这个工程?

同案人：他没有收入，不做工他会饿死。

案例 6－9　黄某等涉嫌组织、领导传销活动罪案

在本案中，排位靠后的很多被告人都只是公司的员工，是从犯，罪责比较轻，都和检察院达成了认罪认罚协议。在庭审中，其中一名认罪认罚被告人的辩护律师，对他的当事人发问。

辩护律师：你是不是家里的经济支柱？

被告人：听不清楚。

辩护律师：你的家庭需不需要你？

被告人：啊？没听清楚。

辩护律师：你的家庭需不需要你？

被告人：需要啊。

辩护律师：好的。

上述三个案例就是律师在提问时未精心设计，问题和答案都没有营养的表现。在法庭上发问的问题，都是需要在全面细致掌握案件情况、掌握各个被告人认罪情况的基础上精心设计的。如果没有精心设计，临场发挥能力又一般，问出来的问题就没有营养，白白错失了通过庭审发问证明自己的当事人无罪或罪轻的机会。

五、发言内容不恰当，导致法庭训诫引发尴尬

刑事案件庭审是比较严肃的，一般情况下，法庭会按照既定流程，让辩护律师充分发问。但有些时候，辩护律师会不小心会遭到法官、公诉人的一致反对，甚至法官当庭对辩护律师进行训诫。辩护律师要不断总结处理这种情况的经验。一般来说，如果辩护律师的发问，有恐吓、串供、诱导嫌疑时，公诉人和法官是很不乐意的，公诉人会提出异议，法官也会予以制止。

案例 6－10　谢某等涉嫌故意毁坏财物罪案

起诉书指控谢某和郑某、王某三个人一起去实施了这起故意毁坏财物的行为。被告人谢某认罪，被告人郑某、被告人王某都不认罪。在法庭发问阶段，被告人郑某的辩护律师向被告人谢某发问。

辩护律师：谢某，你好，我是郑某的辩护人。你刚才说你和郑某、王某有一起去实施这起犯罪。但是我的当事人郑某，还有当事人王某都说没有去实施

过。和你说的不一致,你敢不敢和他们当庭对质?

这么一问,法官就不乐意了。

审判长:辩护律师,你不要这么问。

辩护律师:我就是发问核实问题。

审判长:你刚才说了什么!

辩护律师:我只是说他们三人讲的不一样,我向谢某核实事实真相啊。

审判长:你问话不要提及其他人的供述,有串供嫌疑。

公诉人也不乐意了。

公诉人:我认为,这位辩护律师的问话存在明显的恐吓和影响被告人意志的情况,请辩护律师应当注意发问的方式。

其实,这样的发问,确有不恰当之处。一方面,辩护律师将其他人的不同供述,作为前提告诉被告人,会影响被告人的认罪态度,从而导致串供的风险。另一方面,辩护律师问被告人敢不敢和其他两人当庭对质,确实有恐吓该被告人的嫌疑。

案例 6－11　黄某等涉嫌组织、领导传销活动罪案

经法院通知,鉴定人、专家证人都出庭作证。辩护律师关于哈希值概念的问题,先向专家证人发问。

辩护律师:××教授,你好,能否帮我们解释一下,什么是哈希值?

专家证人:哈希值就是一种单项函数,经过计算得知,一般来说是每一个电子文件唯一的编码。

辩护律师:那哈希值和 MD5 值是一样的吗?

专家证人:MD5 值是哈希值的一种,哈希值有很多种。

……

专家证人出庭作证之后,鉴定人出庭作证。辩护律师就该问题继续向鉴定人发问。

辩护律师:鉴定人,能否解释一下,什么是哈希值?

鉴定人:哈希值是用来校验文件同一性的。

辩护律师:那 MD5 值是属于哈希值吗?

鉴定人:不是。我们在鉴定中用的是 SHA－256 值。

辩护律师:你说 MD5 值不是哈希值?刚才专家证人说,MD5 值是哈希值的一种形式……

还没等辩护律师说完，法官就打断了辩护人。

法官：辩护人，请注意提问方式，不能把专家证人的观点告诉鉴定人，法庭提醒第一次。

在这个庭审中，辩护律师在无意识的情况下，忽略了发问方式，将其他专家证人的意见，告诉了鉴定人，这会被法庭认为是影响甚至误导鉴定人作证的表现，不少法官都会予以制止。

六、问答内容不恰当，引发差评增加辩护难度

庭审发问环节是辩护的重要组成部分，无论是对被告人发问、同案人发问、证人发问，还是向鉴定人、专家证人等人发问，目的都是证明己方被告人无罪或者罪轻。因此，除了罪与非罪、罪轻与罪重的问题要特别注意外，也需要留意问答对被告人的评价造成的影响。

比如，在毒品犯罪案件中，被告人作无罪辩护，认为不知道涉案物品是毒品。那么，在庭审发问环节，辩护律师就不要刻意提及（强调）被告人是吸毒人员的事实。例如，刘某涉嫌贩卖毒品罪案中，被告人刘某被指控为贩卖毒品罪的共犯。辩护律师向被告人发问就犯了这个错误。

案例6－12　刘某涉嫌贩卖毒品案

辩护律师：你吸毒吗？

刘某：吸毒，大概2～3个月吸一次。

辩护律师：你被抓当天吸毒了吗？

刘某：吸了，就在被抓之前的几个小时。

辩护律师：公安机关是否检测出你吸毒了？

刘某：是的，有验尿，验出来了。

辩护律师的本意可能是，根据《刑事诉讼法解释》第75条的规定："处于明显醉酒、中毒或者麻醉等状态，不能正常感知或者正确表达的证人所提供的证言，不得作为证据使用。"因此，本案被告人在吸食毒品之后几个小时内接受的讯问，由于吸食毒品之后，精神状态异常，处于有缺陷的状态，在认知和表达能力上，有异于正常状态。在这种情况下所做的笔录，能否作为证据使用，需要慎重。

然而，这种问答对被告人是不利的。其一，吸毒后的讯问笔录应当排除的依据并不充分。其二，在毒品犯罪中，如果被告人吸毒，会被认为主观上对于毒品是有很深刻认识的，被告人辩称不知道涉案物品是毒品的辩解更难被接受。无论是贩卖、制造、运输还是走私毒品，法院都倾向于认为，吸毒人员实施毒品犯罪的可能性较大。

七、观点明显不成立，发问被回答者轻松反驳

向鉴定人发问的问题，应该是有环环相扣的内在逻辑。即使是没有意义的问题，也是为关键性问题作铺垫的。如果问题本身既没有意义，又没有为其他问题作铺垫，那么这样的问题就没有发问的必要。

案例 6－13　林某等涉嫌组织、领导传销活动罪案

经法庭通知，鉴定人出庭作证，辩护律师向鉴定人发问。

辩护律师：鉴定人你好，×××号司法鉴定意见书总共有 700 多页，结论就有几十页，但是分析部分只有两页，两页的分析怎么能得出几十页的结论？

鉴定人：我的整份鉴定意见中，有很多地方都有分析的，每一个结论都有分析的，不止两页，你可以认真看看鉴定意见。

其实，电子数据鉴定意见书中，分析部分的内容多少，与鉴定结论是否科学客观，与鉴定意见是否符合法律规定，并没有必然关系。即使分析部分内容少，也不等于鉴定意见不达标。因此，对鉴定人提出这样的质疑，没有什么意义，鉴定人很轻松地就反驳了。

八、执着于证据瑕疵，发问问题不具有杀伤力

如果严格遵照《电子数据司法鉴定通用实施规范》等国家标准、行业标准，每一个鉴定意见或多或少都存在一些瑕疵。辩护律师向鉴定人发问，不需要面面俱到，揪着每一个瑕疵不放，非得让鉴定人作出解释。这是没有必要的，因为这些问题中很多可能只是瑕疵，不是硬伤，没有杀伤力，鉴定人也总能够找出一些相对合理的解释。

案例 6－14　姜某等人涉嫌组织、领导传销活动罪案

辩护律师留意到鉴定意见中没有写明所使用的软件工具的版本号。于是，对出庭作证的鉴定人发问时，辩护律师始终揪着这个问题，要求鉴定人给出解释。

辩护律师:鉴定意见为什么没有标明鉴定所使用软件的版本号,请作说明?

鉴定人:这我要解释一下。我所使用的软件都是在网络上公开下载的软件,是非常普通的软件,就像Word、Excel一样,因为这些工具都非常常见,完全不需要在鉴定意见中写明用的是Word、Excel的哪一个版本。同样的道理,我在鉴定过程中所使用的软件是非常常见的,完全不需要写。没有注明这些常见软件的版本号,也是我的书写习惯。

辩护律师:根据《电子数据司法鉴定通用实施规范》,鉴定意见是应当记录所使用的软件及软件版本号的,为什么你没有注明?

鉴定人:我已经解释过了,这些软件很常见,不需要特别注明。

在这次询问鉴定人的过程中,辩护律师揪着没有标明软件版本号这个问题不放的必要性有待商榷。除非作为其他关键问题的铺垫,否则发问的意义不大。毕竟,没有标明软件版本号,并不是鉴定意见的硬伤。本案中辩护律师还采用了开放性问题的问法,鉴定人应答如流,无法达到有效的质证效果。

九、纠缠牛角尖问题,回答者对问题不屑一顾

向鉴定人发问不能为了发问而发问,要有目的性,目的是否定鉴定意见的真实性、合法性、关联性,让鉴定意见不被采信。因此,别出心裁钻牛角尖,为了发问而发问,有时候并不是最明智的选择。

例如,网络传销案件的《电子数据鉴定意见》中,经常出现"层级""积分""推荐人"这些概念。部分辩护律师很执着于否定这些概念,认为电子数据鉴定不能直接出现这些概念。于是,当庭向出庭作证的鉴定人发问,要求解释此类概念的由来。

案例6-15　林某涉嫌网络传销案

辩护律师:在电子数据鉴定意见中,"推荐人"这个概念是怎么来的?

鉴定人:这是很明显的,委托材料中就有。

辩护律师:你做的是电子数据鉴定,为什么会使用"推荐人"这个概念?

鉴定人:我已经说了,检材电子数据中,就有这个概念。

辩护律师:检材电子数据中,就有这个概念是吧。那电子数据中,用的是中文还是英文?是"推荐人"这三个字吗?

鉴定人:……检材中,有英文、有中文。

辩护律师:那"层级"这个概念是怎么出来的?

鉴定人:电子数据中可以看出会员与会员之间的推荐层级。

辩护律师:你做的是电子数据鉴定,"层级"是综合性概念,倾向于法律概念,你做电子数据鉴定,怎么鉴定出"层级"这个概念?

鉴定人:我已经说了,检材中有这个概念,从检材电子数据中也可以看出这个层级关系。

在此次询问鉴定人过程中,辩护律师可能想表达的观点是,鉴定人做的是电子数据鉴定,而"层级""积分""推荐人"等这些概念,不是电子数据能显示的,电子数据鉴定意见中使用这些概念是没有依据的。

一般来说,我们都不建议辩护律师提出这些"牛角尖"的问题,提出这样的质疑并不能达到否定鉴定意见的目的。其一,在传销案件的司法实践惯例中,电子数据鉴定的就是会员之间的层级关系、奖励关系、推荐人与被推荐人之间的关系等,所以,电子鉴定意见中都充斥着"层级""积分""推荐人"这些概念。其二,客观上看,涉案的电商平台会员系统确实存在"会员""积分""推荐人""被推荐人"等概念,并利用这些概念发展会员。其三,涉案电子数据中,也是大量出现"member_class""count(member_class)""wpoint""point""rpoint"等相关概念的。

十、问题太简单开放,庭审发问变成科普现场

辩护律师的庭审发问,是要讲究立场的。立场不同,则问的问题就不同,所得到的答案就不同。例如,向鉴定人发问时,公诉人和辩护律师由于立场不同,发问的问题、角度、目的就完全不同。鉴定人是作出指控被告人构成犯罪关键证据的人,属于"控方证人",对鉴定人发问,辩护律师要把握发问立场、角度和目的,不宜问过于简单的开放性问题,否则庭审发问就容易变成鉴定人向辩护律师、法庭、旁听人员讲解专业知识和鉴定过程有多么专业的科普现场。

案例6-16　林某等涉嫌组织、领导传销活动罪案

控辩双方对涉案《电子数据鉴定意见》能否当作证据适用存在很大争议,庭审中辩护律师向鉴定人发问。

辩护律师:请讲一下你们对涉案电子数据进行鉴定的过程大致如何?

鉴定人:我们此次电子数据鉴定的过程是这样的……

辩护律师：你能保证检材不受污染吗？

鉴定人：是的，我们在鉴定过程中，采取了×××措施，来保障检材不受污染。

辩护律师：在电子数据鉴定过程中，你采取了什么鉴定标准、鉴定方法进行鉴定？

鉴定人：我们在鉴定过程中，主要用的鉴定标准和方法是……

辩护律师：你怎么确定这些公式、方式、标准，能保证鉴定的准确性？

鉴定人：是的，当然能保证鉴定的准确性……

辩护律师：你鉴定时采用了哪些仪器设备，这些仪器设备分别有什么用？

鉴定人：……

辩护律师对电子数据鉴定过程的这个发问过程，变成了鉴定人向法庭科普讲解电子数据鉴定的过程，这样的发问不仅不能达到否定鉴定意见的效果，反而帮助鉴定人当庭充分论证鉴定的合法性和科学性。

庭审发问环节是刑事案件审理的重要一环，也是辩护律师向法庭证明己方被告人无罪或罪轻的重要机会。因此，辩护律师应该在庭前充分了解案件细节，充分了解所有被告人的供述情况和同案人的供述，研究透彻鉴定意见，并与被告人充分沟通，精心设计庭审发问的问题。否则将错失证明己方被告人无罪或罪轻的机会，甚至还可能起反效果，通过发问证明己方当事人有罪或罪重。

第二节
向被告人发问的技巧

有经验的辩护律师，通过向己方被告人的庭审发问，让合议庭成员、旁听人员了解全部的案件细节，帮助己方被告人向法庭阐释证明无罪或者罪轻的有利证据材料和观点，有效回应案卷中的各种不利证据，最大限度地帮助己方被告人澄清案件事实，以证明己方被告人无罪或罪轻。

辩护律师向己方被告人发问，需要做足庭前准备工作。那就是在庭前与己方被告人充分沟通，让被告人充分理解本案涉及的法律知识、辩护策略和辩护律师所要问的问题提纲。让被告人不至于在庭审中紧张慌乱，让被告人能充分利用庭审发问这个机会，向法庭展现全部的案件细节，辩解充分。

一、帮助陈述案件事实

向己方被告人发问，旨在通过庭审发问展现全案案件细节。而被告人本人在陈述案件细节时，其逻辑性和与法律关联性往往均存在不足。辩护律师以向被告人发问的方式，协助被告人将案件事实有逻辑、有重点、有层次地陈述出来，庭审效果会好很多。

案例 6－17　莫某涉嫌受贿罪案

公诉机关指控莫某以分红的形式收受冯某的贿赂 470 多万元。辩护律师经核实、研究发现，他虽然没有出资持有股份，但是与司法解释中的“干股”还是存在本质区别。莫某、冯某从始至终都没有出资，这家公司是他们一起找垫资公司借钱垫资注册成立的，而且莫某有实际参与公司日常经营管理。这是重要事实，辩护律师通过庭审发问，让被告人将这个重要案件细节，充分地向法庭展现出来。

辩护律师：当初你们谁提议成立××公司？

莫某：是冯某提议的。

辩护律师：当时你们有没有约定股份的比例？

莫某：有的。考虑到他负责具体管理，所以他占 60%。

辩护律师：公司登记的原始股东是谁？

莫某：冯某和我的家属林某。

辩护律师：当时公司注册资金 300 万元是怎么来的？

莫某：我和冯某商量注册资金 300 万元，找第三方会计师事务所垫资，垫资一个月后，该第三方公司就抽走了注册资金 300 万元。

辩护律师：林某名下的 40% 股份，是不是冯某送给你的？

莫某：不是的，是一起合作做生意赚钱。

辩护律师：公司成立后，你有无参与日常经营？

莫某：有参与，员工都是我培训的。

辩护律师：公司的员工你认识吗？都有哪些人？

莫某：基本都认识。比如……

辩护律师：他们都知道你是公司老板之一吗？

莫某：应该都知道。

辩护律师：公司经营的这几年有没有分红？

莫某：公司经营产生了一定的利润，有分过红。

辩护律师：分红有多少？

莫某：因为股东就两人，所以没有很正式的分红记录，冯某陆陆续续说给我分红，总共就是这470多万元。

二、帮助解释认罪供述

在司法实践中，犯罪嫌疑人、被告人在侦查阶段作有罪供述，后翻供的情况非常普遍。翻供会引来公诉机关、法官的特别关注，翻供的原因是必须合理解释的。辩护律师在庭审发问环节，要帮助被告人如实、合乎逻辑地将翻供的原因解释清楚。在法庭上给被告人充分的辩解机会和恰当的辩解逻辑，向法庭展现更多证据细节和更完整、真实、全面的案件事实，是辩护律师向被告人庭审发问的重要目的。

案例6－18　冯某涉嫌制造毒品罪案

被告人冯某告知辩护律师他在侦查阶段的笔录只有最后一次属实，其他的都不属实，是遭受到了刑讯逼供才作的有罪供述。辩护律师可以通过庭审发问，给他充分辩解的机会，让他自己解释在侦查阶段都经历了什么。

辩护律师：你什么时候被抓到哪里？

冯某：2014年1月××日，被抓到××派出所。

辩护律师：去××派出所发生了什么？

冯某：当时有几个便衣的民警问话，问那钱是不是制毒用的，说我不认的话就打我，还有拿棍子打我头，还有拿鞋子打我，还要我配合他们。

辩护律师：他们要你配合什么？

冯某：我说没有贩毒，他们就打我，问我那100万元是不是用来制造毒品的，我说不是，他们就打我。

辩护律师：你在笔录中说的林总是谁？

冯某：我不认识。

辩护律师：在审讯中，你有没有受到殴打？

冯某：在旁边的小房子有受殴打。

辩护律师：后来呢？

冯某：在审讯时要我说的与房间回答的一致。

辩护律师：你现在说的是否属实？

冯某：属实。

辩护律师：你以往的笔录是否属实？

冯某：最后一次笔录属实。

辩护律师：你以在公安机关的供述中说的为准还是以现场庭审供述为准？

冯某：以今天说的为准。

案例6－19　杜某涉嫌贩卖毒品罪案

杜某的多次笔录中，只有被抓获后第一次和第二次讯问笔录是认罪的，杜某称系受到刑讯逼供才签的。在庭审发问环节，辩护律师通过向杜某发问，让杜某充分解释有罪供述的缘由。

辩护律师：你有没有向××购买过毒品？

杜某：没有。

辩护律师：你的讯问笔录显示，有两次供述过向××购买过××克毒品，你怎么解释？

杜某：公安机关对我刑讯逼供。

辩护律师：具体怎么回事？

杜某：公安机关抓我的当天，我什么都没有承认，我说自己没有购买毒品，他们就打我。

辩护律师：谁？谁打你？

杜某：当天讯问我的民警，还有一个辅警讯问我的时候，那个辅警打了我四个耳光。

辩护律师：你受伤了吗？伤情如何？

杜某：就是脸上红红的，有轻微伤痕。

辩护律师：后来你才作那样的供述？

杜某：是的。

辩护律师：笔录内容是你说的，还是他们告诉你的？

杜某：是他们告诉我的，我才照着他们告诉我的说，然后签字的。

辩护律师：有几份这样的笔录？

杜某：有两份。

辩护律师：是哪两份笔录？

杜某：是第一次和第二次笔录。

辩护律师：这两次笔录的内容，是真实内容吗？

杜某：不真实。

三、帮助解释不利供述

有一些供述笔录对被告人非常不利，此类不利供述产生的原因很多，可能是由于被告人对问题理解错误，也可能是遭受诱导性问话，也可能是因为其他各种原因。此时，辩护律师需要在庭审发问环节，尽量帮助被告人将这些不利的供述解释清楚。

案例 6－20　黄某涉嫌制造毒品罪案

黄某因介绍毛某向徐某买卖易制毒物品，被公安机关抓获归案，公安机关指控黄某的罪名是制造毒品罪。本案关键的争议焦点在于，他构成制造毒品罪还是非法买卖制毒物品罪？

黄某的供述对其本人非常不利，讯问笔录显示：

侦查人员：为何明知盐酸羟亚胺人家是用来制造毒品的，还要去从中介绍他人交易？

黄某：我也是抱着侥幸心理，从中赚点钱，自己想不至于抓到自己。

这份笔录显然是非常不利的。按照这份笔录，黄某明知他人将涉案的物品拿去制造毒品，仍然介绍他们买卖，他的行为定性属于制造毒品罪的共犯，涉案毒品数量巨大，黄某面临的法定刑是"十五年以上有期徒刑、无期徒刑或者死刑"。

辩护律师研究发现，黄某被这个诱导性发问"坑了"。黄某无法识别里面藏着的两个问题，仅回答了为什么要介绍买卖易制毒物品的原因，是"抱着侥幸心理，从中赚点钱"。犯罪嫌疑人的本意是，虽然知道易制毒物品不能卖，但抱着侥幸心理，从中赚点钱，才介绍买卖易制毒物品的。他的本意并不是知道他人制造毒品，才卖给他人易制毒物品。此时，辩护律师需要通过庭审发问，帮助黄某澄清事实，弥补供述笔录缺陷。

辩护律师：黄某，你知不知道让你介绍买货的人，是将产品拿去制造毒品？

黄某：我不知道，我只是介绍他们交易买卖易制毒的化学品。

辩护律师:你介绍他们交易,那他们买去干什么用?制毒吗?

黄某:他不是制毒的,他说过,他有客人要买,才找我介绍找××买货的,我不知道他们拿去干什么。

辩护律师:那你知道他最终把货转卖给了谁?

黄某:不知道。

辩护律师:他有没有跟你说过,他要将货物转卖给谁?

黄某:不知道。

辩护律师:他有没有跟你说过,他要将你介绍买的货物转卖给其他人制造毒品?

黄某:没有说过。

辩护律师:那你知不知道买他货的人,是不是将货拿去制造毒品?

黄某:我不知道。

辩护律师:那涉案这些物品,只能用于制造毒品?

黄某:不是,可以用于制药,可以用于化学实验,用途很多,不单单是制造毒品。

辩护律师通过庭审发问,可以澄清黄某并不知道有没有人制造毒品,也不知道制毒原料的具体去向,他只是介绍两个人非法买卖了易制毒原料,并没有与制毒人员共同制造毒品罪的故意。如此,才能将黄某讯问笔录中的不利供述解释清楚。

案例 6-21　杨某涉嫌非法经营罪案

本案有一段讯问笔录模棱两可,但从表面上看,该段内容对杨某的定罪量刑比较不利。

问:你从××公司那里进货进了多少?

杨某:支付了200多万元吧。

问:那后来卖了有多少?

杨某:100万元左右。

问:你能获利多少钱?

杨某:20多万元吧。

该讯问笔录表面上看,杨某销售涉案的产品100多万元,非法获利20多万元,这部分款项是要作为罚金的重要依据的。非法经营罪的罚金刑是"违法所得一倍以上五倍以下”,如果非法获利 20 多万元,则面临 20 万元至 100 万元的罚金,对于小本经营的杨某而言,这是一笔巨大的负担。

但根据杨某的说法,销售涉案产品利润率 8% ~10% ,全部卖出去后,才可能获利 20 万元左右。当时他在接受讯问时,想表达的内容是全部卖完涉案产品之后能获得的利润是 20 多万元,也就是销售 200 万元获得的利润,而不是销售 100 万元能获得的利润。销售 100 万元能获得的利润顶多 10 万元。该笔录表面理解对杨某是不利的。对于这种情况,辩护律师应当在庭审发问环节,帮助杨某向法庭解释他的不利供述。

辩护律师:你购进了多少货物?

杨某:我从 × ×公司购进了 200 万元左右的货物。

辩护律师:你卖这些产品,利润率是多少?

杨某:利润率 8% ~10% 。

辩护律师:这些获取全部卖掉的话,能获利多少钱?

杨某:销售这种产品,全部卖出去后,获利 20 万元左右,将近 20 万元。

辩护律师:被查获时,你已经卖了多少?

杨某:差不多卖了一半。

辩护律师:那你获得了多少利润?

杨某:不到 10 万元。

辩护律师:我注意到笔录中记载,你获利了 20 万元,为什么?

杨某:笔录里面没写清楚,当时公安问我的是进货 200 万元能获利多少钱,我就算全部卖出去能获得的利润。如果算我已经卖掉的部分获得的利润,只有不到 10 万元。

通过这样的引导发问,可以帮助杨某向法庭解释清楚他的不利供述。

四、帮助解释不利疑点

在部分案件中,被告人之所以会被怀疑、被指控犯罪,确实是因为一些行为在常人、外人看来非常可疑的。例如,随随便便借给别人 100 万元,没有任何借条借据,没有约定利息,如果收钱的人将这笔钱用于犯罪了,那么借钱的人就会被怀疑是共犯。此时,辩护律师应当通过庭审发问,帮助被告人对他的行为进行合理的解释。

案例6-22　刘某涉嫌制造毒品罪案

刘某被指控出资100万元向李某订购毒品,是毒资提供者,与李某一起成为制造毒品罪的共犯。刘某始终辩解称是借款,而不是毒资。但是,非常不利的地方在于,双方没有那么熟,100万元巨资往来,没有借条,没有约定利息,也没有证据证明双方就这笔借款事宜商量过。收钱的一方供认这就是订购毒品的毒资。

对于刘某提出系借款的辩解,公诉人会对这笔款项的利息、借条等情况进行讯问,最终证明刘某的辩解不符合常理,应当是毒资而不是借款。此时,辩护律师需要在庭审发问中,帮他解释这个疑点,论证完全可能是借款。

辩护律师:这100万元,是借款还是毒资?

刘某:是借款。

辩护律师:你说是借款,有借条吗?有约定利息吗?

刘某:是借款。没有借条,没有利息。

辩护律师:借这么多钱,连借条都没有,也没约定利息,为什么?

刘某:我以前也借钱给李某,借了有150多万元,也没有借条,也没有约定利息,因为他只是借来资金周转,过几天就还了,我还是比较信任他的。

辩护律师:你以前也借钱给他?曾借给他几次?多少钱?

刘某:好几次,加起来估计150多万元。

辩护律师:以前的借款有没有写借条?

刘某:没有。

辩护律师:以前的借款有没有约定利息?

刘某:没有。

辩护律师:你跟李某关系如何?

刘某:认识好几年,并不常接触,关系还可以。

如此巨额的借款却没有借条、没有约定利息,是对他非常不利的疑点,辩护律师通过庭审发问,给他充分辩解的机会,让他把这个不利疑点合情合理地解释清楚。

五、帮助否定不客观证据

案卷材料中有一些明显不具备真实性、合法性、关联性的证据,辩护律师可以通过庭审发问环节,把证据上的重大问题呈现出来。而且,通过被告人的当庭陈述来呈现这些问题,既给了被告人充分辩解的机会,辩护效果也会相对较好。

案例6－23　涂某涉嫌走私淫秽物品罪案

涂某的签认材料是对他定罪量刑非常不利的证据。涂某在签认材料上写着"以下照片打印件共3页6张,其中第1页是我从×××定购的淫秽漫画书的包装纸箱的外观照,第2页上面是我定购的淫秽漫画书的照片,下面是我订购的淫秽漫画书的堆放照,第3页是我订购的淫秽漫画书的照片"。

但这份签认材料非常不客观,实际情况是,涂某并不知道照片中的一堆书,总共有几个箱子、有几本书、究竟是不是他订购的那些、有哪些是他订购的,以及对方是如何发货、如何包装的等。根据涂某的讲述,他相信了办案人员所说的配合调查就可以在"一年半载"回归家庭的"分析",才老老实实照抄了上述签认内容。在庭审中,辩护律师通过庭审发问,帮助涂某还原了事实,否定了这份不客观、不科学的签认材料。

辩护律师:海关查扣的这批书,是不是你买的那批?

涂某:我不确定。

辩护律师:你知不知道,你买的书,对方会用什么箱子装?纸箱还是木箱?

涂某:没有。

辩护律师:你知不知道,你买的书,对方会装几个箱子?

涂某:不知道。

辩护律师:当时你有没有签认过这批书?

涂某:有的。

辩护律师:办案人员让你签认的时候,有带你去看这一堆书吗?

涂某:没有。

辩护律师:签认的时候,办案人员给你看的是书的照片还是实物?

涂某:照片。

辩护律师:给你看了几张照片?

涂某:有几张,可能三五张,具体不记得了。

辩护律师:照片里面是一堆书吗?

涂某:是的。

辩护律师:通过照片,你能看清楚有几本书吗?

涂某：不能，看不出来。

辩护律师：通过照片，你能看清有几箱书吗？

涂某：不能。

辩护律师：你既然不确定是不是你买的那些书，为什么你签认说都是你买的呢？还将别人的书也签认说是你买的？

涂某：我只是觉得都是成人漫画书，看着有点像，民警说都是我的，让我签认，我为了争取坦白，就按照民警念的话抄了下来。

辩护律师：你知不知道，这一堆书里面还有其他人的书？

涂某：不知道。

辩护律师：办案人员有没有告诉你，这一堆书里面还有其他人的书？

涂某：没有，我不知道还有其他人的书。

通过庭审发问可以清晰呈现，案卷材料中涂某的签认材料，是不客观、不科学的，他不可能辨认出被办案机关查扣的这一批书，究竟是不是他订购的、哪些是他订购的，这份签认材料不能证明案件事实，不宜当作定案依据。

六、帮助展现罪责轻的情节

如果被告人存在从轻、减轻处罚的情节，辩护律师应当在庭审发问环节，将这些情节全方位、多角度地向法庭充分展现出来。例如，在被告人有自首情节时，辩护律师可以通过庭审发问，还原被告人的到案经过，向法庭呈现自首的过程。在被告人有退赔、退赃、未遂、从犯等情节时，辩护律师也可以通过庭审发问，帮助法庭把这些问题调查清楚，当庭展现被告人的这些从轻、减轻情节。在被害人存在或可能存在过错的案件中，辩护律师可以通过庭审发问，让被告人当庭向法庭讲述整个案发过程中，证明被害人存在的过错之处，以此减轻被告人的罪责。

案例 6 – 24　罗某涉嫌受贿罪案

罗某主动投案，如实供述自己的罪行，依法应该认定有自首情节。但是，公诉机关没有予以认定。自首情节是重要的辩点。此时，辩护律师可以通过庭审发问，展现罗某归案的过程，证明他确有自首情节。

辩护律师：你的到案经过是怎样的？×纪委找你谈话的时候，调查的是哪几件事情？

罗某:2015年10月××日下午三点左右找到我,他们说要调查××市政道路改造中,我收了多少钱的问题,基本都是围绕这个问题展开的。

辩护律师:那在这个项目中,你到底有没有受贿?

罗某:经过一个多月的调查,都是没有任何结果的。

辩护律师:起诉书指控你的犯罪事实,是××纪委找你调查的这个项目吗?

罗某:不是,完全无关的。

辩护律师:起诉书指控你的犯罪事实,是你主动交代的吗?

罗某:是的。他们调查当时所掌握的线索是假的,所掌握的事实是不成立的。当时他们给了我一份《自查自纠表》,他们说到底收了多少让我自己写下来。

辩护律师:当时所有的行贿人,你都在《自查自纠表》列出来了吗?

罗某:是的。当时他们根本不知道这些事情,是我主动写下来的。

本案中,辩护律师通过庭审发问,将罗某到案的经过、供述的情况,全部如实展现出来,由此充分证明罗某的行为应当认定为自首。

案例6-25　王某涉嫌故意杀人罪案

王某被指控故意杀害丈夫。该案中,被害人的父母、兄弟姐妹都出具了谅解书。王某也多次提到她的丈夫长期有家暴情况。此时,辩护律师可以通过庭审发问,给予王某充分的辩解机会,展现被害人存在过错的情况。

辩护律师:当时你有想过让你老公死吗?

王某:没有。

辩护律师:他经常喝酒吗?经常醉酒吗?

王某:是的。

辩护律师:他酒后会不会经常打你?

王某:经常会。

辩护律师:事发当晚,他打你了吗?

王某:有,他喝完酒回来打我。

辩护律师:他用什么东西打你?

王某:拖把、蚊帐支架、拳头等。

辩护律师:你有反抗吗?

王某:我用指甲抓他。

辩护律师通过庭审发问,展现王某和被害人的日常生活状态和事发当时的情况,证明被害人对于案件的发生存在过错,相应可以酌情对王某从宽处罚。

案例6-26　许某涉嫌交通肇事罪案

被害人及其家属拒绝颅脑CT检查、拒绝手术治疗、拒绝抢救措施,对被害人死亡结果是存在过错的。此时,辩护律师需要通过庭审发问,呈现被害人及其家属存在的错过。

辩护律师:事发之后,你有没有及时拨打120急救电话?

许某:有的,第一时间就报警了。

辩护律师:你带他去医院了吗?

许某:有的,我和他家属一起带他去医院检查治疗。

辩护律师:当时在医院有没有做颅脑CT?

许某:当时医生开单了,我也缴费了。但是,被害人没有做颅脑CT检查。

辩护律师:医生已经开了单,你也交了费,被害人为什么没有做颅脑CT检查?

许某:因为被害人拒绝做,他的家属也说不用做,所以他的家属就签字拒绝做颅脑CT检查,当时医生也在现场,无可奈何。

……

辩护律师:后来被害人伤情加重再次去医院的时候,医生怎么说的?

许某:医生说颅脑损伤,建议做手术治疗,或者转院治疗。

辩护律师:那被害人接受手术治疗了吗?

许某:没有,他的家属说不做手术治疗。

辩护律师:那被害人转院治疗了吗?

许某:没有。他家属不同意转院治疗。

辩护律师:被害人什么时候死亡的?

许某:又过了一个晚上,第二天早上过世的。

辩护律师:被害人死亡前,医院有抢救吗?

许某:没有抢救,家属让医院不用抢救,还在告知书上签了字。

被害人及其家属先拒绝接受颅脑CT检查、后拒绝手术治疗、拒绝转院治疗,再后来拒绝抢救,最终被害人死亡。在这个过程中,被害方是存在过错的,相应地应当减轻许某的刑事责任和民事责任。辩护律师应当通过法庭发问,指出被害人及其家属的过错,供法庭全面查清案件事实、准确区分各方责任。

向被告人发问,是庭审发问最重要的一环。辩护律师通过向被告人发问,是向法庭证明被告人无罪或罪轻的重要机会。因此,辩护律师应该在庭前充分了解案件细节,全面掌握本案的各种不利证据,通过发问,对有利的证据和有利情节予以强化、对不利证据和情节及时予以解释澄清。

第三节

向证人发问的技巧

在司法实践中,广义上的证人,包括同案处理的被告人、另案处理的被告人、被害人和狭义上的证人。这些证人对于案件事实认定的影响非常关键。辩护律师通过向证人发问,既巩固对被告人有利的证词,也回应了对被告人不利的证词,给法庭展现更多的案件细节,帮助法庭查清案件事实,最终的目的是证明自己的当事人罪轻或者无罪。但是相比于向被告人、专家证人和鉴定人发问,向这些证人发问,难度更大,主要原因有以下几点:

第一,无法庭前沟通。辩护律师无法像询问被告人一样,可以在庭前先进行沟通。通过庭前的充分沟通,被告人对辩护策略认识比较深刻,辩护律师向被告人发问难度就比较小。然而,辩护律师庭前无法也不能与证人沟通,因此,证人当庭回答的情况具有不可预测性。

第二,证言不稳定。专家证人、鉴定人针对专业问题作出解释,证言相对客观、稳定性强、可信度较高。经常作为专家证人(鉴定人)出庭的李昌钰博士说过:“对我来说,对方律师是什么样的人并不重要,因为我的工作只依靠科学。实际上,案件中究竟是哪一方来雇佣我检验物证和出庭都是无关紧要的……我的结论都是一样的,我在法庭上的表现也都是一样的。”[1]然而,证人的证言很容易受到各种因素的干扰,具有很强的不稳定性,证人的证言前后矛盾甚至证人直接作伪证的情况,常有出现。

第三,答案难以预测。辩护律师向被告人、专家证人和鉴定人的发问,可预测性强,比较容易把控发问问题和回答方向,但是证人证言具有很强的不确定性,难以准确预测,很多情况下需要辩护律师在当庭对出庭证人的表现进行评

---

〔1〕 林正主编:《完美的辩护:美国名律师胜诉案例精选》(上),中国法制出版社2016年版,第176页。

估,临时作出预测。

庭审中如何才能恰到好处地向这些证人发问,一直都是辩护律师面临的难题。在向证人发问之前,辩护律师应当做好充分的准备,至少需要总结证人在案卷笔录中的问答情况,并评估判断证人在庭审中将可能会如何回答。一般来说,证人在笔录中的回答和当庭的回答常常不会有根本区别。因此,证人在笔录中的回答,可以作为设计庭审发问问题、预测证人庭审回答的素材依据。

如果证人在笔录中的证词对被告人有利,则辩护律师可以通过庭审发问,让对被告人的有利证词再次被确认、固定。如果证人的证词对被告人不利,但明显不属实,则辩护律师可以通过庭审发问予以反驳,证明证词的不合理之处。如果证人在笔录中的证词对被告人不利,又难以反驳或者确实属实,则辩护律师应当尽量避免问及这个问题。

辩护律师在准备发问问题及庭审发问中,不仅要充分考虑到证人证言的上述特点,还需要有清晰的思路和技巧,才能避免发问的盲目性,让发问充分支持辩护策略和观点。

一、证明指控犯罪事实不存在

通过向证人发问,证明指控的犯罪事实不存在,这种发问难度相对较高。尤其是在证人已经在笔录中作出证明犯罪事实存在不利证词的情况下,让证人在法庭上否认笔录证词的真实性,一般很难实现。很多时候,这不仅需要靠辩护律师的经验,还要靠运气。

案例 6-27　南昌大学原校长周文斌涉嫌受贿罪、挪用公款罪案

辩护律师庭前申请多名证人出庭,后法院通知了证人胡彪斌出庭,辩护律师由于没有提前接到通知,只能在当庭见到出庭证人时,迅速思考庭审发问的内容。在证人听到审判长问他和周文斌是什么关系时,证人在回答时用了两个"周校长"的称呼。对于一个法庭上的被告人,在审判长也提及周文斌是被告人的时候,他用的还是"周校长"这样的称呼,显然证人内心对周文斌是怀有尊敬之心的。于是,周文斌的辩护律师朱明勇单刀直入发问。

辩护律师:胡彪斌,你给周文斌行贿了吗?

胡彪斌:没有。

辩护律师:那你之前为什么有笔录说给周文斌行贿了 100 万元?

胡彪斌:我是被逼的,那都是假的。[1]

然后证人开始讲述被逼作假证的过程,证人胡彪斌的回答极大地扭转了案件形势,旁听席一片哗然,庭审效果极佳。

案例6-28 罗某涉嫌受贿罪案

行贿人姚某在侦查笔录中承认向罗某行贿人民币50万元,笔录中的证词对罗某受贿罪的认定非常不利。辩护律师申请证人姚某出庭作证,后法院通知姚某出庭作证。在庭审中,辩护律师向姚某发问。

辩护律师:你是什么时候被什么机关叫去调查的?

姚某:应该是××纪委,大概是去年的时候……

辩护律师:当时你有没有说送过钱款给罗某?

姚某:没有,只有逢年过节的时候,公司安排送一些小礼物或者小红包。办案人员要我承认贿送过50万元人民币给罗的,我都是按照办案人员的意思去写的。

辩护律师:你在××纪委接受调查的时间有多长?

姚某:有十多天。

辩护律师:这十多天里你能出去吗?

姚某:不能。

辩护律师:这十多天里,你都是在什么地方被调查的?

姚某:具体地方不知道,就知道是郊区的一个招待所。

辩护律师:笔录的内容,你看过了吗?

姚某:有的,我看过。

辩护律师:那笔录的内容和你说的内容一样吗?

姚某:不一样,笔录内容都是办案人员要我写的,他们怎么说我怎么写。

辩护律师:当时笔录你签字了吗?

姚某:签字了。

辩护律师:笔录内容和你说的不一样,你为什么还要签字?

姚某:办案人员说,不签字就不给我出来。我为了早点出来,就签了。

辩护律师:那你还记得笔录内容里面说送给罗某多少钱吗?

---

[1] 详见朱明勇:《无罪辩护》,清华大学出版社2015年版,第278页。

姚某:大概还记得一点点,好像是写了 50 多万元吧。

辩护律师:那这个数字是真的吗?你有没有贿送 50 多万元给罗某?

姚某:没有。

证人当庭"反水"对辩护是非常有利的,但这种情况相对比较少见。辩护律师除了对案件事实有准确判断、还需要有丰富的办案经验,这样才能准确判断证人在法庭上会如何回答,判断证人当庭"反水"的可能性。当然,运气也是重要因素之一。

二、证明指控犯罪事实存疑

刑事诉讼的证明标准是"事实清楚,证据确实充分"。在证人不能直接否定犯罪事实的情况下,辩护律师通过庭审发问,可以将犯罪事实存在的诸多疑点展现出来,证明涉案犯罪事实不清楚、存疑,依法应当判决被告人无罪,这也不失为一种发问的方式和目的。当然要注意的是,在事实不清、存疑的情况下,一般不宜冒进逼问,冒进逼问的结果很可能是事实存疑变成事实确凿。

案例 6-29　温某涉嫌受贿罪案

行贿人邵某在侦查阶段作了对被告人不利的供述,证明其曾向温某行贿。辩护律师申请行贿人邵某出庭作证,后法院通知邵某出庭作证。在庭审中,审判长先对证人进行询问。

审判长:邵某,你以前的证言是否属实?

邵某:属实。但是记忆可能存在问题,细节可能会有出入。当时我的案件涉及的受贿人人数比较多,在交代过程中精神状态也比较劳累,有些东西时间也比较久远,所以细节会有出入。第一次送了 1 万元,具体时间忘了。第二次我给他送水果,我在箱子里塞了一两万元,忘记是 1 万元还是 2 万元了。第三次也塞在水果篮里,忘了是 2 万元还是 3 万元,不确定。这几次我都是吃了饭喝了酒之后送水果,但因为觉得送水果诚意不够,就在箱子里随意塞了点钱。都是送到被告人的小区楼下,第一次是年轻女孩拿走,第二次是一个年纪比较大的人和一个女孩拿走。

从邵某的当庭表现看,他是喝了酒之后去送钱的,可能并不清醒,而且随便塞了一些钱到水果篮里面去,因此送了多少钱不太清楚。收钱的人也不知道是不是被告人温某的家人。就这些存疑的地方,辩护律师可以通过发问展现出来。

辩护律师:你现在记不清楚是 1 万元还是 2 万元,2 万元还是 3 万元?

邵某:是的,我真的没有记起来。

辩护律师:你说第一次送水果时,是一个年轻女孩收的是吧,大概多大年纪?

邵某:20 岁出头吧。

辩护律师:她和你第二次送水果那个人是同一个人吗?

邵某:不是。

辩护律师:你知道是他的什么家人吗?

邵某:不知道。

辩护律师:你问她和被告人什么关系了吗?

邵某:我就问她是不是温某的朋友,她说是。

辩护律师:第二次拿你水果的人你有问她是谁吗?

邵某:没有。

辩护律师:她有说她是谁吗?

邵某:没有。

辩护律师:你还认得哪些人吗?

邵某:记不住了,因为当时是晚上,而且小区很黑,没有灯。

辩护律师:你在检察院有无辨认过照片?

邵某:没有。

辩护律师:你当时喝得很醉吗?

邵某:是的。开车也不是我开的,是我同事送我去的。

通过上述发问可知,邵某是在醉醺醺的情况下,将塞了不知道多少钱的水果篮,交给了一个他不认识、也不知道和被告人什么关系的人。而且两次送钱时,收钱的人都不同。那么,收钱的是否为温某的家里人、收了多少钱,存疑。因此,温某涉嫌受贿的犯罪事实存疑。

三、证明犯罪与被告人无关

辩护律师在仔细研究案卷材料,尤其是证人的询问笔录、同案人的讯问笔录后,可以知道哪些证人、同案人的证词对被告人有利。在庭审中,辩护律师可以向该证人、同案人发问,核实案件细节,巩固对被告人有利的证词。比如,证明涉案指控的犯罪事实与被告人无关，被告人没有参与。

案例6－30　谢某平被故意伤害案

起诉书指控认为，2005年5月11日，被告人郑某光因此前在市场收购海产时与被害人谢某平等人发生纠纷被打一事，起意要报复谢某平，遂纠集了被告人谢某涛、郑某平带两把砍刀去到广东省汕头市××区××村谢某平经营的鱼塘，郑某光、谢某涛持砍刀砍伤了谢某平的双臂。经法医鉴定，谢某平的损伤属于轻伤一级。案件发生时，被告人谢某已到场了解了事发经过，在郑某光、谢某涛、郑某平逃至外地后，谢某和被告人谢某彬出面"摆平"了该案件，导致郑某光、谢某涛、郑某平一直未被追究刑事责任。

公诉机关指控郑某光、谢某涛、郑某平、谢某构成故意伤害罪共同犯罪。我们作为谢某的辩护律师，通过庭审发问环节，向同案人郑某光、谢某涛、郑某平发问，核实该伤害事件的始末细节，证明谢某与该故意伤害案无关，不应该承担故意伤害罪的刑事责任。

辩护律师：2013年之前，你有没有跟谢某做事？

同案人：没有。

辩护律师：2005年，你为什么跟谢某平打架？

同案人：因为郑某光和谢某平发生过打架，郑某光叫我过去的，叫我跟郑某平一起过去打谢某平。

辩护律师：郑某光和谢某平打架的事情，为什么他们发生过争吵打架？

同案人：因为买卖海产发生的纠纷。

辩护律师：你为什么会参与这个事情？

同案人：我和郑某光是合作伙伴。

辩护律师：你和郑某光合作海产生意是吧？

同案人：是的。

辩护律师：你们的海产生意，跟谢某有什么关系？

同案人：没有关系。

辩护律师：你们和谢某平的打架纠纷，跟谢某有没有关系？

同案人：没有。

辩护律师：打架后为何你去找谢某，你们很熟吗？

同案人：因为他是村干部，我们不熟。

辩护律师：当时赔偿款谁出的？

同案人：我和郑某光、郑某平出的。

辩护律师：谢某有没有出钱赔偿？

同案人：没有。

通过对郑某光、谢某涛、郑某平三名同案人发问，证实该故意伤害事件，其实就是郑某光、谢某涛、郑某平因海产买卖纠纷与被害人谢某平发生了一起打架事件，无论是事件起因、参与人员、打架过程还是赔偿款来源等，都与谢某无关，谢某只是作为当时的村干部，事后参与事件的调解。由此充分证实，谢某不应该承担故意伤害罪的刑事责任。

案例6－31　王某忠被故意伤害案

起诉书指控认为，2009年5月2日晚，被告人谢某的八姨蔡某云在广东省汕头市××路段被被害人陈某城驾驶摩托车碰撞受伤。被告人谢某江、谢某强、谢某财、谢某德闻讯到场后，因赔偿问题与陈某城、被害人王某忠等人发生争执，遂共同对陈某城、王某忠实施殴打。经法医鉴定，王某忠的损伤已构成轻伤，陈某城的损伤已构成轻微伤。汕头市公安局××分局于同年6月2日对谢某江、谢某强、谢某财和谢某德的上述伤害行为刑事立案。被害人王某忠于同月17日在家中突然死亡。谢某江、谢某财作案后即向谢某报告，谢某出面施压，以向被害人王某忠的亲属赔偿人民币30万元，向被害人陈某城赔偿人民币3000元为对价，促使王某忠的亲属、陈某城到公安机关撤销案件。该案最后不了了之。谢某江、谢某强、谢某财均未受到法律追究。公诉机关指控谢某、谢某财、谢某江、谢某强构成故意伤害罪的共同犯罪。

我们作为谢某的辩护律师，通过庭审发问环节，向同案人谢某财、谢某江、谢某强发问，证明谢某与指控的故意伤害罪无关，不应该承担故意伤害罪的刑事责任。

辩护律师：你好，我是谢某的辩护律师，我想向你核实一下，你和谢某德、蔡某云、谢某江，是一家人吗？

同案人：是的。

辩护律师：你们打架的事情是提前预谋的还是因为赔偿谈不拢？

同案人：吵着吵着就打起来了，起因是对方不愿意先交医药费。

辩护律师：打架之前，谢某知道你们要打架吗？

同案人:不知道。

辩护律师:谢某是否有让你去打对方?

同案人:没有。

辩护律师:这件事和谢某有什么关系?

同案人:没有关系,是打完架找他帮忙和解。

辩护律师:你们为什么要找谢某帮忙和解?

同案人:因为谢某是我们村的书记,也是亲戚。

通过对同案人谢某江、谢某强、谢某财发问,证明事情的起因是蔡某云被撞伤,蔡某云的家人谢某江、谢某强等人一起去医院与被害人谈赔偿,双方因赔偿问题发生争执,进而发生打架斗殴事件,事后找到作为村里主要干部的亲戚谢某帮忙出面调解。从参与人员、起因、过程看,伤害行为都与谢某无关。谢某不应该为该故意伤害事件承担刑事责任。

四、证明全案的犯罪不成立

在多人参与的共同犯罪中,每一个同案被告人的供述、每一个证人的证词,都可能直接影响到犯罪是否成立。这一点在团伙犯罪、集团犯罪中体现得尤为明显。例如,黑社会性质组织犯罪、组织领导传销活动犯罪、集资诈骗罪等案件,往往由多名被告人共同实施,各个被告人的具体行为、各个被告人之间的关系、各个被告人对全案事实的供述,均直接影响全案的该罪名是否成立。因此,对此类犯罪,辩护律师可以结合这些犯罪的构成要件,通过对同案人的发问,核查各个被告人在指控的犯罪事实中具体做了什么、各个被告人之间的关系等事实,以证明是否存在所谓的黑社会性质组织,是否存在传销组织,是否实施了集资诈骗行为等。

案例 6-32　谢某等涉嫌组织、领导黑社会性质组织案

起诉书指控认为,谢某等人于 2005 年通过实施多起故意伤害、聚众斗殴等违法犯罪行为,确立该组织的势力范围,黑社会性质组织发展成型。

谢某等三十几名被告人是否构成组织、领导、参加黑社会性质组织罪,评判的基础是谢某等三十几名被告人的具体行为。审理查明的这三十几名被告人的具体行为,将直接影响黑社会性质组织究竟存不存在、何时形成,三十几名被告人是否构成组织、领导、参加黑社会性质组织罪。

基于此，辩护律师认为被告人不构成黑社会性质组织犯罪，则可以通过对各个同案人发问，查明他们的具体行为、在组织中的具体地位作用、他们的具体行为是否符合黑社会性质组织的四个特征等事实，进而查证本案黑社会性质组织存不存在。黑社会性质组织应当同时具备四个特征：组织特征、经济特征、行为特征、非法控制特征。庭审发问可以围绕着四个特征发问，如果可以证明某些特征不存在，那么黑社会性质组织就不成立。

具体而言，为了证明是否具备黑社会性质组织的特征，辩护律师可以向同案被告人问如下几个方面的问题：

(1)过往履历，以证明同案人是什么时候加入组织，什么时候跟着组织者、领导者做事情，具体做的事情是什么等。

(2)经济往来，以证明同案人与组织者、领导者，什么时候开始有什么样的经济往来，同案人跟组织者、领导的关系是否紧密等。

(3)工作情况，以证明同案人是否有正当工作，是否有正当收入，经济收入来源有哪些，是否依赖于该组织。

(4)参与程度，以证明同案人具体参加了多少宗具体犯罪行为，有哪些被告人分别参与哪一单犯罪事实等，可以反映该组织人员是否固定等特点。

在该案中，辩护律师根据案卷材料，制作了《各被告人加入时间和目的表》《各被告人的工作情况表》两份表格，详细标注各个同案人的履历情况、对涉案犯罪行为的参与程度、在涉案组织中的参与程度等。在庭审中，辩护律师根据这两份表格，逐一向各个同案被告人发问核实。以向其中一名“骨干成员”发问为例：

辩护律师：2011 年之前，你在哪里工作？

同案人：在珠海。

辩护律师：在珠海做什么工作？

同案人：打工。

辩护律师：那你什么时候从珠海回到 ××村工作的？

同案人：2011 年 4 月左右。

辩护律师：你回到 ××村，做什么工作？

同案人：就是做水电安装工程的。

辩护律师：你什么时候跟着谢某做事的？

同案人：2012 年。

辩护律师：谢某让你做什么？

同案人：帮忙为走私望风。

辩护律师：在帮忙为走私望风之前，你和谢某有没有经济往来？

同案人：没有。

辩护律师：在帮忙为走私望风之前，谢某有没有给过你钱？

同案人：从来没有。

通过庭审发问，可以得知，绝大部分同案人加入这个指控的所谓黑社会性质组织的时间都很晚，公诉机关指控该黑社会性质组织在 2005 年就形成，与事实不符。同案人参与这个所谓组织所做的事情，就只有为走私望风一件事情，证明涉案组织是一个走私团伙或者走私集团，与黑社会性质组织还有较大差距。通过向各个同案被告人逐一核实这些案件细节，可以证明本案并没有形成黑社会性质组织。

五、否定不真实不合理证词

如果证人证言对被告人非常不利，则辩护律师需要先审查评判，证人所说的不利证词是否属实、是否合理。如果不属实或者不合理，则可以在庭审发问环节，对该证人的发问中予以回应，证明该证词不真实或者不符合常理。

案例 6 －33　黄某涉嫌制造毒品罪案

黄某被指控是共同犯罪的同案人，在涉案制造毒品行为中起居间介绍作用。黄某也如实供述自己居间介绍了毛某和上家徐某交易涉案易制毒原料的事情。但是，作为同案人的第一被告毛某认为，毛某自己才是居间介绍的人，是她居间介绍了黄某和上家徐某交易涉案易制毒物品。黄某和毛某的供述截然相反，毛某指控黄某是主犯，而黄某指控毛某是主犯。

在该案件中，辩护律师留意到，就指控的这单制造毒品事实，涉案获利款项 50 万元，是由毛某收取的，毛某后来将这笔钱拿去买房子。在讯问笔录中，毛某辩解称，这次交易，她只是一个居间介绍人，黄某才是倒卖涉案制毒物品的人。这笔钱是黄某叫她代收的毒资，等黄某什么时候想要，毛某就会还给他。但黄某一直没有找她要，所以就先放在她这里。

面对同案人的不利指控，辩护律师需要通过庭审发问，揭露毛某的不利指控不符合常理、可信度低，从而证明黄某才是居间介绍的人。

辩护律师：你跟黄某关系如何？

毛某：还行，见过几次面，认识。

辩护律师：此前，你跟他有没有经济往来？

毛某：没有。

辩护律师：他把50万元现金放在你这里交给你保管？

毛某：是的。

辩护律师：你觉得，他会不会把50万元放在你这里3年不拿回去？

毛某：有可能啊。

辩护律师：他有没有找你要过？

毛某：没有。

辩护律师：后来，你将这50万元存入银行卡是吧？

毛某：是的。

辩护律师：存入谁名下的银行卡？

毛某：我的。

辩护律师：后来这笔钱，你拿去买房子了是吗？

毛某：是的。

辩护律师：买的这个房子，是黄某的还是你的？

毛某：我的。

通过该庭审发问可清晰呈现，毛某指控黄某才是“大老板”的供述，而获利的50万元却由毛某收取、使用，毛某还将该50万款项用于为自己购买房产。显然，毛某的供述非常不合理、不可信，而真正起居间介绍作用的是黄某，而不是毛某。后法院判决也认定，黄某在涉案易制毒物品交易中，起居间介绍作用，毛某的辩解与事实不符，不予采信。

案例6-34　谢某等人涉嫌组织、领导黑社会性质组织罪案

该案被指控犯罪的被告人将近40人，而这些被告人中，有将近一半的被告人在开庭之前和开庭审理过程中，陆陆续续与检察院签了《认罪认罚具结书》，对指控组织、领导、参加黑社会性质组织罪没有异议。公诉人在发问时，还特别强调问“你什么时候加入这个黑社会性质组织的”之类的问题。

作无罪辩护的辩护律师,该如何对这类认罪认罚的同案被告人发问呢?以向被告人陈某的讯问、发问为例。

公诉人:被告人×××,你是否认罪认罚?

陈某:是的。

公诉人:你什么时候加入黑社会性质组织?

陈某:2013 年加入的。

……

辩护律师:被告人×××,你好,我是谢某的辩护律师,现在依法向你核实几个问题,希望你如实向法庭陈述。

陈某:好的。

辩护律师:2013 年,你加入为走私望风,除了走私,你们还有做过其他违法事情吗?

陈某:没有。

辩护律师:有没有人吩咐过你去做其他违法事情?

陈某:没有。

辩护律师:2013 年,你认为你加入的是黑社会吗?

公诉人:审判长,我认为,这个发问是不妥当的。

辩护律师:我们要核实被告人供述的真实性,没有不妥。

公诉人:辩护律师不能这么问,不能问他参加什么组织。

辩护律师:我们要核实被告人对他行为的主观认识,被告人的主观故意也影响全案定罪量刑。

(双方僵持不下)

审判长:辩护律师,这个问题不要问了,问下一个问题。

辩护律师:好。那被告人,你当时加入的是走私团伙还是黑社会?

陈某:是走私团伙。黑社会是不可能的,加入进来就是走私。

辩护律师:好的,谢谢。

通过这样的发问可知,认罪认罚的人,主观上也认为他加入的只是一个走私团伙,而不是黑社会。他们认罪并不认可自己加入了黑社会,而是认可检察院给出的量刑建议。辩护律师坚持问此类问题,对全案辩护的影响是正面的、积极的。

六、不要指望证人屈服认错

有一个关于亚伯拉罕·林肯律师的法庭故事，法律人都非常熟悉。一个叫格雷森的人被控谋杀，他母亲请了美国伊利诺伊州年轻的亚伯拉罕·林肯为他辩护。林肯问一个自称是目击者的人他是怎么看见罪犯的。证人回答说“在月光下”。林肯随后从口袋里抽出一本历书，指出事件发生那天晚上没有月亮。该证人以为历书揭穿了他的秘密，于是承认他自己才是真正的凶手。[1]

在这个故事中，辩护律师通过巧妙设计问题、巧妙发问，最终让证人屈服认错，帮助法庭查明事实真相，帮助被告人洗刷冤屈、重获自由。然而，在中国的司法实践中，这种情况几乎不太可能发生，证人被逼问到屈服认错的可能性极低。辩护律师要把握好尺度，步步紧逼不是最佳策略。逼问证人的结果，往往是证人越来越坚持对被告人不利的证词，甚至作出对被告人更加不利的指控，后果非常糟糕。

案例 6－35　罗某涉嫌受贿罪案

行贿人梁某在侦查阶段供述曾经贿送 10 万美元给罗某，该证词对罗某非常不利。辩护律师申请梁某出庭作证，后法院同意通知证人梁某出庭。在庭审中，辩护律师对证人梁某发问。

辩护律师：你有没有送过钱给罗某？

梁某：有的。

辩护律师：送了多少？

梁某：10 万元人民币。

辩护律师：你刚才说，你送给罗某的是 10 万元人民币？

梁某：是的，应该是。

辩护律师：侦查笔录中，你曾供述说你送 10 万美元给罗某，你现在却说送的是 10 万元人民币，到底以哪一个为准？

梁某：我记不清了。

辩护律师通过发问，发现了重要疑点。侦查笔录显示，梁某供述向罗某行贿的款项是 10 万美元，起诉书也认定这一单贿送的钱款是 10 万美元。而梁某

---

〔1〕 详见［美］艾伦·德肖维茨：《最好的辩护》，唐交东译，法律出版社 2014 年版，第 52 页。

当庭作证却说贿送的是10万元人民币。对此，辩护律师发现指控的数额远高于证人当庭作证说的数额，这对辩护而言，效果已经实现了。该证词足以证明公诉机关指控罗某收受梁某10万美元贿赂款的犯罪事实存疑。此时，辩护律师不宜继续逼问证人，非要把事情弄清楚，甚至非要让证人承认侦查阶段所作的证词笔录是错误的。但是，在该案中，辩护律师继续执着探寻真相。

辩护律师：你送给罗某10万元人民币，之后没有再送钱了是吗？

梁某：不是，后来我又送了10万美元。

辩护律师：但是你在笔录中却说送10万美元，到底哪个为准？

梁某：有送过10万美元，也有送10万元人民币。

在这次向证人发问的过程中，辩护律师抓住证人的一点错误，就试图逼迫证人屈服认错，承认侦查笔录不真实。结果证人非但没有屈服认错，反而一口咬定确实贿送了10万美元，而且，贿送的远不止10万美元，还有10万元人民币。证人当庭作证证明贿送的金额比笔录中所说的贿送金额更大，比起诉书指控的金额更大，辩护律师的逼问得不偿失。

案例6－36　梁某涉嫌受贿罪案

行贿人钟某在侦查阶段作出了对梁某不利的供述，证明在2004年到2008年，其曾向梁某行贿。辩护律师申请证人钟某出庭作证，后法院同意通知证人钟某出庭。在庭审中，辩护律师向钟某发问。

辩护律师：你送钱给梁某的目的是什么？

钟某：都是过年过节的人情往来而已。

辩护律师：你看过侦查机关对你讯问的笔录吗？

钟某：看过。

辩护律师：你记得刚才你说的人情往来的红包的数额吗？

钟某：我记不清楚了。

辩护律师：侦查笔录中的那些数字都属实吗？你能确定那些行贿数额都是正确的吗？

钟某：2004年到2008年送的，具体数额记不清楚了。

对证人的发问，在无法得到否定答案时，要适可而止，能够证明指控的犯罪事实存疑即可，不能追问。在本案中，辩护律师对证人钟某的发问，如果到此为止，就是比较成功的。通过庭审发问可以发现，钟某承认有送钱，只是送钱的数额记不清楚了。那么，起诉书指控梁某收受钟某贿赂款××万元的事实就存疑，数额究竟多少，要结合其他证据加以辅助证明才能认定。如果辩护律师继续追问，非要把事情搞清楚，就可能把证人逼到对立面去。在这个案件中，辩护律师还继续追问。

辩护律师：请你解释一下，为什么你今天庭审说记不清楚，但是在侦查阶段却记得那么清楚？为什么？

钟某：我想想，2004 年到 2008 年送的，春节 3 万元，中秋节 2 万元。

证人的最后一句回答，让辩护律师非常尴尬。2004 年到 2008 年，每年春节送钱 3 万元，中秋节送钱 2 万元，总共 25 万元，正好与指控的受贿事实相符，辩护律师的追问起到了辩护的反效果，得不偿失。

第四节
向辩方专家证人发问的技巧

《刑事诉讼法》第 197 条规定："公诉人、当事人和辩护人、诉讼代理人可以申请法庭通知有专门知识的人出庭，就鉴定人作出的鉴定意见提出意见。"因此，专家证人可以是由公诉机关申请法庭通知出庭的，也可以是由被告人及辩护律师申请法庭通知出庭的。申请主体不同，往往预示着他的出庭对哪一方更有利。立场不同，导致辩护律师向专家证人发问的角度不同。[1]

被告人及辩护律师申请专家证人出庭，目的无非是通过专家证人来解释专业性问题，直接或者间接否定鉴定意见的程序、内容、结论，印证辩护律师所提出的鉴定意见不符合法律规范、不得当作证据使用的辩护观点，或者直接为辩护意见提供专业支持，最终证明被告人无罪或者罪轻。

一、庭前用专家意见审查辩护观点

在对专家证人庭审发问之前，辩护律师可以向专家证人先行请教专业问题，也可以向其他不出庭的业内专家请教专业问题，目的在于先用专家的意见，来审

---

〔1〕本节的专家证人，特指被告人及辩护律师申请出庭的专家证人。

查辩护意见、发问问题的专业性,避免在庭审过程中发生意外,让辩护律师申请支持辩方观点的专家证人不小心变成了支持控方观点的专家证人,搬起石头砸自己的脚。如果专家认为辩护意见、发问问题不成立,则律师要放弃相关的辩护意见,庭审发问时,就不要发表明显不成立的辩护意见,不要问明显不成立的问题。

案例6-37　姜某等涉嫌组织、领导传销活动罪案

辩护律师注意到电子数据鉴定意见中,有两份文件的文件名称不同,但是哈希值却是一样的。辩护律师本来理所当然地认为,电子数据鉴定意见可能存在重大问题,文件名不同的文件,应该是两个文件,那么两个文件的哈希值应该是不同的。而电子数据鉴定意见中却显示,这两个文件名不同的文件,哈希值一样,其中肯定存在错误。辩护律师本来预想在专家证人出庭时,向专家证人发问,证明电子数据鉴定存在的这点错误。然而,在庭前辩护律师向专家证人请教这个专业问题后,发现结果不尽然。

辩护律师:教授,您好,我想向您请教一下,两个文件的文件名称不同,是不是同一个文件?哈希值可不可能相同呢?

专家证人:只有哈希值是认定两个文件是不是同一份文件的身份标识,文件名不同的两个文件也可能是同一份文件,哈希值也可能相同。

辩护律师:您是说,两个文件的文件名是否相同,和这两个文件是否为同一个文件,没有太大关系。唯一能证明是不是同一份文件的标记,就是哈希值?

专家证人:是的。

经过请教,辩护律师发现原先以为鉴定意见存在的错误,并不存在,辩护意见不成立,围绕这个错误涉及的发问问题,就是无效的。于是,辩护律师果断放弃这些无效的发问问题。

如果庭前没有与专家证人先行沟通、请教,有时会在庭审发问中闹笑话。有一次庭审中,有位辩护律师对自己联系、申请出庭的专家证人发问,问第一个问题时,专家证人直接就回答说,“你问的这个问题不是我的专业领域”。旁听人员面面相觑,场面十分尴尬。

二、确立否定鉴定意见的知识前提

专家证人是具备专业知识的人,在他所在领域内具有较高的权威性。辩护律师可以通过向专家证人发问,确定自己辩点的专业知识前提。通过专家证人的当庭回答，让辩护意见的依据更加专业、更加稳固。

案例 6－38　林某等涉嫌组织、领导传销活动罪案

对于林某罪与非罪、涉案组织是否为传销组织的问题，关键证据就是涉案电子数据鉴定意见书。辩护律师研究发现，该电子鉴定意见书所使用的检材，和公安机关侦查所得的检材在 MD5 值上无法匹配，完全不同，属于《刑事诉讼法解释》第 85 条规定的"鉴定对象与送检材料、样本不一致"的情形。

因此，辩护律师提出的重要辩点就是，涉案电子数据鉴定意见的检材与送检材料、样本不一致，不得作为定案的根据。该辩点成立的前提就是 MD5 值是电子数据唯一性的标识，MD5 值不同的两个电子数据文件，就是不同的电子数据文件。因此，在专家证人出庭的情况下，辩护律师通过向专家证人发问，让专家当庭解释该专业知识，确定该辩点的专业知识前提。

辩护律师：××教授，你好，能否帮我们解释一下，什么是哈希值？

专家证人：哈希值就是一种单项函数，经过计算得知，一般来说就是每一个电子文件唯一的编码。

辩护律师：那可不可以说，哈希值是电子数据文件唯一性的标识？

专家证人：可以这么认为。

辩护律师：那哈希值和 MD5 值是一样的吗？

专家证人：MD5 值是哈希值的一种，哈希值有很多种。

辩护律师：MD5 值不同的两个电子数据文件，是不同的电子数据文件？

专家证人：一般来说，是不同的电子数据文件。

辩护律师：在电子数据鉴定中，检材的 MD5 值和送检材料的 MD5 值应该是相同的才行吧。

专家证人：应该要相同的。

辩护律师：在电子数据鉴定中，如果检材的 MD5 值和送检材料的 MD5 值不同，鉴定是否存在问题。

专家证人：应该是要相同的，不同的话可能某个鉴定环节有问题。

通过向专家证人发问，确立了否定涉案电子数据鉴定意见书的知识前提，让辩护意见更加有说服力。同时，专家证人的庭审回答等同于间接否定了涉案的《电子数据鉴定意见书》。

三、直接否定关键鉴定内容和结论

辩护律师可以将涉案鉴定意见的关键内容和结论挑出来,向专家证人求证或者让专家证人评价,甚至直接否定鉴定意见的关键内容和结论。如此,在鉴定意见确实存在问题的情况下,专家证人的否定比较有说服力。

案例6-39　黄某等涉嫌组织、领导传销活动罪案

公安机关委托司法鉴定中心出具电子数据鉴定意见书,该鉴定意见书认定的结论之一是"整个会员系统形成金字塔式的层级网络架构"。

辩护律师研究发现,涉案会员系统人数并没有呈现出金字塔式结构,涉案会员系统与金字塔式的层级架构截然不同。辩护律师向专家证人发问时,可以把鉴定意见的该结论挑出来,让专家证人来解释什么是金字塔式架构,涉案的电子数据层级,属不属于金字塔式的架构。

辩护律师:教授,在以往的电子数据鉴定中,你有没有遇到过金字塔式的层级结构?

专家证人:有的。

辩护律师:金字塔式层级结构大概是怎么样的,你能不能解释一下?

专家证人:一般来说,金字塔式结构就是类似于树状图结构,俗称金字塔式结构。

辩护律师:金字塔式结构,会员人数的分布大概是怎么样的?

专家证人:上层的人数少,下层的人数多,往下逐步增加,呈树状图结构。

辩护律师:也就是说,上层的人数比较少,下层的人数比较多,层级之间越往下发展,人数越多,是这样吗?

专家证人:可以这么理解。

辩护律师:如果上面层级人数很多,下层人数比较少,层级由上而下数逐层减少,这是不是金字塔式结构?

专家证人:这就不像了。

虽然发问过程没有提及涉案电子数据鉴定意见书,但辩护律师将鉴定意见的关键结论挑出来供专家证人评价,如果专家证人否定了该结论,自然就直接否定了电子数据鉴定意见书。通过专家证人的回答来否定鉴定意见的结论,说服力更强。

四、向法庭提供专业意见支持辩点

专家证人出庭一般围绕鉴定意见展开，但也可以抛开鉴定意见，不直接针对鉴定意见的内容和结论，而是直接围绕辩护策略和辩护观点，由专家证人当庭提供专业知识，支持辩护律师的观点，让辩护意见直接得到专业支持。

案例 6-40 王某、方某涉嫌故意伤害罪案

对被害人熊某的死亡原因进行鉴定的法医鉴定意见认为，被害人熊某死前被固定在审讯椅上长达十多个小时，机体处于极度的疲劳状况；另外尸体检查见胃内有稀糊状内容物约 50ml，案情调查期间其被固定体位，其间未进食，机体死前处于饥饿状态，在极度疲劳、寒冷、饥饿状况下，"内环境"出现紊乱，诱发了潜在性心脏疾病，致心源性猝死。

该案辩护律师朱明勇律师对该死因鉴定意见不予认可，于是聘请华中科技大学同济医学院法医专家刘良教授作为"专家证人"出庭支持辩护意见。在庭审中，朱明勇律师重点问了四个问题：(1)被害人熊某是不是被冻死的？(2)是不是被饿死的？(3)是不是被刑讯逼供致死的？(4)熊某死亡的原因究竟是什么？

专家证人逐一回答：(1)从尸检资料看，熊某不可能是冻死的，因为冻死的人身上有明显的大面积红斑，尸体上并没有出现。(2)熊某不可能是饿死的，因为死者胃里还有未消化的食物，说明他还没有产生饥饿感，更不可能是饿死的。(3)死者是窦性心律过缓的心源性心脏病，如果说刑警在夜间对其进行刑讯逼供、殴打折磨等，不会引起病人的应激反应，促进心跳加速，这样死亡的可能性，反而要小于没有实施刑讯逼供的可能。(4)熊某死亡的真正原因是心源性心脏病猝死。[1]

出庭的法医学专家虽然绕开法医鉴定意见的过程和结论，也没有直接评论法医鉴定意见的是非，但专家证人对被害人熊某死亡的原因和不可能的原因的分析，却非常专业、简单透彻、通俗易懂，很好地支持了辩护律师的观点。该案中，辩护律师围绕辩护观点设计了问题，由专家证人提供专业的讲解，从而达到支撑辩护观点的目的，辩护效果也非常好。

---

[1] 详见朱明勇：《无罪辩护》，清华大学出版社 2015 年版，第 168 页。

第五节
向控方专家证人发问的技巧

控方专家证人主要包括鉴定人和控方申请出庭的专家证人。辩护律师向鉴定人、专家证人发问的目的，是结合《刑事诉讼法解释》第 85 条的规定，指出鉴定意见存在违法情形、强化鉴定意见的否定性质证意见。例如，检材不具有同一性，鉴定机构没有合法资质，鉴定程序违反法律及有关规定，鉴定过程严重违反操作规范，鉴定意见与其他证据之间存在无法解释的矛盾等，进而得出鉴定意见不得作为定案根据的结论。

因此，申请鉴定人出庭、向鉴定人发问的前提是，辩护律师对鉴定意见进行了充分研究，找到鉴定意见存在的重大缺陷，对鉴定意见的真实性、合法性、关联性不予认可。如果鉴定意见本身没有问题或者辩护律师找不出问题，则鉴定人、专家证人出庭就没有意义了。此时若申请鉴定人、专家证人出庭，就变成了鉴定人、专家证人展示鉴定过程合法、科学、客观的机会和场合。

鉴定人、专家证人具有特殊性，他们具备非常专业的知识，这些专业知识是辩护律师的短板。因此，如无把握，辩护律师要避其锋芒，不宜纠缠鉴定意见相关的专业内容和过程，应当针对鉴定的资质、鉴定的法律依据、鉴定检材的一致性、鉴定意见的合理性、鉴定意见与待证事实的关联性等展开，这些事项往往是鉴定意见的软肋，与鉴定事项的专业内容紧密性不大，却足以否定鉴定意见。在具体发问方法上，可以使用预设伏笔、让其自相矛盾的手法，最终让控方专家证人无法自圆其说。

一、核实专家证人专业能力

向控方专家证人发问的基础性问题，可以是询问专家证人专业能力的相关问题。不管是对鉴定人发问还是对控方申请的专家证人发问，都可以审核他们的专业能力。对于经验丰富的鉴定人、专家证人，这些基础问题都比较简单。可对于辩护律师而言，这些作为切入点的问题是必要的，而且是有一定杀伤力的。鉴定人或专家证人的专业能力不足，是可以作为否定鉴定意见的重要理由的。有时，这类基础性问题涉及记忆性的基础知识，鉴定人、专家证人其实也不一定能记得住，不一定能在庭审现场解释清楚。

案例 6－41　许某等涉嫌组织、领导传销活动罪案

公安机关委托司法鉴定中心进行鉴定，鉴定机构出具了《电子数据鉴定意见书》。经辩护律师申请，法院通知鉴定人出庭接受询问。

辩护律师：你此前有没有做电子数据鉴定？

鉴定人：有。

辩护律师：你有没有在刑事案件中，做过类似电子数据鉴定的经历？

鉴定人：有。

辩护律师：那你举几个例子，做过哪些案件的电子数据鉴定？

鉴定人：比如……

辩护律师：有一个电子数据鉴定的要求，说……你有没有听说过？

鉴定人：应该有的。

辩护律师：这是哪一个标准的规定，你知道吗？

鉴定人：……一时想不起来。

辩护律师：你了解的电子数据鉴定的国家标准、行业标准有哪些？

鉴定人：……一时想不起来。

辩护律师：《电子数据搜索标准》是国家标准还是行业标准？

鉴定人：记不太清楚。

辩护律师：《电子数据鉴定通用技术标准》是国家标准还是行业标准？

鉴定人：记不太清了。

辩护律师：《电子数据法庭科学鉴定通用方法》是国家标准还是行业标准？

鉴定人：……记不清楚了，好像是行业标准。

在“深圳鹦鹉案”中，辩护律师对于涉案的鸟类鉴定意见提出异议。检察院申请南京森林警察学院教授作为专家证人出庭作证。但是，辩护律师通过发问了解到，该教授大学专业为物理学，鉴定资质业务范围是法医类检验和痕迹检验鉴定，并没有明确标明具有鸟类种类鉴定的专业资质，没有发表过任何关于鸟类或者生物学方面的专业文章，也没有出版过任何鸟类或者生物鉴定方面的书籍。[1] 庭审发问现场向法庭呈现控方专家证人不够专业，也是庭审发问

---

〔1〕 详见徐昕：《无罪辩护：为自由和正义呐喊》，清华大学出版社 2019 年版，第 302 页。

试图达到的效果之一。

核实控方专家证人的专业能力,设置的问题从简单到复杂,循序渐进。如果控方专家证人准备不充分或者专业知识不扎实,或者出庭作证时太过于紧张,可能在这一阶段就回答不上来,在一定程度上起到显示控方专家证人并不专业,或者间接说明鉴定意见的专业性存疑,在一定程度上起到“打压”的效果。

二、让专家证人的观点矛盾

鉴定人都是具有专业知识的人,鉴定人的专业理论远在辩护律师之上,一般来说辩护律师很难提出新的专业理论让他折服。但辩护律师可以另辟蹊径,通过巧妙设置问题,让鉴定人自行作出专业解释,之后又自相矛盾,尤其是让鉴定人的当庭陈述与鉴定意见内容相互矛盾。由于鉴定人对鉴定意见内容并不熟悉,鉴定人的当庭陈述与鉴定意见的内容相互矛盾的情况都是有可能发生的,因此,让鉴定人自相矛盾,可在一定程度上达到发问的质证效果。

控方申请的专家证人对鉴定意见内容不一定熟悉,也不一定会完全、无条件认可。因此,专家证人当庭陈述与鉴定意见内容相互矛盾的情况,也可能发生。

案例 6 – 42　黄某等涉嫌组织领导、传销活动罪案

公安机关委托司法鉴定中心出具《电子数据鉴定意见书》,鉴定意见认定“整个会员系统形成金字塔式的层级网络架构”。辩护律师就该结论向鉴定人发问。

辩护律师:鉴定意见认为,“整个会员系统形成金字塔式的层级网络架构”,你能不能解释一下,什么是金字塔式的网络层级结构?

鉴定人:大致是树状图,从上往下逐渐延展,人数从上往下逐步增加。

辩护律师:按照你的解释,金字塔结构中,上层人数少,下层人数逐渐增加,是吧?

鉴定人:是的。

辩护律师:请翻到鉴定意见第 × × 页,这个会员系统的层级结构中,鉴定意见显示:第 1 层会员账号是 × × ×,人数是 1 人;第 2 层人数有 226,893 人,第 3 层共 19,776 人,第 4 层 9313 人,第 5 层 8101 人,第 6 层 5678 人,第 119 层共 1

人，这跟你说的金字塔式结构，完全相反，你的金字塔式结构的结论，从何而来？

鉴定人：这我要解释一下，这只是类金字塔结构……

辩护律师：你见过金字塔是倒过来的吗？

鉴定人：金字塔只是形象的描述……

本案认定被告人黄某等人构成组织、领导传销活动罪，最重要的证据是该电子数据鉴定意见，而该电子数据鉴定意见中最重要的结论，就是认定涉案的电子数据平台中系统会员形成金字塔式的网络层级架构，符合传销组织的组织特征。辩护律师发现鉴定意见显示的系统会员网络架构并不是金字塔式的层级架构，针对该矛盾之处，向鉴定人发问，首先让鉴定人自行定义什么是金字塔式的网络层级架构，然后利用鉴定意见的内容来回应，证明鉴定意见的结论和鉴定人当庭陈述的观点是矛盾的。

三、指出鉴定意见的错误

鉴定意见绝不是完美无缺的，经常会有错漏，而有些错漏对于鉴定意见的真实性、合法性、客观性而言，是致命的。如果辩护律师细心研究发现鉴定意见存在重大疏漏，则可以当庭向鉴定人发问，指出鉴定意见中存在的错漏，以及该错漏对鉴定意见证据效力造成的影响，鉴定人在法庭上第一次发现这样的错漏时，大多会措手不及。

案例6－43　姜某等涉嫌组织、领导传销活动罪案

公安机关委托司法鉴定中心进行电子数据鉴定，鉴定机构出具了《电子数据鉴定意见书》。辩护律师研究发现，该鉴定意见的检材来源于公安机关去阿里云公司调取的数据，公安机关制作了《提取笔录》和《提取文件清单》，之后将该数据作为检材样本，交给鉴定机构进行司法鉴定，司法鉴定机构顺利出具了司法鉴定意见。但是，该鉴定意见中记载的检材名称和公安机关提取的检材名称不相同，文件格式也不同。这是鉴定意见的重大疏漏，直接影响鉴定检材的同一性，影响鉴定意见的证据效力。辩护律师围绕该错漏，当庭向鉴定人发问。

辩护律师：你们做鉴定的时候，会不会把鉴定检材的文件名，都写在鉴定意见上？

鉴定人：不是写在鉴定意见上，是写在鉴定过程中。

辩护律师：你们会将鉴定检材的文件名，写在鉴定报告中，是吧？

鉴定人:是的。

辩护律师:请翻到鉴定意见第6页,有一个鉴定检材表,其中列明了六个检材,每个检材文件,都有不同的文件名,不同的文件名表示不同的检材文件吧?

鉴定人:是的,是不同检材文件。

辩护律师:检材文件的文件名,是公安机关送检的时候就有的,还是你们命名的?

鉴定人:送检的时候就有的。

辩护律师:鉴定的时候,你们会修改鉴定检材的文件名吗?

鉴定人:不会。

辩护律师:我拿给你的两张图片,你看到了吗?

鉴定人:看到了。

辩护律师:这两张图片中,检材一的文件名一样吗?

鉴定人:其中一张是鉴定意见的,其中一张不是鉴定意见的材料。

辩护律师:你看一下,两张图片中的文件名一样吗?

鉴定人:不一样。

辩护律师:你仔细看一下,哪些不一样?

鉴定人:有差别,后缀不同。

辩护律师:文件名后缀"tar. tar""tar. gz"都是表示文件格式吗?

鉴定人:是的。

辩护律师:这是不同的两种文件格式吗?

鉴定人:是的。

辩护律师:其中一张是鉴定意见中的检材名称,另一张是公安机关远程勘查所得的鉴定检材文件名,根据鉴定意见记载,鉴定意见的检材就是公安机关远程勘查所得的电子数据文件,为什么会不同?

鉴定人:其中一张是鉴定意见的图片,我拿到文件的时候就是这样的,没有改过文件名。至于另一张,我不知道哪里来的。为什么不一样?你要问取得这份文件的办案机关。

辩护律师:两张图中检材一的文件名是一样的吗?

鉴定人:差不多。

辩护律师:一模一样?

鉴定人:有一点差别。

辩护律师:公安机关提取的文件名中间部分有“_ta_”字样,为什么在鉴定检材中,缺少了“_ta_”字样? 为什么两个文件名是不同的呢?

鉴定人:其中一张是鉴定意见的图片,我拿到文件的时候就是这样的,没有改过文件名。至于另一张,我不知道哪里来的。为什么不一样,你要问取得这份文件的办案机关。

在该案中,鉴定意见所依据的检材是公安机关远程勘查提取的电子数据文件,辩护律师对比《提取笔录》,发现公安机关提取的电子数据文件名称、格式与鉴定意见检材文件名称、格式都有差别:鉴定意见中的检材名称中缺少“_ta_”,而且,鉴定意见中的检材文件格式是“tar. tar”,与公安提取的电子数据“tar. gz”格式文件截然不同。

可以看出来,鉴定检材提取、送检、鉴定过程,发生了错漏:要么检材文件与侦查所得文件根本不是同一个文件,要么检材文件在流转过程中已经受到污染。鉴定人一般不会承认自己鉴定时,搞错了检材名称和格式,而鉴定人又无法确定公安机关是否提取电子数据时发生了错漏。因此,这个错漏是鉴定人无法解释的。虽然鉴定人当庭给出了“合理”的解释,但该解释显然是不成立的。

四、指出鉴定意见的矛盾

在电子数据鉴定意见中,经常出现的一个问题是,鉴定检材的MD5值与公安侦查所得检材的MD5值不同。具体来说,公安机关送检的检材是光盘一张,其中标明了光盘内文件压缩包的MD5值。鉴定意见中描述所使用的电子数据检材光盘就是公安机关送检的这张光盘,但列明的几个检材文件的MD5值与光盘文件压缩包的MD5值不同。

这就涉及两层矛盾:第一层矛盾是检材文件和侦查所得检材文件为何MD5值不同;第二层矛盾是没有进行哈希值的唯一性比对,无法证明鉴定所使用的检材就是侦查所得的检材。这两层矛盾,鉴定人很难解释。即使鉴定人当庭解释了第一层矛盾,他也无法解释第二层矛盾。

案例6－44　张某涉嫌组织、领导传销活动罪案

公安机关侦查所得的检材是一张名称为“814专案”的光盘,案卷也记载了该光盘内文件压缩包的MD5值。鉴定意见的检材就是该光盘。但是,鉴定意见中所列检材的名称是三个文件,该三个文件的MD5值,与光盘内文件压缩包的MD5值不同。为了推翻该鉴定意见,辩护律师申请鉴定人出庭作证。后法院通知该鉴定人出庭作证,辩护律师向鉴定人发问。

辩护律师:教授,您好,我们留意到鉴定意见中,有一个叫哈希值的东西,请您解释一下,这是什么东西,有什么作用?

鉴定人:我们鉴定人都知道,为了保证电子数据证据的唯一性和完整性,在鉴定的时候都会计算一下电子数据证据的哈希值这种东西。

辩护律师:我们查看了相关资料,哈希值是表示电子数据的唯一性和完整性的标准,您是否赞同?

鉴定人:赞同。

辩护律师:那哈希值不同,是否意味着是两个不同的电子数据证据?

鉴定人:是的。

辩护律师:请您翻开鉴定意见第8页,这是不是您这份鉴定意见的鉴材?名称为"814专案"的光盘?

鉴定人:是的。

辩护律师:您是否知道这个鉴定材料的来源?

鉴定人:公安机关提供的。

辩护律师:我们留意到,公安在侦查中获得了一份材料,名称恰好也为"814专案",您看一下,这两份材料是同一个吗?

鉴定人:应该是。

辩护律师:请您看公安机关的这份材料,其中写的哈希值,与您鉴定意见中鉴材的哈希值一样吗?

鉴定人(仔细看了看):不一样。

辩护律师:那是否意味着您鉴定意见的鉴材与公安提供的鉴材不是同一份文件?

鉴定人:这个,公安机关提供什么材料,我们就对什么材料进行鉴定,按照公安机关的委托事项进行的,我们不会对文件进行修改,至于我们接受委托之前有没有修改就不知道。

……

庭审中,鉴定人非常尴尬、紧张,后期甚至答非所问,对鉴定意见有几页都不知道,理由是只复印了部分内容带过来。而且,因为太紧张,坐立不安,在庭上发抖。

法官都不好意思了，帮忙解围。

法官：辩护律师，需不需要让他的助手来回答？

辩护律师：不用了，问完了。

法官：那请鉴定人退出法庭。

辩护律师：教授，谢谢您，辛苦了。

在这个案件中，鉴定人对鉴定意见非常生疏，很有可能是他的助理执笔撰写的。面对检材文件 MD5 值不同的矛盾，他猝不及防，完全无法给出令人信服的解释。

案例 6－45　黄某等涉嫌组织、领导传销活动案

辩护律师审查该案的《电子数据鉴定意见书》发现，公安机关远程勘查确实获得了一张光盘，光盘中有一个"案件电子数据"的压缩文件，公安机关只测算出了该压缩文件的哈希值。鉴定意见的检材是"光盘一张，光盘中包含 4 个压缩文件、1 个 EXCEL 文件和 2 个 WORD 文档，上述数据来源于×××公安局远程勘查"。鉴定机构对作为检材的这 7 个文档，都进行了哈希值提取。但是，这 7 个文档的哈希值与公安机关侦查获得的压缩文件哈希值都不同。就侦查所得检材的 MD5 值与鉴定检材的 MD5 值出现不同的问题，辩护律师当庭向鉴定人发问。

辩护律师：我看到鉴定意见第 4 页，每个检材文件，都有对应的哈希值，你能否解释一下，什么是哈希值？

鉴定人：哈希值是用来校验文件同一性的。

辩护律师：哈希值是电子文件唯一性标识？

鉴定人：是的。

辩护律师：如果哈希值不同，那就说明不是同一个文件？

鉴定人：是的。

辩护律师：鉴定意见显示，存储电子数据的光盘来源于××市公安局的远程勘查，我们也找到了公安机关远程勘查的光盘，但是我们发现这个光盘的哈希值尾号是 BE35，但鉴定意见检材的哈希值，没有一个尾号是 BE35，你怎么解释？

鉴定人：这个我要解释一下，鉴定意见所列的哈希值，是其中光盘中具体文件的哈希值，你说的光盘的哈希值，指的是光盘里面每个压缩文件包的哈希值，压缩文件包和检材的具体文件,本身就是不同电子文件,因此哈希值是不同的。也就是说,一个是光盘内压缩文件包的哈希值,一个是压缩文件包内具体文件的哈希值,是不同的。

辩护律师:既然哈希值是电子文件的唯一性标识,在你的整份鉴定意见中,都没有写出压缩文件包的哈希值,法庭如何确定,你鉴定的电子文件,就是公安机关远程勘查得来的电子文件呢?

鉴定人:反正我们用的就是公安机关送来的鉴定检材。

在这次询问中,鉴定人比较专业,作为第一鉴定人他对鉴定意见也非常熟悉,因此他对第一层矛盾,能够给出清楚的解释,检材文件和侦查所得检材文件是不同的,一个是压缩包,一个是压缩包内具体文件,所以哈希值是不同的。这个解释相对合理。

但是,鉴定人依然无法解释第二层矛盾,既然没有进行哈希值的唯一性比对,那怎么证明鉴定所使用的检材就是侦查所得的检材呢?完全无法证明。这层矛盾,不仅鉴定人无法解释,侦查机关、公诉机关也无法得出合理解释。

对于这个问题,公诉人在回应时还特别解释道:对于检材哈希值与侦查所得检材哈希值不同的问题,有一个情况也是我们要向法庭特别说明的,当时公安机关将远程勘查所得的9个电子文件,压缩成一个文件压缩包放入光盘中。这9个电子文件就包括鉴定检材中的7个电子文件。远程勘查获得这些电子文件后,公安机关发现其中2个电子文件与鉴定事项无关,于是就只是将其中的7个电子文件拿去鉴定。因此,哈希值不同是有原因的,不能说明就不是同一份文件。

辩护律师进一步回应指出,公诉人的说明证明了两点事实:第一,检材文件与侦查所得文件的哈希值确实不同,确实属于两个不同的文件。第二,检材文件从取得到鉴定,被人修改过,侦查所得的文件是一个文件压缩包,之后该文件被人解压、取出了部分文件拿去鉴定。这就充分说明检材文件被人修改过,不是原始文件。文件在被人修改的过程中是否受到污染也存疑。而且,文件没有同一性,送检的7个文件是不是公安机关远程勘查所得的电子数据文件,也无法证实。

五、指出对鉴定的合理怀疑

鉴定意见的专业性虽然很强,但也应当是符合常理,符合正常人的认知。

在向鉴定人发问时，辩护律师若可以指出鉴定意见明显不符合常理的地方，这在很大程度上可以直接否定鉴定意见。

案例6－46 许某涉嫌交通肇事罪案

司法鉴定中心出具鉴定意见认定被害人的根本死因是颅脑重度损伤。而且，损伤符合2018年10月××日早上的交通事故所致。辩护律师认为该鉴定意见存在诸多不合理之处时，可就本案存在的合理怀疑，向鉴定人发问。

辩护律师：进行死因鉴定的时候，需不需要参考死者的病历资料？

鉴定人：需要。

辩护律师：被害人2018年10月××日早上去医院做的胸部CT检查，显示肋骨没有骨折，你们尸检报告发现了死者胸部有6根肋骨骨折，左侧第3～7肋于近锁骨中线处骨折，右侧第6肋骨折。你怎么解释？

鉴定人：……

辩护律师：被害人2018年10月××日早上去医院检查，医生检查结论是"头颅大小正常，无明显压痛"，你们尸检报告发现死者枕骨线性横向骨折，枕骨左侧骨折长度为14cm，右侧骨折长度为22cm，总共长达36cm的骨折。你怎么解释？

鉴定人：……

虽然该鉴定意见的内容本是非常专业的法医死因鉴定，而辩护律师不具备法医专业知识，对被害人如何死亡很难发表专业意见，但结合病历资料可知，本案不排除其他介入因素的合理怀疑，鉴定意见认定被害人系早上的交通事故导致死亡，不能排除合理怀疑。由于存在难以解释的合理怀疑，鉴定意见的证明力大打折扣。

第七章
CHAPTER 07

庭审质证的误区与技巧

法庭调查环节分为两个主要部分:讯问和发问环节、举证质证环节。其中,庭审质证,就是公诉机关出示证据后,被告人、辩护律师对每一份证据逐一发表质证意见的环节。证据是每一个案件的基石要素,证据链条不完整,则无法对被告人定罪量刑。对于辩护律师而言,在庭审质证环节,发表到位、专业的质证意见,是专业能力和辩护经验的重要体现。

第一节 庭审质证的误区

庭审质证,核心是对证据的“三性”,即合法性、真实性、关联性提出审查意见。发表质证意见,要有明确的目的、明确的诉求,直接切入主题,指出哪一份证据存在哪些问题、法律依据是什么、应该怎么处理等,观点明确,重点突出。庭审质证时要避免犯一些低级无谓的错误。

一、对所有的瑕疵都提出质疑

在准备庭审质证过程中,比较细心的辩护律师在每一个案件中都可能会发现证据存在非常多的问题,毕竟案件都是人办的,案件材料都是人为制作出来的,各种不规范的情况难以避免。但是,辩护律师并不需要对所有的证据问题都提出质证意见。质证意见要有明确的目的和诉求,对于那些程序上的小瑕疵,或者连瑕疵都算不上的问题,不宜全部提出,以免主次颠倒,重点不突出。

例如,《电子数据鉴定意见书》没有写明所使用软件工具版本号的问题。在黄某等人涉嫌组织、领导传销活动罪案中,针对涉案《电子数据鉴定意见书》没有标明所使用软件工具的版本号问题,部分辩护律师提出质证意见时,非常执着地提出该鉴定意见中没有注明所使用的软件版本号,违反鉴定程序,要求予以排除。主要依据是《电子数据司法鉴定通用实施规范》6.5.2 规定:"检验记录应包括以下主要内容:a)案件编号、检材编号、鉴定要求、检材的基本属性及状态描述;b)使用的鉴定方法、仪器设备、软件及软件版本号;……"

但是,法庭关注的是没有写明使用的软件工具版本号,会不会导致鉴定结论失真的问题?鉴定人所使用的软件工具版本,能不能满足鉴定需要的问题?在该案中,鉴定人出庭解释清楚了这两个问题,他所使用的软件版本号完全能满足鉴定的需要,没有写明软件版本是因为文书书写习惯,以及所使用软件都是比较常见的软件等原因,没有写明所使用的软件工具版本号对鉴定没有任何影响。因此,鉴定意见中没有标注软件版本号,只要不影响鉴定结果,那么,在法庭上不断强调和提出该问题的意义就不大。

又如,电子数据鉴定超出法定期限的问题。在许某等涉嫌组织、领导传销活动罪案中,涉案《电子数据鉴定意见书》载明的鉴定时间是"2018 年 5 月 12 日至 2018 年 9 月 1 日"。部分辩护律师提出质证意见认为,该鉴定时间超出了法定鉴定期限,因此鉴定程序违法。主要法律依据是《司法鉴定程序通则》第 28 条规定:"司法鉴定机构应当自司法鉴定委托书生效之日起三十个工作日内完成鉴定。鉴定事项涉及复杂、疑难、特殊技术问题或者鉴定过程需要较长时间的,经本机构负责人批准,完成鉴定的时限可以延长,延长时限一般不得超过三十个工作日。鉴定时限延长的,应当及时告知委托人。司法鉴定机构与委托人对鉴定时限另有约定的,从其约定。在鉴定过程中补充或者重新提取鉴定材料所需的时间,不计入鉴定时限。"

分析上述法律规定可知,法律对司法鉴定完成时间的要求是非常宽松的。其一,一般 30 日内完成;其二,经鉴定机构负责人批准可以延长至 60 日;其三,鉴定机构和委托人另有约定的,从其约定;其四,补充材料的过程,不计入鉴定时限。

法律没有严格限定司法鉴定的时间,主要原因在于司法鉴定时间的长短,并不会导致鉴定结果失真。更何况,本案《鉴定聘请书》显示,委托鉴定的时间是 2018 年 5 月 8 日,约定完成委托事项的时间是 2018 年 9 月 12 日。可见,鉴定机构和委托人约定了完成委托事项时间的，鉴定机构在该时间内完成委托，并不违规。因此，针对该问题提出这样的质证意见意义不大。[1]

二、只提笼统的证据审查原则

在庭审中，如果辩护律师没有提出具体的、有理有据、紧扣法条的质证意见，只是告知、呼吁法庭在审查证据时，要遵循证据审查原则，这种质证意见意义不大，很可能不会引起重视。辩护律师应当提出有针对性、有理有据的质证意见，具体提出哪一份证据存在哪些问题、法律依据是什么、应该怎么处理等。

案例7－1　姜某等涉嫌组织、领导传销活动罪案

公诉机关出示了各地传销参与人员的大量证人证言，让法庭组织质证。

部分辩护律师发表质证意见认为，首先，从本案言词证据的内容可以看出，证词都是证人的主观认识、主观判断，这些猜测性、臆测性的证词，依法不得作为定案证据。其次，很多言词证据，都存在前后矛盾的情况，而且这些前后矛盾之处没有得到合理解释，这些证据依法不得作为定案证据。

在该案中，辩护律师向法庭提出了猜测性、臆测性、前后矛盾的"证词不能作为定案根据"的证据审查原则，这是非常笼统的。而对于哪些证词是猜测性、臆测性的证词，哪些证据前后矛盾，有哪些前后矛盾之处，不得作为定案依据的证据有哪些等问题，都没有具体明确提出来，只是提出审查证据的原则，针对性不强，意义不大，法院也很难在裁判中体现出来。

三、提确实不成立的质证意见

辩护律师在审查证据过程中，发现证据存在一些问题，但仔细研究后发现，问题可以得到合理解释，质证观点不成立。虽然当庭提出此类质证意见，可能由于对方反应不及时或没有研究清楚，而无法反驳，但法院在审理过程中总会研究清楚的。庭审的目的就是准确查明事实和适用法律，是非对错总会有相对正确的结论。因此，对明显不成立的质证观点，辩护律师应该主动放弃。

---

〔1〕 当然，如果委托方没有规定完成期限时鉴定超过法定时限，或者鉴定超出《鉴定聘请书》约定的鉴定期限，则属于比较严重的证据瑕疵。

案例7－2 朱某等涉嫌组织、领导传销活动罪案

公安机关委托了专业司法鉴定机构，对涉案传销组织平台的系统数据库进行数据的提取、分析鉴定，鉴定结论认为，涉案组织的经营模式中，存在会员与会员基于推荐关系形成的层层奖励、嘉奖制度。该《电子数据鉴定意见书》是认定被告人构成犯罪的关键证据。

部分辩护律师会提出质证意见认为，该鉴定意见中鉴定人的证件信息显示，鉴定人的专业技术职称一栏和行业执业资格一栏，都是空白的。这意味着，鉴定人既没有专业技术职称，也没有行业执业资格。根据《全国人民代表大会常务委员会关于司法鉴定管理问题的决定》第4条的规定，鉴定人必须具有高级职称，本案鉴定人不具有高级职称，不具备鉴定资质，因此鉴定意见不符合法律规定。

其实，细究发现该质证意见并不成立，理据并不充分。

第一，根据《全国人民代表大会常务委员会关于司法鉴定管理问题的决定》第4条的规定，具备高级专业技术职称仅为申请鉴定资格的充分非必要条件，是具备高级职称的，可以申请登记为鉴定人，并不是说没有高级职称的，就不能申请登记为鉴定人。

第二，根据《司法鉴定人登记管理办法》第12条中的规定，具有相关的高级专业技术职称；或者具有相关的行业执业资格或者高等院校相关专业本科以上学历，从事相关工作5年以上，个人可以申请从事司法鉴定业务。

第三，根据《广东省司法厅关于〈司法鉴定人登记管理办法〉的实施细则》第7条中的规定，"个人申请从事司法鉴定业务，应当具备下列条件：（一）拥护中华人民共和国宪法，遵守法律、法规和社会公德，品行良好。（二）专业技术资格具备下列条件之一：1. 具有相关的高级专业技术职称；2. 具有相关的行业执业资格，且从事相关工作五年以上；3. 高等院校相关专业本科以上学历，且从事相关工作五年以上；4. 申请从事经验鉴定型或者技能鉴定型司法鉴定业务的，应当具备相关专业工作十年以上经历且有较强的专业技能。（只适用于没有专业技术职称评定的类别）……"

由此可见，"高级专业技术职称"不是鉴定人员的必备条件，没有高级职称不意味着没有鉴定资质。司法厅印发的鉴定人执业证书，充分证明鉴定人具有鉴定资质。辩护律师认真研究相关法条，就可以发现司法鉴定人不一定需要具有高级职称。庭审中提出司法鉴定人没有高级职称的质证意见,是不成立的。

案例7-3 黄某涉嫌贩卖淫秽物品牟利罪案

办案机关出具了一份《淫秽物品审查鉴定书》,该审查鉴定书是认定涉案书籍为淫秽物品的关键证据,该鉴定书由两名鉴定人签名出具。

部分辩护律师提出,1993年《新闻出版署、公安部关于鉴定淫秽录像带、淫秽图片有关问题的通知》规定:"鉴定机关进行鉴定工作时,应当指定三名具有专业知识,熟悉鉴定标准,办事公正,坚持原则,作风正派的同志负责审查鉴定。其他人员一律不得参加。严禁借审查鉴定之机扩大观看范围。"本案中,办案机关进行淫秽物品审查鉴定,也必须指定三名具有专业知识的人进行鉴定。然而,涉案《淫秽物品审查鉴定书》显示,只有两名办案人员参与和签名,因此,不符合鉴定程序,该《淫秽物品审查鉴定书》不符合法律规定,应当不予采信。

实际上,辩护律师仔细研读法条可知,《新闻出版署、公安部关于鉴定淫秽录像带、淫秽图片有关问题的通知》第3条规定:"审查鉴定淫秽物品应当制作《淫秽物品审查鉴定书》一式三份(式样附后),鉴定结论必须准确、简明。由两名以上鉴定人员签字,并加盖'淫秽物品审查鉴定专用章'。"可见,《淫秽物品审查鉴定书》只要有两名鉴定人员签字即符合规范。至于鉴定机构在鉴定时,究竟有没有指定三名人员负责,鉴定书上虽没有体现,也不代表只有两名人员参与。因此,提出这样的质证意见,意义不大。

综上,庭审质证不需要面面俱到,并不是所有的证据瑕疵都要提出质疑。面面俱到就容易丧失重点,掩盖了有杀伤力的质证意见。同时,也不能没有目的、没有具体诉求,要紧紧围绕罪与非罪、罪责大小、证据能力等关键问题和关键证据,提出具体明确的问题所在和处理方案。

第二节 庭审质证的思路和技巧

随着法治化程度的提高,刑事案件对定罪量刑的证据充分性要求越来越高,最直接的体现就是案卷证据材料越来越多。20年前,一个故意杀人案的案卷材料可能只有两三卷,如今,故意杀人案的案卷材料往往一二十卷,甚至更多;20 年前,一个传销或走私案件,一二十卷已经算很多,但是如今,传销或走私案件的案卷,两三百卷都比较常见,甚至还有六七百卷的。刑事案件的案卷材料越来越多,其中既有对被告人有利的、证明无罪、罪轻的,也有对被告人非常不利的、证明有罪、罪重的案卷材料。在这种背景和趋势下,如何有效准备庭审举证质证,是辩护律师的重要必修课。

庭审质证的目的大致有两个:一是从证据的合法性、真实性、关联性等方面否定公诉机关出示的证据,从而破解控方的证据链条;二是通过全案证据材料及其他证据,来论证辩护意见,让辩护意见有理有据。辩护律师的庭审准备工作、当庭发表质证意见,要紧紧围绕着这两个目的展开,才能在刑事庭审中最大限度阐述被告人无罪或罪轻的辩护观点。

一、掌握不利证据,准备反驳的意见

刑事庭审举证质证阶段,主要是公诉机关出示本案证据,按照法定证据种类,逐一出示。物证,书证,证人证言,被害人陈述,犯罪嫌疑人、被告人的供述和辩解,鉴定意见,勘验、检查、辨认、侦查实验等笔录,视听资料,电子数据,这八种法定证据种类,公诉机关是一定会出示的,而且都被用于证明被告人罪名成立的目的。辩护律师应当提前准备好对这些案卷证据材料的质证意见。辩护律师要做好以下两点准备:

1. 在准备质证意见时,辩护律师要重点掌握案卷材料中对指控有利、对辩护非常不利的证据,这是控辩双方都不容忽视的,辩护律师要清楚案卷材料中这样的不利证据有哪些,并结合辩护策略,做好充分的应对准备,在庭审中逐一予以反驳。

2. 辩护律师还需要提前预测到,公诉机关会出示哪些对被告人不利的证据;以及预测公诉人会概括各组证据证明的大致内容。通常来说,公诉人出示的证据、概括的证据内容,都是对被告人不利的、证明被告人有罪、罪重的证据内容。辩护律师在预测的基础上,对这些证据的合法性、真实性、关联性准备质证意见,在庭审中发表,以达到有效反驳的目的。

比如,在非法证据排除程序中,或者审理过程中为了证明侦查机关取证程序合法,公诉机关通常可以出示的证据,无非是入所体检表、讯问同步录音录像、检察机关办案告知卡、检察机关审查批捕和审查起诉阶段的讯问笔录等证据材料。辩护律师要结合案情去预测公诉机关出示证明取证合法性的证据种

类和内容。

(1)入所体检表。在非法证据排除程序中,入所体检表是公诉机关绝大部分情况下会出示的证据,以证明被告人进入看守所时的身体状况正常,证明被告人没有受到刑讯逼供。

(2)讯问同步录音录像。对于是否存在非法取证情况而言,最直观的证据就是讯问过程的同步录音录像。因此,司法实践中,辩护律师认为可能存在非法取证情形时,就需要查看同步录音录像。法院在认定是否存在非法取证情况时,同步录音录像也是非常重要的审查材料。

(3)检察机关办案告知卡。在很多案件中,检察机关讯问犯罪嫌疑人、被告人都会有一份《办案告知卡》作为证据清洁的重要措施,检察机关据此向犯罪嫌疑人、被告人确认是否遭受到刑讯逼供。

案例 7-4　温某涉嫌受贿罪案

在本案的非法证据排除程序中,检察机关当庭提交了一份《办案告知卡》,检察院在审查起诉阶段讯问温某时,向温某确认其是否遇到刑讯逼供等非法取证情况。检察机关当庭出示这份《办案告知卡》,旨在证明温某没有遭受非法取证,温某在侦查阶段的供述可以采信。《办案告知卡》的内容大致如下:

问:办案人员是否向你告知过你的权利、义务和办案纪律?

答:是。

问:办案人员是否有侵权和违纪行为?

答:否。

(4)检察机关审查批捕和审查起诉阶段的讯问笔录。《关于办理刑事案件严格排除非法证据若干问题的规定》第 5 条明确规定:"采用刑讯逼供方法使犯罪嫌疑人、被告人作出供述,之后犯罪嫌疑人、被告人受该刑讯逼供行为影响而作出的与该供述相同的重复性供述,应该一并排除,但下列情形除外:……(二)审查逮捕、审查起诉和审判期间,检察人员、审判人员讯问时告知诉讼权利和认罪的法律后果,犯罪嫌疑人、被告人自愿供述的。"

因此,辩护律师申请启动非法证据排除程序,排除侦查阶段的有罪供述,检察机关可能会直接提交检察机关的讯问笔录,证明检察机关讯问被告人时,被告人也认罪,认罪的事实和金额等与侦查阶段的供述一致,以此证明不存在刑讯逼供等非法取证情形。

案例 7-5 李某涉嫌受贿罪案

在本案的非法证据排除程序中，检察机关当庭出示了一份检察机关的讯问笔录，拟证明被告人向检察机关认罪，认罪的内容与侦查阶段的供述一致，李某侦查阶段不存在非法取证的情形。讯问笔录的主要内容如下：

问：现有证据证实……你是否认罪？有无异议？

答：我认罪，但是金额大概是 3 万元，不是 5 万元。

问：还有没有补充？

答：没有。

问：以上作答是否属实？

答：属实。

在涉及非法证据排除、被告人供述和辩解的合法性争论问题时，辩护律师应当预测到公诉机关会提交、能提交的证据，并做好相应的准备。

二、结合辩护策略，否定关键的证据

庭审过程时间有限、听众的耐心也有限，辩护律师对全案证据发表的质证意见不可能面面俱到。从庭审节奏、争议焦点把控的角度看，辩护律师不能对所有证据不分主次，全部发表详细的质证意见。辩护律师要紧密结合辩护策略，针对关键证据，重点发表质证意见。

案例 7-6 曹某涉嫌非法经营罪案

曹某等人销售假冒注册商标的 ×× 品牌聚焦超声治疗仪（俗称“超声刀”）。公安机关委托当地食品药品监督管理局出具鉴定意见，认定涉案的聚焦超声治疗仪应按第三类医疗器械管理。公诉机关据此认定被告人曹某等人违反国家规定，未经许可经营行政法规规定的专营物品的活动，扰乱市场秩序，情节特别严重，其行为触犯了《刑法》第 225 条的规定，应当以非法经营罪追究其刑事责任。

公诉机关指控曹某等人构成非法经营罪，关键证据就是食药监部门对涉案器械是否属于医疗器械进行鉴定所出具的《医疗器械鉴定意见》。根据《医疗器械经营监督管理办法》第 4 条的规定，按照医疗器械风险程度，医疗器械经营实施分类管理。经营第一类医疗器械不需许可和备案，经营第二类医疗器械实行备案管理，经营第三类医疗器械实行许可管理。

如果无证照经营第三类医疗器械,就属于非法经营,将构成非法经营罪,面临刑事处罚。而认定是否为医疗器械,司法实践中往往会由当地食品药品监督管理局出具鉴定意见。本案的关键证据就是当地食品药品监督管理局出具的《医疗器械鉴定意见》,将涉案的物品认定为第三类医疗器械。该《医疗器械鉴定意见》能否作为认定事实的依据,就是本案胜败的关键。在庭审过程中,辩护律师需要重点对该证据发表质证意见。

(1)鉴定的产品与涉案产品是否同一不明确。由于没有查获已经销售的产品,进行鉴定的产品和已经销售的产品是否具有同一性存疑。在案的证据显示,用于鉴定的产品中部分零部件与已经销售的产品部分零部件不同。

(2)鉴定主体不适格。根据《刑事诉讼法》第146条的规定,为了查明案情,需要解决案件中某些专门性问题的时候,应当指派、聘请有专门知识的人进行鉴定。第147条第1款规定,鉴定人进行鉴定后,应当写出鉴定意见,并且签名。根据《全国人民代表大会常务委员会关于司法鉴定管理问题的决定》第1条的规定,司法鉴定是指在诉讼活动中鉴定人运用科学技术或者专门知识对诉讼涉及的专门性问题进行鉴别和判断并提供鉴定意见的活动。因此,刑事诉讼中,有关专门性问题的鉴定,应当由有资质的机构进行鉴定,并有鉴定人签名和盖章,食品药品监督管理机构是无权鉴定的,不是适格的鉴定主体。本案鉴定意见中也没有提供鉴定机构、鉴定人的鉴定资格文件。

(3)鉴定的依据不成立。涉案鉴定意见依据的法律依据有两个,分别是《医疗器械监督管理条例》第76条和《食品药品监管总局办公厅关于部分医疗器械产品分类界定意见的复函》(食药监办械管函批〔2016〕265号),但该两个依据,都不能作为认定涉案产品是第三类医疗器械的依据,主要原因如下:

第一,《医疗器械监督管理条例》第76条规定的只是"医疗器械"的词语含义,并没有规定鉴定某一器械是否属于医疗器械、属于几类医疗器械的鉴定区分标准,该依据不能作为鉴定涉案仪器是否为第三类医疗器械的有效法律依据。

根据该条例第76条的规定,"医疗器械,是指直接或者间接用于人体的仪器、设备、器具、体外诊断试剂及校准物、材料以及其他类似或者相关的物品,包括所需要的计算机软件;其效用主要通过物理等方式获得,不是通过药理学、免疫学或者代谢的方式获得,或者虽然有这些方式参与但是只起辅助作用;其目的是:(一)疾病的诊断、预防、监护、治疗或者缓解;(二)损伤的诊断、监护、治疗、缓解或者功能补偿;(三)生理结构或者生理过程的检验、替代、调节或者支持;(四)生命的支持或者维持;(五)妊娠控制;(六)通过对来自人体的样本进行检查,为医疗或者诊断目的提供信息"。

第二,《食品药品监管总局办公厅关于部分医疗器械产品分类界定意见的复函》(食药监办械管函批〔2016〕265 号)中规定,关于"HIFU 超声刀":依据"HIFU 超声刀"产品资料中工作原理描述及你局关于分类界定意见,该产品符合《医疗器械监督管理条例》第 76 条定义,应作为第三类医疗器械管理。但是,该《复函》并没有详细解释相应产品的工作原理,对于"HIFU 超声刀"和涉案被告人经营的产品有何异同、工作原理是否相同,没有经过对比鉴定,不能依据该《复函》来认定本案涉案产品是否为第三类医疗器械。更何况,根据《医疗器械监督管理条例》,医疗器械分类目录应当向社会公布才生效。该《复函》是食品药品监管总局办公厅对于某个具体"超声刀"产品是否为医疗器械的《复函》,并没有公示,没有普遍性效力。

(4)涉案产品是否为第三类医疗器械,辩护律师检索研究《医疗器械分类目录》发现,依据案发时的《医疗器械分类目录》,涉案聚焦超声治疗仪不属于第三类医疗器械。《医疗器械分类目录》分为 2002 年版和 2017 年版,2017 年版的《医疗器械分类目录》实施时间是 2018 年 8 月 1 日,本案案发时间是 2017 年 9 月 22 日,适用的是《医疗器械分类目录》2002 年版。在 2002 年版中,超声肿瘤聚焦刀、超声高强度聚焦肿瘤治疗系统、超声手术刀等器械,属于第三类医疗器械。本案的聚焦超声治疗仪不在名录之中。因此,本案涉案产品不属于第三类医疗器械。

最后,法院判决认为,根据国务院公布的《医疗器械监督管理条例》第 4 条规定:"国家对医疗器械按照风险程度实行分类管理。第一类是风险程度低,实行常规管理可以保证其安全、有效的医疗器械。第二类是具有中度风险,需要严格控制管理以保证其安全、有效的医疗器械。第三类是具有较高风险,需要采取特别措施严格控制管理以保证其安全、有效的医疗器械。评价医疗器械风险程度,应当考虑医疗器械的预期目的、结构特征、使用方法等因素。国务院食品药品监督管理部门负责制定医疗器械的分类规则和分类目录,并根据医疗器械生产、经营、使用情况,及时对医疗器械的风险变化进行分析、评价,对分类目录进行调整。制定、调整分类目录,应当充分听取医疗器械生产经营企业以及使用单位、行业组织的意见,并参考国际医疗器械分类实践。医疗器械分类目录应当向社会公布。”本案起诉书指控犯罪时间是2014年8月至2017年11月,依照国家食品药品监督管理总局于2002年发布的《医疗器械分类目录》,涉案的聚焦超声治疗仪在案发时并未纳入医疗器械管理,公诉机关认定为聚焦超声治疗仪在案发期间属第三类医疗器械的依据不足。根据罪刑法定原则,公诉机关指控被告人犯非法经营罪不成立。[1]

三、掌握有利证据,阐释证明的内容

公诉机关、公安机关有收集证明被告人无罪、罪轻、罪重全部证据材料的义务。但是,在法庭上,公诉机关暂没有出示证明被告人无罪、罪轻证据的明确法律义务。在大量的证据面前,公诉机关有时倾向于在法庭上出示对被告人不利的证据、对控方有利的证据。案卷材料中那些对被告人有利的,能够证明被告人罪轻甚至无罪的证据,公诉机关可能不会在举证时出示,那么,辩护律师就需要将这些证据展示出来,至少需要向法庭宣读出来,既要以此反驳公诉机关出示的不利证据,又要反向证明被告人无罪或罪轻。

需要特别注意的是,案卷材料中对被告人有利的证据,虽然公诉机关没有出示,没有举证,但辩护律师也没有举证这部分证据的权限和义务。因为这些证据不是辩护律师调取的,是侦查机关调取的。在当前的司法实践中,法院倾向于认为,对于这部分证据材料,辩护律师可以在庭审中发表质证意见,但不能在单独的举证环节中由辩护律师举证。

案例7-7　黄某等涉嫌组织、领导传销活动罪案

起诉书指控被告人黄某本人及其同案人利用涉案网络交易平台直接实施虚假交易。公安机关从涉案公司查扣的大量文件材料中,有被告人黄某及其同案人三令五申禁止虚假交易、打击虚假交易的通知公告和打击措施的文件材料。但是,公诉机关在举证出示证据阶段,完全没有提及案卷材料中被告人禁止虚假交易、打击虚假交易的通知公告和措施的相关文件,只是总结出示为“涉案公司查扣的××等文件资料”。

辩护律师需要特别整理出案卷材料中,被告人黄某以公司名义发布的大量《关于严厉打击虚假交易和虚假宣传的公告》《关于重申禁止虚假交易的公告》

---

[1] 详见广东省广州市越秀区人民法院(2018)粤0104刑初857号刑事判决书。

《关于禁止私下进行积分交易的公告》《关于严禁利用库存积分进行虚假交易的公告》等，将这些材料整理成册，在庭审质证环节着重提出这些证据材料，证明被告人黄某及其同案人、公司一直严厉打击虚假交易行为，被告人及公司已经尽到了监管义务，涉案人员的虚假交易行为，不能归咎于被告人及其公司，虚假交易本身不能证明被告人的犯罪故意。

四、准备辩方证据，注意来源合法性

辩护律师也可以调取、提交对被告人无罪或罪轻的证据材料。在刑事庭审中，公诉人出示证据后，进入辩护律师举证的环节。辩护律师在搜集文献、证词、鉴定意见等证据资料时，要特别注重证据来源的合法性，需要附带完整的证据来源材料。

案例 7－8　谢某等涉嫌走私国家禁止进出口的货物罪案

公安机关向植物园物种鉴定中心出具了《物种鉴定意见》，鉴定结论认为涉案植物是日本黑松。公诉机关据此认定涉案的日本黑松是我国禁止进口的植物，因此，谢某等人构成走私国家禁止进出口的货物罪。该《物种鉴定意见》是本案定罪量刑的最关键证据。

辩护律师在准备庭审过程中，向该××植物园物种鉴定中心的鉴定专家了解情况，核实他们向公安机关作出的物种鉴定意见，能否鉴定出涉案日本黑松的生长地、种植地，能否鉴定出涉案植物是来自日本的。后鉴定机构出具了《关于×××鉴定意见的补充说明》，证明他们只是根据植物形态学鉴定，对涉案树木的物种作出鉴定，但根据现有鉴定条件，无法确定涉案日本黑松的种植地、生长地。

在庭审中，辩护律师出示这份了《关于×××鉴定意见的补充说明》，拟证明涉案日本黑松是否来自疫区情况不明，被告人走私国家禁止进出口的货物罪，事实不清，证据不足。

公诉机关强烈反对辩护律师出示该证据，要求辩护律师证明取证的合法性，出示调取该证据的介绍信、所函，提出有没有单位委托书，有没有带齐证件，是不是律师本人亲自去调取的……诸如此类各种质疑，甚至无理地申请非法证据排除，庭审一度陷入僵局。

从理论上看，非法证据排除程序只适用于控方调取、提供的证据，并不适用于辩护律师调取提交的证据。但有时各种司法实践乱象都有可能发生。这在一定程度上提醒辩护律师在调取证据、提交证据时,也需要特别注意证据收集的合法性。

五、质证意见前移,将质证融入发问

如何在庭审中合理安排各个环节的发言内容,如何发表质证意见庭审效果更好,是辩护律师需要思考的技术性问题。将质证意见融入发问环节,可以通过被告人的当庭供述强化质证意见,更加充分地发表质证意见。因此,在庭审质证中,可以考虑将质证意见前移,融入发问环节。

案例7-9　张某涉嫌组织、领导传销活动罪案

张某在侦查阶段共作了多份讯问笔录,但其中只有两份认罪笔录。根据被告人张某讲述,他当时签认罪笔录的原因是身体严重疾病、迫于无奈才认罪,以换取取保候审就医保命。辩护律师在庭审中,将否定张某认罪供述的质证意见内容融入了发问环节,通过被告人张某的当庭供述强化质证意见,虽然无法排除非法证据,但可以在庭审一开始的发问环节,就将非法取证的细节暴露。

辩护律师:我们留意到,你在××年××月9日和同月10日两次笔录,是认罪的,而此前和此后的所有笔录都是无罪辩解的,前后相差那么大,你怎么解释?

张某:我一直都坚持认为自己是清白的无罪的。这两次有罪供述过程是这样的……总之,就是他们逼着我,不签字我就有生命危险,没办法,他们说什么就是什么吧,我签字认罪。签字认罪的当天他们才让我取保候审,让我去医院就诊。

辩护律师:你说身体不好,有生命危险,有什么证据?

张某:当时看守所民警带着我去中心医院做了一次医学鉴定,结论显示我当时患有重大疾病,看守所在鉴定意见书上写"不合适羁押,建议取保"。

辩护律师:医学鉴定书是什么时候出具的?

张某:在认罪笔录之前两个月。

辩护律师:这两个月期间,你有没有申请取保?

张某:有,申请了多次,口头和书面的都有。

辩护律师:批准了没有。

张某:一直都没有。

辩护律师:那后来不是取保候审出来了吗?

张某:就在认罪的那一天放出来的。当时他们跟我耗了两个月之久,我申请取保,他们不批。他们说,我不认罪怎么放了我?认罪就放,不认罪就等病发等死。没办法,无论他们说什么我都只能签字。

辩护律师:放出来之后,有去医院看病吗?

张某:有,病历还在。

……

在这个发问的过程中,辩护律师充分运用庭审质证环节,展示两次认罪笔录形成的前因后果,通过被告人张某的当庭供述,发表了对两份认罪笔录的质证意见,还展示了医学鉴定意见书所要证明的内容。把庭审质证环节,悄悄融入了对被告人的发问环节,让法官更加确信,两次认罪笔录确实有问题。

第八章
CHAPTER 08

发表辩护意见的误区与方法

法庭审理的时间是有限的,辩护律师如何在有限的时间内发表有效反驳指控、充分证明被告人无罪或罪轻的辩护意见并非易事,辩护意见还要打动听众,更非易事,辩护意见最终要打动法官,被法官采纳,这更是难上加难的事情。如何发表辩护意见,是辩护律师需要不断学习、实践、总结的重要话题。辩护律师既要总结误区、避免陷入误区,又要为每一个个案撰写有说服力的辩护意见,还要为每个个案都找到最合适的辩护意见发表方式。

第一节 发表辩护意见的误区

在法庭上以恰当的方式、发表恰到好处的辩护意见,并尽量让辩护意见被有效听取,首先需要避免犯一些常见的错误。当庭发表的辩护意见,不宜对那些耳熟能详的教材理论进行长篇大论,不宜夹带冗长的质证意见,也不能面面俱到、让观点分散。

一、论述耳熟能详的理论

在法庭上,有些经验不足的辩护律师,总是喜欢卖弄法学理论,而且还可能是通俗浅显的基础知识,严重考验法官和辩护律师同行的耐心。这样的辩护意见很可能会遭到法官们的一致反感,甚至在发表辩护意见过程中,可能直接被法官打断发言,导致辩护意见无法充分发表。

案例8-1　潘某等涉嫌合同诈骗罪案

庭审中，辩护律师发表辩护意见时，开篇就说："根据刑法规定和刑法理论，合同诈骗罪的两大关键构成要素是，客观方面实施了虚构事实、隐瞒真相的行为，主观方面具有非法占有的目的。什么是虚构事实、隐瞒真相？……如何理解非法占有目的？……"

法官起初还期待听到辩护律师的高论，可是越听越不耐烦，最后实在听不下去了，直接打断辩护律师的发言："辩护人，这些法学理论就不用在法庭上讲了，我们都是学法律的，都懂这些，你只要讲本案被告人的行为是否构成犯罪就可以了，庭后提交的书面辩护意见中，你可以详细论述理论上的东西。"

法官反感辩护律师长篇大论法律理论，是非常常见的一种现象。辩护律师所讲的理论问题，往往烦琐、基础，没有新鲜感，法官们从事审判工作几十年，关于常见罪名的教科书知识，可能早已倒背如流。辩护律师发表这样的意见，不可能引起法官的兴趣，法官不会有耐心听下去。不仅法官反感，旁听人员和辩护律师同行也会反感。

在庭审当中，辩护律师的辩护发言应当简洁明了，就事论事，句句说到点子上。辩护律师要在法庭上阐释法学理论时，要事先评估，该理论是否有探讨价值？对案件的影响是否关键？是不是法律人在教材上早已熟悉的基础理论？辩护律师也可以说法学理论，但应当运用新颖的理论或者说对某个理论的独特见解，不能只说陈旧的、众所周知的理论，而且也必须紧紧围绕案件的关键问题、关键证据、关键辩点展开。

二、夹带冗长的质证意见

为了在庭审中将辩点充分阐释，辩护律师可以将辩护意见融入发问问题、质证意见中，通过庭审发问和庭审质证，细致阐释辩护意见。但是，在法庭辩论阶段，融入大量质证意见的内容，并不是明智的选择。

质证意见的内容是对各关键证据的真实性、合法性、关联性发表的意见，在举证质证阶段，控辩双方针对某一份证据进行充分质证，庭审效果会比较好。在庭审笔录中，控辩双方对于该证据的正反意见能充分、恰当地记录在相应的位置，日后合议庭或审委会评议查看庭审笔录时，也更容易全面了解控辩双方的质证意见。而且，从庭审效果看，合议庭成员、旁听人员就某一份证据，逐一听取控辩双方的举证质证意见,更容易听懂。因此,质证意见应当在法庭辩论开始之前就充分发表,不宜掺杂在辩护意见中。

若在发表辩护意见时夹杂大量质证意见的内容,合议庭成员、旁听人员往往很难集中注意力耐心听完。这样发表的质证意见显得比较突兀,合议庭成员、旁听人员可能并不记得证据的内容,很难理解辩护律师此时发表的质证意见。而发表这样的辩护意见,往往非常耗费时间,冗长、枯燥、乏味。要知道,庭审时间往往都是非常紧张的,庭审可能从上午10点一直持续到中午12点,甚至直接开到下午一两点,连午饭都没来得及吃。法官们、辩护律师同行、旁听人员几乎都饥肠辘辘,归心似箭,而辩护律师还长篇大论质证意见,谁能听得下去。

例如,在陈某涉嫌诈骗罪案的庭审中,辩护律师洋洋洒洒发表了长达两个半小时的辩护意见,被告人本人也发表了两个小时的辩护意见,完全不顾听众的感受。当天下午的庭审,从下午14点一直开到晚上20点,大家连晚饭都没吃,又冻又饿。且不说辩护意见内容本身如何,庭审效果都是非常差的。大家已经听觉厌烦,不再想知道辩护律师、被告人有什么精彩的辩护意见,而是期待庭审赶紧结束,离开法庭。

三、观点分散重点不突出

庭后提交的书面辩护意见和法庭上发表的辩护意见,是有差别的。庭审结束后向法院提交的书面辩护意见,应当是非常全面的,所有要提出的辩护意见都可以相对全面地体现出来,甚至重点质证意见的内容也可以完整体现在辩护意见中。这是供法庭评议使用的完整版本,将质证意见放在辩护意见的相应位置,方便翻阅评议。

然而,当庭发表的辩护意见,应当是重点突出、焦点分明,围绕着罪与非罪、罪轻罪重的焦点问题进行,而且只需要详细阐释最精华、最有说服力的部分,对于其他不重要的辩点,一两句话概括即可。“一个优秀辩护律师的发言应当简练和切题。那种混乱而冗长的发言从来不会为发言者带来任何益处;即使在你的辩论中有好的论点,法官和陪审团也会在你拖沓而无用的语言中耗尽精力,他们不可能领会到其中的意义。”[1]

---

〔1〕 林正主编:《完美的辩护:美国名律师胜诉案例精选》(上),中国法制出版社2016年版,代序第5页。

法庭上发表的辩护意见要把握关键辩点，切忌主次不分，面面俱到。发表面面俱到的辩护意见，很容易掩盖了重点，让焦点问题被掩盖，辩论的重点被转移，无法将对被告人最有利的观点充分展现出来。从辩论的角度看，“有时候，对方会有意识地避实就虚，转移话题，然后攻其一点，不及其余，达到改变辩论主题的目的”。[1] 辩论双方最希望的就是对手的观点面面俱到，如此，对方观点出现的漏洞越多，重点偏离得越远，辩手就可以选择性重点反驳对方理据稍不充分的观点，或者将辩论重点转移到对己方有利的方向。因此，庭审中发表的辩护观点分散重点不突出，将可能影响庭审发言的效果，甚至还可能影响辩护的有效性。

案例 8－2　江某涉嫌非法持有枪支罪案

鉴定机构出具的《枪支鉴定意见》认为，涉案枪支状物品“具有非制式枪支部件，以弹内火药为动力可发射手枪弹，击发、发射动作稳定可靠”，因此属于枪支。这份《枪支鉴定意见》是认定涉案枪支是否为法律意义上的枪支的关键证据，是认定江某是否构成非法持有枪支罪的关键证据。

辩护律师发表了包括下列两点意见在内的几点辩护意见：

(1)涉案《枪支鉴定意见》既没有对涉案枪支状物品进行子弹击发测试，无法确定该枪支状物品，在使用过程中，究竟能不能发射制式子弹，也没有做枪口比动能鉴定，该鉴定意见认定涉案枪支状物品是枪支的结论，依据不足。

根据《公安机关涉案枪支弹药性能鉴定工作规定》的规定，“(一)凡是制式枪支、弹药，无论是否能够完成击发动作，一律认定为枪支、弹药。(二)凡是能发射制式弹药的非制式枪支(包括自制、改制枪支)，一律认定为枪支”。因此，《公安机关涉案枪支弹药性能鉴定工作规定》区分了“能够完成击发动作”和“能够发射制式弹药”两个概念。发射试验或者击发试验，是非制式枪支鉴定的必经程序，能够发射制式弹药的非制式枪支(包括自制、改制枪支)，才是法律上的枪支。然而，涉案《枪支鉴定意见》仅从外观、表面上认定，涉案枪支状物品“具有非制式枪支部件，以弹内火药为动力可发射手枪弹，击发、发射动作稳定可靠”，进而认定涉案枪支状物品为枪支。但没有做射击实验，无法确定该枪支状物品，在使用过程中，究竟能不能发射制式子弹。

---

[1] 田文昌著、杨大民编：《田文昌谈律师》，法律出版社 2017 年版，第 334 页。

根据《公安机关涉案枪支弹药性能鉴定工作规定》"鉴定标准"中第3项的规定:"对不能发射制式弹药的非制式枪支,按照《枪支致伤力的法庭科学鉴定判据》(GA/T 718 - 2007)的规定,当所发射弹丸的枪口比动能大于等于1.8焦耳/平方厘米时,一律认定为枪支。"因此,如果不知道、无法确定涉案枪支能否发射制式弹药时,就应当对所鉴定的枪支作枪口比动能鉴定,但该鉴定意见,对这两项均未作检验。因此,辩护律师认为,该鉴定意见认定涉案枪支状物品是枪支的结论,依据不足。[1]

(2)枪支检验报告没有复核人签名、未经法定复核程序,鉴定程序违法,鉴定意见不具有证据效力。

《公安机关涉案枪支弹药性能鉴定工作规定》对鉴定程序有严格的规定,"对枪支弹药的鉴定需经过鉴定、复核两个步骤,并应当由不同的人员分别进行。复核人应当按照鉴定操作流程的全过程进行复核,防止发生错误鉴定。鉴定完成后,应当制作《枪支、弹药鉴定书》。《枪支、弹药鉴定书》中的鉴定结论应当准确、简明,同时应当标明鉴定人、复核人身份并附有本人签名,加盖鉴定单位印章"。然而,本案中的鉴定意见显示,鉴定没有经过复核人复核,只有"鉴定人签字"和"授权人签字",没有复核人签字。未经复核程序的鉴定意见,鉴定程序是不合法的。

公诉机关在法庭上回应,根据《公安机关鉴定规则》的规定,鉴定文书的署名只有鉴定人和授权签字人两种,授权签字人按照规定履行复核职能。本案枪支鉴定意见依照相关规定作出,鉴定程序合法,有相关法律依据,鉴定结论合法有效。

法院在判决书当中也认定,鉴定机构根据《公安机关涉案枪支弹药性能鉴定工作规定》《枪支性能的检验方法》《枪支识别的检验方法》的规定,对送检的涉案枪支、弹药进行检验,得出本案枪支具备认定为枪支的条件,鉴定文书署名方式只有鉴定人签字和授权签字人两种,授权签字人按照规定履行复核职能。因此,鉴定意见合法有效,辩护意见不成立。

在该案中,江某是否构成非法持有枪支罪的关键辩点,就是否定这份《枪支鉴定意见》,但是在发表该辩护意见时,辩护律师发表了几点辩护意见观点,公诉机关当庭回应和法院的判决都回避了"涉案枪支究竟能不能发射弹药的

---

〔1〕 例如,广西壮族自治区河池市中级人民法院(2016)桂12刑终252号刑事判决书。

问题”，将重点转移到鉴定文书该由谁签字的问题，辩护律师发表的辩护意见分散是其中一个原因。

案例 8－3　谢某涉嫌聚众冲击国家机关罪案

辩护律师主要提出几点辩护意见，其中两点意见是：其一，围堵国家机关的人员是不是谢某纠集的，没有任何被纠集人员的证词，完全没有证据证明谢某纠集了其他人聚众冲击国家机关的事实。其二，证明本案造成严重损失的证据不足，涉案犯罪事实不足以认定。

公诉机关当庭回应认为，众多证人证实涉案国家机关被村民长时间围堵和冲击，当日工作完全无法进行，属于刑法中“致使国家机关工作无法进行，造成严重损失”的情形，足以证明谢某的行为造成了严重损失。

后法院判决也认定，对于被告人谢某的辩护律师提出该指控没有被召集人的证人证言，证明本起事件造成严重损失的证据不足的意见。经查，本宗事实有多名在场证人证实，足以认定××派出所被近百名村民长时间围堵和冲击，日常工作受到严重影响和妨碍而无法进行，造成严重损失。该辩护意见依据不足，本院不予采纳。

在该案中，同案人供述、证人证言确实证明，当地××派出所当时遭受村民的长时间围堵和冲击，辩护律师提出没有证据证明遭受严重损失的辩护意见，很容易被反驳，而“被告人没有纠集他人”的关键辩点则直接被忽视、被转移。

第二节
发表辩护意见的方法

辩护律师为庭审做了充分准备，撰写了全面到位的辩护意见，在庭审现场自信满满，但是这还不足够。刑事辩护并不是辩护律师在法庭上将辩护意见全部念完就可以的，还要考虑的是，如何将这些辩护意见在庭审过程中充分发表，说得精彩到位，尽量增加说服力，这是不容易做到的。辩护律师如何合理安排各个辩点出现的时机，如何利用庭审各个环节，将辩护意见充分、恰当地展示出来，这是辩护律师发表辩护意见时需要特别留意的。

总体而言，辩护律师可以尝试把辩护意见悄悄前置，融入庭审发问阶段和庭审质证阶段，要适当提炼案件事实和证据存在的主要问题，要详略得当、突出关键辩点,还要为案件处理预留折中的出路,最后还要从个案提出能够引发法律共同体共同思考的真问题,增加辩护意见的感染力和说服力。

一、将辩护意见融入发问和质证

辩护律师发表辩护意见不仅仅是在法庭辩论阶段。法庭询问、法庭调查、举证质证和辩护辩论不同庭审环节是环环相扣、无法分开的。辩护律师在法庭上发表的言论都是辩护意见或者为辩护服务的意见。因此,为了在庭审中充分发表辩护意见,辩护律师应当将辩护意见分散到法庭发问环节、法庭质证环节和法庭辩论环节。

将辩护意见融入法庭发问的问题中,就是让辩护意见通过庭审发问呈现出来,让辩护意见得到被告人当庭供述、同案人及证人、专家证人、鉴定人当庭证词的印证,或者直接让辩护意见从被告人当庭供述、同案人及证人、专家证人、鉴定人的当庭证词中体现出来。

将辩护意见融入质证意见中,就是结合对本案的关键证据的质证,将辩护意见在质证阶段有理有据地讲述。辩护意见的"血肉"就是证据。在庭审质证阶段,辩护律师对关键证据发表辩护意见时,依赖于该关键证据的辩护意见就可以借机发表。如此,质证意见和辩护意见都能更容易被听众理解。

通过这两个阶段,辩护意见大部分基础内容都已经阐释清楚,为进一步提炼辩护观点奠定了基础。总之,刑事案件的庭审辩护,重心应该前移,把所有重要的辩点在法庭调查阶段全部展示论述完毕,在法庭辩论阶段,顺理成章地简单发言总结,这样的庭审安排效果就比较合理,辩护意见的发表也比较充分、有效。

(一)更充分地发表辩护意见

庭审时,法官对于每个证据的内容、细节、关键点,很可能都不是特别清楚,只能从控辩双方的发言中逐步了解。法庭调查阶段,庭审各方的注意力是比较集中的,法官也比较有耐心。而法庭辩论阶段都是接近尾声,部分法官会非常不耐烦,不愿意听,希望大家发言更加简短,尽早结束庭审。

案例 8 -4　林某涉嫌贩卖毒品罪案

庭审中,法官起初是比较有耐心的,让控辩双方充分发言。但是,在法庭辩论阶段,法官一看时间快到中午了,就想让该庭审早点结束。

辩护律师:关于量刑情节,辩护律师认为,林某是从犯。主要理由在于:其

—……

辩护律师还没说完,法官马上打断辩护律师发言。

法官:你的意见是说林某是从犯,是吧?

辩护律师:是的。

法官:好的,不用解释了,书记员记录下来了,详细理由书面形式提交吧。

辩护律师(继续说):林某获利比较少……

法官:好的,书记员记录。辩护人不用解释了,详细理由书面提交吧。

辩护律师还没反应过来,法官就打断了。

法官:现在法庭辩论结束,被告人有最后陈述的权利,被告人你最后有什么想说的?

被告人:……

法官:今天庭审到此结束,法院将择期宣判,现在退庭。

因此,辩护律师要更充分地发表辩护意见,就要注意把控时间,尽量简短陈述,不要重复,抓重点。但如果发言内容确实很重要,即使很长,也要充分地表达自己的辩护意见。此外,应准备好书面的意见提交给法庭。

(二)更有效地发表辩护意见

辩护意见从来都与关键证据密不可分,要么建立在否定控方关键证据的基础上,要么建立在肯定己方关键证据基础上。发表质证意见时,着重展示证据主要内容,对证据的来龙去脉、时间、地点、人物等有所涉及,在庭审中讲清楚证据的内容。辩护律师在对关键证据发表质证意见时,相应的关键辩点就可以顺势呈现出来,听众的感受会更好。就像公诉人出示证据一样,尽量将证据细节详细展示。证据的可怕之处就在细节,细节能让证据成为铁证,也能让证据被否定。因此,在法庭调查阶段,辩护律师应当围绕辩护意见的主要观点,对证据存在的问题,要有理有据地讲解出来;对被告人有利的部分,结合关键法条、关键辩点,逐一阐释。

案例 8-5　施某涉嫌抢劫罪案

起诉书指控施某以非法占有为目的,非法进入他人住所窃取财物,被发现后当场使用暴力,致被害人死亡,其行为触犯了《刑法》第 269 条、第 263 条第 1 项、第 5 项之规定,犯罪事实清楚,证据确实、充分,应当以抢劫罪追究其刑事责任。

该案的主要辩点在于：第一，缺少对被害人的死亡时间进行鉴定，缺少认定被告人的行为与被害人死亡之间因果关系的排他性证据；第二，案件存在诸多疑点没有得到合理解释，公安机关没有排除其他人作案的可能。

辩护律师将辩点回归案卷材料中的关键证据，结合对《法医鉴定意见》、《DNA 鉴定意见》、微信转账记录等证据材料的质证意见，将辩护意见融入质证意见中，在质证阶段充分阐述。质证意见发表完毕之后，辩护意见的基本内容就全部阐释清楚了。而且，由于辩护意见紧紧围绕关键证据展开，言之有据，说服力较强，则庭审效果更好。在法庭辩护阶段，辩护律师就可以结合本案提炼发表高屋建瓴的辩护意见，既简短有力，又更能打动听众。

二、提炼事实和证据的主要问题

在庭审发问和庭审质证中详细阐释辩护意见的基本内容等基础上，法庭辩论阶段再总结本案事实认定和证据采信方面存在的主要争议焦点，提炼更有高度、更凝练的辩护意见，让争议焦点的辩论更充分，庭审辩护效果更好。

案例 8－6　涂某涉嫌走私淫秽物品罪案

辩护律师在法庭发问、法庭质证阶段，对每一份关键辩点都有提及、每一个关键证据都发表了非常充分的质证意见，指出了每一份关键证据存在的问题。这些质证意见就是辩护意见的基础内容。在法庭辩论阶段，辩护律师就可以再对全案事实、证据存在的问题，进行总结、浓缩、升华的分析。

辩护律师认为，根据《刑事诉讼法》第 55 条的规定，证据确实、充分，应当符合以下条件：定罪量刑的事实都有证据证明；据以定案的证据均经法定程序查证属实；综合全案证据，对所认定事实已排除合理怀疑。本案认定涂某涉嫌走私淫秽物品罪的证据是否达到确实充分的标准，应当考察三个条件：

第一个条件是所有证据都必须建立在具备合法性的基础上。如果其中一项不具备合法性，那么该项证据对应的证明事实，就不能被认可，证据链条就不再完整。在本案中，全案证据中证明涉案书籍是涂某的唯一直接证据，是三份来自境外的《情况说明》，但是这三份《情况说明》来源不明、取证主体不明、取证过程不明、取证程序不符合境外证据取证要求、内容指向不明，《情况说明》和证人证言相互矛盾，且根本无法辨识真伪，不能当作定案的依据。这样一来，公诉机关便失去了证明涉案书籍属于涂某所有的直接证据，只剩下推测，包括涂某在侦查阶段自己推测可能是自己的，并做了笔录。但实际上，他也不确定是不是他的。

第二个条件是必须排除其他合理的可能性。对本案来说，就是要排除涉案书籍属于其他人的可能。但是，本案书籍完全不能排除属于其他人的可能。涉案书籍究竟是不是陈某寄过来的，陈某没有到案、没有证词，台湾快递公司也不知道是谁寄送的，因此，这些书是不是陈某寄过来的，无法确认，也就无法确定是不是涂某向陈某购买的。另外，在案证据显示，涉案书籍的货主，究竟是谁的，前后出现了四个版本，有的说是涂某的，有的说是台湾李某瀚的，有的说是香港李某光的，有的说是不知名寄货人的。总之，在案证据无法确定涉案书籍就是涂某的，无法排除是其他人的可能。

第三个条件是证据之间不能存在无法排除的矛盾。同案人供述的付款时间、付款方式、购买方式、寄送方式，与本案其他证据截然矛盾。涂某是按照先付款后发货的方式进行的境外贸易，但是涂某 2017 年 4 月 5 日付的款，货物却已经在 2017 年 3 月就发货了。涉案货物在 2017 年 4 月 6 日被海关查扣，海关已经通知了相关报关人员，交易不可能继续达成，但是同案人在 2017 年 4 月 12 日还继续向报关人员支付运费、货款。这些证据证明内容的矛盾无法排除，也没能从案卷材料中得到合理和令人信服的解释。

综上分析，在定性上，本案认定涂某构成走私淫秽物品罪的证据没有达到确实充分的标准，依法不能认定。

案例 8－7　谢某等涉嫌组织、领导、参加黑社会性质组织罪案

由于涉案被指控的具体犯罪实施数量很多，在发表辩护意见时，辩护律师将全案每一份证据的关键质证意见都充分发表，各个具体犯罪的辩护意见也都已经融入质证意见中。在法庭辩论阶段，辩护律师按照从个罪到整体的逻辑顺序展开论述，只需要对全案事实和证据所存在的主要问题进行总结分析即可，大部分时间可以升华论述黑社会性质组织该如何认定、涉案组织是否为黑社会性质组织等核心问题。

第一，辩护律师对各个具体罪名是否成立、罪责大小，提出辩护意见。这部分内容是总结质证意见的主要观点，将证据存在的硬伤等问题，一并总结出来。例如，对于其中一单故意伤害罪指控，首先，没有任何证据证明这一单犯罪事实与被告人×××有任何关联，被告人×××事前不知情、事中不知道没参与这件事情、事后才听说;其次,涉案的伤情鉴定不适格,鉴定标准和鉴定依据是错误的,没有适格的证据能证明被害人构成轻伤。

第二,辩护律师对于黑社会性质组织罪是否成立、恶势力形成时间、黑社会性质组织形成时间如何认定等问题,围绕着恶势力的概念和法律规定、黑社会性质组织的四个特征、形成时间的法律规定、司法解释和理论文章等,进行综合论述,讨论黑社会性质组织是否构成、是否已经形成。

三、围绕辩护策略突出关键辩点

辩护律师发表辩护意见的过程,也是引导法庭关注方向的过程,辩护律师重点发表的辩护意见,往往可能吸引法官关注。关键辩点往往是案件的辩护策略核心所在,也是一个对被告人而言最有利的辩点。因此,辩护律师发表辩护意见时,要重点阐述关键辩点,将法官的审理重点转移到该关键问题上,引导法官关注到被告人无罪或罪轻的最佳理由。

案例8-8　许某涉嫌交通肇事罪案

起诉书指控,许某于2018年××月××日早上6时许,驾驶无牌自行车,沿本市××街道从东往西驾驶至××路口时,遇被害人周某在该路段步行,由于许某驾驶自行车在没有交通信号灯的道路上行驶时,未在确保安全的原则下通行,致使其驾驶的自行车左侧把手与被害人周某身体发生碰撞,致使周某倒地受伤。事故后,许某与周某家属一起将周某送医救治。同日11时许,周某返回家中休息。同日18时许,周某因病情加重再度送医救治,后于第二天早上,2018年××月××日抢救无效死亡。经鉴定重度颅脑损伤是根本死因。经交管部门认定,许某承担此事故的全部责任,周某无责任。许某违反道路交通运输管理法规,发生重大事故,致一人死亡,且负事故的全部责任,应当以交通肇事罪追究其刑事责任。

辩护律师准备了非常充分的辩护意见,主要有如下几点:

(1)《事故责任认定书》认定许某负事故全部责任是错误的。公安机关没有充分考虑各种因素,仅以许某“未在确保安全的原则下通行”为由,认定其承担全部责任依据不足。

(2)许某没有刑法上的故意和过失,本案交通事故属于意外事件,不应当追究许某刑事责任。

(3)本案证据显示,被害人在交通事故之外,可能又遭受其他意外或伤害,认定被害人死亡系本案交通事故所致,事实不清。第一次入院治疗记录与第二次入院治疗记录、法医学鉴定意见书对比可知,被害人的胸腹部、头部、腰椎部,在本案交通事故之后,又出现明显损伤。因此,不排除被害人在交通事故之后,遭受其他意外或伤害的可能。例如,在胸腹部损伤方面,交通事故发生后第一次入院治疗、针对胸部平扫、全腹部平扫的《放射影像学诊断报告》显示,胸腹部骨性结构没有明显骨折特征。之后,被害人出院回家。后病危再次入院治疗,未经抢救后死亡。法医鉴定意见书显示,被害人左侧第3~7肋于近锁骨中线处骨折,右侧第6肋骨折,第3、4胸椎变形。在6根肋骨骨折的情况下,第一次入院治疗时CT检查,不可能检查不出来的。因此,无法排除被害人在交通事故之后,遭受其他意外或伤害的可能,许某构成交通肇事罪的事实不清,证据不足。

(4)被害人及其家属的一系列行为,也阻断了许某交通肇事行为与被害人死亡之间的因果关系。被害人周某本来有多次生还机会,但由于被害人及其家属拒绝检查、拒绝住院、拒绝转院、拒绝手术治疗、拒绝抢救,丧失了多次生还机会和可能。这一系列行为,阻断了交通肇事行为和被害人死亡之间的因果关系。

(5)关于量刑的辩护意见。许某有自首情节;许某没有逃避责任,多次陪同家属带被害人去医院接受治疗,主动筹钱垫付医药费,主观恶性小;被害人及其家属对死亡结果有相当的过错,应减轻许某的罪责。

本案中,虽然辩护律师准备了五点辩护意见,但是,这五点辩护意见并不是同等重要的,在庭审发表辩护意见时,辩护律师紧密结合辩护策略,阐释重点的辩护意见,对其他意见简单提及。

关于第一点辩护意见和第二点辩护意见。刑事案件中推翻交管部门出具的《事故责任认定书》,难度非常高。将交通事故认定为意外事件的难度则更高。因此,这两点辩护意见被采纳的可能性很低,并不是重点。

关于第三点辩护意见,这是本案的关键辩点。案卷材料中,有大量的证据能够支持该辩护意见,而且该辩护意见有理有据,说服力较强,效果也会比较好,要在法庭辩护阶段充分、详细阐释,而且,还需要详细解释能够支持该辩点的案卷证据细节予以配合。

关于第四点辩护意见。虽然也是比较重要的辩点,被告人及其家属也非常在意这一点,他们认为被害人的死亡不能归咎于被告人,被害人和他的家属有不可推卸的责任。但是,该辩护意见并不是庭审重点。理由在于:被害人及其家属拒绝检查、拒绝住院、拒绝转院、拒绝手术治疗、拒绝抢救的行为,能否阻断被告人行为与被害人死亡之间因果关系,是否为法律意义上被认可的介入因素,本身存在很大的争议。在当前中国司法实践中,有争议往往不意味着不可以定罪,况且本案还有司法鉴定意见认定这种因果关系。如果将法庭辩护的重点放在被告人行为与被害人死亡之间是否存在因果关系,这场法庭辩论,辩护律师基本已经输了。

关于第五点辩护意见。量刑辩护作为庭审辩护的重要一环,辩护律师简单提出量刑情节即可,这不是法庭辩论重点,本案法庭辩论的重点是无罪辩护,不是量刑辩护。

四、为案件处理预留折中的出路

当前司法实践有时非常有趣,虽然被告人、辩护律师始终作无罪辩护,但对于无罪结果,大家心里都知道不可能,无罪辩护只是"堵",罪轻辩护理由才是"疏",无罪辩护是为了争取罪轻的判决结果。在一切水到渠成后,关键问题的辩护意见无法被法院采纳时,法院通常都很可能会采纳理据并不充足的其他辩护意见,作为对被告人从轻、减轻处罚甚至判处无罪的依据。

徐昕律师在代理陈良英涉嫌寻衅滋事罪案中,提出陈良英可能存在精神病的问题,提出精神病鉴定的申请。这个申请大家都知道不可能,律师也觉得被告人没有精神病,但也还是会提出精神病鉴定的申请,目的就是"给各方一个台阶下,放人了结此案"。[1]

可见,辩护律师在发表辩护意见时,要充分考虑案件最终更加可能、更加现实的处理结果。在法庭上,辩护律师虽然主要针对焦点问题、关键问题,发表理据翔实的辩护意见,但是,这并不意味着其他次要的辩护意见、理据不太充足的辩护意见就不用提及。对于非重点辩护意见,作为案件判决出路的备选项,也应当简单提及,并在书面辩护意见中完整保留。

案例8-9　外国人威某涉嫌合同诈骗罪案

被告人威某在哥伦比亚经营国际贸易生意,他经常到中国采购货物到哥伦

---

〔1〕 徐昕:《无罪辩护:为自由和正义呐喊》,清华大学出版社2019年版,第152页。

比亚销售。公诉机关指控,2015 年 6 月,被告人威某在广东省广州市××区鞋材市场××档口向被害人杨某的××鞋材商行订购货值达人民币 45 万多元的五金鞋扣,并支付了订金人民币 9 万元,被害人杨某按威某指定的地点交付了全部货物,威某在收到货物后,拒不支付余款且逃匿。公诉机关认定威某以非法占有为目的,在签订、履行合同的过程中,骗取对方当事人的财物,数额巨大,其行为触犯了《刑法》第 224 条的规定,应当以合同诈骗罪追究其刑事责任。基于各种考虑,威某当庭认罪,退赔被害人全部损失,检察院也提出缓刑建议。

但是,由于外国人在国内没有亲属、没有固定住所、语言不通、难以落实社区矫正等诸多复杂原因,对外国人能否判缓刑,在司法实践中有很大的不确定性。于是,我们在认罪悔罪和检察院也提出缓刑建议的基础上,预留了单位犯罪的出路。

根据法律规定,自然人实施合同诈骗行为,构成合同诈骗罪,诈骗金额超过 30 万元,属于数额巨大,则威某面临的法定刑是“处三年以上十年以下有期徒刑,并处罚金”。如果认定为合同诈骗罪的单位犯罪,则威某面临法定刑是“三年以下有期徒刑或者拘役,并处或者单处罚金”。

因此,尽管威某认罪悔罪、检察院也建议适用缓刑。但检察院没有认定威某为单位犯罪。辩护律师还是提出单位犯罪的辩点,认为本案的责任主体系哥伦比亚的公司,本案应当认定为单位犯罪,威某作为直接负责人承担相应的责任。

首先,威某是哥伦比亚××公司的代表。本案虽未签订书面买卖合同,但威某一直以哥伦比亚××公司的名义跟被害人杨某交易。因为交易习惯的原因,双方在买卖货物的过程中并未签订书面的买卖合同,只是口头达成协议。但威某是哥伦比亚××公司的负责人,其只是代表公司过来中国进货,所批发的货物皆运回哥伦比亚××公司的仓库。报案人杨某、证人曾某某、张某某的证言中均显示,××公司是把账单传至威某公司跟单翻译的邮箱。威某在与××公司协商还款的聊天记录里,威某也多次提到有自己的公司,由此可以证实威某是以单位名义经营。

其次,涉案货物在哥伦比亚以公司的名义对外出售,得到的利润也归单位所有。涉案货物运到哥伦比亚后,存放在哥伦比亚××公司的仓库,以哥伦比亚××公司的名义对外销售。同时,哥伦比亚××公司一直正常缴纳公司经营税款。辩护律师提交的仓库照片、单位纳税凭证等均可证明被告人代表了公司,其从事该商事活动所得的利润也是归于公司所有。因此,在本案中,威某经营的哥伦比亚××公司是符合我国法人资格的公司,威某以该公司名义在国内从事贸易,获取的利益也归属于该公司,符合单位犯罪的构成要件,依法应当认定为单位犯罪。

最后,由于各种原因,法院无法对威某适用缓刑,这就意味着威某将面临"处三年以上十年以下有期徒刑,并处罚金"的刑罚,判决结果必然是3年以上的实刑。威某愿意认罪的唯一原因也就在于检察院同意建议缓刑。而检察院建议缓刑,换取了威某认罪,威某已经退赔并取得谅解后,法院又不适用缓刑,还判处同样长的实刑,这显然不合理,威某也难以接受。怎么办?在该案中,辩护律师预留的出路起到了很大作用。辩护律师提出单位犯罪的辩点,虽然理据并不充分,但也不失为重要且唯一的出路。

最终,法院作出判决认为,被告人威某作为哥伦比亚××公司直接负责的主管人员,以非法占有为目的,在履行合同过程中,骗取对方当事人财物,数额较大,其行为构成合同诈骗罪。辩护律师以本案系单位犯罪、被告人威某认罪认罚且赔偿被害人经济损失为由请求轻判的意见,本院予以采纳。法院判决威某犯合同诈骗罪,判处有期徒刑1年8个月。[1] 虽然没有缓刑的判决,但实报实销对威某而言无疑是比缓刑更好的结果。

五、从个案提出司法实践真问题

不少案件都直接反映出司法实践中的难题,有的甚至直接体现了新的理论难题。对此类案件,辩护律师要善于挖掘案件所体现的司法实践难题和理论难题。这些问题是法律人都要思考的真问题。辩护律师如果能够针对案件实际情况,挖掘出真问题,发表精辟创新的理论分析,这样的辩护意见是很有吸引力,也容易打动人的。

案例8-10　刘某涉嫌贩卖毒品罪案

公诉机关指控,2016年1月中旬,谢某到东莞市××镇找到被告人冯某、刘某,并向冯某、刘某借400万元用于制毒,并承诺年前最少制出1000千克氯

〔1〕 详见广东省广州市越秀区人民法院(2018)粤0104刑初81号刑事判决书。

胺酮给其二人用于贩卖，冯某商量后决定借100万元给谢某作为购买毒品的订金，并由刘某转款。毒品尚未制造完成，全部人员被抓获归案。

在法庭辩论阶段，辩护律师提出，在认定刘某构成犯罪的情况下，刘某明知他人制造毒品，还支付订金购买毒品的行为，这是订购毒品的行为，订购毒品的行为该如何定罪处罚？这是本案定罪量刑的核心问题。

本案刘某帮助订购毒品的行为该如何定罪处罚，涉及罪名之争、犯罪状态之争和犯罪情节之争。在罪名的区分上，订购毒品的行为应认定为制造毒品罪、非法持有毒品罪，还是运输毒品罪？在犯罪状态上，订购毒品但尚未获得任何毒品就被查获，属于犯罪预备、犯罪未遂，还是犯罪既遂？在犯罪情节上，帮助他人支付订购毒品的订金，在犯罪地位上是主犯还是从犯？辩护律师逐一分析，观点新颖，最后提出刘某系非法持有毒品罪，犯罪未遂，且系从犯的辩护观点。法官非常重视，庭审后与辩护律师讨论，希望辩护律师能够就该问题再详细论述成文，提交法庭，供合议庭参考。

比如，在谢某等涉嫌组织、领导黑社会性质组织罪案中，关键的争议焦点在于：黑社会性质组织该如何认定、黑社会性质组织的形成时间该如何认定等问题。这些问题在司法实践中本身存在较大争议，各种司法解释错综复杂。无论是法官、检察官还是律师，可能都很难完全透彻理解。因此，辩护律师应当结合本案的实际情况，钻研学习关于黑社会性质犯罪的法律、法规、司法解释、教材、案例等，从中提炼黑社会性质组织该如何认定、黑社会性质组织的形成时间该如何认定等问题的观点，将这些观点融入辩护意见。这样的辩护意见，既是为个案辩护，也是供法官、检察官、其他律师同行学习研究黑社会性质组织犯罪相关问题的重要素材，促进法律人对黑社会性质组织犯罪的理解。

第九章
CHAPTER 09

庭审辩护的注意事项

辩护律师的主要战场在法庭。为了在法庭充分有效辩护,辩护律师除了要在庭前做好充分的准备,还需要具有丰富的刑事案件庭审经验。既包括要遵守刑事诉讼的基本规则,也要遵守刑事庭审的流程规则,还要处理好和其他各方诉讼参与人的关系。法庭上主要有四方参与人:法官、公诉人、被告人和辩护律师、被害人及其诉讼代理人。辩护律师出庭辩护,需要妥善处理好和法官、公诉人、被害人及其诉讼代理人的关系。

第一节
遵守刑事诉讼规则

刑事诉讼是非常严谨、严肃的诉讼过程,有很多需要严格遵守的规则,如果违反这些规则,轻则遭到法庭训诫,重则面临行政处罚,甚至被追究刑事责任。在庭审辩护过程中,辩护律师要遵守刑事诉讼规则,以免庭审辩护遭受不必要的干扰,如律师应掌握非法证据排除申请的提出时间问题。

审判阶段申请排除非法证据需要特别注意提出的时间,应当在开庭审理前提出,除非在庭审期间发现相关线索或者材料等情形。《刑事诉讼法解释》第97条规定:“人民法院向被告人及其辩护人送达起诉书副本时,应当告知其申请排除非法证据的,应当在开庭审理前提出,但在庭审期间才发现相关线索或者材料的除外。”《关于办理刑事案件严格排除非法证据若干问题的规定》第23条规定:“人民法院向被告人及其辩护人送达起诉书副本时,应当告知其有权申请排除非法证据。被告人及其辩护人申请排除非法证据,应当在开庭审理前提出,但在庭审期间发现相关线索或者材料等情形除外。人民法院应当在开庭审理前将申请书和相关线索或者材料的复制件送交人民检察院。"辩护律师应当尽量遵守该诉讼规则,在庭前提出排除非法证据的申请,避免在庭审中遭遇障碍。

案例 9-1 谢某涉嫌制造毒品罪案

谢某的辩护律师在开庭时,当庭向法官申请排除非法证据。于是,审判长"趁机"当庭向辩护律师发难,震慑人数众多的律师和焦躁不安的旁听人员,以更好地维护法庭秩序。

审判长:你庭前为什么没有申请,没有庭前告诉法庭?

辩护律师:庭前没来得及申请。

审判长:为什么没来得及申请?

辩护律师:因为昨天会见被告人,才发现了新的刑讯逼供线索。以前的刑讯逼供线索,在一审的时候已经向一审法院提交。因为昨天才发现这个新犯罪线索,所以,才今天申请的。

审判长:发现了什么新线索?

辩护律师:昨天会见,被告人告诉我,当时公安机关讯问时,以让他怀孕的爱人堕胎相威胁,他不得不认罪。

审判长:你昨天什么时候去会见的被告人?

辩护律师:昨天下午。

审判长:昨天下午会见完,为什么不联系书记员,告诉我们申请排除非法证据?

辩护律师:昨天下午会见完已经 6 点多,法院已经下班了。

审判长:下班了也可以联系书记员啊。

辩护律师:下班时间,办公电话怎么可能联系到书记员。

这时,书记员突然站起来。

书记员:各位律师,我解释一下,开庭前几天,我用自己的私人手机给每一位辩护律师都发了几条信息,你们都是有我的私人联系方式的。

辩护律师:……(面红耳赤,说不下去)

该辩护律师确实有违反诉讼规则之嫌,申请排除非法证据,应当在开庭审理前提出,除非在庭审期间发现相关线索或者材料等情形。在当庭提出非法证据排除申请,不仅会造成庭审无法继续,也很可能变成法院直接驳回非法证据排除申请的重要理由。

案例 9-2　王某、顾某、屠某涉嫌买卖国家机关证件罪案

对于非法证据排除问题,法院判决认为,根据《关于办理刑事案件严格排除非法证据若干问题的规定》中的相关规定,除在庭审期间发现相关线索或者材料等情形外,被告人及其辩护人申请排除非法证据,应当在开庭审理前提出。辩护人在二审庭审时申请非法证据排除,属于未在规定的时间内申请,且申请排除的内容亦不属于非法证据的范畴。因此,本院同意原审法院的意见。[1]

第二节
遵守庭审流程规则

尽量遵守庭审流程和法庭规则,是辩护律师自我保护的方式。偶尔遇到极度想挑刺"找茬"的法官,也尽量不要让他找到给辩护律师"下马威"的借口。例如,辩护律师发言需要征得审判长或独任审判员许可,未经许可发言,部分法官很可能就认为这是对他权威的极大挑战,有时可能就此给辩护律师"下马威"。

案例 9-3　刘某涉嫌挪用公款罪案

庭审中,法警将被告人带进来时,辩护律师礼貌性小声说了句"刘总"。也可能由于旁听人员也有人喊了声"刘总",审判长立即恼怒。

审判长:安静! 安静! 这里是法庭,要听指挥,不能随便发言。大家都是成年人,要注意基本礼仪。尤其是律师,更要注意法庭礼仪,别乱说话,当着家属的面训斥你又不好,是吧……

实际上,虽然是礼貌性小声问候,按照庭审规则,在宣布庭审开始后,所有诉讼参与人和旁听人员都不能随便发言。所以,即使是礼貌性的问候,如果法官想要挑刺的话,也可以揪着这个问题发一顿脾气,而辩护律师对此也是理亏的。

案例 9-4　王某涉嫌贪污罪案

庭审中,公诉人出示完一份证据后,审判长组织控辩双方对该证据进行质证。

---

〔1〕 详见上海市第一中级人民法院(2017)沪 01 刑终 1607 号刑事裁定书。

审判长：被告人，你对这份证据有什么意见？你看过没有，要不要将证据传给你看？

公诉人：辩护律师那里都有，被告人应该看过了。

被告人：我还是想看一下这份证据。

辩护律师：给他看一下吧，他之前没看过。

这个时候，虽然公诉人和辩护律师都没有举手就发言，但审判长不知何故，立即对辩护律师发起火来。

审判长：你就是这个问题！就是这个问题。一点都不听从法庭指挥，轮到你发言了吗？有叫你发言吗？发言前举手了吗？都是律师了，要有礼仪，遵守法庭礼仪……

大部分辩护律师也不好跟法官当庭吵起来，没有举手获得审判长准许就发言，确实违反法庭规则，大部分辩护律师只能服软。除个别非常有勇气的辩护律师，绝大部分辩护律师不会在法庭上与法官争吵。毕竟，法官当着委托人、委托人家属和其他众多旁听人员的面，训斥辩护律师，或者辩护律师当庭与法官闹僵，辩护律师的庭审发挥可能会受到影响，部分委托人及其家属往往也不愿意看到这种局面。

第三节
妥善处理辩审冲突

在当前司法实践中，常有控辩冲突异化为辩审冲突的现象。辩审冲突一方面表现在个别法官对辩护律师的无端排斥，如在庭审程序中，法官随意打断辩护律师发表辩护意见，限制辩护律师的发言时间，阻碍辩护律师顺畅发言，对辩护律师提出的各种申请很少批准甚至置之不理，更有甚者随意将辩护律师驱逐出法庭；另一方面则表现为辩护律师对法官的不尊重、不信任，甚至公然“死磕”法官。[1]

按照庭审规则，法庭内的全体人员要听从法官的指挥，法庭是法官的“地

[1] 亢晶晶：《说服与判断：审辩关系的异化及回归——以“商谈理论”为视角》，载《河南大学学报（社会科学版）》2017 年第 3 期。

盘”。《人民法院法庭规则》第 17 条规定，全体人员在庭审活动中应当服从审判长或独任审判员的指挥，尊重司法利益，遵守法庭纪律。检察人员、诉讼参与人发言或提问，应当经审判长或独任审判员许可。第 19 条规定，审判长或独任审判员对违反法庭纪律的人员应当予以警告；对不听警告的，予以训诫；对训诫无效的，责令其退出法庭；对拒不退出法庭的，指令司法警察将其强行带出法庭。

对辩护律师来说，将控辩冲突变成辩审冲突，往往是不明智的选择，辩审冲突的结果也往往对辩护律师不利。在庭审过程中，辩护律师要尽量避免发生辩审冲突，即使发生冲突，也应尽量控制冲突的尺度。

一、尽量尊重法庭，避免辩审冲突

一般来说，在法庭审理过程中，无论是民事开庭还是刑事开庭，大部分法官有法律人的基本素养，能做到与代理律师、辩护律师相互尊重。但偶尔也会有很少数法官会使用极端挑刺的手段“打压”辩护律师，此时辩护律师也要沉着应对，尽量避免辩审冲突。

案例 9－5　刘某涉嫌贪污罪案

辩护律师准备了大量证据拟在庭审中出示。辩护律师出示证据时，遭遇到法官以各种理由的“打压”。

辩护律师：接下来，由我来出示新证据。

审判长（第一次打断辩护律师发言，语气严肃）：证据清单有没有拿给我一份。证据呢，也交上来一份给我。

辩护律师：在开庭之前我们已经都交过去的。

审判长（以命令的口吻）：可是我现在没有得看，拿过来一份。

辩护律师：好的，我们正好也多准备了一份。

（法警将证据清单传递上去给法官）

辩护律师：接下来，我出示第一份证据……

审判长（第二次打断辩护律师发言）：辩护律师，你这四十多份证据，一份一份念，要念到什么时候？能不能像公诉人出示证据一样，直接说第一组证据为证据第几项到第几项，证明什么内容，就可以了，简要地说，说要点！

辩护律师：好，我尽可能简要地说。接下来出示第一组证据，第一组证据是证据一到证据五，是……（证据名称），证明了被告人和其他员工一样，都是真实出资的。

审判长（第三次打断辩护律师发言）：辩护律师，你只要客观描述证据证明什么就好，不要加评论，评论内容放在辩论阶段说。比如，刚才你出示的这份证据，证明被告人和其他员工一样，都出资了，这样说就行。你怎么确定他们是不是真实出资，不要评论。

辩护律师：好。接下来出示第二组证据，是证据第六到证据第十，是……（证据名称），证明证人刘某所说，他之前出具的会计凭证，是错误的会计凭证。……

审判长（第四次打断辩护律师的发言）：他原话是这么说的吗？你确定吗？原话真的是这么说的？

辩护律师：是的，原文引用的。

审判长：好，你继续说吧。

辩护律师：……接下来，要出示的是××教授出具的四份专家论证意见……

审判长（第五次打断辩护律师发言）：教授都说了什么？

辩护律师：××教授对于本案罪与非罪，出具了法律论证意见。

审判长：××教授不是本案当事人，他们说的能当作证据吗？有证明力吗？

辩护律师：××教授对本案法律问题的分析，供合议庭参考使用。

审判长：那还是证据吗？

辩护律师：如果法庭认为不是证据，就作为参考资料提交给法庭。

审判长：那为什么列在证据清单里面呢，只能把它当作参考资料，不要当证据使用了。

辩护律师：好的。

审判长：好，你继续发言。

辩护律师：接下来，我出示第五组证据……

审判长（第六次打断辩护律师的发言）：辩护律师，你这些证据分几次提交的？

辩护律师：前后三次提交的。

审判长：你看看，标页码了没有？证据清单后面写的是页码吗？

辩护律师：不是，后面写的是每份证据的页数。

审判长:你们应该把证据都装订成册,再打上页码提交嘛!

辩护律师:我们庭后会统一提交的。

审判长:那你继续吧。

辩护律师:接下来,我出示第六组证据,分别是……

审判长(第七次打断辩护律师发言)**:**辩护律师,这些证据是怎么来的?你去取证的吗?

辩护律师:有的是案卷本来有的,有的是被告人家属找来的,有的是我们自己取的。证据来源那一列已经写明每一份证据的来源。

审判长:你要区分清楚,要标清楚,哪些是案卷里面已经有的,而且本来也不需要重复出示的,直接发表质证意见就完了。

辩护律师:审判长,是这样的。证据来源,我们在证据清单里面写得非常清楚。少部分是案卷有的。我们之所以跟被告人家属要来这么多证据,就是想完整呈现全部案件事实,我们的出发点和法庭的出发点是相同的,都是为了完整呈现、查明案件事实。提交这么多证据,也是为了给法官呈现整个案件全貌,帮助法庭查明全部事实。侦查机关选择性取证,很多重要证据他们都没有调取。我们庭后会在提交的证据标明哪些是案卷已经有的,我们有过统计,证据清单里面,案卷本来有的是非常少的,占的比例非常少。

审判长:好,那你继续说。

辩护律师:……

审判长(第八次打断辩护律师发言)**:**辩护律师,你能不能说快一点,你这速度,我们十二点半都开不完。尽量简短发言,我们争取十二点半结束庭审行不行?

辩护律师:我们尽量简短发言,可是十点半才开庭,我们只能说尽量配合法庭。

审判长:都在这开庭呢,还能出现什么意外不成!有没有问题,争取十二点半结束啊。你继续发言吧。

辩护律师:好,下面我继续出示证据……

在这次庭审中,法官的态度让人非常恼火,何谈专业素养。辩护律师可以当庭与法官争吵,也可以选择沉着应对,不紧不慢,一点一点地解释说明,耐心地出示完所有的证据,充分发表辩护观点。该案中,辩护律师坚持细致出示完全部证据,法官也无可奈何,直到下午四点开完庭。

这种情况在司法实践中偶尔会出现。但是辩护律师在法庭上与“任性”的法官对抗，胜算往往小到可以忽略不计。庭审中，辩护律师可以充分提出意见或异议，可以据理力争，但还是应当尽量尊重法庭的决定，不然可能会被“请”出法庭，甚至可能会面临处罚。

二、耐心消除误解，化解辩审冲突

在庭审过程中，有时辩护律师庭审发言会让审判长产生误解，从而引发辩审冲突。辩护律师要尽量耐心解释，有时就可化解可能产生的辩审冲突。

徐昕律师曾提到为漳州郑龙江等涉黑案件辩护时，庭审中曾出现这么一个有趣的细节。出庭检察员对上诉人发问方式不当，多次引来辩护律师的反对。

有一次，刘志强律师说：“我反对，审判长。”

审判长杨法官突然说：“你反对审判长什么？”

刘志强立即纠正：“我反对，逗号，审判长。”法庭气氛瞬间轻松下来。[1]

案例 9－6　林某涉嫌制造毒品罪案

林某涉案的多套房产和几百万元现金都被公安机关查扣，并被认定属于违法所得，拟予以罚没。在法庭辩护阶段，林某的辩护律师发表辩护意见时，针对涉案财产是否属于违法所得、是否应当罚没，说道：“林某有六套房产和500多万元现金，如果是通过实施指控的四宗制造毒品犯罪获得的，我认为这是不可能的，不可能获得这么多财产的……”

辩护律师说完，法官反问他：“辩护律师，你的意思是说，被告人还有其他犯罪事实，遗漏指控了，是吗？”

台下的一百多名旁听人员立马骚动起来了，窃窃私语。

其实，大家基本都听得明白，辩护律师并不是这个意思。法官冷嘲热讽的这个发问，敌意非常明显。此时，辩护律师化解冲突的方式之一是，耐心地将辩护意见解释清楚，指控的四宗制造毒品案件，被告人获利数额有多少，完全有据可查。林某被查扣的财产数额，远高于他实施涉案制造毒品犯罪活动获得的违法收入，这就意味着很多被查扣的财产都是林某的合法所得，至少没有证据证明是违法犯罪所得。因此，除了有证据证明的违法犯罪所得之外的财产，都应

〔1〕 详见徐昕：《无罪辩护：为自由和正义呐喊》，清华大学出版社2019年版，第20页。

当予以发还。

三、睿智把握尺度,控制冲突程度

当前司法实践中,辩审冲突有时难以避免。在迫不得已的情况下与法官发生冲突,辩护律师也要尽量把握好尺度。朱明勇律师在为南昌大学原校长周文斌涉嫌受贿罪、挪用公款罪案辩护时,在庭审中,公诉人当庭提交、播放了一组影像资料,拟证明周文斌在当天的开学典礼上发表了讲话,并不是像周文斌所辩解在国外。辩护律师发现该资料未在庭前提交,辩护律师之前也从未获取。朱明勇律师当庭申请休庭,认为这是一份新证据,辩护律师需要时间准备辩护。审判长当庭拒绝休庭要求后,朱明勇律师与法官发生了如下冲突:

审判长:我们合议庭认为它不属于新证据,应属于补强证据。

朱明勇:补强证据是讲证据的证明力大小问题,新证据是指证据出现的时间先后问题,这是两个不同的概念,也是逻辑学上根据两种不同的分类标准分出来的不同类别,审判长是混淆了概念。

审判长:公诉人继续举证。

那一刻朱明勇律师怒了,"啪"的一声,一巴掌拍在桌子上,坚定地表示"必须休庭"。

法官:你拍桌子是不是,你再拍一下?

朱明勇看审判长的表情,知道审判长可能也要动怒了,于是接着审判长的话茬说:"我不拍了。"[1]

朱明勇律师在该案庭审辩护中,虽然多次与法官发生冲突,甚至多次被法警抬出法庭,但从他的庭审表现看,他也在尽量把握辩审冲突的尺度。

案例9-7 广东省高级人民法院在某刑事案件庭审过程中,辩护律师和审判长发生了冲突,虽然法官多次用语非常不规范,辩护律师也尽量控制冲突的程度,避免冲突升级。

审判长:辩护人,对上诉理由有没有补充?

辩护律师:有!

审判长:简单地说就行了,你要是都念的话没时间。

[1] 详见朱明勇:《无罪辩护》,清华大学出版社2015年版,第268页。

辩护律师：审判长，我觉得这是个人命关天的案件……

审判长（打断律师发言）：让你说，问题是你要抓住重点，别长篇大论。

辩护律师：你老是强调时间，我觉得如果时间不够可以下午接着来嘛，是吧？你总得让我们充分辩论、充分发表意见吧？对不对？我简单地论证一下……

审判长（打断律师发言）：我说过了，充分不等于你能把事情讲清楚，说明你水平不够，抓不住重点，明白不？

辩护律师：我都还没开始讲，你怎么知道我没抓住重点？

审判长：抓紧时间，庭审的时间是有限的。

辩护律师：我们听从法庭安排，但是我还没发言，你就给我定性我水平不够……〔1〕

庭审中，什么情况都可能发生，辩审冲突有时难以避免。即使如此，辩护律师最好保持相对克制，避免冲突升级，以免局面不可控。

第四节
理性看待控辩冲突

在刑事诉讼过程中，必然存在矛盾的就是控辩双方。辩护律师与公诉人作为立场相反的两方，矛盾冲突是不可避免的。但是，辩护律师要理性看待控辩冲突。控辩双方的冲突，是立场不同导致的观点冲突。理性看待、妥善处理控辩冲突，需要辩护律师具有丰富的经验，也要其结合经验在庭前做好充分准备。

一、控辩冲突，必然存在的现象

（一）职责不同导致控辩冲突

控辩双方在每一次庭审都存在控辩冲突，这是双方的职责使然。就个案的刑事诉讼过程而言，公诉人与辩护律师的职能是相互冲突的。“公诉机关在刑事审判过程中所实施的申请、举证、质证、辩论等诉讼活动，其目标是在于向法

〔1〕 邵克：《广东高院回应法官批“律师水平不够”：法官已道歉，对其诫勉》，载澎湃新闻：https://www.thepaper.cn/newsDetail_forward_3525965，最后访问日期：2020年2月22日。

庭证实自己提出的指控事实,请求法院接受自己的主张,将被指控人定罪、判刑。而辩护方(被指控人及其辩护人)则是针对控诉方所指控的内容进行防御性反驳,根据事实和法律,提出有利于本方的材料和理由。其目标在于说服法庭裁判被指控人无罪、罪轻或者应当减轻、免除刑事责任。"[1]从刑事诉讼的整体看,控辩双方常被誉为现代刑事司法中"等边三角形的两极",检察机关代表国家行使追诉犯罪的职能,辩护律师承担的是为被追诉人辩护的职能。控方的存在是威慑犯罪、保护受害者,而辩方则是对控诉权力行使的一种有效限制,防止它越过合理的界限而肆意侵蚀公民的权利。[2]

(二)诉讼构造导致控辩冲突

就现代刑事诉讼控辩审三方互相制约的构造看,控辩双方相互冲突,却又缺一不可。"控辩冲突的过程是让案件事实真相进一步暴露的过程,也是人们对案件认识的深化过程。"[3]通过控辩双方充分发表意见,才能更加有利于法院查明案件事实、准确采信证据、正确适用法律。

(三)价值多元导致控辩冲突

刑事诉讼追求的价值绝不仅是惩罚罪犯这个单一的价值。若只是为了打击罪犯,则刑事诉讼本身完全没有存在的必要,不需要经过审判,直接打击罪犯,会更加高效。但是,刑事诉讼不仅追求实质正义,还追求程序正义;不仅惩治犯罪,让有罪的人受到惩罚,还要保障人权,保障无罪的人不受追究,保障罪轻的人不至于被错误重判。除了目的意义上的价值、秩序价值外,还追求刑事程序本身必须具备形式理性、保持中立、平等、公开和参与性。[4] 辩护律师在维护被告人权益、维护实质正义和程序正义等方面的不懈努力,才能极大促进多元价值的实现。

可见,控辩冲突必然存在、必须存在,也是合理存在。对于控辩冲突这一现象,辩护律师要摆正心态,理性对待。即使遇到不友好的公诉人,也要习以为常。

---

〔1〕 邵世星、贾广建:《论控辩冲突与刑事审判改革》,载《检察实践》2000 年第 6 期。
〔2〕 详见陈立毅:《论刑事诉讼中控辩的均衡与和谐——以〈律师法〉的修改为背景》,载《宜宾学院学报》2009 年第 4 期。
〔3〕 邵世星、贾广建:《论控辩冲突与刑事审判改革》,载《检察实践》2000 年第 6 期。
〔4〕 详见万毅:《刑事诉讼价值评论》,载《法学论坛》2003 年第 5 期。

二、准备充分，应对观点的冲突

在庭审过程中，控辩冲突的直接体现就是双方发表不同的观点。公诉人提出一种观点，辩护律师相应地提出另一种不同甚至相反的观点。观点冲突在庭审过程中无处不在，无时不在。妥善处理控辩冲突，辩护律师需要结合经验在庭前做好充分准备。

（一）预测庭审焦点，为观点冲突准备

每一个刑事案件的争议焦点，都是相对有限、相对固定的，而且是独特的。辩护律师在充分研究案卷材料，理清楚指控的事实、逻辑及其证据，确定辩护策略的基础上，应当预测本案可能存在的争议焦点。如果辩护律师对案件研究透彻，其总结预测的这些争议焦点，很可能就是庭审过程中控辩双方的观点冲突所在。辩护律师的有效庭前准备，基本都是围绕“控辩冲突”进行的。

案例 9－8　陈某涉嫌组织卖淫罪案

控方主要的证据是同案人供述和证人证言，还有陈某从涉案酒店每个月收取分红款的领款单等书证材料。同案人供述和证人证言都指证陈某是涉案酒店的老板，分红款的领款单又印证陈某从该酒店的组织卖淫行为中获得了好处。

该案的争议焦点在于：陈某有没有管理这家酒店？有没有招募、雇用、引诱、容留、强迫卖淫女在涉案酒店卖淫？陈某从该酒店领取的分红款是怎么回事？

庭审中，控辩双方很有可能就围绕这几个问题进行激烈争辩，辩护律师要针对这些焦点问题，提前要做好控辩观点交锋的准备。

（二）推敲辩护观点，让发言有理有据

辩护观点如果出现明显错漏，就没有说服力，也很容易被反驳。这样的辩护观点就很可能是无效的，白白浪费了珍贵的庭审发言时间，错过提出有效辩护观点的时机。为了避免辩护观点错误，辩护律师在庭前应当充分研究、推敲论证辩护观点。对于明显不成立的辩护观点，除非有其他目的，否则不宜发表，更不宜在庭审中作出详细解释，建议果断放弃。

案例 9－9　黄某等涉嫌组织、领导传销活动罪案

公安机关于 2017 年 10 月立案侦查，被告人于 2018 年 2 月主动修改了涉案公司的经营模式，取消了涉案公司的提成和奖励制度，从“传销电商平台”变

成普通的电商销售平台。2018年6月,公安机关将该公司相关人员全部抓获归案,指控他们涉嫌组织、领导传销活动罪。

有的辩护观点认为,被告人主动修改了涉案公司的经营模式,取消了层层奖励制度,让公司的经营模式不再符合传销组织的层级特征。因此,在量刑情节上被告人属于犯罪中止。

其实,如果组织、领导传销活动罪成立,被告人自动取消涉案公司的层层奖励制度,并不会导致犯罪中止。根据《刑法》第24条的规定:“在犯罪过程中,自动放弃犯罪或者自动有效地防止犯罪结果发生的,是犯罪中止。对于中止犯,没有造成损害的,应当免除处罚;造成损害的,应当减轻处罚。”被告人虽然取消了层级奖励制度,但并不属于“自动放弃犯罪”,且传销行为已经发生、一直实施,传销的犯罪结果也早已发生。因此,被告人即使取消了层级奖励制度,组织、领导传销行为也已经全部完成,传销的犯罪结果也已经实际发生,涉案组织、领导传销活动犯罪行为已经既遂,不属于犯罪未遂,更不属于犯罪中止。该辩护意见显然不成立,不宜在庭审中提出。

案例9-10　谢某等涉嫌聚众扰乱社会秩序罪案

辩护律师提出,在事情发生过程中,谢某中途提前离开,应当认定为犯罪中止。然而,该辩护观点是不成立的。谢某离开时,其参与的聚众扰乱社会秩序的犯罪结果已经发生,如犯罪成立,则已经属于犯罪既遂状态,谢某提前离开,但没有有效阻止损害结果的发生,不符合犯罪中止的条件。因此,该辩护意见不成立,不宜在庭审中提出。

三、理性客观,过激情绪要慎重

在刑事案件庭审中,控辩冲突是必然存在的,就像公诉人几乎不可能当庭说服辩护律师接受起诉书指控的内容,辩护律师也不要奢求能够当庭说服公诉人接受辩护观点。由于立场不同、位置不同、任务不同,辩护律师在庭审现场说服公诉人是极困难的,即使辩护律师提出的观点理据非常充分,公诉人也几乎不可能、也没有可能临场改变指控方案,接受辩护律师的观点。当然,辩护律师在庭前说服公诉人的可能性是存在的。

在庭审过程中，“对待公诉人从人格上尊重，从观点上要客观评价分析反驳”。[1] 辩护律师以相对理性客观的方式，分析、反驳指控的事实、证据、逻辑即可，不需要有过激的情绪。情绪过激容易发生不可控的风险，还会导致后期很难继续保持有效沟通。比如，案件二审裁定发回重审后，在重审一审阶段，一般情况下，公诉人还是原审的公诉人，双方还是可能面临商谈认罪认罚等案件处理出路的。控辩双方是否客观理性、不带偏见，就在较大程度上影响商谈的效果。

其实，辩护律师要说服的不是公诉人，而是法官。在当前的司法实践中，除了极个别案情简单、认罪认罚的案件会当庭宣判外，其他绝大部分案件不可能当庭宣判，合议庭、审判委员会还会花很长时间去评议案件。中国法院审判的基本现实是“重实体轻程序”“实事求是”“不放过一个坏人，也不冤枉一个好人”，他们认为被告人有罪、罪重时，基本不会因为程序瑕疵而放纵、轻判的。

辩护律师要充分考虑刑事诉讼的这种特点，在漫长的诉讼过程中，在控辩审三方共存的情况下，情绪并不能影响审理结果，只有客观理性、理据充分的正确辩护观点，才更加可能说服法官，进而被采纳。经不起推敲的口舌之快，并不能影响法院判决。辩护律师要理性客观地摆事实、讲道理、说法律依据，让辩护观点确实站得住脚，才能真正说服法官，至少让法官在庭审后评议案件时，不会忽视理据充分的辩护观点。

四、总结经验，应对突发的争论

刑事案件庭审过程中的控辩冲突，除了罪与非罪、罪轻罪重等定罪量刑的观点冲突，还会涉及其他方方面面的细节争论。这些争论，主要体现在刑事庭审的实践操作过程中，法律没有明确规定的那些细节。虽然没有法律明确规定，但那些细节对于刑事诉讼程序正义、对被告人合法权益的保障，甚至对查明案件事实往往都至关重要，辩护律师需要在熟悉法理、熟悉诉讼流程、具备丰富经验的基础上，据理力争。由于此类争论非常琐碎繁多，辩护律师只能不断实践、学习和总结。例如，下列几个争论：

（一）庭审发问的顺序

在刑事案件庭审中，公诉机关宣读起诉书之后，有一个公诉人讯问和辩护

---

〔1〕 门金玲主编：《刑事辩护操作指引》，法律出版社2015年版，第181页。

律师发问的环节。在普通程序中,这个环节必不可少。在被告人众多的案件中,部分被告人认罪、部分被告人不认罪时,对全案各被告人发问的顺序,可能会成为控辩双方激烈争论的问题。

案例9-11　谢某等人涉嫌组织、领导黑社会性质组织罪案

全案被告人有40多名,除了部分被告人认罪认罚之外,大部分被告人都不认罪。法庭调查阶段,就发问顺序问题,控辩双方发生激烈冲突。公诉人为了指控方便,没有征得辩护律师同意,默认先讯问认罪认罚的被告人,之后再讯问其他不认罪的被告人。法警直接将一名认罪认罚的被告人首先带上法庭,接受讯问、发问。辩护律师一致提出异议,坚决反对这样的讯问、发问顺序。

辩护律师认为,公诉人擅自决定从认罪认罚的被告人开始讯问,是不妥当的。其一,这是个重要的程序性问题,却不在庭前会议的商议范围内,当庭由公诉机关单方决定,没有征求辩护律师的意见,这是不妥当的。其二,以往的庭审惯例都是按照起诉书确定被告人的排序进行讯问、发问的,没有正当的理由,不应该突然改变。未经协商、没有正当理由的突然改变,对其他被告人是不公平的。其三,先讯问认罪认罚的被告人,会造成先入为主的判断,影响合议庭的主观心证、内心判断,不利于公正审判。其四,本案认罪认罚的都是从犯,他们对涉案犯罪参与程度比较少,对很多情况并不了解,先对他们开始讯问,不利于法庭查明案件事实,甚至有可能误导法庭查明案件事实。

公诉人认为,从哪一个被告人开始讯问,没有明确的法律规定,不影响公正审判,不影响案件事实查明,完全没有问题。其一,法律并没有规定法庭讯问时,必须按照什么样的顺序。其二,所有被告人都要接受讯问,顺序的先后,都不影响被告人应该承担的刑事责任,也不影响被告人及辩护人的任何权利,不存在对哪一位被告人不公平的问题。其三,先讯问认罪认罚的人,他们对犯罪事实、细节的供述更加细致,更有利于法庭查明案件事实。

控辩双方就讯问、发问顺序的问题僵持不下,审判长决定休庭继续讨论。其实,无论是从庭审效果还是查明事实的角度看,法庭讯问、发问被告人顺序突然违反惯例,对辩护律师而言,都是难以接受的,这个争论也就难以避免了。

(二)举证质证的顺序

举证顺序,即公诉人出示证据的顺序,有时候也会影响庭审,也会成为控辩双方激烈争论的焦点问题。以组织、领导、参加黑社会性质组织案为例,此类案件的举证质证顺序,是先出示证明黑社会性质组织四个特征的证据、综合证据,还是先出示各个具体罪名的证据,控辩双方往往有不同的观点。

黑社会性质组织案件,是由两大部分罪名组成:第一部分是组织、领导、参加黑社会性质组织罪;第二部分是各个具体犯罪的罪名。因此,公诉机关举证时,往往会分为两大部分出示证据:第一部分举证内容是与黑社会性质组织四个特征有关的证据、全案的综合证据,第二部分举证内容是各个具体犯罪事实的证据。

这两部分证据的出示顺序,在办案中常发生争论。公诉机关为了指控方便,很有可能会要求先出示黑社会性质组织四个特征的证据、全案的综合证据,证明涉案黑社会性质组织是如何一步步形成的,是如何逐渐发展壮大的。然后再逐一出示每一个具体犯罪事实、具体罪名的证据,证明涉案黑社会性质组织实施的诸多犯罪事实。按照这个逻辑,公诉机关先向法庭证明,这是一个黑社会性质组织,然后再逐一展示该黑社会性质组织所实施的一系列“恶行”。

辩护律师认为,不能采取这种先入为主的举证顺序,应当先逐一出示各个具体犯罪事实的证据,不能先出示综合证明黑社会性质组织特征的证据。其一,是否构成黑社会性质组织、被告人的行为符不符合黑社会性质组织的四个特征,是从每一单具体犯罪事实中体现出来的,每一单具体事实构不构成犯罪、有没有体现黑社会性质组织的四个特征?需要先审查清楚。解决了这个问题,才能最终判断黑社会性质组织是否成立。其二,先出示黑社会性质组织四个特征的证据、全案综合证据,就是先扣了一个黑社会性质组织的“大帽子”,然后再默认其他具体犯罪事实都是该组织实施的,将各个具体犯罪事实在黑社会性质组织中对号入座。这对查明事实、公正裁判是不利的。不是因为先有了黑社会性质组织,才有后面各个具体违法犯罪行为,而是因为有了各个具体的违法犯罪行为,才判断这个黑社会性质组织是否存在,什么时候成立。因此,应当从具体犯罪事实的举证质证开始,到最后再对黑社会性质组织四个特征的证据进行举证质证,涉案“组织”是否具有黑社会性质组织的特征,涉案被告人是否构成组织、领导、参加黑社会性质组织罪,才能水到渠成地作出准确判断。

举证顺序,确实也是关乎庭审效果的细节,先入为主“扣大帽”的举证方式,对被告人是不公平、不妥当的,辩护律师应当为被告人尽量争取妥当的举证顺序。

（三）同案被告人参与权

同案被告人的参与权,是指在团伙犯罪、集团犯罪中,各个具体犯罪举证质证时,其他没有参与到这一单具体犯罪、在这一单具体犯罪中没有被指控的被告人,是否应当到法庭,是否可以发表质证意见的问题。例如,在黑社会性质组织案件中,一个黑社会性质组织犯罪,往往包括很多罪名和犯罪行为:组织、领导、参加黑社会性质组织罪,敲诈勒索罪,故意伤害罪,寻衅滋事罪,聚众冲击国家机关罪,走私普通货物罪,走私国家禁止进出口的货物罪,非法持有枪支罪,非法采矿罪,绑架罪,非法拘禁罪,行贿罪等。但不一定每个同案被告人都参与了每一种犯罪。

在这类案件中,所有的被告人都被指控组织、领导、参加黑社会性质组织罪,对于该罪名而言,所有被告人都是同案人、参与人。但是,其他犯罪都只有其中部分被告人参与。有的具体犯罪跟很多被告人完全无关,甚至是被告人加入这个团伙之前就已经发生的。因此,这些被告人被指控实施的犯罪事实和触犯的罪名是不同的。这样的案件,就会在庭审过程中产生同案被告人参与权的争论。

案例 9 – 12　王某等涉嫌组织、领导、参加黑社会性质组织罪案

被告人王某被指控参加黑社会性质组织罪和敲诈勒索罪。但是,其他的寻衅滋事罪、聚众冲击国家机关罪、走私普通货物罪、走私国家禁止进出口的货物罪、非法持有枪支罪、非法采矿罪、绑架罪、故意伤害罪等,都跟他没有关系,在他加入之前,这些犯罪事实已经发生了。那么,在法庭调查阶段,举证质证调查其他犯罪事实时,被告人王某能不能到场参与?被告人及其辩护人能不能发表质证意见?

公诉人认为,故意伤害罪、寻衅滋事罪等这些罪名,公诉机关并没有指控被告人王某。这些犯罪事实跟被告人王某无关,因此,王某不需要到庭,王某也不能对该部分证据发表质证意见,王某的辩护律师也不能对这部分证据发表质证意见。

辩护律师认为,这显然不妥当。其一,这是程序问题和被告人权利保障的问题。虽然单个犯罪事实而言,被告人王某没有被指控,但他是本案的被告人,具有被告人身份,被指控要为这个黑社会性质组织犯罪承担刑事责任,他有在场参与权,也有发表质证的权利,他没有到场,诉讼程序是不完整的,被告人的权利也没有得到保障。其二,每一单具体犯罪事实是否成立都关乎本案黑社会性质组织是否成立,每一单具体犯罪都作为黑社会性质组织四个特征是否成立的重要判断依据,而被告人都被指控参加黑社会性质组织,因此,每一单具体犯罪事实,都关系到黑社会性质组织究竟成不成立,进而关系到每一个被告人是否承担组织、领导、参加黑社会性组织罪的刑事责任。因此,黑社会性质组织项下每一单犯罪事实,不管王某是否被指控,都会影响到王某参加黑社会性质组织罪能否成立,王某当然有权在场且应当在场,王某和他的辩护律师都有权发表质证意见。

综合来看,毕竟每一单具体犯罪事实,都关系到涉案的黑社会性质组织是否成立、黑社会性质组织的四个特征是否成立、黑社会组织性质犯罪是否成立的问题,进而直接关系到所有被告人的罪与非罪、罪责大小。因此,所有被告人当然都有权在场、有权发表质证意见。

（四）控方未出示证据的处理

在很多案件中,公诉机关并没有出示全部证据,其中就包括对被告人有利的证据,或者对很多证据一句话总结概括。选择性出示证据带来的问题是,没有出示的证据,是不是本案证据?辩护律师能不能对公诉人没有出示的证据发表质证意见?这几乎是每一个案件都可能遇到的争论。

案例9－13　王某涉嫌挪用公款罪案

本案中,被害单位出具了一份函件,侦查机关将该函件当作证据使用,检察机关也将该函件放在刑事案卷中移送法院。辩护律师当庭提出对这份证据的三性都不予认可。此时,公诉人提出反对意见。

公诉人:审判长,我想有必要提醒一下辩护人,这份证据我们并没有作为证据提交,也没有作为证据出示使用,不需要发表质证意见。

审判长:辩护人,刚才公诉人确实没有出示这份证据,对这份证据的质证意见不用说了。

辩护律师:这份证据是侦查机关移交,是公诉机关移送法院的,是辩护人在法院阅卷所得的。如果没有作为证据提交,为何要移送法院?没有作为证据使用,为何放在标明为证据材料的案卷之中?既然已经移送法院,已经在案卷材料之中,就是本案证据材料,法官、合议庭也都能看得到,必然在一定程度上影响裁判结果,辩护律师为何不能发表质证意见?一份材料是不是证据,并不是以公诉人有没有出示为判断标准,已经移送给法院的证据材料,即使公诉人没有出示,它也是证据。

公诉人:可是我们没有将它作为指控被告人这单犯罪事实的证据使用。

辩护律师:案卷材料中,每一卷都明确注明是"证据材料",意味着案卷中的每一份材料,都是侦查机关侦破案件所获得的证据,这些证据既然已经移交法院,移交法院的任何一份证据都会对案件的处理产生影响,都会对合议庭裁判案件产生影响,辩护律师对案卷中的每一份证据都可以,而且都需要、都应该发表质证意见。

《刑事诉讼法》第176条第1款规定:"人民检察院认为犯罪嫌疑人的犯罪事实已经查清,证据确实、充分,依法应当追究刑事责任的,应当作出起诉决定,按照审判管辖的规定,向人民法院提起公诉,并将案卷材料、证据移送人民法院。"所以,检察院向法院提起公诉时,是需要将全部案卷材料、证据都移送法院的,换言之,检察院提起公诉时移送给法院的案卷材料,都是证据材料。

公诉人既有指控被告人有罪的责任,也有指出被告人罪轻情节、展现全部案件事实经过的职责,公诉人的职责是公诉与法律监督的复合体,是具有客观义务的。所以,公诉人出示的证据,除了出示证明被告人有罪、罪重的证据之外,也应当出示证明被告人无罪、罪轻的证据。若案卷材料中有其他能够证明被告人无罪、罪轻的证据,因为公诉人没有出示,辩护律师就不能发表意见,不能作出对被告人有利的解释,这显然不妥当。

(五)申请证人出庭问题

在很多案件中,证人出庭作证都能展现比纸面上的笔录材料更多的内容和细节,更能帮助法庭查明案件事实。然而,证人"出庭难"是当前中国司法实践的普遍难题。辩护律师申请关键证人出庭时,经常出现控辩双方的激烈冲突。

例如,在陶红勇涉嫌贪污罪、诈骗罪案中,辩护律师徐昕申请数位证人出庭,引发控辩双方激烈冲突。检察员认为,考虑到庭审效率,证人没有出庭的必要,反对通知证人出庭。

徐昕律师回应认为:"辩护人对控方的反对很不理解。第一,本案事实争议极大,应该让证人出庭澄清事实真相,法庭不是审几张纸,而要以审判为中心,司法的目的在于澄清事实,还原真相,检方有何反对之必要?控辩审三方本应抱着追求真相和正义的目标推进庭审,但检察员的态度令人遗憾。第二,本案涉及大量证人,我们只申请传唤8位证人出庭,充分考虑了庭审效率,况且本案进入二审近一年仍未开庭审理，以庭审效率为由反对证人出庭是可笑的。法律人时常把司法公正和司法效率挂在嘴边，似乎这二者是对等的，但公正与效率从来都不是同一位阶的概念，司法的核心要求，除了公正还是公正，只有在保障公正的基础上才能追求效率。这就是为什么刑事诉讼中简易程序的适用条件非常严格，而如果是被告人上诉或再审的案件，绝对不可能将效率置于公正之上。"〔1〕

控辩冲突主要是观点之争，这种争论是对案件公正审理、法律正确适用的有益争论，它可以生发在庭审的任何环节，只要庭审没有结束，案件没有审结，控辩双方都可能在任何细小问题上发生观点冲突。为更好地应对控辩冲突，辩护律师需要通过实践和学习、不断地归纳总结、积累经验。可以说，能否有效应对控辩冲突，是辩护律师专业知识与庭审经验的重要体现。

第五节
照顾被害方的情绪

辩护律师庭审发言始终围绕着辩护意见进行，除了要有理有据之外，在被害人参与庭审的场合，还要适当照顾到被害人及其家属的感受和情绪。尤其是在办理凶杀案件或者被害人死亡的案件中，辩护律师更需要注意被害人及其家属的举动和情绪，以免刺激到被害人家属产生过激行为。例如，在施某涉嫌抢劫罪案中，我们作为法律援助律师为施某提供辩护。被害人遭遇不幸，她的多名家属前来旁听，情绪比较激动。辩护律师需要注意处理好与被害人家属的关系，庭审发言要照顾到被害人及其家属的情绪。

一、庭前尝试沟通

辩护律师在庭前可以尝试与被害人家属沟通，被害人家属对案件细节并不了解，被害人究竟遭遇了什么、细节如何，除非聘请了律师作为诉讼代理人，被害人家属往往不了解。他们迫切地想要知道具体的案情，而公诉人不会那么详细地向他们讲解。因此，他们很想通过辩护律师或其他人，了解到案件细节，了

〔1〕 徐昕：《无罪辩护：为自由和正义呐喊》，清华大学出版社2019年版，第55页。

解他们的家人遭遇了什么。有了这些沟通的基础,辩护律师和被害人家属的沟通就能比较顺利展开。在沟通过程中,辩护律师向被害人家属表达同情、理解,并解释清楚法律援助律师的职责所在,让他们理解辩护律师的职责。

二、避免刺激家属

有一些关于被害人的隐私细节,辩护律师提及时要慎重,避免刺激被害人家属。其一,这些隐私,是辩护律师看到证人或被告人的只言片语所知,或者依据被告人家属提供的单方面证据确定的,不一定是全面、客观的事实。其二,这些被害人的隐私,可能是被害人家属不愿意听到的,或者不愿意辩护律师在法庭上公开说出来的。辩护律师对于可能提及被害人的这些隐私细节时要慎重。尤其是在不确定、尚不确实的情况下,辩护律师不宜过度揣测,更不宜借题发挥。

案例 9 - 14　施某涉嫌抢劫罪案

根据证人证言,被害人的生活是比较混乱的,除了丈夫,还有多名男朋友,报案人也是她的男朋友之一。辩护律师在庭审发言中,应放弃提及被害人生活混乱的问题,毕竟她的丈夫可能就在旁听席,她的丈夫听到这样的话题可能会难以接受。就算她的丈夫不在旁听席,她的其他家属听了也可能会非常不适。与此相关的辩护意见,如确有必要,庭后再以书面形式提交法院。

三、据理发表意见

辩护律师发表有理有据、相对客观公允的辩护观点,更能被法庭及被害人理解和接受。在施某涉嫌抢劫罪案中,辩护律师对公诉机关指控被告人施某构成抢劫罪没有异议,但“抢劫致人死亡”有异议。本案存在诸多疑点没有得到合理解释,暂时无法排除在施某离开后,其他人再次进入房间作案的可能。辩护律师将本案存在的疑点客观公允地向法庭解释,被害人家属更能理解,毕竟他们也不想惩罚错了凶手,放纵了真凶。辩护律师据理对本案发表了以下意见:

第一,施某供述在作案当时,被害人晕了、一动不动,但是否死亡,他并不知道。公安机关在具备对被害人死亡时间进行鉴定的条件的情况下,没有对被害人的死亡时间进行鉴定,缺少认定被告人与被害人死亡之间存在必然因果关系的排他性证据。

第二,公安机关对案发现场提取的物证进行 DNA 鉴定时,在房间开关按钮的擦拭子、被害人的文胸正面罩杯下端外侧面的擦拭子中检测出了混合 Y－STR 分型。“在混合斑的鉴定中，常染色体 STR 分析若是混合结果，应进一步进行 Y－STR 分析。由于其是单倍体，故不仅可以确定男性生物检材的来源，还可确证是几个男性的混合结果，因此 Y－STR 在案件分析中很有价值。”[1]本案中，公安机关并没有对这两处 Y－STR 分型归属于何人进行鉴定比对，没有对生物成分遗留在房间开关按钮、遗留在被害人文胸正面罩杯下端外侧的人员、时间和原因进行调查，以排除其他人再次进入房间作案的可能。

第三，微信转账记录显示，被害人死亡两天后，被害人的微信还被人登录、使用过两次，分别被用于转账和抢红包。这两次微信登录、使用记录，是谁操作、使用的？他与被害人有何关系？他与本案件有何关系？公安机关也没有查清。

第四，报案人的证词与书证、其他证词存在矛盾，本案也缺少部分关键证人的证词。报案人作证称，他在联系不上被害人之后，登录过被害人的微信，在微信上联系被害人的老乡“阿英”，让“阿英”去被害人的出租屋看看情况，后“阿英”回复说房门紧锁。然而，报案人所说的微信操作记录与调取在案的微信记录不相符合。案发后报案人与“阿英”的聊天记录也被报案人删除。公安机关也没有找到“阿英”来核实相关细节。

辩护律师提出，这些疑点还没有查清楚，应当逐一进行查证，以排除被告人离开现场后，其他人再次进入房间作案的可能。排除了这些可能之后，本案才达到“事实清楚、证据确实充分”的程度。

四、理性对待索赔

附带民事诉讼赔偿的项目、范围、数额标准，辩护律师非常清楚，法官也都是非常清楚的。辩护律师是否提出反对意见，对判决结果的影响都不大，法院基本都会依照法律规定认定赔偿数额。在此类案件庭审发言中，辩护律师一般不宜对附带民事诉讼赔偿的项目、范围、数额标准提出过多的反驳意见，应依照法律规定予以审查，如无太大误差，提出要求法院依照法律规定的项目、范围和数额标准确定赔偿数额即可。至于有争议的赔偿项目，例如，能否获得精神损害赔偿、死亡赔偿金或残疾赔偿金，能否获得律师费的赔偿等，辩护律师可以当庭简单提及，也可以书面形式详细论述，庭后提交。

---

[1] 李树：《Y－STR 检验技术在侦查破案中的应用》，载《公安学刊》2009 年第 2 期。

第十章
CHAPTER 10

二审辩护的特点与方法

第一节
二审阶段辩护与一审阶段辩护的区别

一、辩护“靶子”不同

刑事案件的辩护，各个阶段都有不同的“靶子”。在审查起诉阶段，辩护的“靶子”是起诉意见书所认定的犯罪事实、情节、金额等，辩护的目的是推翻起诉意见书所认定的犯罪事实、情节、金额。在审判阶段，辩护的“靶子”是起诉书所认定的犯罪事实、情节、金额等，辩护的目的是推翻起诉书所认定的犯罪事实、情节、金额等。而在二审阶段，辩护的靶子不再是起诉意见书、起诉书，而是一审的刑事判决书，辩护的目的是推翻一审的刑事判决书。相比于一审阶段，刑事案件在二审阶段具有相当的特殊性。

二、辩护方式不同

《刑事诉讼法》第234条规定，第二审人民法院应当组成合议庭开庭审理的案件，有四种：(1)被告人、自诉人及其法定代理人对第一审认定的事实、证据提出异议，可能影响定罪量刑的上诉案件；(2)被告人被判处死刑的上诉案件；(3)人民检察院抗诉的案件；(4)其他应当开庭审理的案件。可见，除了死刑案件、抗诉案件，二审应当开庭审理，其他二审案件是否公开开庭审理，完全取决于法官。在这种法律规定下，二审法院往往倾向于不开庭。“在二审不开庭审理的情况下，实行的实际是法官审查判断式审判。"[1]

在司法实践中，刑事二审阶段，辩护律师往往在准备好辩护意见或证据材料之后，先行向法院提交辩护意见、证据材料，并申请法院对二审进行公开开庭审理，法官一般在阅卷、审阅二审辩护意见之后，才决定是否开庭审理。而且，司法实践中，二审不开庭审理的情况居多。因此，辩护律师不能像一审辩护那样，在法庭上发表辩护意见之后再庭后补充书面的、完整的辩护意见，二审辩护律师的主要工作是提供一份有冲击力的辩护意见，让二审法院认可本案事实、证据、法律适用等方面都存在较大的问题，尽量公开开庭审理或者将案件发回重审。

三、审查范围不同

一审阶段辩护律师审查的范围相对单一，主要是一审的案卷材料，审查侦查机关所取得的证据是否符合法律规定以及能否证明公诉机关所指控事实、罪名、情节、金额等问题。在二审阶段提供辩护时，辩护律师需要审查辩护的范围更加广泛。除了需要研究案卷材料，继续审查涉案犯罪事实、罪名、情节、金额等问题，还需要审查一审诉讼程序和判决结果中存在的问题。对于诉讼程序，辩护律师需要审查一审的诉讼程序合法性，有无违反公开审判的规定、有无违反回避制度、有无剥夺或者限制当事人的法定诉讼权利、审判组织的组成是否合法等。对于判决结果，辩护律师需要审查一审判决事实认定是否正确、证据是否确实充分、犯罪情节认定是否正确、法律适用是否正确等。

四、更难影响判决

在一审阶段，法院根据控辩双方的观点居中裁夺，辩护律师推翻公诉机关的指控、影响一审判决的难度相对较小。刑事案件经过一审庭审，定罪量刑的事实和证据，都经过了控辩审三方的审核。如果没有重大程序缺陷、重大事实错误，二审法院一般都会维持原判，改判难度较大。尤其是在"案卷笔录中心主义"的裁判方式下，一审法院对于侦查案卷笔录的证明力和证据能力都会采取一种"推定成立"的态度，二审法院对那些经过一审法院认定的笔录材料，则采取了更加强烈的"推定成立"的态度。即使在辩护方提出合理质疑和有力反

[1] 详见李学宽：《刑事二审审理方式存在的问题与对策》，载《中国法学》1999 年第 1 期。

驳意见的情况下，二审法院也仍然倾向于维持一审法院对案件事实的认定。[1]

《刑事诉讼法》第236条中规定："第二审人民法院对不服第一审判决的上诉、抗诉案件，经过审理后，应当按照下列情形分别处理：（一）原判决认定事实和适用法律正确、量刑适当的，应当裁定驳回上诉或者抗诉，维持原判；（二）原判决认定事实没有错误，但适用法律有错误，或者量刑不当的，应当改判；（三）原判决事实不清楚或者证据不足的，可以在查清事实后改判；也可以裁定撤销原判，发回原审人民法院重新审判。"因此，在二审案件辩护过程中，辩护律师需要仔细梳理一审判决认定的事实和证据，提炼出本案认定的关键事实、采信的关键证据、适用的关键法律法规，紧紧围绕原审认定事实、适用法律、量刑、审判程序等方面，审查一审判决是否存在重大错漏、重大错误。辩护律师只有论证一审判决确实存在重大错漏、重大错误，二审才有可能改判或者发回重审，辩护才能更有效果。

第二节
审查一审的判决实体

二审辩护过程中，辩护律师需要按照一审阶段辩护的思路，对全案进行审查判断，包括一审判决认定的事实是否存在、判决事实是否存疑，有无超越罪刑法定原则，一审判决确定的犯罪事实、情节、罪名、罪数、数额、责任主体等方面是否正确。无论是一审阶段还是二审阶段，这些都是辩护律师需要进行审查的常规项目。在大部分案件中，通过对这些常规项目的审查，就可以基本确定二审阶段的辩护观点和辩护策略。

一、事实是否清楚，证据是否充分

根据《刑事诉讼法》第200条的规定，案件事实清楚，证据确实、充分，依据法律认定被告人有罪的，应当作出有罪判决。可见，刑事诉讼的证明标准是"事实清楚，证据确实、充分"。对一审判决的实体审查，就是审查一审判决认定的事实是否清楚，一审判决认定事实所依据的证据是否确实、充分。

---

〔1〕 详见陈瑞华：《侦查案卷裁判主义——对中国刑事第二审程序的重新考察》，载《政法论坛》2007年第5期。

犯罪事实是否清楚与证据是否充分是相辅相成、缺一不可的。事实不清楚，则证据必然不充分；证据不充分，则事实必然不清楚。因此，辩护律师在梳理全案事实和证据之后，要提炼并审查本案的关键事实和关键证据是否真实、合法、客观。

（一）关键证据存在缺陷，则犯罪事实不清

犯罪事实的认定依赖于证据，关键犯罪事实的认定又依赖于关键证据。辩护律师在全面审查证据的基础上，应重点审查案件关键证据，如果关键证据存在重大缺陷或者重大错误，则一审判决认定的犯罪事实不清楚，一审判决实体就是错误的。

案例 10－1　李某涉嫌危险驾驶罪案

被告人李某酒后无证驾驶一辆无号牌两轮电动摩托车途经××建设北路与紫薇路交叉路口处，被执勤民警查获。经××司法鉴定中心检验，从送检的李某血液中检出乙醇成分，含量为 270.2mg/100ml。

本案认定李某是否构成危险驾驶罪的关键在于：涉案的电动自行车是不是机动车？如果是机动车，则构成危险驾驶罪。如果不是机动车，则不构成犯罪。

公安机关委托了广东某咨询服务有限公司出具《道路交通违法车辆技术检验报告（属性说明）》，该检验报告认为，“无号牌××电动车不符合 GB 17761－1999《电动自行车通用技术条件》，根据《中华人民共和国道路交通安全法》第一百一十九条规定，该车应按机动车进行管理；根据 GB 7258－2012《机动车运行安全技术条件》第 3.5.2.1 款对两轮轻便摩托车的定义，故该车为两轮轻便摩托车”。这份证据就是本案的关键证据。一审法院采信了这份关键证据，判决李某危险驾驶罪成立。

二审阶段的辩护律师审查发现，这份关键证据存在很大问题，关键证据不成立，不应当采信，原审认定的犯罪事实不清。

（1）鉴定机构缺乏法定资质。鉴定机构开展鉴定业务，都应当具备相应的资质，取得鉴定机构许可证，并在许可的范围内进行鉴定。根据公安部发布的《公安机关鉴定规则》第 3 条、第 4 条、第 18 条、第 25 条的规定，公安机关委托鉴定的鉴定机构，只能是根据《公安机关鉴定机构登记管理办法》，经公安机关登记管理部门核准登记，取得鉴定机构资格证书并开展鉴定工作的机构。鉴定机构也只能在公安机关登记管理部门核准的鉴定项目范围内受理鉴定事项。

该案中,鉴定机构广东某咨询服务有限公司不是法定的适格鉴定机构,既不在《广东法院司法委托入选专业机构》名单中,不在《广州中院司法委托入选专业机构名册》中,也不在《广东省国家司法鉴定人和司法鉴定机构名册》《国家司法鉴定人和司法鉴定机构名册》中,从未取得《司法鉴定许可证》。而且,该检验报告只附录了该公司的营业执照副本,没有附录该公司的任何鉴定资质证书。因此,该检验报告是由不具备鉴定资质的机构出具的鉴定意见,是不适格的鉴定意见。

(2)鉴定人员缺乏法定资质。检验报告显示检验人员是黄某某、张某,检验报告所附检验人员的资格证书是"汽车修理工"。鉴定人仅是广东某咨询服务有限公司的汽车修理工,并不具有车辆技术和类别鉴定的专业资格。根据司法部印发的《司法鉴定人登记管理办法》第3条的规定,司法鉴定人是指运用科学技术或者专门知识对诉讼涉及的专门性问题进行鉴别和判断并提出鉴定意见的人员。司法鉴定人应当具备相关专业技术资格,经省级司法行政机关审核登记,取得《司法鉴定人执业证》,按照登记的司法鉴定执业类别,从事司法鉴定业务。显然,检验人员黄某某、张某均未取得《司法鉴定人执业证书》,不是适格的司法鉴定人,无从谈起在执业范围内进行合法鉴定的问题。

(3)检验报告超出经营范围。该公司2016年对本案涉案车辆出具了该检验报告。辩护律师仔细研究该公司的经营范围和该检验报告后附的营业执照副本,结果发现,2016年,该公司营业执照副本所载经营范围是:"机动车保险咨询服务;一类机动车维修(大中型客车维修、大中型货车维修、小型车辆维修),一类摩托车维修;汽车保洁;销售:汽车和摩托车配件;汽车租赁;保险兼业代理:机动车辆险。"可见,该公司的经营范围只有保险咨询、车辆维修、车辆保洁、车辆销售、车辆配件、车辆租赁、保险代理、机动车险,完全没有机动车鉴定车辆属性检验鉴定的相关业务范围。

辩护律师进一步调查该公司的档案资料发现,该公司于2017年10月进行过一次工商登记变更,变更的就是它的经营范围。变更之后的经营范围是:"机动车保险咨询服务;一类机动车维修(大中型客车维修、大中型货车维修、小型车辆维修),一类摩托车维修;汽车保洁;销售:汽车和摩托车配件;汽车租赁;保险兼业代理:机动车辆险;车辆技术和类别鉴定。"这一对比就清晰明了了,该公司在2017年10月之前,经营范围中并没有"车辆技术和类别鉴定",2017年10月之后,才增加了"车辆技术和类别鉴定"这项经营范围。

抛开该公司是不是鉴定机构的争论，仅当其作为一个有限责任公司而言，该公司于2016年10月对涉案车辆进行车辆技术检验，作出车辆技术和类别鉴定，明显是超出了其经营范围开展的违法经营，违法经营作出的违法检验鉴定，不得作为定案证据使用。

(4)检验结论缺乏法律依据。该检验报告认为："对不符合《电动自行车通用技术条件》规定的四种条件之一的电力驱动车辆，均为超标电动自行车，应按机动车进行管理。"辩护律师细究发现，该结论是无效的，是超出鉴定机构的鉴定范围的，该结论没有任何法律法规或者行业标准作为依据。该检验报告是车辆类别鉴定，也就是说，只能就车辆是机动车、电动自行车、超标电动自行车发表意见，无权对超标电动自行车该如何管理，是否按照机动车管理发表意见。超标电动自行车该如何管理、是否应该按照机动车管理，是国家有关职能部门的权限，不是鉴定机构或某个公司的权限。当前法律法规中并没有规定超标电动自行车应该按照机动车管理；当前机动车管理部门等国家有关职能部门，也从未将超标电动自行车按照机动车进行管理。一个有限责任公司认为"超标电动自行车，应按机动车进行管理"，显然是于法无据的，也是无效的。

因此，辩护律师提出，在法律法规没有明确规定超标电动自行车按照机动车管理的情况下，不能扩大机动车的范围。广东某咨询服务有限公司出具的《道路交通违法车辆技术检验报告(属性说明)》，不能作为认定涉案超标电动自行车为机动车的依据。原审认定李某醉酒驾驶机动车所依据的关键证据存在重大缺陷，因此，李某危险驾驶罪的事实不清、证据不足。

在二审阶段，检察院坚持认为，广东某咨询服务有限公司作为公安部门的车辆技术检验鉴定服务项目中标单位，完全具备鉴定检验资质，出具的车辆类别检验报告的程序合法，是有效的。该检验报告显示，涉案车辆重量超标，是轻便电动摩托车，属于机动车的范畴；李某醉酒驾驶机动车，危险驾驶罪成立，应当追究李某的刑事责任，建议驳回上诉，维持原判。

后辩护意见被采纳，二审法院以"事实不清，证据不足"为由，将本案发回重审。[1]

(二)关键证据采信错误，则犯罪事实存疑

物证、书证、证人证言、被害人陈述、被告人供述和辩解、鉴定意见、侦查实

〔1〕 详见广东省广州市中级人民法院(2017)粤01刑终1999号刑事裁定书。

验笔录等证据，该如何审查认定，各种证据类型在什么情况下不能作为定案依据，《刑事诉讼法》及相关司法解释作了非常详细的规定。如果法律规定不得作为定案依据，但一审判决仍然采信，那就属于违法采信证据的情况，一审法院据此认定的犯罪事实就是存疑的，据此作出的判决，则亦属于事实不清、证据不足的情况。

案例 10－2　张某涉嫌组织、领导传销活动罪案

辩护律师在二审阅卷时发现了一张《××县人民法院出庭通知书》，这是××县人民法院发给××司法鉴定机构的出庭通知书，写着"……你单位作为本案鉴定机构，请派员准时出庭参加诉讼"。然而，一审的庭审笔录却显示，鉴定人从来没有出庭。一审判决书中，仍然将多份电子数据鉴定意见全部采纳，当作定案证据使用。

这很显然违反了刑事诉讼法规定，《刑事诉讼法》第 192 条第 3 款规定："公诉人、当事人或者辩护人、诉讼代理人对鉴定意见有异议，人民法院认为鉴定人有必要出庭的，鉴定人应当出庭作证。经人民法院通知，鉴定人拒不出庭作证的，鉴定意见不得作为定案的根据。"

可见，经人民法院通知，鉴定人拒不出庭作证的，涉案电子数据鉴定意见不得作为定案的根据，一审判决在证据采信上存在重大错误，违法采信了证据。于是，在二审庭审质证时，辩护律师特意指出这张一审法院出具的出庭通知，证明一审法院证据采信上存在重大错误，原审认定张某组织、领导传销活动，事实不清，证据不足。加上该案存在其他事实认定和证据的诸多问题，二审法院将本案发回重审。

二、犯罪情节是否准确

《刑法》第 61 条规定了量刑的一般原则："对于犯罪分子决定刑罚的时候，应当根据犯罪的事实、犯罪的性质、情节和对于社会的危害程度，依照本法的有关规定判处。"在对被告人进行定罪量刑时，不仅要查清被告人的犯罪事实，还要查清被告人的犯罪情节，例如，自首、立功、从犯、犯罪预备、犯罪中止、犯罪未遂、受雇用、在被追诉前主动交代、防卫过当、紧急避险、未满 18 周岁、已满 75 周岁等，这些犯罪情节直接影响到对被告人的定罪量刑。一审判决认定被告人的犯罪情节是否正确，是二审阶段辩护律师应当审查的重要事项。实际上，一审判决认定犯罪情节错误的情况也常有出现。

案例 10 -3 贺某涉嫌抢劫罪、非法拘禁罪案

本案一审判决罪名成立,没有认定自首、立功情节。辩护律师在二审阶段审查案卷材料时,发现了公安机关出具的一份《犯罪嫌疑人归案情况说明》,其中记载:2017 年×月×日上午 10 时许,我局工作人员××、××在×××酒店通过日常工作发现一名形迹可疑男子,经盘问该男子名叫贺某。经口头询问,该男子称在××区从事传销活动,后在该贺某的指认下,侦查人员在附近一栋居民楼四楼查获一个传销窝点,查获人员分别有犯罪嫌疑人×××、××等 12 人。

从这份归案情况说明可知,侦查人员在日常巡查过程中,发现了形迹可疑的男子贺某,就对贺某进行盘问,贺某被公安民警盘问之后,主动供述了其参与传销活动的案件事实,承认自己是传销人员,并带领民警找到了传销窝点,将传销窝点内的 12 名传销人员全部抓获归案。这种行为,显然与自首、立功的表现都非常匹配。

其一,贺某的行为符合自首的情形。根据《最高人民法院关于处理自首和立功若干具体问题的意见》的规定,"在司法机关未确定犯罪嫌疑人,尚在一般性排查询问时主动交代自己罪行的","罪行未被有关部门、司法机关发觉,仅因形迹可疑被盘问、教育后,主动交代了犯罪事实的",都应当视为自动投案。贺某在接受盘查询问之后,如实供述了自己参与传销的事实,还供述了传销窝点的情况,符合自首情形。

其二,贺某的行为符合立功情形。《最高人民法院关于处理自首和立功若干具体问题的意见》第 5 条规定:"犯罪分子具有下列行为之一,使司法机关抓获其他犯罪嫌疑人的,属于《解释》第五条规定的'协助司法机关抓捕其他犯罪嫌疑人':1. 按照司法机关的安排,以打电话、发信息等方式将其他犯罪嫌疑人(包括同案犯)约至指定地点的;2. 按照司法机关的安排,当场指认、辨认其他犯罪嫌疑人(包括同案犯)的;3. 带领侦查人员抓获其他犯罪嫌疑人(包括同案犯)的;4. 提供司法机关尚未掌握的其他案件犯罪嫌疑人的联络方式、藏匿地址的,等等。"可见,贺某提供了司法机关尚未掌握的其他同案犯的藏匿地址,按照司法机关的安排,带领侦查人员抓获其他同案犯,且当场指认、辨认其他同案犯,应当认定为"协助司法机关抓捕其他犯罪嫌疑人(包括同案犯)"。

因此，不论是自首还是立功，贺某的行为都应该至少有一个情节，然而，一审判决并没有认定自首情节，也没有认定立功情节，这有待商榷。

案例 10－4　袁某涉嫌集资诈骗罪案

本案一审认定被告人袁某以非法占有为目的，使用诈骗方法非法集资，数额特别巨大，其行为已经构成集资诈骗罪，判处有期徒刑10年6个月。同案人蔡某、郑某、苏某构成非法吸收公众存款罪。

辩护律师在二审阶段审查研究案卷材料后，发现在一审阶段，控辩审三方都从未发现、未提及袁某的立功情节，一审判决遗漏了认定袁某的立功情节这一重要事项。

袁某被公安机关抓获之后，按照公安机关的要求，逐一给他公司的下属蔡某、郑某、苏某打电话，要求他们到公安机关协助调查公司的情况、解释清楚全案经过。于是，蔡某、郑某、苏某全部到派出所协助调查，后均被刑事拘留。一审判决中也记载，“公安机关经群众举报及侦查后，于2016年×月×日抓获被告人袁某，其后便通知蔡某、郑某、苏某到案接受调查……上述证据相互印证，足以证实被告人蔡某、郑某、苏某具有自首情节”。

《最高人民法院关于处理自首和立功具体应用法律若干问题的解释》第5条规定：“犯罪分子到案后……协助司法机关抓捕其他犯罪嫌疑人（包括同案犯）；具有其他有利于国家和社会的突出表现的，应当认定为有立功表现。”

《最高人民法院关于处理自首和立功若干具体问题的意见》第5条中规定：“犯罪分子具有下列行为之一，使司法机关抓获其他犯罪嫌疑人的，属于《解释》第五条规定的‘协助司法机关抓捕其他犯罪嫌疑人’：1. 按照司法机关的安排，以打电话、发信息等方式将其他犯罪嫌疑人（包括同案犯）约至指定地点的；……”

很显然，袁某被抓获归案之后，配合公安机关，按照司法机关的安排，以打电话的方式，将其他犯罪嫌疑人蔡某、苏某、郑某约到指定地点（派出所）接受调查，属于“协助司法机关抓捕其他犯罪嫌疑人”的情形，应当认定为立功表现。

二审法院审查之后，采纳了辩护意见，直接认定袁某有立功情节，改判为有期徒刑7年。[1]

三、法律适用是否正确

在刑事诉讼中，法律适用是指具体法律事实查实之后，将之与相应法律、司法解释等法律规范条文进行对号入座，得出对被告人应当判处的具体刑罚的过程。一审法院根据确实、充分的证据，认定犯罪事实、犯罪情节之后的步骤，就是比对相应的法律规定，确定被告人的具体量刑。一审判决法律适用是否正确，也是辩护律师需要审查的。例如，刑期折抵问题、附加刑确定问题、涉案财物追缴和发还问题、法律变动导致的法律适用问题，等等。

（一）刑期折抵问题

被告人不论是被判处管制、拘役还是有期徒刑，在确定刑期期限时，都需要根据《刑法》的规定，折抵先行羁押的期限，包括被先行刑事拘留的期限，也包括因涉案行为被行政拘留的期限。如果没有折抵，则属于适用法律错误。例如，在李某涉嫌交通肇事案中，一审法院判决李某有期徒刑3年，但是李某因涉案行为已经被公安局行政拘留14日，一审判决没有对该时间进行折抵，属于法律适用错误。[2]

（二）附加刑确定问题

是否对被告人判处罚金、没收财产、驱逐出境等附加刑，都是要依照《刑法》明文规定予以确认的。在法律没有规定可以判处附加刑时，一审判决对被告人适用了附加刑，则属于法律适用错误。例如，在倪某等职务侵占案中，一审判决倪某犯职务侵占罪，判处有期徒刑3年，缓刑4年，并处没收财产人民币10万元。[3] 但是，《刑法》第271条规定："公司、企业或者其他单位的人员，利用职务上的便利，将本单位财物非法占为己有，数额较大的，处五年以下有期徒刑或者拘役；数额巨大的，处五年以上有期徒刑，可以并处没收财产。"本案一审判决对被告人判处5年以下有期徒刑，却判处没收财产，没有法律依据，属于适用法律错误。

---

[1] 详见广东省广州市中级人民法院（2018）粤01刑终1857号刑事判决书。

[2] 详见陕西省安康市中级人民法院（2018）陕09刑终128号刑事附带民事判决书。

[3] 详见上海市虹口区人民法院（2017）沪0109刑初1153号刑事判决书，上海市第二中级人民法院（2018）沪02刑终667号刑事判决书。

（三）数罪并罚的运用问题

在数罪并罚的情况下，对被告人该如何量刑，是“先并后减”还是“先减后并”的问题，司法实践中经常出现错误。判决宣告后发现漏罪的并罚，应当按照《刑法》第 70 条的规定：“判决宣告以后，刑罚执行完毕以前，发现被判刑的犯罪分子在判决宣告以前还有其他罪没有判决的，应当对新发现的罪作出判决，把前后两个判决所判处的刑罚，依照本法第六十九条的规定，决定执行的刑罚。已经执行的刑期，应当计算在新判决决定的刑期以内。”即按“先并后减”来处理。判决宣告后又犯新罪的并罚，应当按照《刑法》第 71 条的规定：“判决宣告以后，刑罚执行完毕以前，被判刑的犯罪分子又犯罪的，应当对新犯的罪作出判决，把前罪没有执行的刑罚和后罪所判处的刑罚，依照本法第六十九条的规定，决定执行的刑罚。”即按“先减后并”来处理。

司法实践中经常出现数罪并罚运用错误的问题，以陈某涉嫌盗窃罪案为例。

案例 10－5　陈某涉嫌盗窃罪案

陈某因盗窃罪被判处有期徒刑 1 年 4 个月。在服刑期间被发现有未处理的盗窃事实，于是刑满释放当日，公安机关又将陈某刑事拘留。一审法院就新发现的盗窃事实进行审理，作出一审判决，判决陈某有期徒刑 7 个月。该判决没有认定陈某的盗窃行为系漏罪，没有实行数罪并罚，属于法律适用错误，实际上加重了对被告人的处罚。后二审法院改判陈某犯盗窃罪，判处有期徒刑 7 个月；连同前罪判决有期徒刑 1 年 4 个月，决定执行有期徒刑 1 年 10 个月 15 天。因此，改判之后，扣除已经执行完毕的 1 年 4 个月，陈某只需再服刑 6 个月 15 天即可。[1]

（四）法律变动导致的法律适用问题

《刑法》及司法解释的不断修改变动，会导致对相关罪名定罪量刑标准的变化。如涉案罪名的相关法律规定发生变动时，辩护律师在审查一审判决法律适用时，需要特别审查新旧法律变动导致的法律适用问题。

例如，拒不执行判决、裁定罪。2011 年《刑法》第 313 条规定：“对人民法院

〔1〕 详见上海市第二中级人民法院（2015）沪二中刑终字第 1450 号刑事判决书。

的判决、裁定有能力执行而拒不执行，情节严重的，处三年以下有期徒刑、拘役或者罚金。”根据该规定，只有自然人是该罪犯罪主体，单位不属于该罪的犯罪主体。然而，2015 年颁布的《刑法修正案（九）》对该条文作出了修改，修改为“对人民法院的判决、裁定有能力执行而拒不执行，情节严重的，处三年以下有期徒刑、拘役或者罚金；情节特别严重的，处三年以上七年以下有期徒刑，并处罚金。单位犯前款罪的，对单位判处罚金，并对其直接负责的主管人员和其他直接责任人员，依照前款的规定处罚”。

对比发现，《刑法修正案（九）》才规定了拒不执行判决、裁定罪的单位犯罪。如在××房地产公司涉嫌拒不执行判决、裁定罪案中，一审法院判决××公司犯拒不执行判决、裁定罪，判处罚金人民币 20 万元。但是，《刑法》第 313 条规定的单位犯拒不执行判决、裁定罪是《刑法修正案（九）》新增的单位犯罪，该修正案自 2015 年 11 月 1 日起施行。本案证据不能证实××公司拒不执行裁定的行为是发生在 2015 年 11 月 1 日之后，根据“从旧兼从轻”的原则，××公司的行为不构成犯罪，原审适用法律错误。[1]

又如，行贿罪。根据 2011 年《刑法》第 390 条的规定，“对犯行贿罪的，处五年以下有期徒刑或者拘役”，该罪并没有规定罚金刑。2015 年的《刑法修正案（九）》才对行贿罪增加了“并处罚金”的规定，“对犯行贿罪的，处五年以下有期徒刑或者拘役，并处罚金”。在唐某涉嫌行贿罪案中，2016 年 3 月法院作出一审判决，判决唐某犯行贿罪，判处有期徒刑 8 个月，并处罚金 20 万元。而根据“从旧兼从轻”的原则，本案应当适用旧法，不能对行贿罪判处罚金，该一审判决适用法律错误。[2]

第三节
审查一审的诉讼程序

刑事审判不仅要求实体结果公正，还要求程序公正。即使一审判决认定事实清楚、证据确实充分，犯罪情节认定正确，适用法律也正确，但诉讼程序违反法律规定，则也属于有瑕疵甚至错误的判决。根据《刑事诉讼法》第 238 条的

---

〔1〕 详见重庆市第一中级人民法院（2017）渝 01 刑终 439 号刑事判决书。
〔2〕 详见云南省昭通市中级人民法院（2016）云 06 刑终 164 号刑事判决书。

规定,一审诉讼程序违反法律规定的情形,主要有五种:"(一)违反本法有关公开审判的规定的;(二)违反回避制度的;(三)剥夺或者限制了当事人的法定诉讼权利,可能影响公正审判的;(四)审判组织的组成不合法的;(五)其他违反法律规定的诉讼程序,可能影响公正审判的。"对一审判决的审查,辩护律师也需要审查一审的诉讼程序,如果诉讼程序违反法律规定,影响公正审判的,则应当撤销原判,发回重审。

一、是否违反公开审判的规定

《刑事诉讼法》第 187 条第 3 款规定:"人民法院确定开庭日期后,应当将开庭的时间、地点通知人民检察院,传唤当事人,通知辩护人、诉讼代理人、证人、鉴定人和翻译人员,传票和通知书至迟在开庭三日以前送达。公开审判的案件,应当在开庭三日以前先期公布案由、被告人姓名、开庭时间和地点。"违反公开审判的规定将很可能导致一审判决被撤销,发回重审。例如,在王某涉嫌敲诈勒索罪案中,一审法院确定开庭日期后,未在开庭 3 日前公告和送达出庭通知书,违反了公开审判的规定,二审法院裁定撤销原判、发回重审。[1]

二、是否违反回避的相关规定

《刑事诉讼法》第 29 条规定:"审判人员、检察人员、侦查人员有下列情形之一的,应当自行回避,当事人及其法定代理人也有权要求他们回避:(一)是本案的当事人或者是当事人的近亲属的;(二)本人或者他的近亲属和本案有利害关系的;(三)担任过本案的证人、鉴定人、辩护人、诉讼代理人的;(四)与本案当事人有其他关系,可能影响公正处理案件的。"

法院违反回避规定的情况也偶有发生。最典型的案例是王成忠案中,王成忠系吉林省辽源市中级人民法院民三庭法官,因涉嫌民事枉法裁判罪而被提起公诉。辽源市西安区人民法院对其作出 3 年有期徒刑的有罪判决。该案的管辖问题存在很大争议。在辽源市中级人民法院进行二审时,被告人及辩护律师提出王成忠是辽源市中级人民法院的民庭法官,与本案合议庭的法官、审委会成员都是同事关系,会影响公正审判,提出辽源市中级人民法院的法官应当

〔1〕 详见黑龙江省双鸭山市中级人民法院(2016)黑 05 刑终 2 号刑事裁定书。

"整体回避"。辽源市中级人民法院驳回了该申请，并上报吉林省高级人民法院对本案进行指定管辖，吉林省高院指定吉林省通化市中级人民法院对本案二审进行管辖。[1]

三、是否剥夺或限制法定权利

刑事诉讼过程应当严格依照《刑事诉讼法》及司法解释规定的程序，充分保障诉讼当事人的各项法定诉讼权利，存在剥夺或者限制当事人法定诉讼权利的情形时，都将导致判决存在瑕疵甚至缺陷。例如，一审判决没有保障被告人的最后陈述权，则属于剥夺或限制当事人法定诉讼权利的情形。[2] 又如，由于鉴定机构对于涉及刑事责任的伤情鉴定只受理公安机关、检察院、法院的委托，对公民个人委托的伤情鉴定并不受理，当事人在诉讼过程中向法院提出的合理鉴定申请，法院没有予以支持，也属于限制当事人法定诉讼权利的情况。[3] 再如，一审判决书中对被告人的辩解及辩护律师的辩护意见，既没有载明，也没有在判决说理部分对辩解和辩护意见进行评析，也可能被认定属于剥夺或者限制当事人法定诉讼权利的情形。[4]

四、审判组织的组成是否合法

《刑事诉讼法》第183条第1款规定："基层人民法院、中级人民法院审判第一审案件，应当由审判员三人或者由审判员和人民陪审员共三人或者七人组成合议庭进行，但是基层人民法院适用简易程序、速裁程序的案件可以由审判员一人独任审判。"简易程序和速裁程序都要求事实清楚，被告人承认自己所犯罪行，对指控的犯罪事实没有异议。如果存在被告人作无罪辩护等情形，则不能适用独任审判，不能适用简易程序或速裁程序。例如，在张某涉嫌玩忽职守罪案中，一审法院违反法律规定，采用独任审判员审理案件，导致审判组织的组成不合法。二审出庭检察员提出应当撤销原判，发回重审的意见。最终二审

---

[1] 详见单子洪：《刑事二审指定管辖问题研究——以吉林省辽源市中院"整体回避案"为切入》，载《西部法学评论》2019年第3期。

[2] 例如，浙江省绍兴市中级人民法院(2016)浙06刑终805号刑事裁定书。

[3] 例如，内蒙古自治区呼伦贝尔市中级人民法院(2016)内07刑终6号刑事附带民事裁定书。

[4] 例如，湖南省邵阳市中级人民法院(2017)湘05刑终423号刑事裁定书。

裁定撤销原判、发回重审。[1]

五、证据是否都经过庭审质证

《刑事诉讼法解释》第220条第2款规定:“对公诉人、当事人及其法定代理人、辩护人、诉讼代理人补充的和法庭庭外调查核实取得的证据,应当经过当庭质证才能作为定案的根据。但是,经庭外征求意见,控辩双方没有异议的除外。”因此,辩护律师审查一审判决时,也要审查一审判决所采信的证据,是否都经过了庭审举证质证程序。如果有部分证据没有进行当庭举证、质证,则属于违反诉讼程序的情形。如果该违反诉讼程序的情形可能影响公正审判,则应当撤销原判,发回重审。

案例10-6　毛某涉嫌贩卖毒品罪案

一审判决书有一段证据令辩护律师非常诧异。判决书认为,“关于银行存款,被告人×××在庭审时供称其与其丈夫的财产是分开的,自己管自己的,其丈夫×××来法院做笔录也称基本都是分开的,故被告人×××名下的银行存款可以认定为其个人财产;其丈夫×××名下的银行存款为其个人财产,予以发还,冻结的予以解冻”。

然而,被告人的丈夫×××在法院做的笔录从未在庭审中被出示过,辩护律师也从未被告知有该份证据存在,这份证据明显是庭审结束之后,法院通知被告人的丈夫×××到法院做的笔录。而法庭在庭外调查获得的证据,也是必须经过当庭质证才能作为定案依据的,除非法院征求了控辩双方的意见,控辩双方都没有异议。所以,这份证据不管是在庭前还是庭后做的,如果没有经过举证质证,是不能直接在判决书中作为裁判的依据的。

案例10-7　吴某涉嫌运输毒品罪案

吴某因运输毒品被公安机关抓获归案,吴某在开庭后提交了一份《检举信》,但该《检举信》弄巧成拙,成为坐实吴某运输毒品罪的重要罪证。法院将该《检举信》作为重要罪证予以认定。判决认为,“庭审后,吴某提交《检举信》……称吴某亲自将购毒资金交给卖家××,从××处拿毒品并运送到广州准备交给买家××,行为积极、主动……”可见,法院将被告人庭后提交的《检

---

〔1〕详见广东省惠州市中级人民法院(2017)粤13刑终497号刑事裁定书。

举信》作为认定其行为积极、主动购买并运输毒品的关键证据，却未再次开庭质证就采信，是不妥当的。[1]

《刑事诉讼法》第198条第1款规定："法庭审理过程中，对定罪、量刑有关的事实、证据都应当进行调查、辩论。"《刑事诉讼法解释》第63条规定："证据未经当庭出示、辨认、质证等法庭调查程序查证属实，不得作为定案的根据，但法律和本解释另有规定的除外。"因此，法院未再次开庭对《检举信》内容进行查证、听取控辩双方的意见，未经质证，就直接将其作为判决的重要依据，违反了刑事诉讼法规定的法定程序。

案例10－8　侯某等涉嫌贩卖毒品罪案

重审二审法院认为，重审一审法院未严格按照一审程序的规定对全部证据进行当庭举证、质证，违反了法律规定的诉讼程序，可能影响公正审判，法院裁定撤销原判，发回重审。[2] 可见，即使是重审一审，也应当按照第一审程序，将全部证据当庭举证、质证，否则属于违反诉讼程序的情况。

六、判决是否超出指控的范围

法院是居中裁判的角色，奉行"不告不理"的原则，不能随意变更检察院起诉的事实和范围，如果一审法院就检察院未起诉的事实和罪名进行判决，则是违反诉讼程序的，该判决应当被撤销，发回重审。如果法院在审判期间发现了被告人的新犯罪事实，应当依照《刑事诉讼法解释》第243条"审判期间，人民法院发现新的事实，可能影响定罪的，可以建议人民检察院补充或者变更起诉；人民检察院不同意或者在七日内未回复意见的，人民法院应当就起诉指控的犯罪事实，依照本解释第二百四十一条的规定作出判决、裁定"来处理。

案例10－9　奥某、恺某等涉嫌制造毒品罪案

本案有一单制造毒品的事实，涉及12,000多克的毒品数量认定问题。公诉人认为，被告人奥某、恺某在来到中国之前，这些毒品已经制造出来，奥某、恺某来到之后，只是对这些毒品进行了提纯加工，因此，奥某、恺某无须为他们所实施的加工提纯行为承担制造毒品的刑事责任，提纯后得到的12,000多克毒

---

〔1〕 辩护律师介入该案死刑复核阶段，发现二审法院采信证据错误，对二审辩护有参考意义。
〔2〕 详见山东省菏泽市中级人民法院（2017）鲁17刑终465号刑事裁定书。

品不应计入他们实施毒品犯罪的数量中。

然而,法院认为,这12,000多克毒品也应当计入奥某、恺某的毒品犯罪数量中,奥某、恺某也应当承担制造毒品罪的刑事责任。主要理由认为:制造毒品是一个延续的、统一的过程,在××等人的同一犯罪故意下,先后组织多批次人员,在相对固定的场所,由相对固定的人员实施制毒活动,所涉制毒工作包括工厂选址、工场装修、设备原料购买、原料混合反应、蒸馏干燥、加热冷却、结晶提纯、毒品包装、毒品运输等一系列相辅相成、相互衔接的工序,奥某、恺某所实施的加工、提纯行为发生在毒品制造过程中,是毒品制造流程的一道环节、工序,直接产生了去除杂质、提高纯度的效果,与其他制毒环节紧密相连,应整体评价为制造毒品的行为。根据有利于被告人的原则,对该批毒品数量的认定,应以加工提纯后的12,000多克为基准。因此,奥某、恺某加工提纯得到的冰毒12,000多克应当计入其二人实施毒品犯罪的数量。公诉机关所提上述意见,理据不足,本院不予支持。

法院是居中裁判的,遵循不告不理、不控不判的原则。在检察院没有指控被告人制造冰毒12,000多克的情况下,法院超出检察院指控的数量判决,是否妥当值得商榷。在检察院认为提纯后得到的12,000多克毒品不应计入他们实施毒品犯罪的数量中,辩护人也没有就该12,000多克冰毒是否该由被告人承担制造毒品罪刑事责任进行辩护的情况下,法院直接判决认定被告人应当对这12,000多克冰毒承担刑事责任,是不妥当的。

第十一章
CHAPTER 11

刑辩律师的执业风险及防范

第一节
防范执业风险的思路

刑辩律师执业风险产生的原因多种多样，部分原因是刑辩律师知法犯法，部分原因是刑辩律师对法律风险点不清楚、对相关法律规定理解不到位，还有部分原因则是刑辩律师难以控制的原因，例如，刻板的审判证据标准、控辩关系失衡等。因此，有的执业风险能防范，有的则防不胜防。尽管如此，刑辩律师仍然要全方位细致地防范执业风险，保护执业生命。刑辩律师防范执业风险，要充分熟悉执业的风险点，坚守风险底线，还要尽量做好防范措施，平衡风险防范和客户关系。

一、熟悉执业风险

刑辩律师防范风险，首先需要熟悉风险点，包括律师费收费风险、会见风险、取证风险、案卷保管风险、庭审发言风险，以及妨害作证罪、包庇罪、毁灭伪造证据罪等犯罪风险。每一个风险点都可能影响甚至终结刑辩律师的职业生命，刑辩律师应当对这些风险点及相关法律法规研究透彻，逐渐具备强烈、敏锐的风险意识。

比如，关于刑辩律师取证的风险，刑辩律师需要研究透彻《刑事诉讼法》第43条规定的关于辩护人取证的程序规定："辩护律师经证人或者其他有关单位和个人同意，可以向他们收集与本案有关的材料，也可以申请人民检察院、人民法院收集、调取证据，或者申请人民法院通知证人出庭作证。辩护律师经人民检察院或者人民法院许可，并且经被害人或者其近亲属、被害人提供的证人同意，可以向他们收集与本案有关的材料。”可见，辩护律师如果向被害人、被害人的亲属、被害人提供的证人取证，则要特别注意取证的程序。在司法实践中，辩护律师违规对被害人取证是认定他妨害作证罪的重要理由。例如，在李某涉嫌妨害作证罪案中，法院认定李某构成犯罪的重要理由就是，李某违法违规对被害人取证。[1]

二、坚守风险底线

刑辩律师执业风险几乎无处不在，既要尽量了解风险点，又要牢牢记住风险点。有些风险是刑辩律师难以把控的，但大部分风险都是刑辩律师僭越法律底线导致的，是可以把控的。刑辩律师坚守风险底线，就可以防范大部分执业风险。

以辩护律师会见风险为例。辩护律师到看守所会见犯罪嫌疑人、被告人，要遵守会见的基本要求。家属往往会要求将信件、物品带入看守所交给犯罪嫌疑人、被告人，犯罪嫌疑人、被告人也往往会要求辩护律师帮忙携带信件出来交给家属。此时，辩护律师要尽量拒绝，因为传递信件后，辩护律师就很难控制事态发展。传递信件给辩护律师带来的行政处罚甚至刑事犯罪风险是比较大的。辩护律师可以在犯罪嫌疑人、被告人和家属之间传达问候，或者沟通与案件相关事项，但不能帮助他们相互传递信件、通信设备甚至药品等物品。尤其是传递立功线索、伪造立功材料、传达包庇信息等，这是辩护律师不能触碰的底线，一旦触碰就很可能锒铛入狱，断送自由和职业生命。

除了坚守违法违规行为的底线之外，辩护律师也需要坚守为犯罪嫌疑人、被告人及其家属着想的底线。辩护律师无论内心有多么同情犯罪嫌疑人、被告人及其家属，为他们着想，也得坚守底线。部分辩护律师对案件太过于热心、无底线地为犯罪嫌疑人、被告人及其家属着想，也可能引发执业风险。

案例 11－1　江某涉嫌故意杀人罪案

本案一审判决江某死刑。江某心灰意冷、自暴自弃，上诉期临近结束，仍然

---

〔1〕 详见广东省高级人民法院（2016）粤刑申 276 号驳回申诉通知书。

坚持不上诉。但江某的家属强烈要求江某上诉,寻求一丝生存希望。江某的家属苦苦哀求辩护律师,希望能够说服江某上诉,如不能说服,恳求辩护律师帮忙先递交上诉状。辩护律师对江某和他的家属非常同情,于是在上诉期最后一天,签名帮助江某提交了上诉状。

然而,辩护律师的好心并没有得到好报,毕竟这是违规之举。《刑事诉讼法》第227条规定:“被告人、自诉人和他们的法定代理人,不服地方各级人民法院第一审的判决、裁定,有权用书状或者口头向上一级人民法院上诉。被告人的辩护人和近亲属,经被告人同意,可以提出上诉。”二审阶段,江某和他的家属以及二审辩护律师,以各种“阴谋论”投诉一审辩护律师,一审辩护律师的违规签上诉状、违规交上诉状的行为,则成为被投诉的重要理由之一。后该一审辩护律师被主管部门谈话提醒。

三、做好防范措施

对于执业过程中的法律风险,辩护律师应当通过不断总结研究提高风险识别能力。准确识别执业风险的风险点和可能性之后,坚守底线,不做触碰法律风险的事情。但这还不够,还需要进一步做好相应的防范措施,尽量规避可能发生的执业风险。例如,辩护律师与犯罪嫌疑人、被告人及其家属的谈话要做好风险防范措施,不论是内容上还是形式上,要预防犯罪嫌疑人、被告人及其家属迫于压力的不利控告,尽量提高辩护律师的安全系数。

其一,在内容上,要尽量合法合规。辩护律师为犯罪嫌疑人、被告人及其家属提供的法律意见,要符合法律规定,不能有教唆逃跑,教唆毁灭、伪造证据等违法犯罪的内容。例如,在某涉嫌走私普通货物罪案中,犯罪嫌疑人、被告人迫于压力,向办案机关供述称,“我的律师×××来会见我,我告诉他这些事情,他告诉我什么也不要说,什么也不要承认,办案机关没有证据那我也没有办法,我听了就更加不敢讲了”。该犯罪嫌疑人的胡乱攀咬污蔑,虽然是孤证,却也给辩护律师带来不小困扰。

其二,在形式上,要尽量做好防范措施,采取“多对一”的模式,因为有时辩护律师提供的法律意见完全没问题,但在特殊情况下,犯罪嫌疑人、被告人及其家属都有可能“出卖”“污蔑”律师。在犯罪嫌疑人、被告人及其家属接受办案机关调查,甚至被采取强制措施时,迫于压力,很可能会说律师“教唆”他们不认罪、作伪证、串供或销毁证据。此时，就算辩护律师确实没有“教唆”，也可能面临涉嫌伪证、妨害作证、毁灭证据等控告，甚至被采取强制措施，有口难辩。在当前证据规则下，犯罪嫌疑人、被告人及其家属都声称辩护律师“教唆”他们，而辩护律师只有自己否认，辩护律师的风险陡然增加。

四、平衡风险防范与客户关系

在执业过程中，辩护律师既要坚守底线，防范执业风险，也要妥善处理和客户的关系，这就需要在两者之间找到平衡的处理方式。既防范风险，又要尽量有原则地满足客户需求。比如，犯罪嫌疑人、被告人的家属要求查看案卷材料，辩护律师不能直接将案卷材料给犯罪嫌疑人、被告人的家属，但可以向他们讲述案件情况，他们有权了解案件的相关情况，也迫切想要了解案件情况。如此，辩护律师既满足了家属要求了解案件情况的期望，也符合法律规定和人之常情。又如，若犯罪嫌疑人、被告人本人想要获得案卷材料，辩护律师不宜将案卷材料直接复制给犯罪嫌疑人、被告人本人，以免产生法律争议和由此引发风险。但是，辩护律师可以尝试协助犯罪嫌疑人、被告人向检察院、法院申请阅卷，由犯罪嫌疑人、被告人本人到检察院、法院复制案卷材料。如此，既满足犯罪嫌疑人、被告人的需求，又符合法律规定，避免风险。

第二节
执业风险点及其防范

辩护律师防范风险，首先需要熟悉风险点，不仅包括在案件咨询洽谈、费用收取、会见、案卷保管、调取证据、提交证据、策略决策、出庭辩护等各个办案环节中的风险点，还包括行政处罚风险和刑事犯罪风险。行政处罚风险主要出现在收费违规、会见违规、庭审违规等方面，刑事风险则主要体现在辩护人毁灭证据、伪造证据、妨害作证罪和包庇罪等刑事犯罪方面。《刑法》第 306 条的存在好似悬在辩护律师头上的“达摩克利斯之剑”，直接威胁到辩护律师的人身自由和执业安全。[1] 刑事风险对辩护律师来说是最致命的，不仅让辩护律师直

---

〔1〕 张中：《论侦查阶段的有效辩护》，载《当代法学》2017 年第 6 期。

面职业生命被提前终结的风险，甚至还直面失去自由的风险。

在案件咨询洽谈、费用收取、会见、案卷保管、调取证据、提交证据、策略决策、出庭辩护等各个办案环节中的风险点，是每一位辩护律师随时可能遇到的“炸弹”，每一个风险点都可能给辩护律师带来行政处罚的风险，甚至刑事犯罪风险。辩护律师应当对这些风险点及相关法律法规研究透彻，形成强烈、敏锐的风险意识。“风险意识应当深入律师的骨髓里，成为律师的下意识反映，也应当和法律素养一样成为律师的一个基本职业素养。律师具备了这样的意识，才能称得上一个合格的法律人。”[1]厘清这些风险点后，辩护律师需要根据办案经验，总结风险防范的具体措施，将风险意识和防范措施贯彻到办案的每一个环节中。

一、咨询洽谈风险

辩护律师与犯罪嫌疑人、被告人及其家属咨询洽谈案件提供法律分析意见时，不能提供逃匿、毁灭证据、伪造证据等违法犯罪的法律意见或建议，毕竟，情急之下的犯罪嫌疑人、被告人和家属，可能做的事情是辩护律师远远无法想象的。例如，在黄某涉嫌单位行贿罪案中，黄某及其家属找到律师洽谈委托事宜。律师在咨询时随口说了一下“出去避避风头好一些”。结果，黄某就辞职避风头，在外躲了几年，没有继续委托律师为其辩护，办案机关也没有继续调查该行贿事件，黄某渡过了难关，但这却给律师带来了极大的风险。原来，黄某对谈话过程录了音，几年后拿着录音向公司索要离职补偿款，并向那位好心的律师索要钱财。

辩护律师在接受犯罪嫌疑人、被告人及其家属咨询洽谈案件时，要特别防范此类风险，应当尽量只提供法律分析意见，让犯罪嫌疑人、被告人及其家属自己决策。具体来说，辩护律师对犯罪嫌疑人、被告人及其家属的咨询，可以提出下列几个方面的分析意见：

（一）评价辩解是否合理

面对刑事指控，犯罪嫌疑人、被告人及其家属都会想尽办法为他们的行为进行辩解，寻找各种合理的解释和理由。辩护律师可以听取他们的辩解之后，

---

〔1〕 门金玲主编：《刑事辩护操作指引》，法律出版社 2015 年版，第 68 页。

利用诉讼经验,对他们的辩解进行评价,评价他们的辩解在刑事诉讼中是否站得住脚,从法律上评判辩解是否成立等。这是正当的法律服务,也是当事人需要的重要法律帮助。

(二)分析罪名证据标准

辩护律师可以为犯罪嫌疑人、被告人及其家属分析涉案罪名在司法实践中是如何认定的、定罪量刑的标准如何、证据标准如何等。例如,在冯某涉嫌职务犯罪案件中,辩护律师在咨询洽谈时,可以就当事人可能涉及的受贿罪、巨额财产来源不明罪、滥用职权罪等罪名,向当事人及其家属分析讲解这些罪名的定罪量刑标准、定罪量刑的证据要求等。还可以结合本案实际情况,向当事人及其家属分析,纪检部门调查的这些事情,被认定为犯罪事实需要哪些证据材料。如涉嫌受贿事实的认定问题,纪检部门调查到冯某和×××的资金往来,显示冯某与××××年××月××日收取×××的转账30万元。那么,该笔款项要认定为受贿款,就需要有冯某的供述、行贿人×××的供述以及双方因为该钱款进行的业务往来或者冯某为×××提供便利的证据材料来作证,受贿罪才具备基本的证据链条。

(三)分析罪名辩护方向

在提供法律分析的过程中,辩护律师不能提供该如何辩解的方法或说辞。但可以给犯罪嫌疑人、被告人及其家属提供法律分析,分析此类罪名一般都有哪些方面的辩护思路,给他们分享一些辩护经验。

案例11-2　冯某涉嫌巨额财产来源不明罪案

对于冯某涉嫌巨额财产来源不明罪的事实认定问题,纪检部门调取了冯某的银行流水,对比发现除了单位发放的工资待遇之外,这十年来,冯某账户累计多出了100多万元,都是现金存入的资金,可能涉及巨额财产来源不明罪。

辩护律师为冯某分析该罪名一般可以有哪些辩护思路。其一,部分案件可重点审查涉案当事人名下的财产,是否为当事人本人的财产。当事人的财产与父母、兄弟姐妹的财产可能存在混同的情况,也可能存在将银行卡借给朋友使用的情况,如果存在这些情况,则可在一定程度上证明当事人名下的财产并不是当事人自己的财产。其二,案件当事人重点解释涉案财产的来源。即使当事人名下财产都确实属于当事人所有,那么这些收入是否有正当来源,当事人需要给出合理解释，如果解释合理，则不属于“巨额财产来源不明”的情况。

（四）提供辩护知识和经验

《刑事诉讼法》中规定的犯罪嫌疑人、被告人的权利和义务、刑事诉讼的基本流程、职务犯罪案件的办案流程、留置的相关法律规定、刑事诉讼的证据标准和举证责任等相关刑事诉讼法律知识，对犯罪嫌疑人、被告人及其家属是非常受用的。另外，犯罪嫌疑人、被告人本人的笔录对定罪量刑的重要性等刑事辩护经验，他们也是非常需要。这些都需要专业的刑事律师为犯罪嫌疑人、被告人科普，他们才能心中有数，不慌不乱，才能有效维护自己的合法权利。

二、费用收取风险

刑事案件收费违规之处主要体现在私自收费和风险收费。根据《律师执业管理办法》第 44 条的规定，律师承办业务，应当按照规定由律师事务所向委托人统一收取律师费和有关办案费用，不得私自收费，不得接受委托人的财物或者其他利益。根据《广东省物价局、司法厅律师服务收费管理实施办法》（粤价〔2006〕298 号）第 12 条的规定，禁止刑事诉讼案件、行政诉讼案件、国家赔偿案件以及群体性诉讼案件实行风险代理收费。第 17 条规定，律师服务费和办案费由律师事务所统一收取。律师个人不得向委托人收取任何费用。

刑事案件的私自收费和风险收费都是违规的。绕开律师事务所收取费用的就属于私自收费，律师费收费与办案结果直接挂钩的就属于风险收费。例如，辩护律师与委托人在委托合同中约定：“××自合同签订之日起三日内一次性支付律师费 2 万元，另特别约定××律师事务所一次性收取××万元办案费用，如被告最终被法院判处有期徒刑或者拘役并实际执行刑期的，则应退回全部办案费用，但判决之日起被告剩余执行刑期的时间与判决刑期少于一个月时间的、被判处缓刑或无罪释放的，则视为委托事项已完成，办案费用不予退回。被告在诉讼过程中需办理取保候审或检察院作出不予起诉决定的，则由双方另行商定办案费用。”该收费方式，就是典型的与办案结果挂钩的风险收费，风险收费是违规的，将遭受主管部门的行政处罚。

案例 11-3 广东某律师事务所律师郑某违规收费案

郑某与委托人赵某签订《委托代理协议》，约定赵某委托广东某律师事务所指派郑某律师担任其儿子马某涉嫌介绍卖淫罪案的辩护人，委托期限至侦查终结,律师费为1.5万元。后双方签订《委托代理补充协议》,约定除1.5万元律师费之外,赵某另向广东某律师事务所缴纳律师费3.5万元,条件是郑某律师确保马某的最终量刑在1年以下,委托期限至一审审理终结之日。后司法局对郑某作出停止执业4个月的行政处罚。[1]

辩护律师应当尽量规避私自收费和风险收费引发的执业风险。律师费应当如实入账,向委托人如实出具发票,遵守刑事案件不得私自收费的规定。至于风险收费,辩护律师可以尽量采取按小时收费的方式。例如,为刑事被害人维权控告案件的收费,不少律师会确定选择按照追回赃款的一定比例收取律师费的收费方案。其实,这就有可能会被认定为风险收费了。[2] 若完全按小时收费,则不存在风险收费的风险。例如,约定按每小时××××元收取律师费,协助报案费用最高不超过××万元,进入诉讼程序后协助参与诉讼程序费用最高不超过××万元。如此则可避免被认定为风险收费。

三、律师会见风险

辩护律师很大部分的工作时间都是去看守所会见犯罪嫌疑人、被告人。对辩护律师的执业风险而言,看守所是最安全的地方也是最危险的地方。最安全是因为律师会见不受监听,最危险则是因为不少律师以为最安全而降低了防范风险的警惕性,作出违法违规的行为,轻则面临行政处罚,重则面临刑事处罚。

(一)会见违规遭受行政处罚

如《广东省实施〈中华人民共和国律师法〉办法》第50条规定:"律师会见在押的犯罪嫌疑人、被告人时,应当遵守法律、法规和监管场所的规定,不得有下列行为:(一)违反有关规定,携带犯罪嫌疑人、被告人的近亲属或者其他利害关系人;(二)违反有关规定传递物品、文件,或者将通讯工具提供给在押的犯罪嫌疑人、被告人使用。"在司法实践中,私自传递信件、物品是刑事律师最常发生的会见违规问题。

案例11-4 某律师在中山市看守所会见犯罪嫌疑人吴某时,将烟纸两捆、打火机3个、U盘1个、烟丝2包、信封2封交给嫌疑人。中山市司法局认

[1] 详见深圳市司法局深司罚决字(2019)2号行政处罚决定书。
[2] 当然,这是否确定属于风险收费,可能还存在一定的争议空间。

定,该律师的行为属于"违反有关规定传递物品、文件,或者将通讯工具提供给在押的犯罪嫌疑人、被告人使用",已经构成违法,故作出警告并处5000元罚款的行政处罚。[1] 又如,律师邢某在看守所会见邹某的丈夫胡某时,邹某将一封家信交给邢律师代为转交给胡某阅览,并一再表示只是一般家信,没有特别之处。邢律师接受了邹某的要求,在会见过程中,邢律师将该家信透过纱窗展示给犯罪嫌疑人看,被值班民警当场发现,事后得知,该封家信内容涉及所办案件情况,因此,邢律师被处以训诫的行业处分。[2]

(二)会见违规遭受刑事处罚

律师会见的刑事违规情况主要体现在通过会见帮助犯罪嫌疑人、被告人或其他涉案人员串供、帮助毁灭证据、帮助伪造立功材料等。家属常常想尽办法为犯罪嫌疑人、被告人创造立功情节、毁灭或伪造相关证据,或者与有关人员串供、传递信息包庇其他责任人员等,但由于犯罪嫌疑人、被告人被羁押,家属只能要求辩护律师通过会见提供协助。如果辩护律师接受了这样的协助请求,一旦违规事项东窗事发,辩护律师也将会锒铛入狱。

1. 伪造立功材料。在司法实践中经常出现家属想尽办法让辩护律师协助为犯罪嫌疑人、被告人伪造立功材料、创造立功情节的情况。这条红线一旦触碰,辩护律师的犯罪风险就出现了。

案例11-5 孔某某涉嫌伪造证据罪案

孔某某律师接受委托,担任郑某的辩护律师,为了让郑某有立功情节,孔某某打电话联系公安民警,称其是律师,受郑某的委托向办案机关提供在逃人员王某的藏匿地点,并要求在办案机关成功抓捕王某后,给郑某某出具一份立功证明。后公安民警根据孔某某律师提供的这一线索成功抓捕了在逃人员王某。公安机关出具了一份证明材料:"2015年5月×日我队侦查员接到孔某某的电话,称其受郑某的委托,向我提供我队正在抓捕的涉嫌抢劫案嫌疑人王某的藏匿地线索,我队侦查员根据该线索,将涉嫌抢劫案的犯罪嫌疑人王某抓获。特此证明。"后由于郑某未能说明线索来源而案发。法院判决孔某某律师犯辩护

---

[1] 中山市司法局2019年5月28日作出的中司罚决字(2018)3号行政处罚决定书。
[2] 广州市司法局、广州市律师协会2018年3月编写的《广州律师执业风险及防范(二)》。

人伪造证据罪。[1]

2. 传递串供信息。辩护律师在会见过程中,经常遇到家属要求传递信息的情况。如果只是日常问候、家长里短的闲话,倒也不会违法违规。但是,如果家属要求犯罪嫌疑人、被告人改变口供,辩护律师又帮忙传递信息,内外串供,那么辩护律师的刑事风险将陡然增加。

案例 11-6　邱某涉嫌伪造证据罪案

邱某担任章某的辩护人,章某的家属多次恳求邱某在会见时让章某改变口供,让章某供述将涉案美金销售给陈某的虚假事实,后邱某又将章某的虚假供述内容记录下来交给章某的家属,由章某的家属通知陈某按照邱某记录的内容,向公安机关提供虚假证言。案发后,法院判决认为,邱某在立案侦查阶段,在犯罪嫌疑人家属的请求游说下,利用其律师身份会见在押的犯罪嫌疑人时,帮助家属劝说犯罪嫌疑人作虚假陈述,并向犯罪嫌疑人家属提供虚假供述的相关信息,由家属劝说证人提供虚假证言,其行为已构成辩护人伪造证据罪。[2]

3. 包庇相关人员。有时犯罪嫌疑人、被告人的家属聘请律师的目的是传递信息以帮助包庇其他相关责任人员,辩护律师需要特别警惕。尤其是在幕后责任人员为犯罪嫌疑人、被告人聘请辩护律师的情况下,辩护律师更需要警惕包庇罪的刑事风险。根据《刑法》第 310 条的规定,明知是犯罪的人而为其提供隐藏处所、财物,帮助其逃匿或者作假证明包庇的,处 3 年以下有期徒刑、拘役或者管制;情节严重的,处 3 年以上 10 年以下有期徒刑。

案例 11-7　车某涉嫌包庇罪案

凌某指使李某并提供资金,由李某纠集多人持刀伤害朱某,致被害人朱某轻伤。李某被刑事拘留后,凌某与车某律师商议,将该情况告知车某,提出聘请车某担任李某的辩护律师,叫车某利用律师会见之机让李某不要供出砍伤朱某是受到凌某的指使,使凌某逃避法律的追究。车某答应并表示会做李某思想工作,通过技巧去暗示李某。在李某故意伤害案的侦查、起诉、审判、上诉、执行阶段,被告人车某在看守所多次会见李某。通过车某多次诱导、暗示,李某明确表

---

〔1〕 详见新疆维吾尔自治区克拉玛依市中级人民法院(2016)新 02 刑终 51 号刑事裁定书。

〔2〕 详见浙江省永康市人民法院(2016)浙 0784 刑初 917 号刑事判决书、浙江省金华市中级人民法院(2016)浙 07 刑终 1223 号刑事裁定书。

示是他找人砍伤朱某，不关其他人的事，编造凌某不参与故意伤害案的虚假供述。法院判决认为，车某无视国家法律，明知凌某是李某等人故意伤害朱某一案的幕后指使犯罪嫌疑人，为使凌某逃避法律追究，而利用其律师身份接受凌某提供的资金担任李某的辩护律师，在多次会见李某时积极使用暗示、利诱等方式诱导李某作出虚假供述，掩盖凌某涉嫌故意伤害犯罪的事实，为司法机关依法查明案件事实制造了阻碍，侵害了司法机关正常的刑事诉讼活动，其行为已构成包庇罪。[1]

从历年来辩护律师遭受行政处罚和刑事处罚的情况看，会见是执业风险的高发地带。辩护律师要特别注意防范会见风险。

1. 遵守会见的基本要求。辩护律师可以在犯罪嫌疑人和家属之间传达问候、沟通案件相关情况，但是不能违规为犯罪嫌疑人、被告人与家属之间传递物品、文件，不能将通信工具提供给在押的犯罪嫌疑人、被告人使用，更不能传递立功线索、伪造立功材料、传达包庇信息、串供信息等，这是辩护律师不能触碰的底线，一触碰就很可能锒铛入狱，断送自由和职业生命。

2. 妥善处理家属的需求。很多时候犯罪嫌疑人、被告人的家属一定要写信交给辩护律师，要求带进看守所，甚至希望辩护律师为犯罪嫌疑人、被告人拍照或录像，将照片或录像带出去给家属看。此时，辩护律师要有原则地灵活处理，对于拍照或录像的要求明确予以拒绝。对于信件，尽量记住信件的内容，在会见时向犯罪嫌疑人、被告人口头沟通即可，不能将信件传递给在押的犯罪嫌疑人、被告人。

3. 妥善处理在押人员的需求。在会见过程中，不仅犯罪嫌疑人、被告人的家属会提出过分的要求，犯罪嫌疑人、被告人本人有时也会提出过分的要求。例如，在会见过程中，犯罪嫌疑人、被告人有时会突然从对面丢过来一个小纸团信件，要求辩护律师带出去交给家属；或者将事先写好的信件夹在材料中递出来给辩护律师，要求辩护律师带出去交给某人。此时，辩护律师要向犯罪嫌疑人、被告人解释清楚会见规则，不要将信件带出看守所，让犯罪嫌疑人、被告人直接告知纸团的内容即可，如内容与违法犯罪无关，则可以向家属转达。如此，既符合法律规定，也符合人之常理常情，还满足委托人的需求。

---

〔1〕 详见广东省茂名市中级人民法院(2013)茂中法刑一终字第25号刑事裁定书。

4. 会见笔录要认真对待。在辩护律师执业过程中，会见笔录往往具有双重性，既可能成为认定辩护律师执业违法犯罪的罪证，也可能成为证明辩护律师执业合法合规的重要证据。因此，辩护律师要认真对待会见笔录，学会制作好一份非常规范的、有利的会见笔录。既要避免让会见笔录成为执业风险的罪证，还要让会见笔录成为防范执业风险的"救命稻草"。

案例 11－8　熊昕律师涉嫌辩护人伪造证据罪案

王某因涉嫌强奸罪被公安机关抓获，熊昕律师接受委托担任王某的辩护律师，在南昌市第一看守所会见王某之后，江西省南昌市东湖区检察院认为熊昕律师"可能存在帮助当事人伪造证据，干扰诉讼的行为"，涉嫌辩护人妨害作证犯罪，之后便将熊昕律师的犯罪线索移送至公安机关，熊昕律师被以涉嫌辩护人伪造证据罪为由刑事拘留。该案中，熊昕律师无罪辩护的关键证据之一，就是第一次会见犯罪嫌疑人王某时熊昕律师制作的会见笔录，拟证明熊昕律师所了解到的全部案情细节都来自犯罪嫌疑人王某的陈述，他是正常开展律师工作，没有教犯罪嫌疑人王某说假话。[1]

诚然，如果会见笔录规范、完整、有利，证明辩护律师所知悉的全部案件事实细节均来自犯罪嫌疑人本人的陈述，从未指使、授意犯罪嫌疑人违背事实作出不实供述，则辩护律师不应遭受责难，这样的会见笔录就是在关键时刻帮助辩护律师防范执业风险的"救命稻草"。

5. 传递信息要特别慎重。有时犯罪嫌疑人、被告人和家属，都会要求辩护律师在会见时传递信息，辩护律师需要仔细辨别，是否可能违法违规。如对于钱款往来，犯罪嫌疑人、被告人可能会让辩护律师带话给某人（通常是证人或同案人），"谢谢你这些年借给我的××万元"。又如，对于涉案证据，犯罪嫌疑人、被告人可能会让辩护律师带话给某人（通常是证人或同案人），"×××电脑或者××单据需要处理一下""×××不能放在老家了"。再如，对于相关人员的责任，家属可能会让辩护律师带话给犯罪嫌疑人、被告人，"×××说让你放心，你被关期间，你的工资、分红一分不少"。

诸如此类的情形很多。对这些信息，辩护律师都可以听一听，但是否向相

〔1〕 详见王翀鹏程：《会见犯罪嫌疑人之后：律师熊昕被控"辩护人伪证罪"》，载新京报网：http://www.bjnews.com.cn/inside/2019/11/26/654549.html，最后访问日期：2019年12月8日。

关人员传递这个信息，要提高警惕、特别慎重。如果意识到可能是在帮助毁灭、伪造证据或者串供等，辩护律师要坚守法律底线，以尽量规避风险。

案例 11 －9 林某律师被行政处罚案

贾某因涉嫌容留卖淫被公安机关刑事拘留，林某律师接受委托担任贾某的辩护律师。在会见中，贾某要求林某律师将自己使用的支付宝账号、密码告诉其父母，以便将支付宝内的钱款转移到其父母的私人账户。会见结束后，林某律师将贾某的支付宝账号、密码告诉其父母。贾某的父母随后安排人员将支付宝账号中的25,000 元违法所得转移，并将支付宝交易记录删除。后法院判决贾某犯容留卖淫罪，判处有期徒刑 5 年 6 个月，并处罚金人民币 18 万元。法院判决还认定，贾某所使用手机及支付宝账号均为作案工具，账户内被转移的25,000 元为容留卖淫的违法所得，被删除的支付宝交易记录是贾某容留卖淫案的关键证据。杭州市司法局对林某律师作出停止执业 10 个月、罚款 1 万元的行政处罚。[1]

四、案卷保管风险

辩护律师有权从检察院、法院复制全部案卷材料，但案卷材料的保管也常常给辩护律师带来很大的风险。案卷保管问题的争议主要在于：辩护律师能不能将案卷材料给犯罪嫌疑人、被告人的家属？能不能将案卷材料给犯罪嫌疑人、被告人本人？能不能将案卷材料给其他辩护律师？能不能给其他律师用于其他案件？

（一）能不能将案卷材料给犯罪嫌疑人、被告人的家属？

在当前司法实践中，虽然有公报案例认定这种行为不构成犯罪，但争议并没有平息。而且，现在各地检察院在律师阅卷时都要求律师签署保密告知书，其中明确案卷材料是国家秘密不得泄露，因此，辩护律师将案卷材料复制给犯罪嫌疑人、被告人的家属，将面临不确定、不可控的风险。

最著名的案例是 2004 年的于萍案和 2012 年的王英文案。于萍律师将案

---

〔1〕 详见杭州市司法局作出的杭司罚决〔2019〕5 号行政处罚决定书。

卷材料复制给家属，一审判决认定构成泄露国家秘密罪，二审改判无罪。[1] 王英文律师将阅卷获得的案卷材料复制给了犯罪嫌疑人陈某的妻子关某。一审判决故意泄露国家秘密罪成立；二审改判不构成故意泄露国家秘密罪。[2] 虽然这两个案件最终被告人都以无罪判决告终，但过程都非常曲折。

时至今日，仍然有律师因将案卷材料向犯罪嫌疑人、被告人家属泄露而被认定违规的案件发生。2019 年 10 月 30 日，全国律协召开新闻发布会，发布了《2019 年 8 月份受到公开谴责及以上行业纪律处分的 9 起案件》，其中一起就是辩护律师向犯罪嫌疑人、被告人亲友提供案卷材料被认定违规的案例。浙江省温州市律师协会认定，因胡某律师向犯罪嫌疑人亲友提供案卷材料，造成案件信息泄露，给予其中止会员权利 3 个月的处分。[3]

可见，辩护律师将案卷材料提供给犯罪嫌疑人、被告人的家属，在司法实践中争议还是非常大，由此所引发的执业风险不可控。

（二）能不能将案卷材料给犯罪嫌疑人、被告人？

《刑事诉讼法》在 2012 年修改时，增加了辩护律师可以向被告人核实证据的规定。第 39 条规定，辩护律师会见在押的犯罪嫌疑人、被告人，可以了解案件有关情况，提供法律咨询等；自案件移送审查起诉之日起，可以向犯罪嫌疑人、被告人核实有关证据。然而，辩护律师向嫌疑人、被告人“核实有关证据”

---

〔1〕 详见《最高人民法院公报》2004 年第 2 期。改判的主要理由是：案卷材料是于萍律师履行律师职责时，通过合法手续获取的。这些材料，虽然在检察机关的保密规定中被规定为机密级国家秘密，但当案件进入审判阶段后，审判机关没有将检察机关随案移送的证据材料规定为国家秘密。于萍不是国家机关工作人员，也不属于检察机关保密规定中所指的国家秘密知悉人员。作为刑事被告人的辩护人，于萍没有将法院同意其复印的案件证据材料当作国家秘密加以保守的义务。检察机关在移送的案卷上，没有标明密级；整个诉讼活动过程中，没有人告知于萍，马明刚贪污案的案卷材料是国家秘密，不得泄露给马明刚的亲属，故也无法证实于萍明知这些材料是国家秘密而故意泄露。因此，于萍在担任辩护人期间，将通过合法手续获取的案卷材料让当事人亲属查阅，不构成故意泄露国家秘密罪。

〔2〕 详见（2013）白中刑二终字第 10 号刑事裁定书。改判的主要理由是：王英文律师让关某查阅的案卷材料，是其履行律师职责时，通过合法手续在检察机关复制。材料中的《白银市公安局起诉意见书》虽被鉴定为秘密级国家秘密，但王英文在复制时并不知道该起诉意见书是国家秘密，检察机关工作人员也未告知陈某的案卷材料属于国家秘密，现有证据不能证实王英文明知这些材料是国家秘密而故意泄露，同时，法律也没有规定辩护律师必须将办案机关同意其复印的案件材料当作国家秘密加以保守的义务。

〔3〕 《2019 年 8 月份受到公开谴责及以上行业纪律处分的 9 起案件》，载中国律师网：http://www.acla.org.cn/article/page/detailById/26039，最后访问日期：2019 年 11 月 7 日。

的程序规则，法学界尚未展开深入的讨论，立法界、司法界和律师界有不同的理解，还没有明确规定辩护律师可以向被告人核实哪些证据，以及通过什么方式来核实。[1] 甚至不少学者提出反对观点，认为辩护律师具有阅卷权，并不等于犯罪嫌疑人、被告人也具有阅卷权。“律师可以向犯罪嫌疑人、被告人核实证据”并不等于“认可了犯罪嫌疑人、被告人阅卷权”。[2]

总之，案卷材料能不能给犯罪嫌疑人、被告人，关系到辩护律师向犯罪嫌疑人、被告人核实证据的程序、规则、范围、方式，还涉及犯罪嫌疑人、被告人是否具有阅卷权等诸多问题，目前法律没有明确规定，还存在很多争议和诸多风险，甚至可能遭致行政处罚。

案例 11－10　天津某律师被行业处分案

天津市某律师事务所律师担任王某的辩护律师，在法院审理阶段，该律师查阅并复制了该案的案卷材料，并交给被告人王某。天津市和平区人民检察院向司法局律师管理处发出《检察建议书》，认为该律师将查阅并复制该案的案卷材料，交给被告人王某，解除代理关系后，案卷材料仍掌握在被告人手中，且被再次扩散至其他上访人员手中。被告人王某在庭前及庭审过程中针对案卷材料提出诸多并无事实根据的质疑，导致该案在事实清楚、证据充分的情况下仍长期不能审结。同时，因被害人个人信息的泄露，使被害人与被告人之间的矛盾进一步激化。检察院建议及时调查处理律师的违规行为。和平区司法局收到《检察建议书》后督促律师协会调查处理。后律师协会给予该违规律师公开谴责的行业处分。[3]

（三）能不能将案卷材料给其他辩护律师？

辩护律师在合法获得案卷材料之后，能不能将案卷材料提供给犯罪嫌疑人、被告人的其他辩护律师呢？其他辩护律师包括犯罪嫌疑人、被告人的其他辩护律师，也包括本案其他同案人的辩护律师。当前法律法规中明确规定辩护律师可以将案卷材料提供给其他辩护律师的情况有两种，除了这两种情形之外，现行法律法规对此暂时没有更多的明确规定。

---

〔1〕 详见陈瑞华：《论被告人的阅卷权》，载《当代法学》2013 年第 3 期。

〔2〕 详见朱孝清：《刑事诉讼法实施中的若干问题研究》，载《中国法学》2014 年第 3 期。

〔3〕 《和平区检察院针对辩护律师违规行为发出检察建议》，载天津检察网：http://www.tj.jcy.gov.cn/jcjs/zfba/201312/t20131219_1285601.shtml，最后访问日期：2019 年 8 月 22 日。

1. 变更律师的,变更前的律师可以为变更后的律师提供案卷材料。根据中华全国律协印发的《律师办理刑事案件规范》(2017 年)第 14 条的规定,律师办理刑事案件,可以会同异地律师协助调查、收集证据和会见,经当事人同意可以为协同工作的律师办理授权委托手续。在侦查、审查起诉、一审、二审、死刑复核、申诉、再审案件中,当事人变更律师的,变更前的律师可以为变更后的律师提供案情介绍、案卷材料、证据材料等工作便利。

2. 办理死刑复核案件的,辩护律师可以向原承办律师请求提供案卷材料。根据中华全国律协印发的《律师办理刑事案件规范》(2017 年)第 200 条的规定,辩护律师办理死刑复核案件,可以约见被告人的近亲属及其他人了解案件情况,可以要求被告人的近亲属提供相关的案件材料,可以到人民法院复制案卷材料,也可以向原承办律师请求提供案卷材料等,案件原承办律师应当给予工作上的便利和必要的协助。

(四)能不能将案卷材料给其他律师用于其他案件?

辩护律师获取案卷材料后,能不能将案卷材料给其他律师用于其他案件?这主要包括两个问题:其一,能不能将案卷材料给另案处理的其他关联人的辩护律师用于相关案件?比如,行贿案的辩护律师能否将案卷材料给受贿案的辩护律师。其二,能不能将案卷材料给其他律师用于与本案无关的其他案件?例如,集资诈骗案的辩护律师能不能将案卷材料给相关公司或人员,用于与集资诈骗无关的其他案件。

当前法律法规对该问题暂没有明确规定。但是,《刑事诉讼法》第 43 条规定,辩护律师经证人或者其他有关单位和个人同意,可以向他们收集与本案有关的材料。根据该规定,每一个刑事案件的辩护律师都拥有调查取证权,调查取证的范围包括与案件有关的所有证据材料。因此,理论上在调取证据的手续齐全、适格的情况下,辩护律师也可以向其他律师提供涉案的案卷材料。

然而,辩护律师向其他律师提供案卷材料的风险是依然存在的。《关于依法保障律师执业权利的规定》第 14 条第 4 款规定:“辩护律师查阅、摘抄、复制的案卷材料属于国家秘密的,应当经过人民检察院、人民法院同意并遵守国家保密规定。律师不得违反规定,披露、散布案件重要信息和案卷材料,或者将其用于本案辩护、代理以外的其他用途。”该规定以“一刀切”的方式,禁止辩护律师将案卷信息和案卷材料提供给其他律师。从范围上看,该规定不仅禁止辩护律师披露、散布案件材料,还禁止辩护律师披露、散布案件重要信息,禁止的范围非常宽泛;从用途上看,该规定要求辩护律师只能将案卷材料用于本案的辩护、代理,不得将案卷材料用于本案辩护、代理之外的其他用途。

在司法实践中,现在很多地方的检察机关在辩护律师阅卷时,都要求辩护律师签署《律师阅卷保密承诺书》,要求辩护律师不得将案卷提供给当事人或者其他人。例如,广东省××人民检察院在律师阅卷时,要求律师签署的《律师阅卷保密承诺书》中就规定:"保证复制的案件材料仅供与办案有关的合法、正当诉讼活动,不将其内容提供给当事人或者他人查阅。"要求辩护律师只能将案卷材料用于办案有关的合法、正当诉讼活动,禁止辩护律师将案卷材料提供给当事人或者其他人。

这种案卷保管规定无疑非常严苛,导致其他辩护律师无法调取这部分案卷材料,变相限制了其他辩护律师的调查取证权,让辩护律师将案卷材料提供给其他律师时,面临不确定的执业风险,这种做法值得商榷。

综上,辩护律师要尽量降低案卷保管违规导致的执业风险,以免产生法律争议和由争议引发的风险。**第一,不宜向犯罪嫌疑人、被告人及其家属提供案卷材料**。无论理论或实践中争议如何,案卷材料一旦由辩护律师交到犯罪嫌疑人、被告人及其家属手上,辩护律师无疑将面临不可控的潜在风险。**第二,可以有条件地向其他辩护律师提供案卷材料**。辩护律师可以根据《律师办理刑事案件规范》(2017年)和《刑事诉讼法》的规定,有条件地向犯罪嫌疑人、被告人的其他辩护律师或者其他同案人的辩护律师提供案卷材料。**第三,辩护律师将案卷材料提供给其他律师用于其他案件时,需要就个案具体评估风险。**

五、调取证据风险

调查取证一贯是辩护律师执业风险最高的风险点,其中调取证人证言的风险又是最高的。"当辩护律师对控方询问过的证人进行调查时,一旦证人推翻或改变原来所作的证词、重新作出有利于被告人的证言,司法机关习惯于认为是律师教唆引诱的结果,不仅律师所作的证言不能被采纳为定案的根据,反而有可能作为追究律师伪证罪的证据。"辩护律师在调取证人证言时存在风险的主要原因在于三点:辩护律师的违规取证行为;犯罪嫌疑人、被告人及其家属影响证人向辩护律师作出的证词，导致证人证词反复；辩护律师向证人取证后，证人被采取强制措施导致证词反复。

（一）辩护律师影响证人，证词反复

案例 11－11　詹某涉嫌妨害作证罪案

詹某接受委托担任涉嫌合同诈骗罪犯罪嫌疑人何某的辩护人，公安机关指控何某使用35名农户的身份资料办理国家补贴的农机具35台，骗取国家补贴129万多元。詹某接受委托后，联系了9名农户，并逐一向他们进行调查询问，共制作了9份调查笔录。在调查笔录中，9名农户都称自己购买过农机具，补贴款被自己使用，现农机具已经倒卖。检察院以辩护人涉嫌妨害作证罪为由，将案件线索移送公安机关立案侦查。公安机关对9名农户进行调查，9名农户均声称詹某律师找到他们，要求他们改变证言，以便帮助何某减轻罪责，才作出了与事实不符的证言。最后，法院判决詹某犯辩护人妨害作证罪。[1]

（二）当事人影响证人，证词反复

案例 11－12　范某涉嫌妨害作证罪案

欧某聘请范某为其一审受贿案件的辩护律师。欧某把行贿人姚某带到范某的办公室，要求姚某将其送给欧某的一笔行贿款5000元，说成他利用星期六、星期天的时间为姚某制作工程整改方案和进行技术指导的劳务报酬，范某对姚某调查时说这样做对他没有影响，并制作了调查笔录，让姚某签名并捺指印。姚某碍于情面就在笔录上签名。欧某、范某以同样的方式引诱另外两名行贿人潘某、黄某制作了调查笔录。范某因此被指控涉嫌妨害作证罪。

法院判决认为，范某为了使辩护获得成功，欲用减少欧某受贿金额的手段以达到为其委托人欧某减轻处罚的目的，明知对证人调查时欧某本人在场或者是欧某亲自带来的，而不让作为受贿案件的当事人欧某回避，以至于证人可能作出有利于欧某的证言，故意采用语言劝导证人改变证言内容的手段，并告知证人改变之前的证言对证人没有影响，引诱证人违背事实改变原有的不利于欧某的证言而作出的调查笔录，并向法庭出示，据此提出原来行贿人的此部分证

〔1〕 详见四川省成都市青羊区人民法院（2016）川0105刑初956号刑事判决书、四川省成都市中级人民法院（2015）成刑终字第44号刑事裁定书。

言的数额系正常的劳务报酬，客观上妨碍了刑事诉讼活动的正常进行，其行为已构成辩护人妨碍作证罪。[1]

（三）证人被采取强制措施，证词反复

辩护律师单独向证人、被害人调查取证时，被调查者推翻了原先对犯罪嫌疑人、被告人不利的陈述，作出对犯罪嫌疑人、被告人有利的陈述，辩护律师将这些证词提交到法庭，公诉方很可能申请中止审理，对证人、被害人采取强制措施，证人、被害人迫于压力，承认改变证言是受到辩护律师的“教唆”“引诱”的结果，进而以“涉嫌伪证”或“涉嫌妨害作证”的名义对辩护律师采取强制措施，这种“职业报复”行为偶有发生。[2]

调取证据动辄引发刑事风险，因此，辩护律师调取证据时需要做足各层风险防范工作，在最大限度上防范风险。

1. 申请调取证据。在调取证据时，不论是书证、物证还是言词证据，辩护律师应当首先申请办案机关调取。例如，申请调取相关书证、物证，申请对相关证人调查取证，申请法院通知证人出庭，让证人在法庭上作证等。申请办案机关调取证据，是辩护律师防范风险的最佳方式，可以完全杜绝调取证据引发的执业风险。

当然，在司法实践中，法院对辩护律师申请调取证据或者传召证人出庭作证的申请，经常都不予回应。一方面是法院刑事审判人手、办案经费有限；另一方面则是法官在阅卷后对被告人构成犯罪已经有了预先判断，此时对辩护律师提出调取证据、传召证人出庭的要求，很容易产生抵触和反感情绪。[3] 因此，很多时候，辩护律师不得不自己直接或间接调取证据。

2. 间接调取证据。如果不宜申请办案机关调查取证，或者办案机关不予调查取证，辩护律师也可通过间接方式调取证据。辩护律师提供本案事实、证据是否欠缺的法律意见，分析哪些证据对定罪量刑有积极作用，建议犯罪嫌疑人、被告人及其家属，可以搜集、调取哪一方面的证据，让犯罪嫌疑人、被告人及其家属自行决策调取相关证据，由他们具体去调取收集相关证据，并向法院提交或者他们收集后由辩护律师代为转交到办案机关。

---

〔1〕 详见广东省韶关市浈江区人民法院（2016）粤0204刑初14号刑事判决书。
〔2〕 详见陈瑞华：《刑事辩护的理念》，北京大学出版社2017年版，第326页。
〔3〕 同上书，第332页。

3. 遵守取证规则。辩护律师自行调查取证时,需要特别注意遵守取证规则,非常重要的就是《刑事诉讼法》第43条规定:"辩护律师经证人或者其他有关单位和个人同意,可以向他们收集与本案有关的材料,也可以申请人民检察院、人民法院收集、调取证据,或者申请人民法院通知证人出庭作证。辩护律师经人民检察院或者人民法院许可,并且经被害人或者其近亲属、被害人提供的证人同意,可以向他们收集与本案有关的材料。"由此:(1)辩护律师向与案件有关单位了解情况,对方同意,就可以进行。(2)辩护律师向证人取证,经过证人同意,就可以进行。(3)辩护律师向被害人或者其近亲属、被害人提供的证人取证,需经过检察院或法院的许可,并且经得对方同意,才可以取证。[1]

在司法实践中,辩护律师违规向被害人或者其近亲属、被害人提供的证人取证,往往会被认定为辩护律师涉嫌妨害作证罪的重要理由。例如,在李某涉嫌妨害作证罪案中,法院认定李某构成妨害作证罪的重要理由在于,根据《刑事诉讼法》第43条的规定,辩护律师经人民检察院或者人民法院许可,并且经被害人或者其近亲属、被害人提供的证人同意,可以向他们收集与本案有关的材料。而李某超越辩护律师在侦查阶段的权限,未经人民检察院或者人民法院许可擅自向被害人黄某取证的做法违反法律规定,影响了刑事诉讼秩序。[2]

判决生效后,李某不服,继续向广东省高级人民法院继续申诉,广东省高级人民法院驳回申诉的重要理由就是:"你作为一名辩护律师,应当知道在汤某某强奸案中没有取得向被害人收集案件材料的权利,仍参与实施上述行为,违反了刑事诉讼法的相关规定。"[3]

4. 规范取证程序。辩护律师调取证据,应当尽量参照公安机关取证的规范程序进行。

(1)向有关单位调取证据时,尽量采取规范的公函往来调取模式,每一个调取证据环节都尽量正规,有据可查,以应对可能发生的各种情况。

(2)尽量由两名以上律师协同参与调取证据,询问证人时,应当个别进行。

(3)询问前,应当了解证人的身份,证人、犯罪嫌疑人、被害人之间的关系,应当告知证人必须如实地提供证据、证言和有意作伪证或者隐匿罪证应负的法

---

〔1〕 从条文上理解,案件进入审查起诉阶段才需要遵守该规定,因为需要批准的机关是人民法院和人民检察院,而案件在侦查阶段,案件与人民法院和人民检察院还没有关联。

〔2〕 详见广东省佛山市三水区人民法院(2016)粤0607刑初25号刑事判决书。

〔3〕 详见广东省高级人民法院(2016)粤刑申276号驳回申诉通知书。

律责任。

(4)辩护律师向证人取证时,不得向证人泄露案情或者表示对案件的看法,严禁采用暴力、威胁等非法方法询问证人。

(5)向证人调取证言,首选由证人自行书写证词,其次才以调查笔录的形式进行。在风险比较大时,辩护律师对调查笔录制作过程进行全程录音录像。在比较极端的情况下,可以考虑对证据进行公证,或者对取证过程进行公证。总之,辩护律师取证过程要尽量规范,以避免取证带来的执业风险。

案例 11－13　谢某等涉嫌走私禁止进出口的货物、物品罪案

××植物园物种鉴定中心向公安机关出具了《物种鉴定意见》,鉴定结论认为涉案植物是日本黑松。公诉机关据此认定涉案的日本黑松是我国禁止进口的植物,因此,谢某等人构成走私国家禁止进出口的货物、物品罪。

辩护律师在准备庭审过程中,向××植物园物种鉴定中心调取证据、了解情况,××植物园物种鉴定中心向辩护律师出具了《关于×××鉴定意见的补充说明》,证明他们对涉案植物作的是物种鉴定,无法确定涉案日本黑松的种植地、生长地。

在庭审中,公诉机关强烈反对辩护律师出示该证据,要求辩护律师证明取证的合法性,出示调取该证据的介绍信、介绍函,提出有没有单位委托书、有没有带齐证件、是不是辩护律师本人亲自去调取的……诸如此类各种质疑,甚至奇葩地申请非法证据排除,庭审一度陷入僵局。

5. 避免影响证人。辩护律师向证人取证时,要特别注意证人作证的环境,避免证人作证受到犯罪嫌疑人、被告人及其家属的影响。在犯罪嫌疑人、被告人在场或干预影响的情况下,对证人调查取证,很容易在后期出现证言反复的情况,而证言的反复将直接增加辩护律师的执业风险。

案例 11－14　陈某涉嫌妨害作证罪案

刘某盗窃邻居于某的财物被公安机关抓获,并如实交代。陈某担任刘某的辩护人,会见刘某后,刘某翻供。为使刘某逃避法律制裁,陈某和刘某的家属到于某的暂住处,授意、指使于某向司法机关谎称涉案现金已在他处找到,实际并未被窃。在公安机关、检察机关对于某重新问询的过程中,于某多次虚假陈述,谎称涉案现金并未被窃。法院判决陈某在刑事诉讼中为帮助行为人逃避法律制裁,授意并指使证人虚构事实、改变证言,构成辩护人妨害作证罪。[1]

6. 不能起草、修改或要求修改证词。在调取证据时,辩护律师要注意保持相对中立的立场,不宜介入证据形成过程。最典型的是言词证据,在调取言词证据时,辩护律师除了不能授意或指使证人作出违背事实的证词或伪造证据之外,也不能帮忙修改证词,不能要求证人修改证词,更不能直接帮助起草证词。

案例 11－15　李某律师涉嫌妨害作证罪案

李某律师在看守所会见犯罪嫌疑人汤某时,汤某告知李某律师,公安人员向其出示的鉴定结果显示被害人阴道内的精子与汤某的血液 STR 分型一致,说明其和被害人发生了性关系。李某律师在与汤某的家属商量时,授意汤某的家属劝说被害人黄某出具一份谅解书。次日,汤某的家属带领被害人黄某到李某律师的办公室,由被害人黄某在李某律师事先打印好的一份内容大意为"汤某在醉酒的情况下与黄某发生性行为,黄某已原谅汤某不再追究汤某法律责任"的名为《情况说明》的谅解书上签名,黄某签名后将前述《情况说明》原件交回给被告人李某律师保存。另外,李某律师在与汤某家属商量后起草打印了内容为"案发当晚黄某是自愿与汤某发生性行为"的名为《郑重说明》的材料,由汤某的家属交给被害人黄某抄写。李某律师将《情况说明》《郑重说明》上交到检察院。后法院判处李某构成辩护人妨害作证罪。[2]

六、提交证据风险

不论是刑事案件还是民事案件,律师签名提交证据时,偶尔会出现办案人员以"伪证"恐吓律师的情况。例如,在被告缺席的民事诉讼中,法院的判决书往往会载明"原告及其代理人表示可保证庭审陈述及提交证据的真实性,因被告未出庭抗辩,本院推定原告陈述的真实性。如事后有证据证实原告有虚假陈述情形,本院将依法追究原告及代理人的法律责任"。律师作为证据的签名提交人,责任是比较重大的,在刑事案件更是如此。因此,对于犯罪嫌疑人、被告人及其家属交给辩护律师的证据,辩护律师应当仔细分析,判断证据是否真实可信。辩护律师如认为证据存在伪造的可能,或者无法核实真伪,则不宜签名

〔1〕 详见上海市闵行区人民法院(2019)沪 0112 刑初 138 号刑事判决书。
〔2〕 详见广东省佛山市三水区人民法院(2016)粤 0607 刑初 25 号刑事判决书。

向办案机关提交该类证据。即使犯罪嫌疑人、被告人及其家属坚持要提交这部分证据，也应当由犯罪嫌疑人、被告人及其家属自行签名，自行向办案机关提交，以尽量防范执业风险。

案例 11－16　施某涉嫌故意杀人罪案

辩护律师通过阅卷、会见被告人，认为被告人很可能不存在精神疾病。毕竟是人命关天的案件，为慎重起见，辩护律师向被告人的家属了解他们的家族精神疾病情况，以及被告人以往精神状况。被告人家属表示，家族没有精神病史，被告人应该也没有精神病，就是性格比较内向。

但是，被告人家属从辩护律师这里得知，如果被告人有精神病，则他有较大可能性可避免被判处死刑立即执行，有可能保命。于是，被告人的几名家属就联名写了一份内容为"施某存在精神疾病"的《情况说明》，要求辩护律师将之提交给法院。辩护律师考虑再三，为稳妥起见，还是把经办法官联系方式给被告人家属，如确需要提交，则由家属自行联系法院提交该《情况说明》。

七、策略决策风险

案件的当事人是犯罪嫌疑人、被告人本人，他们是辩护策略的最终决定者，也是辩护成败的利益关联人。司法实践中经常发生这样的现象：判决不理想时，被告人及其家属往往将责任归咎于辩护律师，进而引发投诉风险，导致辩护律师面临行业处分或行政处罚。尤其是在罪与非罪的选择上，无论是作有罪辩护还是作无罪辩护，辩护律师都只能提供分析意见，由犯罪嫌疑人、被告人作最终决策，不能极力劝、甚至强迫犯罪嫌疑人、被告人选择某一辩护策略。

（一）辩护律师不宜劝当事人认罪

如果犯罪嫌疑人、被告人认为自己无罪，但辩护律师审查认为事实比较清楚，证据比较充分，无罪辩护成功率太低。那么，辩护律师需要将利弊如实告知犯罪嫌疑人、被告人，由他慎重选择即可。不能强迫犯罪嫌疑人、被告人一定要认罪、一定要选择罪轻辩护策略。如果被告人坚持作无罪辩护，辩护律师可帮助他作无罪辩护，即使判决结果不理想，被告人也往往不会将不利的结果归咎于辩护律师。而如果被告人坚持作无罪辩护，辩护律师极力劝他认罪，结果稍有不理想，被告人都会将不理想的结果归咎于辩护律师。

案例 11－17　涂某涉嫌走私普通货物罪案

涂某被刑事拘留之后，家属第一时间为他聘请了辩护律师。在会见时，辩护律师告知他可能很难无罪，事实比较清楚，也已经有过第一次认罪笔录，劝他认罪算了，顶多判个三四年可以回家了。涂某接受辩护律师的方案，侦查阶段每一次讯问笔录都认罪。结果检察院在认罪认罚时提出，如果涂某接受认罪认罚就建议量刑有期徒刑 7 年，不接受认罪认罚就建议量刑有期徒刑 10 年。涂某完全无法接受这么重的量刑结果，认为是辩护律师害了他，对他的辩护律师怀恨在心，不愿意再见他的辩护律师，马上写信要求家属解除委托。

（二）辩护策略应由当事人选择

如果犯罪嫌疑人、被告人坚持作罪轻辩护，而辩护律师坚持作无罪辩护，则犯罪嫌疑人、被告人的自首情节很有可能会被取消，无法得到从轻或者减轻的重要量刑情节，这个后果是由犯罪嫌疑人、被告人承担的。如果无罪辩护的辩护策略没有得到犯罪嫌疑人、被告人的同意，不是犯罪嫌疑人、被告人本人决定选择的，那么，他就很可能把判决不利的责任归咎于辩护律师。

为避免这种辩护策略决策风险，辩护律师在与犯罪嫌疑人、被告人商量确定辩护策略时，应当在会见笔录中详细记录协商确定辩护策略的过程，以及犯罪嫌疑人、被告人对辩护策略的态度和选择。本案是作无罪辩护还是罪轻辩护、是否申请认罪认罚、是否申请证人出庭等，会见笔录中都要尽可能如实详细地记录辩护律师与犯罪嫌疑人、被告人商量的过程，还有犯罪嫌疑人、被告人作出决定的过程。如此，既充分显示辩护律师履行职责尽到解释告知义务，又充分证实最终确定辩护策略的是犯罪嫌疑人、被告人本人。

八、出庭辩护风险

辩护律师在法庭上可以依法依规充分发表辩护意见、维护被告人和辩护人的权利。但在特殊的案件中要避免言论违规，在控辩审冲突中，要保持理性、控制冲突的尺度。

（一）法庭言论违规

《律师法》第 37 条中规定，律师在执业活动中的人身权利不受侵犯。律师在法庭上发表的代理、辩护意见不受法律追究。但是，发表危害国家安全、恶意诽谤他人、严重扰乱法庭秩序的言论除外。在刑事庭审过程中，辩护律师庭审发言要特别留意避免一些政治性问题。如利用邪教组织破坏法律实施这一类政治性极强的犯罪，辩护律师庭审发言时需要特别留意辩护意见的尺度。司法实践中，有部分律师被认定违反该条法律规定，吊销执业证书。

案例 11－18 刘某律师在新疆维吾尔自治区高级人民法院(2016)新刑终73号案件为张某某辩护时，广东省佛山市中级人民法院(2017)粤06刑终557号案件为李某某辩护时，发表的辩护意见内容均被认定违反《律师法》第37条第2款规定应当追究法律责任的情形。刘某因此被广东省司法厅吊销执业证书。[1]

案例 11－19 曾某律师在庭审中发表"没有直接的法律规定认定法轮功是邪教，张红英信仰法轮功是《宪法》第36条赋予的宗教自由，我国公民都有宗教信仰自由，任何国家机关团体不能强制公民信仰宗教或者不能信仰宗教，不得歧视信仰宗教的公民和不信仰宗教的公民"等辩护意见。长沙市司法局认定，曾某律师的该等辩护意见，否定法轮功是国家认定的邪教组织的性质，扰乱法庭秩序，于是对曾某律师作出了停止执业6个月的行政处罚。

(二)法庭秩序违规

《刑事诉讼法解释》第251条规定："担任辩护人、诉讼代理人的律师严重扰乱法庭秩序，被强行带出法庭或者被处以罚款、拘留的，人民法院应当通报司法行政机关，并可以建议依法给予相应处罚。"法官是法庭上权力最大的人，辩护律师在法庭上不服从法庭决定，在个别情况下，可能被认定为扰乱法庭秩序。

案例 11－20 李某律师在广州市天河区人民法院审理被告人杨某、孙某涉嫌聚众扰乱公共场所秩序罪一案[(2014)穗天法刑初字第1255号]中，李某律师作为该案被告人杨某的辩护人，存在未经审判长许可多次擅自发言的行为；多次被审判长警告和训诫后仍不听从审判长指挥的行为；不服从法庭决定，对法庭已经释明、决定或作出答复的事项仍反复纠缠的行为；多次言词攻击法官和合议庭的行为；宣判时大声喧哗、吵闹的行为等，济南市司法局对李某律师作出停止执业1年的行政处罚。[2]

---

〔1〕 详见广东省司法厅粤司罚决字〔2019〕1号行政处罚决定书。
〔2〕 详见济南市司法局济司罚决字〔2016〕第1号行政处罚决定书。

后 记
POSTSCRIPT

刑事辩护是职业，更是事业

不少人对刑事辩护的认知往往局限于法庭，甚至局限于法庭辩论。其实不然，刑事辩护不仅是发表一份辩护意见那么简单，还包括支撑辩护意见的一套完整的工作流程、策略方法和技术体系。

作为刑事辩护的实践者、学习者和探索者，我对刑事辩护有一定的感悟心得。但是，刑事辩护的思维和方法毕竟是非常复杂的一门学问，是非常深刻的话题。研究者需要将刑事洽谈、律师会见、阅卷、审查证据、庭审发问、庭审质证到庭审辩护等每一个环节所需的知识、经验、方法、技术和策略，都进行全面细致的总结，并予以理论升华，难度很高。

我只能立足于自己办案的实践经验，从经办过的案例出发，用“庖丁解牛”的手法，将经办的每一个案件中的每一个争议问题，都独立分割开来研究，将刑事案件的办案流程、办案所需的知识和经验进行理论化提升，尝试着去总结刑事辩护的思维和方法。然而，每位刑辩律师所办理的案件、掌握的知识、总结的经验、运用到的策略和技术，都是有限的。我只能根据我的办案经历，努力作出对刑事辩护思维和方法的思考，提出一些并不一定周延的观点。

我尝试对经办案件中的每一个争议问题都进行相对深入的研究，提出可行的辩护策略和辩护意见。然而，刑辩律师所提出的辩护意见，只是一种能与控方意见匹敌的竞争性观点。在当前法律制度中，法律只规定司法机关、办案人员应当听取辩护意见，但没有规定辩护意见对司法机关、办案人员的任何实质约束力。因此，辩护意见的理据再充分，也可能不被采纳，甚至都不被回应。对于本书所载案例的辩护意见，只是我根据有限的知识和经验，提出的竞争性观点,不一定周延,也未必是最佳的。

尽管如此,刑辩律师仍是非常特殊的职业。刑辩律师每天都在阅读犯罪嫌疑人、被告人的过往人生,也在不断干预、指引他们的人生。刑辩律师的业务功底,直接影响他们的财产、自由乃至生命,进而影响他们的人生走向。作为控辩审三方中不可或缺的一方,刑辩律师能否发挥制衡作用,也直接影响刑事法治的健康发展。因此,刑事辩护与其说是一份职业,不如说是一份有价值、有意义、值得法律人倾注精力坚持下去的事业。

最后,本书能顺利出版,需要感谢导师张文显教授的教诲,感谢母校华南师范大学法学院、吉林大学法学院对法学思维、学术研究兴趣、研究方法的培养;感谢宋福信律师一直以来的无私指导和意见支持,感谢广东宋氏律师事务所李晓月、宋福坚、王洁娴、罗凯翀、周泳秀、陈丹丹、赵培妃、谢静等同事们对本书提出的诸多宝贵意见,感谢叶梦怡女士对本书的多次耐心修改、校对和对家庭的无私奉献。

赖建东

2020 年 1 月于广州

图书在版编目(CIP)数据

全流程辩护：思路指引与办案技巧 / 赖建东著. --
北京：法律出版社，2020(2022.8 重印)
ISBN 978-7-5197-4541-7

Ⅰ. ①全… Ⅱ. ①赖… Ⅲ. ①律师-辩护-研究-中
国 Ⅳ. ①D926.54

中国版本图书馆 CIP 数据核字(2020)第 099201 号

全流程辩护:思路指引与办案技巧
QUANLIUCHENG BIANHU:
SILU ZHIYIN YU BAN'AN JIQIAO

赖建东 著

策划编辑 李 群
责任编辑 李 群 陈昱希
装帧设计 汪奇峰

出版发行 法律出版社
编辑统筹 法规出版分社
责任校对 张红蕊
责任印制 耿润瑜
经　　销 新华书店

开本 710 毫米×1000 毫米 1/16
印张 25.25 **字数** 385 千
版本 2020 年 9 月第 1 版
印次 2022 年 8 月第 2 次印刷
印刷 北京虎彩文化传播有限公司

地址:北京市丰台区莲花池西里 7 号(100073)
网址:www.lawpress.com.cn
投稿邮箱:info@lawpress.com.cn
举报盗版邮箱:jbwq@lawpress.com.cn

销售电话:010-83938349
客服电话:010-83938350
咨询电话:010-63939796

书号:ISBN 978-7-5197-4541-7
定价:78.00 元
凡购买本社图书,如有印装错误,我社负责退换。电话:010-83938349